Parlamentsherrschaft und Regierungsstabilität

Europäische Hochschulschriften
Publications Universitaires Européennes
European University Studies

Reihe III
Geschichte und ihre Hilfswissenschaften

Série III Series III
Histoire, sciences auxiliaires de l'histoire
History and Allied Studies

Bd./Vol. 932

PETER LANG
Frankfurt am Main · Berlin · Bern · Bruxelles · New York · Oxford · Wien

Frank Lechler

Parlamentsherrschaft und Regierungsstabilität

Die Entstehung staatsorganisatorischer Vorschriften in den Verfassungen von Baden, Mecklenburg-Strelitz, Oldenburg, Sachsen und Württemberg 1918–1920

PETER LANG
Europäischer Verlag der Wissenschaften

Die Deutsche Bibliothek - CIP-Einheitsaufnahme

Lechler, Frank:

Parlamentsherrschaft und Regierungsstabilität : die Entstehung staatsorganisatorischer Vorschriften in den Verfassungen von Baden, Mecklenburg-Strelitz, Oldenburg, Sachsen und Württemberg / Frank Lechler. - Frankfurt am Main ; Berlin ; Bern ; Bruxelles ; New York ; Oxford ; Wien : Lang, 2002

(Europäische Hochschulschriften : Reihe 3, Geschichte und ihre Hilfswissenschaften ; Bd. 932)
Zugl.: Mannheim, Univ., Diss., 2001
ISBN 3-631-39688-0

D 180
ISSN 0531-7320
ISBN 3-631-39688-0

www.peterlang.de

Matth 24_{13}

Diese Veröffentlichung beruht auf einer Dissertation, die im Sommersemester 2001 von der Philosophischen Fakultät der Universität Mannheim angenommen wurde.

Inhaltsverzeichnis

„Sprechen wir, ohne zu erschrecken und ohne Anstoß zu nehmen, die Wahrheit rückhaltlos aus: daß der Volksstaat ein Parteienstaat ist."
Gustav Radbruch

1. Einleitung

1.1. Einführung und Ziel der Arbeit

Die Verfassungsgeschichte der deutschen Länder in den „vierzehn Jahren der ersten deutschen Republik", so ein Buchtitel Friedrich Stampfers, stößt bei der Forschung seit 1945 alles in allem auf ein eher geringes Interesse. In dichter Folge erschienen Veröffentlichungen zum Thema lediglich am Ende der sechziger und zu Beginn der siebziger Jahre, was wohl mit dem leicht erklärbaren Interesse an der Revolution von 1918 und ihren Folgen zusammenhängt. Zu Beginn der neunziger Jahre wiederum hatte die Beschäftigung mit den ehemaligen Verfassungen Sachsens, Thüringens und beider Mecklenburg eine gewisse Konjunktur.

Vermutlich aber hat der sich seit 1918 verstärkende Zug zur Verreichlichung zahlreicher Kompetenzen die Konzentration auf die Ebene des Gesamtstaates befördert. Diese relative Zentralisierung setzt eine Entwicklung fort, die mit der Gründung des Bismarckschen Reiches, genauer des Norddeutschen Bundes, begann und dort bekanntlich zunächst voranschritt, ohne das geschriebene Verfassungsrecht massiv zu verändern.

Dennoch waren die deutschen Staaten als Länder weiter existent. Auch wenn die Weimarer Republik ein unitarischer Bundesstaat mit gewissen Tendenzen zum dezentralisierten Einheitsstaats war, verdienen sie und die Entstehung ihrer verfassungsmäßigen Ordnung Aufmerksamkeit. Der Übergang von der konstitutionellen Monarchie zur parlamentarischen Republik hat für die am Prozess der Verfassunggebung Beteiligten in den durch die Revolution vorgegebenen Grenzen Spielräume eröffnet. Innerhalb dieser Grenzen konnte mit den zahlreichen möglichen Elementen einer demokratischen Verfassung experimentiert werden. Die Durchsetzbarkeit der geplanten Konstruktionen war einstweilen nur durch die Mehrheitsverhältnisse innerhalb der für die Verfassunggebung zuständigen Staatsorgane begrenzt.

Die fünf Kapitel des Hauptteils dieser Arbeit sind, soweit möglich, gleichförmig aufgebaut. Einer Darstellung des Prozesses der Verfassunggebung, soweit möglich von den ersten Vorarbeiten bis zum Inkrafttreten des fertigen Gesetzes, folgt ein systematischer Teil, in welchem die Entstehung der ausgewählten Normen detailliert abgehandelt wird. Unter anderem sollen dabei folgende Fragen behandelt werden:

1. In welcher Phase der Verfassunggebung erschien die Bestimmung, die schließlich durchgesetzt wurde, zum ersten mal?
2. Von wem wurde sie vorgeschlagen und in welcher Form?
3. Was könnte ihr Hauptzweck gewesen sein?
4. Wurde sie von den beteiligten Seiten aus ideologischen oder ideologienahen Beweggründen befürwortet oder abgelehnt?
5. Wie haben die Alternativen ausgesehen und wer hat sie propagiert?

Im Anschluß daran folgt in den einzelnen Kapiteln die Benennung desjenigen Stadiums der Verfassunggebung, in welchem die relativ meisten der behandelten Regelungen eingeführt wurden. In den Fällen, in denen eine Einzelperson den maßgeblichen Entwurf hergestellt hat, schließt sich eine Kurzbiographie dieser Person an. Jedes Kapitel enthält eine Analyse der Vorgehensweise der an zentraler Stelle an der Entstehung der Vorlage Beteiligten. Schließlich werden die Vorbilder dieser Entwürfe, bereits damals bestehende Staatsgrundgesetze und andere Quellen, herausgearbeitet.

Im Schlußteil der Arbeit werden die Verfassungsgebungsprozesse unter ausgewählten Gesichtspunkten vergleichend analysiert, wobei wegen des angestrebten Umfangs dieser Arbeit einzelne Probleme nur kursorisch behandelt werden konnten.

1.2. Forschungsstand

Die Rechtswissenschaft der Zwischenkriegszeit hat sich mit den Länderverfassungen intensiv beschäftigt. So liegen zahlreiche staatsrechtliche und staatswissenschaftliche Dissertationen zum Thema vor. Mit dem Bereich der Ausgestaltung und Abgrenzung der Kompetenzen des württembergischen Staatspräsidenten, seiner Minister und des Staatsministeriums als Ganzem beschäftigen sich beispielsweise eine Monographie[1] und vier Dissertationen[2] aus den Jahren 1922–1930. Bei diesen Arbeiten sind große inhaltliche Überschneidungen festzustellen. Eine gegenseitige Rezeption fand, soweit festgestellt werden konnte, nur in sehr eingeschränktem Umfang statt.

Ebenso wurden die einzelstaatlichen Verfassungsentwicklungen von Fachzeitschriften festgehalten. Ihrer Natur nach beschäftigen sich fast alle diese Veröffentlichungen aber nur mit damals geltendem Recht, d.h. mit den Inhalten der inkraft getretenen Verfassungsurkunden.

Für die Beschäftigung mit diesem ehemals geltenden Recht eignen sich die ersten Jahrgänge des „Jahrbuchs des öffentlichen Rechts der Gegenwart". Systematisch geordnet findet sich das Landesverfassungsrecht bei Meissner[3], die Arbeit von Hatschek ist weniger zu empfehlen. Alle Länderverfassungen sind bei Ruthenberg abgedruckt.

Nachfolgende Aufstellung bietet ohne Anspruch auf Vollständigkeit einen kurzen Überblick über vornehmlich neuere, erwähnenswerte Literatur zur Verfassungsentstehung in den in dieser Arbeit nicht behandelten Ländern.

Was den Freistaat Bayern angeht, so ist die Literaturlage für den fraglichen Zeitraum und das Thema der Revolution im Allgemeinen günstig. Es „[...] widmete sich ein Team von etwa 30 Doktoranden an der Universität München der Behandlung einschlägiger Themen."[4] Das Ergebnis war ein Sammelband mit 15 Aufsätzen.[5] Speziell mit der Verfassunggebung befaßt sich auf sieben Seiten die Dissertation von Wolfgang Benz aus dem Jahr 1968, die den anderen drei südwestdeutschen Verfassungen insgesamt wenig mehr als fünf Seiten widmet.

---

[1] Wilhelm.

[2] Bohnacker, Hoeges, Seifriz und Voelter.

[3] Über diesen zuletzt: Janssen.

[4] Kaller 1973, S.176–177.

[5] Bosl.

Anläßlich der achtzigsten Wiederkehr der bayerischen Verfassunggebung wurde 1999 eine von Staats- und Stadtarchiv Bamberg veranstaltete Ausstellung gezeigt. Analog zu den Vorgängen auf der Reichsebene hatten Regierung und Landtag das revolutionäre München verlassen, die Verfassungsurkunde vom 14. August 1919 wird auch als „Bamberger Verfassung“ bezeichnet. Der Begleitband[6] zur Ausstellung stellt die Sammlung der neuesten Literatur dar. Zwei Aufsätze beschäftigen sich mit den beiden Anläufen zur Verfassunggebung. Bezeichnenderweise war der Freistaat Bayern das einzige Bundesland, welcher die nachrevolutionären Verfassunggebung in größerem Umfang als Meilenstein seiner Verfassungsgeschichte gewürdigt hat.

Ein Aufsatz in einem von der Niedersächsichen Archivverwaltung herausgegeben Sammelband zur dortigen Verfassungs- und Verwaltungsgeschichte befaßt sich trotz der im Untertitel geweckten Erwartungen nicht mit der Verfassung des Freistaates Braunschweig von 1922.[7]

Die kommentierte Ausgabe der Verfassung von Hamburg[8] enthält einen fünfseitigen Abriß zur Entstehung dieses Staatsgrundgesetzes.

Im Falle des Volksstaats Hessen liegt eine Zulassungsarbeit für das Lehramt vor.[9] Darüber hinaus beschäftigt sich die Einleitung einer Quellensammlung[10] auf etwa 30 Seiten mit der hessischen Verfassung, wobei der Schwerpunkt auf dem Parlamentsrecht liegt.

Der Entstehung der preussischen Verfassung ist ein Teil der Habilitationsschrift von Horst Möller gewidmet.[11]

Ein Aufsatz, welcher den Zeitraum zwischen Revolution und Inkrafttreten der Verfassung in Schaumburg-Lippe abhandelt, stellt die Enstehung der Verfassung, übrigens nach schwarzburg-rudolstädtischem Vorbild, auf etwa drei Seiten dar.[12]

Häupel widmet in ihrer 1995 erschienenen Monographie über die Gründung des Landes Thüringen dem durch den Kapp-Lüttwitz-Putsch unterbrochenen Vorgang der Verfassunggebung ein Dutzend Seiten.[13] Daneben existiert ein Aufsatz in einem bereits drei Jahre zuvor vom Thüringer Landtag herausgegebenen Sammelband, der sich auf 15 Seiten mit der Bildung des Landes und der Verfassunggebung beschäftigt.

Keine oder keine nennenswerte Literatur konnte für die Länder Anhalt, Bremen, Lippe, Lübeck und Mecklenburg-Schwerin ermittelt werden. Inhaltsangaben, die teilweise auch kalenderartige Angaben zu den Stadien des Verfassungsgebungsprozesses machen, finden sich gleichwohl in den zeitgenössischen juristischen Fachzeitschriften.

Im Land Waldeck, das ohnehin eine Schattenexistenz führte und das 1929 in Preußen aufging, fand keine Verfassunggebung statt

---

[6] Wagenhöfer u. Zink.
[7] Lent.
[8] Mittelstein.
[9] Schuchmann.
[10] Eckert u. Köhler.
[11] S61–225.
[12] Brosius.
[13] S.95–106.

1.3. Auswahl der Länder

Die Auswahl der Länder erfolgte unter zwei verschiedenen Gesichtspunkten. Für Württemberg und Baden sprachen zunächst eigene regionalgeschichtliche Interessen. Die badische Verfassung stellt darüber hinaus in der Weimarer Zeit einen Extremfall dar. Einerseits wurde auf ihrer Grundlage ein konsens- und konkordanzorientierter Politikstil wie in keinem anderen deutschen Land praktiziert und anderseits war die Regierung nirgendwo so schwach und das Parlament so stark wie in Karlsruhe. Teile meiner Magisterarbeit waren als Vorstudie zu diesem Kapitel konzipiert worden.

Auf die Bearbeitung der dritten südwestdeutschen Verfassung, der hessischen, wurde verzichtet, da die erwähnte Zulassungsarbeit das Thema bei abweichender Schwerpunktbildung teilweise hinreichend abdeckt.

Die anderen Länder wurde wegen ihrer systematischen Besonderheiten ausgewählt. Im Hinblick auf das Verhältnis zwischen Legislative und Exekutive, stellt die oldenburgische Verfassung das dem badischen diametrale Extrem dar. Nur sie enthielt eine Regelung, die es der Regierung erlaubte, den Landtag ohne vorhergehende Volksabstimmung aufzulösen.

Auch das Staatsgrundgesetz von Mecklenburg-Strelitz kannte eine einzigartige Regelung aus dem Bereich des Verhältnisses zwischen Regierung und Parlament. Sie übertrug nämlich die Ernennung der Regierung dem Landtagspräsidenten. Diese staatsrechtlich originelle und demokratietheoretisch systemwidrige Lösung findet sich, soweit ich sehe, weltweit in keiner anderen Verfassung.

Die Verfassung des Freistaats Sachsen schließlich kannte wie die preussische, die Weimarer Reichsverfassung und das bundesrepublikanische Grundgesetz eine Richtlinienkompetenz des Regierungschefs. Die anderen Verfassungsgesetzgeber hatten sich statt dessen für die mehr oder weniger starke Hervorhebung des Kollegialitätsprinzips im Verhältnis der Regierungsmitglieder untereinander entschieden.

1.4. Auswahl der Materie

Der Begriff des Verfassungsrechts soll in dieser Arbeit, wenn nichts anderes vermerkt ist, lediglich diejenigen Regelungen umfassen, die üblicherweise Aufnahme in die Verfassungsurkunden der modernen Staaten gefunden haben.

Wegen des Umfangs der Materie mußte auch mit Blick auf den Inhalt der bearbeiteten Länderverfassungen eine Auswahl getroffen werden. Besonders lohnenswert erschien hierbei eine Konzentration auf den Kern des Staatsorganisationsrecht der modernen Demokratien, das Verhältnis zwischen Parlament und Regierung.

Die Beschäftigung mit den Grundrechten und den Grundpflichten erschien weniger lohnend. Die reichsverfassungsrechtlich durch den umfangreichen Katalog des zweiten Hauptteils der Weimarer Verfassung garantierten Rechte galten ja auch gegenüber den Staatsgewalten der Länder. Meißner, als Chef des Büros des Reichspräsidenten selbst eine Figur der Weimarer Verfassungsgeschichte, findet in seiner systematischen Darstellung des Verfassungsrechts des Reiches und der Länder für dieses Verhältnis folgende Worte: „Die Bestimmungen der Reichsverfassung über die Grundrechte und Grundpflichten umfassen die wichtigsten Materien unseres öffentlichen Rechts und ziehen einen Querschnitt durch das gesamte politische Leben des Reichs wie der Länder [...]. Die meisten Länder haben daher darauf verzichtet, in ihren Verfassung [..] nochmals umfassend Grundrechte und Grundpflichten aufzustellen, nur Baden, Bayern, Mecklenburg-Schwerin, und Oldenburg haben [..] auch in den Landesverfassungen Grundrechte und Grundpflichten [...] zusammengefaßt; ohne wesentlich Neues zu geben, prägen sie die selben Gedanken wie die Reichsverfassung zum Teil in enger Anlehnung an diese [...].“[14]

Da die badische und die oldenburgische Verfassung vor und die bayerische nur drei Tage nach der Reichsverfassung verabschiedet wurden, bestand trotz der fallweisen Anpassung schon an die verschiedenen Entwürfe der Reichsverfassung offensichtlich die subjektive Notwendigkeit, fundamentale Menschen- und Bürgerrechte zu garantieren. Konsequenterweise hat der württembergische Verfassunggeber den umfangreichen Grundrechteteil der am 23. Mai 1919 inkraft getretenen Verfassung nicht in die revidierte Fassung vom 25. September desselben Jahres aufgenommen.

Besonderes Gewicht kommt wegen des Wegfalls monarchischer Kompetenzen innerhalb der Grundrechte den Regelungen über das Verhältnis zwischen Staat und Kirche bzw. Staat und Kirchen zu. U.a. mit der Entstehung der einschlägigen badischen Verfassungsvorschriften hat sich die bereits 1976 erschienene Karlsruher Dissertation von Stehling beschäftigt.

Die plebiszitären Elementen der Verfassungen wurden als solche nicht bearbeitet. Die adäquate Darstellung der allerorten diskutierten direkten Volksgesetzgebung hätte einen Umfang angenommen der, unbeschadet ihrer demokratietheoretischen Bedeutung, in keinem sinnvollen Verhältnis zu ihrer geringen praktischen Bedeutung gestanden hätte. So verzeichnet Schiffer[15] zwar 27 auf Länderebene „erwogene, geplante, angekündigte Volksbegehren“, von denen aber nur 18 in die Tat umgesetzt wurde. Das Endstadium „Volksentscheid“ erreichten nur zehn Initiativen, von denen ganze zwei positiv ausfielen. Die hier bearbeiteten Länder waren hierbei lediglich in den Jahren 1931/32 von einer erfolgreichen (Oldenburg) und einer gescheiterten (Sachsen) Landtagsauflösung per Volksabstimmung betroffen. Soweit hier interessierende Materien betroffen waren, wird das Recht der Volksgesetzgebung jeweils im Zusammenhang gestreift werden.

Auf die vollständige Bearbeitung des verfassungsrechtlich geregelten Finanzwesens wurde verzichtet, da zu dessen adäquater Darstellung genaue Kenntnisse volkswirtschaftlicher Zusammenhänge notwendig sind.

Aus ähnlichen Erwägungen fehlen auch die Vorschriften über das einzelstaatliche Justizwesen.

Außerdem mußte mit dem Verzicht auf die Behandlung der grundlegenden Verwaltungsstrukturen und des Gesetzgebungsverfahrens dem angestrebten Umfang der Arbeit und dem Umfang der Länderauswahl Tribut gezollt werden

Letztlich hing die Auswahl und die Gewichtung der einzelnen Gegenstände von der Quellenlage ab. Die Anzahl der in Frage kommenden Aktenstücke variiert, wie im Quellenverzeichnis ausgeführt, stark. Neben den überall vorhandenen Kabinettsakten

---

[14] S.221.

[15] 1971 Tab.I

waren hauptsächlich Akten der beteiligten Fachministerien, der Parlamente und Politische Nachlässe, daneben vereinzelte Personalakten einschlägig.

Die Reihenfolge der Kapitel im Haupttext richtet sich nach der Reihenfolge, in der die einzelnen Verfassungen fertiggestellt wurden.

2. Mecklenburg-Strelitz

2.1. Gang der Verfassunggebung

Noch am 4. November 1918 bekundete Großherzog Friedrich Franz IV. von Mecklenburg-Schwerin seinen Willen „[...] in dankbarer Würdigung des vom mecklenburgischen Volk an der Front und daheim bewiesenen vaterländischen Geistes und seiner unbegrenzten Opferfreudigkeit [...]“statt der bisherigen Landstände ein vergleichsweise fortschrittliches Zweikammersystem einzuführen.[16] Da der Monarch wegen ungelöster erbrechtlicher Fragen gleichzeitig als „Verweser der Großherzoglichen Lande“ dem Großherzogtum Mecklenburg-Strelitz vorstand, galt diese Ankündigung auch dort. Bei dem einzigen Verwandten des im Februar 1918 durch Selbstmord aus dem Leben geschiedenen Großherzogs von Mecklenburg-Strelitz, der in der Thronfolge vor dem Schweriner Herrscher stand, handelte es sich um einen General in russischen Diensten, der deshalb „zweifellos“ nicht infrage kam,[17] obwohl er sich bei Kriegsbeginn in den Ural hatte versetzen lassen.

Schon am nächsten Tag jedoch bildeten sich an der mecklenburgischen Küste die ersten revolutionären Räte. Gleiches geschah am 6. November in Neustrelitz[18] und am 8. November in Strelitz.[19] Am selben Tag entließ der Großherzog die Schweriner Regierung und kündigte ein Kabinett an, das zwar mangels moderner Volksvertretung nicht parlamentarisch sein konnte, dessen Mitglieder aber aus „Angehörigen der in Mecklenburg vertretenen Parteien der Linken des Reichstags“ gebildet werden sollte. Das Strelitzsche Staatsministerium wurde am 10. November entlassen. Des weiteren wurde das Einkammersystem versprochen.[20] Am Tag darauf ernannte der Großherzog den nationalliberalen, später demokratischen Reichstagsabgeordneten und Abgeordneten der Hamburger Bürgerschaft Peter Stubmann zum Regierungschef. Dieser übernahm zusätzlich die Bereiche bzw. Abteilungen für Finanzen, Domänen und Forsten. Neben Stubmann umfaßte die Strelitzer Regierung fünf weitere Mitglieder: Den Landgerichtsrat Friedrich Weber (Justiz) und den Rechtsanwalt Otto Piper (Inneres), beide aus Neustrelitz, sowie drei Exponenten der Revolution: Gustav Rühberg, ein Mitarbeiter Friedrich Naumanns (Unterricht und geistliche Angelegenheiten), Paul Schaffer, SPD-Stadtrat aus Neubrandenburg (Arbeit) und Hans Krüger, der Vorsitzende des zentralen Arbeiter- und Soldatenrates in Strelitz (öffentliche Sicherheit).[21] Während die beiden letzten Zuständigkeiten neu waren bzw. aus untergeordneten Dienststellen entstanden, waren die Justiz- und die Kultusverwaltung bisher eine von drei Abteilungen des Staatsministeriums gewesen. Die drei zuletzt genannten Männer und ihre Pendants in Schwerin bezeichnet Vitense pauschal als „nicht wert genannt zu werden“[22], weshalb er deren Namen tatsächlich verschweigt, was wiederum den begrenzten Wert

[16] zit. n. Vitense, S.583.

[17] Am ausführlichsten hierzu Brückner, S.218–221. Der Autor schreibt noch, was den Briefverkehr im Jahre 1918 angeht, das Datum nach dem Julianischen Kalender in den Zähler und das nach dem Gregorianischen Kalender in den Nenner eines Bruches.

[18] Heck, S.89.

[19] Vitense, S.582.

[20] Heck, S.89–90.

[21] a.a.O., S.90. Zuständigkeiten laut Landeszeitung, Nr.297 vom 20.12.1918.

[22] S.584.

dieser Gesamtdarstellung für den fraglichen Zeitraum schlaglichtartig beleuchtet. Vitenses Werk wird übrigens in dem 1935 veröffentlichten und einschlägig politisierten Buch des Archivrats Endler generell als unzuverlässig bezeichnet.[23]

Der Großherzog beabsichtigte, mit verminderten Rechten als Herrscher an der Demokratisierung Mecklenburgs mitzuarbeiten, „aber schon am 14. November mußte er ‚auf Beschluß des Ministeriums' [...] auf den Thron verzichten."[24] Am 16.November gab die Strelitzsche Regierung bekannt, die Verweserschaft sei mit dem Thronverzicht erloschen.[25] Der Behauptung Hecks, vor Friedrich Franz hätten bereits alle anderen deutschen Fürsten dem Thron entsagt[26], stehen, je nach der gemeinten Bedeutung von „entsagen" die Feststellungen Kittels entgegen, Fürst Günther von Schwarzburg-Rudolstadt habe am 23. November abgedankt, wobei er ein im Landtag beschlossenes Gesetz über die Änderung der Staatsform noch selbst verkündete und König Wilhelm von Württemberg habe erst am 30. November als letzter deutscher Fürst dem Thron entsagt.[27]

Am 19. November wurde erließ die Regierung eine Verordnung über Wahlen zu einer verfassunggebenden Versammlung. Diese sollten daher bereits am 15. Dezember stattfinden. Die Stände waren bereits am 3. Dezember als Körperschaften des öffentlichen Rechts aufgehoben worden.[28] Unter den Maßnahmen, die das Staatsministerium vor Zusammentritt der verfassunggebenden Versammlung unternahm, zählt eine nicht gänzlich zuverlässige Auflistung der Neustrelitzer Landeszeitung[29] für den 25. November die „Herbeiführung einer Vertrauenskundgebung der Arbeiter- und Soldatenräte für die vorläufige Regierung (sic!). Laut eben dieser Auflistung wurde der Oberlandesgerichtsrat Paul Kretschmann am 26. November zum Beirat des Staatsministeriums bestellt.

Bei der Wahl der Konstituante ging von 42 Mandaten eine Hälfte an die SPD, die andere an bürgerliche Kräfte. 18 Sitze entfielen dabei auf die Liste der DDP, die von Vitense[30] als die der „Vereinigten Liberalen" bezeichnet wurden und offiziell „vereinigte liberale Parteien (demokratische Partei)" hießen, zwei auf diejenige der Handwerker und Gewerbetreibenden und einer an den Mecklenburg-Strelitzschen Bauernbund.[31] Letzterer hatte anscheinend einen so aggressiven Wahlkampf gegen die vereinigten Liberalen geführt, daß die demokratische Landeszeitung sich veranlaßt sah, von „K a m p f n a c h z w e i F r o n t e n zu sprechen."[32] Bei der letzten Reichstagswahl 1912 waren auf die Freikonservativen 36,6%, auf die Nationalliberalen 32,7% und auf

[23] S.101.
[24] Brückner, S.222.
[25] Kittel, S.54.
[26] S.90.
[27] Kittel, S.53–54.
[28] John, S.249.
[29] Nr.297 vom 20.12.1918.
[30] S.591.
[31] Falter, Lindenberger und Schumann, S.99.
[32] Nr.294 vom 17.12.1918.

die SPD 30,7% der Stimmen entfallen.[33] Unter den sozialdemokratischen Abgeordneten befand sich mit der „Ehefrau“ Erna Weiland die einzige Frau der Versammlung.

Mit wahrhaft überschwenglichen Worten würdigte der Kommentar der Landeszeitung die Eröffnung der verfassunggebenden Versammlung am 19. Dezember im Tanzsaal der Orangerie in Neustrelitz .[34] Unter Heranziehung des athenischen wie des spartanischen Vorbildes, einer Kriegstat Kurfürst Friedrichs I. von Brandenburg, des schillerschen Don Carlos und des Sturms auf die Tuilerien schlug der Kommentator den Bogen zum sich abzeichnenden Verfassungsgebungsprozeß. Etwas ernsthafter wies er darauf hin, daß der Konvent der französischen Revolutionszeit ja auch im Schlosse des bisherigen Herrscherhauses getagt habe und daß nun, fünfviertel Jahrhunderte später, das konstitutionelle Zeitalter auch in Mecklenburg-Strelitz begonnen habe. Der eklektizistische Wunsch des Journalisten, die Gesetze der Volksvertreter mögen „[...] nie der Zerschmetterung durch Klio begegnen [...] wie sie [..] den Gesetzestafeln von des Weltschöpfers Hand auf dem Berg Sinai widerfuhr.“ (sic!) sollte nicht in Erfüllung gehen.

Schon in der zweiten Sitzung, tags darauf, begann die Konstituante nach einleitenden Worten Stubmanns umgehend mit der detaillierten Beratung einer Regierungsvorlage, die neun Richtlinien über fundamentale Verfassungsgrundsätze enthielt.[35] Abgesehen von einem Punkt prozessuraler Natur, über den noch nicht abgestimmt wurde, stimmte die verfassunggebende Versammlung allen Richtlinien einstimmig zu.[36]

In der Folge entstand das Landesgrundgesetz nicht durch einen Ausbau oder die Untergliederung der Richtlinien, sondern auf der Basis eines im Staatsministerium erarbeiteten vollständigen Verfassungsentwurfs, dessen Entstehung weiter unten ausführlich dargestellt werden wird.

Dieser Entwurf wurde von der Versammlung am 5. und 7. Januar 1919 vorberaten und an den eigens geschaffenen „Ausschuß Nr.5 zur Vorberatung des Landesgrundgesetzes“ überwiesen.[37] In derselben Sitzung gab Hans Krüger, nunmehr Chef der Regierung, die Umbildung derselben bekannt. Wegen „des Wahlausfalls“ waren die beiden Liberalen Piper und Weber zurückgetreten, blieben jedoch als Beiräte Teil des Staatsministeriums.[38]

Die SPD erreichte bei der Besetzung des Ausschusses durch geschicktes Argumentieren mit der Geschäftsordnung, daß diese Kommission mit neun Abgeordneten statt der geplanten acht besetzt wurde und der neugeschaffene Platz von einem Sozialdemokraten eingenommen wurde. Der Bäckermeister Karl Brachmann war als Abgeordneter der Handwerker- und Gewerbetreibenden nur Hospitant bei den Liberalen. Unter den neun Männern befand sich nur ein Jurist, der demokratische Rechtsanwalt und Notar Wilhelm Sauerwein. Vorsitzender wurde der SPD-Mann David Botzenhardt, als Gauleiter der Landarbeitergewerkschaft der einzige Verbandsfunktionär. Schriftführer

[33] Ritter, S.90.

[34] Nr.297 vom 20.12.1918.

[35] Verhandlungen der verfassunggebenden Versammlung. Drucksache Nr.3 u. Pr. ü. d. 2.Si. vom 20.12. 1918 u. d. 3.Si. vom 21.12.1918.

[36] Drucksache Nr.11. Pr. ü. d. 3.Si. vom 20.12.1918, S.37–38.

[37] Pr. ü. d. 5. Si. vom 7.1.1919.

[38] Pr. ü. d. 5. Si. vom 7.1.1919, S.52.

und Berichterstatter wurde der demokratische Oberlehrer Hans Pöhlmann. Die übrigen Mitglieder waren Arbeiter bzw. Handwerker, dazu kamen ein Bauunternehmer und ein Kantor. Der Ausschuß erstattete dem Plenum in dessen sechster, siebenter und achter Sitzung Bericht über den überarbeiteten Entwurf.[39]

Die hier interessierenden Verfassungsabschnitte wurden am 22. und 23. Januar verhandelt. Darauf folgte eine zweite und dritte Plenardebatte in der neunten und der zehnten Sitzung der Landesversammlung am 24. und 29. Januar. An diesem Tag wurde die Verfassung verabschiedet. Sie trat gemäß ihres §46 tags darauf in Kraft. Sie trug den Namen eines Landesgrundgesetzes und stellte somit zumindest sprachlich eine Kontinuität zum Landesgrundgesetzlichen Erbvergleich her. Die Bezeichnung der Protokolle der verfassunggebenden Versammlung für die verschiedenen Phasen des parlamentarischen Teils der Verfassunggebung ist im übrigen nicht schlüssig und irreführend.

Am 30. März 1919 wurde der erste ordentliche Landtag gewählt, dem nurmehr 35 Abgeordnete angehörten. Das bürgerliche Lager, das mit einer Einheitsliste angetreten war[40], erreichte eine Mehrheit von etwa 1200 Stimmen. Wegen der weiter unten zu beschreibenden Wahlkreiseinteilung bedeutete dieses Ergebnis aber eine bürgerliche Minderheit von 17 Mandaten gegenüber einer sozialdemokratischen Mehrheit von 18. Überdies spalteten sich die acht[41] Demokraten bald ab, um an einer Neuauflage der bisherigen Koalition teilzunehmen.[42] Während dieses Landtages wurden zwei Gesetze verabschiedet, welche die Regierungsstruktur betrafen.

Eine Totalrevision des Landesgrundgesetzes fand während des ersten ordentlichen Landtags nicht statt, jedoch nicht wegen dessen von Trippe angedeuteter Untätigkeit,[43] sondern weil diese Aufgabe von Anfang an dem zweiten ordentlichen Landtag vorbehalten bleiben sollte.

Die wegen Koalitionskrisen notwendig gewordene Neuwahl vom 16. Mai 1920 brachte einen gewissen Rechtsruck, änderte aber nichts an den bisherigen Machtverhältnissen.[44] Die SPD stellte 15 Abgeordnete und die USPD einen. Während die Demokraten drei Mandate verloren, kam die rechtsstehende Wirtschaftliche Vereinigung, auf zehn. Zu diesem „[...] Zusammenschluß aus Bauern- und Handwerkerbünden (sic!), DVP und DNVP [...]“[45] kamen noch vier Hospitanten aus der Handwerkerliste hinzu.[46]

Wie geplant beschäftigte sich der zweite Landtag mit der Revision des Landesgrundgesetzes, wofür Hamann folgende Motive angibt: „Die Mängel dieses Grundgesetzes, dem einmal die Verbindung mit der Reichsverfassung völlig fehlte und das anderer-

[39] Drucksache Nr.17.
[40] Anders Falter, Lindenberger und Schumann, S.99.
[41] a.a.O.
[42] Heck, S.96–97.
[43] Trippe, S.126.
[44] a.a.O., S.96 u. 113.
[45] Trippe, S.126.
[46] Falter, Lindenberger und Schumann, S.99. Die a.a.O. behauptete Zahl von 16 SPD-Abgeordneten ist falsch. Vgl. Verhandlungen des Landtags von Mecklenburg-Strelitz Band 8, Drucksache Nr.1, S.4.

seits manche [...] schnell überholte Übergangsbestimmungen enthielt, waren bald fühlbar genug."[47]

Um diesen Mißständen abzuhelfen, forderte das Staatsministerium, darin dem eigenen Beschluß vom 27. Juli 1922 folgend, am 11. August seine Abteilungen und bestimmte Unterabteilungen auf, Änderungswünsche bis zum 1. Oktober mitzuteilen. In diesem Zusammenhang betonte eine Denkschrift des wieder am Oberlandesgericht Rostock tätigen Paul Kretschmann die zuletzt genannte Aufgabe, zumal anscheinend nur zwei untergeordnete Bestimmungen im Widerspruch zur Reichsverfassung standen. Statt dessen hob der Verfasser das Recht der einzelnen Länder im Allgemeinen und Mecklenburg- Strelitz" im Besonderen, sein Verfassungsleben im gegebenen Rahmen nach eigenem Gutdünken zu auszugestalten, hervor: „Zu berücksichtigen sind die Verfassung*en*[48] des Reiches und der Einzelstaaten insofern, als zu prüfen ist, ob eine Änderung oder Ergänzung des Landesgrundgesetzes [...] zweckmäßig ist. Gerade die Verfassungen der Länder sind sehr verschieden in den Einzelheiten; man gewinnt den [...] Eindruck, daß ein Gegenstand in der verschiedensten Art behandelt, daß derselbe Grundsatz die verschiedenste Ausgestaltung gewinnen kann, ohne daß [..] der Vorzug der einen Art vor der anderen sich erweisen läßt. Man braucht daher nicht die bisherige Gestaltung im Strelitzschen aufgeben, weil es irgend wo (sic!) anders gemacht wird. Vor allem ist zu untersuchen, ob sich das Landesgrundgesetz [..] bewährt hat und inwiefern sich ein Bedürfnis nach seiner Änderung [...] gezeigt hat.[49]

Besagte Denkschrift wurde am 14. Oktober an die Teilnehmer einer am 20. November 1922 stattfindenden Verfassungskonferenz verschickt: Neben Paul Kretschmann und den beiden Staatsministern von Reibnitz und Hustaedt handelte es sich dabei um das Präsidium und drei weitere Abgeordnete des Landtags, darunter der Sozialdemokrat Karl Bartosch, der im Staatsministerium die Unterabteilung für Arbeiterangelegenheiten leitete. Daneben waren zwei Ministerialräte und der Schönberger Landrat, der die Interessen des Landes Ratzeburg wahrnahm, anwesend.

Zu diesem Zeitpunkt lag neben der Denkschrift ein vollständiger Entwurf der geänderten Verfassung von Kretschmanns Hand vor. Die beigefügte Begründung wurde nach der Konferenz und vor der Überweisung des Entwurfs abgeändert, wobei die korrigierende Handschrift nicht diejenige Kretschmanns ist.[50] Auch der Entwurf selbst ist abgeändert worden. Dies kann erst nach der Konferenz geschehen sein, weil deren Protokoll nur Meinungsbildung, nicht jedoch Detailarbeit verzeichnet. Den Usancen entsprechend kann es sich nur um eine Besprechung im Staatsministerium gehandelt haben, vermutlich unter Hinzuziehung von Unterabteilungsleitern und vielleicht von weiteren höheren Ministerialbeamten.

Kretschmann war auch am 23. November und am 1. Dezember 1922 dienstlich in Neustrelitz, was aus seiner Reisekostenabrechnung hervorgeht.[51]

---

[47] S. 171.
[48] Die Pluralendung wurde nachträglich handschriftlich eingefügt.
[49] LHA Schwerin 4.12–2/1 370.
[50] LHA Schwerin 4.12–2/1 370.
[51] LHA Schwerin 4.12–2/1 370.

Der Landtag überwies den entsprechenden Gesetzesentwurf der Regierung[52] am 14. März 1923 an den Ausschuß für Geschäftsordnung und Wahlprüfung, der zum Zweck der „Durchsicht des Landesgrundgesetzes" von fünf auf neun Mitglieder „verstärkt" wurde. Die SPD stellte vier Mitglieder, ebenso die Wirtschaftliche Vereinigung und die Demokraten eines.[53] Abgesehen von dem Sozialdemokraten David Botzenhart als ordentlichem und seinem Genossen Karl Rhode als stellvertretendem Mitglied gehörte dem Ausschuß niemand mehr an, der 1919 in gleicher Funktion an der Urfassung des Landesgrundgesetzes mitgearbeitet hatte.

Der Landtag beschloß am 8. und 16. Mai 1923 in zweiter und dritter Lesung die neue Version, welche am 1. Juli diesen Jahres in Kraft trat.

2.2. Regierungssystem

Alle in Frage kommenden Paragraphen wurden in der zweiten und dritten Lesung in Ausschuß und Plenum nicht mehr kontrovers behandelt. Die Verfassunggebende Versammlung hat sich nach Abschluß der ersten Lesung in der Hauptsache mit Kirchen- und Schulfragen und daneben mit Problemen aus dem Bereich von Justiz- und Verwaltung beschäftigt. Die beiden letzten Lesungen werden daher nicht mehr erwähnt.

Parlament

Anders als in den vier anderen bearbeiteten Territorien existierte im Großherzogtum Mecklenburg-Strelitz keine moderne Verfassung. Demnach bestand auch kein Parlament und vor allem keine einer Volksvertretung im Sinne des konstitutionellen Staatsrechts ähnliche Einrichtung. Statt dessen hielten sich die dem Mittelalter entstammenden Landstände, die eine gemeinsame Einrichtung beider Großherzogtümer waren. Grundlage der Staatsordnung war der ebenfalls für beide Territorien geltende „Landesgrundgesetzliche Erbvergleich" aus dem Jahr 1755.[54]

Im Landesteil Fürstentum Ratzeburg galt diese landständische Verfassung nicht, weswegen die dort bis 1918 herrschende Regierungsform als absolute Monarchie bezeichnet werden kann.[55]

Die Bezeichnung „Landtag" für die verfassungsmäßige Legislative als solche wurde trotz der eben erwähnten Traditionslosigkeit im Bezug auf eine moderne Volksvertretung während des Prozesses der Verfassunggebung nie in Frage gestellt.

2.2.1. Anzahl der Kammern

Die Landstände traten als einheitliche Körperschaft zusammen.

Der o.a. letzte Reformplan hatte ein Zweikammersystem vorgesehen. Die erste Kammer sollte „[...] aus gewählten Vertretern der bisherigen Stände, des Domaniums und der [..] Berufsstände bestehen, die zweite Kammer ausschließlich aus Abgeordneten

---

[52] Verhandlungen des Landtags von Mecklenburg-Strelitz Band 10 Drucksache Nr. 585.
[53] Verhandlungen des Landtags von Mecklenburg-Strelitz Band 9 Drucksache Nr. 366.
[54] Ausführlich zu den vorrevolutionären Verfassungsverhältnissen Hamann S.37–69.
[55] Wenzel 1930, S. 604.

zusammengesetzt sein, die auf Grund des allgemeinen gleichen, unmittelbaren und geheimen Wahlrechts zu wählen seien."[56] Weitere Vorschläge wurden wohl vor allem wegen der geringen Einwohnerzahl nicht mehr gemacht.

2.2.2. Legislaturperiode

Zu Zeiten der Monarchie gab es einen ordentlichen Landtag pro Jahr.[57]

Der §3,I des Erlasses vom 19. November 1918 machte die Dauer der Konstituante vom Prozeß der Verfassunggebung abhängig: „Sobald die neue Verfassung fertiggestellt ist, wird die Versammlung aufgelöst [...]."

Über die Verlängerung der Dauer der verfassunggebenden Versammlung und ihrer Aufgaben entspann sich, nachdem schon tags zuvor der Sozialdemokrat Botzenhardt versucht hatte, die Dauer der Versammlung auf ein Jahr zu verlängern, in der Sitzung vom 21. Dezember eine Diskussion, die ins Grundsätzliche abglitt.[58] Sie zeigte dabei, daß die Beteiligten in ihrer offen erscheinenden historischen Situation sich differenzierte Gedanken darüber machten, was genau Verfassung in formeller und in materieller Hinsicht bedeutet.

Die Dauer des ersten ordentlichen Landtags sollte nach dem Willen des Staatsministeriums nur ein Jahr betragen. Dieses erachtete diese Frist als ausreichend, um die „dringenden Aufgaben" zu bewältigen, der sich die Exekutive gegenübersah. Sie legte die Länge dieser Legislaturperiode durch die Richtlinie J „Eine Durchsicht der Verfassung erfolgt nach Jahresfrist durch den zweiten ordentlichen Landtag" fest, die, so Stubmann, im Kern den Sinn hatte, die Beteiligung der „Feldgrauen" bzw. ihrer Abgeordneten an Verfassung- und Gesetzgebung sicherzustellen.[59]

Der erste Entwurf ließ die Regelung offen und übertrug die Vorentscheidung somit dem Staatsministerium: „Die Legislaturperiode des Landtages dauert 3–4–5 Jahre." Der zweite maschinengeschriebene Entwurf Kretschmanns[60] und die Regierungsvorlage an die verfassunggebende Versammlung[61] (§7,1) sahen dann drei Jahre vor. Da sich der Ausschuß anschloß, fand sich diese Lösung an erwähnter Stelle im Landesgrundgesetz.

Die Länge der Legislaturperiode sowohl des ersten als auch der weiteren ordentlichen Landtage geht demnach auf einen Vorschlag aus den Reihen des Staatsministeriums zurück.

Der Plan des Staatsministeriums zur Revision des Landesgrundgesetzes trägt folgenden Vermerk: „Im Reich, Preußen u.s.w. dauert die Wahlperiode 4 Jahre, in einigen Ländern auch nur 3. Änderung ist nötig, Nachprüfung wird aber angeregt."[62] Das Wort „nicht" ist also zu ergänzen.

---

[56] Brückner, S.218.
[57] S.17.
[58] S.29–36.
[59] Pr. ü. d. 2.Si. vom 20.12.1918, S.15.
[60] LHA Schwerin 4.12–2/1 370 Siehe 3.3.
[61] Verhandlungen der verfassunggebenden Versammlung. Drucksache Nr.11.
[62] LHA Schwerin 4.12–2/1 370.

Die Regierungsvorlage an den Landtag sah eine vierjährige Wahlperiode vor, was der Entwurf wie folgt begründet: „Da eine längere Wahldauer ein ruhigeres Arbeiten fördert, ist ihre Ausdehnung auf 4 Jahre nach dem Vorbilde des Reichstags angemessen.“[63]

Die Verhandlungen der Verfassungskonferenz vom 20. November 1922 lassen eine allgemeine Tendenz zur längeren Wahlperiode erkennen.[64] Minister Hustaedt und der in den Landtagsveröffentlichungen ohne weiteren Zusatz als „Hofrat“[65] titulierte Deutschnationale Max Frick sprachen sich für eine Verlängerung auf vier bzw. fünf Jahre aus. Der Sozialdemokrat Karl Bartosch sprach sich letztlich auch für eine vierjährige Parlamentsdauer aus, die vor allem den Volksvertretern selbst zu Gute käme. Das Protokoll zitiert ihn wie folgt: „Er führt aus, dass eine dreijährige Legislaturperiode bei der Mentalität unserer Volksvertreter nicht ausreicht, um ihnen die allerelementarsten Begriffe einer Volksvertretung beizubringen; dazu gehört auch eine längere Zeit als vier Jahre, sie können wichtiges von unwichtigem nicht unterscheiden und sich nicht auf den Tagesordnungsgegenstand konzentrieren. Jedesmal nach einer Neuwahl zieht eine ganze Reihe neuer Männer in den Landtag ein und einem Teil der neuen Abgeordneten müssen [..] erst [..] parlamentarische Gehversuche beigebracht werden.“[66] Bei der Einschätzung dieser vernichtenden Kritik sollte berücksichtigt werden, daß mangels konstitutioneller Bindung der Monarchie bis 1918 keine Volksvertretung bestanden hatte und die Kommunalvertretungen fast überall ernannt worden waren und somit unterhalb der Reichsebene keine Gelegenheit zur Einübung parlamentarischer Spielregeln bestanden hatte.

§7 des Regierungsentwurfs[67] sah demnach eine vierjährige Landtagsdauer vor. Der Berichterstatter Wilhelm von Waldow, Staatsminister a.D., ein Angehöriger der Wirtschaftlichen Vereinigung, sprach sich namens des Ausschusses ebenfalls für eine Verlängerung aus. Die bisherige Parlamentsdauer wollte niemand explizit beibehalten. Die Diskussion über den §7 stand ohnehin ganz im Schatten der Frage nach dem Ende der Legislaturperiode des existierenden Landtags. Von Waldow eröffnete diese Kontroverse, wobei er sich aus dem Fundus der beim politischen Konservatismus beliebten organischen Metaphorik bediente: „Sodann hat es sich als zweckmäßig erwiesen, genau den Zeitpunkt zu bestimmen, mit dem der neue Landtag [...] ins Leben tritt. Gleichzeitig wird damit auch die Zeit bestimmt, mit der er stirbt.“[68]

Ironischerweise hielt der dreijährige Landtag, der diese Vorlage bearbeitete, eine volle Wahlperiode durch, während die beiden nächsten auf vier Jahre gewählten Parlamente zusammen nur vier Jahre und sieben Monate existierten.[69]

---

[63] LHA Schwerin 4.12–2/1 370.
[64] LHA Schwerin 4.12–2/1 371.
[65] Verhandlungen des Landtags von Mecklenburg-Strelitz Band 8 2. ordentlicher Landtag 1920/1923 Drucksachen Nr. 1.
[66] LHA Schwerin 4.12–2/1 371.
[67] Verhandlungen des Landtags von Mecklenburg-Strelitz Band 10 2. ordentlicher Landtag 1920/1923 Drucksache Nr.585.
[68] Pr. ü. die 87.Si. vom 8.Mai 1923, Sp.3777. Vgl. Demandt, S.79–87
[69] Ausgangszahlen bei Falter, Lindenberger u. Schumann, S.99.

2.2.3. Haushaltsdauer

„Alle Staatsausgaben, soweit es sich nicht um lehensrechtliche Verpflichtungen handelte, wurden nach den Bestimmungen des LGGEV vom Landesherrn getragen. Die Mittel hatte [...][dieser] aus den Erträgen seines Grundbesitzes [...], aus den Land- und Wasserzöllen, sowie anderen [..] Regalien zu entnehmen.“ Die Stände mußten Kontributionen zur Mitbestreitung der Staatslasten leisten.[70] Mecklenburg hatte also bis zum Ende der Monarchie keinen Staatshaushalt im modernen Sinne. Die monarchischen bzw. gouvernmentalen Reformpläne, die wie u.a. ein modernes Parlament vorsahen, zielten daher in der Hauptsache auf die Reform der Staatsfinanzen.[71]

Aufgrund dieses Zustandes ist die Formulierung des Punktes E der o.a. Richtlinien zu verstehen: „Die Finanzen stehen unter der Kontrolle des Landtages, dem volles Etatrecht zukommt.“[72]

Der erste maschinenschriftliche Verfassungsentwurf sah eine einjährige Haushaltsdauer und daneben die Möglichkeit vor, im Fall der verzögerten Verabschiedung eines neuen Haushalts Steuern und Abgaben noch für ein weiteres Jahr zu erheben. Die nächste Fassung kannte diese Ausnahmeregelung nicht mehr. Statt dessen sahen die handschriftlichen Änderungen darin die Feststellung der Haushaltsdauer im Haushalt selbst und somit auf dem Wege der einfachen Gesetzgebung vor. Der Regierungsentwurf an die verfassunggebende Versammlung regelte die Haushaltsdauer im §30, wobei die o.a. Lösung den ersten Absatz und die Pflicht der Landesregierung, dem Landtag jährlich einen Voranschlag vorzulegen, den zweiten Absatz bildete.

An der Haushaltsdauer wurde nichts mehr beanstandet.

Sie geht ebenfalls auf eine im Staatsministerium erarbeitete Abänderung des kretschmannschen Entwurfs zurück.

Die Verfassungsrevision der Jahre 1922–23 stellte sie nicht in Frage.

2.2.4. Wahlrecht

Mitglieder der Landstände waren die etwa 700 adligen und bürgerlichen Inhaber von Rittergütern als solche und die Bürgermeister von 49 mecklenburgischen Städten, der sogenannten Landschaft, die mehrheitlich vom Landesherrn eingesetzt wurden[73] ex officio[74]. Es fanden also keine Wahlen statt. Seit der Gründung des Norddeutschen Bunds gab es zahlreiche Anläufe, die mecklenburgischen Staatswesen zu modernisieren. Die ersten Reformpläne standen aber dem altständischen Gedanken noch näher als dem Repräsentativsystem. Sie zielten auf eine Erweiterung der Stände durch Vertreter der Amtsgemeinden bzw. deren Obrigkeiten oder auf ein Kurienwahlrecht für einen sehr begrenzten Teil der Einwohnerschaft.[75]

Friedrich Franz IV. legte dem Landtag von 1908 einen Verfassungsentwurf vor, der die Schaffung eines Landtags mit 67 Abgeordneten beinhaltete. Auf Mecklenburg-

[70] a.a.O., S.73–84.
[71] a.a.O., passim.
[72] Verhandlungen der verfassunggebenden Versammlung. Drucksache Nr.3.
[73] a.a.O. S.18.
[74] a.a.O., S.17.
[75] a.a.O., S.160–184.

Schwerin sollten dabei 32 ritterschaftliche und landschaftliche Mandate entfallen. 25 Abgeordnete wären von der Schweriner Bevölkerung nach allgemeinem Wahlrecht zu wählen gewesen. Je ein Mandat wäre durch Wahlen der Universität Rostock, der Landessuperintendenten, der Landessynode, sowie der Landwirtschafts-, der Handels- und der Handwerkskammer besetzt worden. Mecklenburg-Strelitz stellte „[...] vier Abgeordnete der Ritterschaft, drei [..] der Landschaft, einen [..] der Ratzeburger Hauswirte, einen vom Großherzog ernannten Abgeordneten und fünf aus der Bevölkerung gewählte [..].“[76] Auch dieser Vorschlag fand nicht die Zustimmung der Stände, die Reformbemühungen gingen aber bis in die letzten Tage der Monarchien weiter.[77]

Eine im Juni 1917 tagende Kommission aus Ständevertretern, Notabeln und Politikern aller Richtungen einschließlich der Sozialdemokratie beschloß ein Modell, nachdem eine „Minderheit von Landtagsmitgliedern aus allgemeinen Wahlen hervorgehen sollte.“ Dabei sollte das preussische Dreiklassenwahlrecht angewendet werden. Verschiedene Vorschläge sahen ein Pluralwahlrecht mit bis zu 19[78] Zusatzstimmen, beispielsweise für Alter, Mittelschulbildung, größeren Grundbesitz, höhere Steuerzahlung oder bei Arbeitgebern die Anzahl der Angestellten vor.[79]

Bei der Wahl der Verfassunggebenden Versammlung waren unabhängig vom Geschlecht alle mindestens Zwanzigjährigen wahlberechtigt, die am Tag, als der Wahlerlaß herausgegeben wurde, staatsangehörig waren oder bereits ungefähr seit einem halben Jahr im Land wohnten. Darüber hinaus durften alle im Land stationierten Soldaten sowie Deutsche, die für das Reich oder andere Bundesstaaten sich dienstlich im Land aufhielten, wählen. Bei der zuletzt genannten Gruppe galt dies sogar für die Familienangehörigen. (§5) Der §6 verpflichtete alle Wahlberechtigten, die das 70. Lebensjahr noch nicht vollendet hatten und die nicht durch erhebliche Gründe verhindert waren, zur Teilnahme an der Wahl. Zu der Zeit bestand eine Wahlpflicht für die Urnengänge zu den nationalen Parlamenten Belgiens, der Schweiz, Bulgariens, Mexikos und El Salvadors,[80] wobei allerdings auch nur die Kenntnis der Verhältnisse in den beiden zuerst genannten Staaten nicht sicher vorausgesetzt werden kann. Die Zahl der Wahlberechtigten ist oder ist nicht mehr bekannt.[81] Legte man die Angaben der Volkszählung von 1925 zugrunde, ergäbe sich trotz der angedrohten Geldstrafe von 3 bis immerhin 150 Mark (§25) eine Beteiligung von nur ungefähr drei Vierteln. Wahlberechtigt waren aber allein schon so viele nicht im Lande anwesende staatsangehörige Soldaten, daß deren Zahl ein Argument für eine möglichst kurze Dauer auch des ersten ordentlichen Landtags war. Angesichts der auch ohne Wahlpflicht hohen Wahlbeteiligung bei den Urnengängen zu anderen deutschen Parlamenten läßt sich die geringe oder ganz fehlende Wirksamkeit eines solchen Zwanges behaupten. Dies gilt übrigens für die Industriestaaten insgesamt für den Zeitraum des zwanzigsten Jahrhunderts.[82] Wählbar waren „nur Personen [..], die am Wahltage die mecklenburg-strelitzsche

---

[76] a.a.O., S.218.
[77] a.a.O., 241–255.
[78] Vitense, S.574.
[79] John, S.244.
[80] Stier-Somlo 1918, S.134.
[81] Falter, Lindenberger u. Schumann, S.99.
[82] Ausgangsmaterial bei Nohlen, 1990, 36–37.

Staatsangehörigkeit [..]"besaßen (§12,II). Vermutlich waren mit „Personen" Wahlberechtigte gemeint.

Punkt B der „Richtlinien für ein Staatsgrundgesetz", welche die Regierung der verfassunggebenden Versammlung überwies, legte die üblichen Wahlrechtsgrundsätze fest. „Die gesetzgebende Gewalt steht dem Landtage zu, der aus allgemeinen, gleichen, unmittelbaren und geheimen Wahlen hervorgeht."[83] Regierungschef Stubmann erklärte namens des Staatsministeriums bei der Vorstellung der Richtlinien, vom Wahlrecht, das er als „System" bezeichnete, könne nicht abgegangen werden.[84]

Für diesen Punkt bestand in der Beratung vom 20. Dezember kein Diskussionsbedarf.[85]

Im ersten Verfassungsentwurf Kretschmanns war das Wahlrecht bereits ausführlich geregelt: „Der Landtag geht aus allgemeinen, gleichen, unmittelbaren und geheimen Wahlen hervor [...] Wahlberechtigt sind alle am Wahltage im Lande sich aufhaltenden, mindestens 20 Jahre alten Personen [...], sofern sie entweder seit einem Monat vor dem Wahltage die mecklenburg-strelitzsche Staatsangehörigkeit besitzen oder seit einem Jahr [...] im Lande ihren ständigen Aufenthalt haben [...] Wählbar sind nur mecklenburg-strelitzsche Staatsangehörige."[86] Für alle Wahlberechtigten, die das 70. Lebensjahr noch nicht vollendet hatten, war wieder Wahlpflicht vorgesehen. Auf die Anführung der üblichen Ausschlußgründe kann hier verzichtet werden.

Der nächste Entwurf verlangte den einjährigen Besitz der Reichsangehörigkeit und den einmonatigen der Staatsangehörigkeit oder einen Mindestaufenthalt im Land von sechs Monaten, der handschriftlich auf drei Monate verkürzt wurde. Es geht aus dem Text selbst nicht hervor, ob von diesen drei Bedingungen die erste und eine der beiden anderen oder alternativ entweder die ersten beiden oder die letzte erfüllt werden mußten. Es läßt sich jedoch annehmen daß Nichtdeutschen die Teilnahme an der Wahl verwehrt war und daher die erste Variante zutrifft. Die Wahlpflicht entfiel nun, war jedoch seit 1920 im Landtagswahlgesetz verankert[87]. Der §6,I der Regierungsvorlage hatte ebenfalls den angeführten Inhalt.

Die verfassungsrechtlich geregelten Wahlrechtsbestimmungen wurden innerhalb der Verfassungsberatungen nicht mehr thematisiert.

Der erste Entwurf der Regierungsvorlage von 1923 ging wegen der Unvereinbarkeit mit der Reichsverfassung vom Erfordernis der mecklenburg-strelitzschen Staatsangehörigkeit für aktive Wähler ab, verlangte sie aber weiterhin von den Gewählten. Diese Lösung stand jedoch weiterhin im Widerspruch zum Art.110,II WRV, der jeden Deutschen den Staatsangehörigen eines jeden deutschen Landes rechtlich gleichstellte. Der erste Entwurf zur Begründung des Gesetzentwurfes wies ausdrücklich darauf hin.[88] Die Vorlage selbst verlangte für das aktive Wahlrecht nur noch die Voraussetzungen,

[83] Verhandlungen der verfassunggebenden Versammlung. Drucksache Nr.3.
[84] Pr. ü. d. 2.Si. vom 20.12.1918, S.13.
[85] a.a.O., S.16.
[86] LHA Schwerin 4.12–2/1 370.
[87] Lammers, S.54.
[88] LHA Schwerin 4.12–2/1 370.

die für die Reichstagswahl galten und einen dreimonatigen Aufenthalt im Land.[89] Wählbar sollten alle 25 Jahre alten Wähler sein.[90]

Da Landtagsplenum und -ausschuß keine abweichenden Vorschläge mehr machten, ging eine entsprechende Vorschrift als §6,III in die geänderte Fassung des Landesgrundgesetzes ein.

2.2.5. Wahlsystem

Zur Wahl der verfassunggebenden Landesversammlung teilte man das Staatsgebiet im §8 des Wahlerlasses in drei Wahlkreise ein, die den bestehenden Aushebungsbezirken entsprachen, wobei der dritte und kleinste gleichzeitig das Territorium des Fürstentums Ratzeburg umfaßte. In den Wahlkreisen Neustrelitz und Neubrandenburg wurden je 18 Abgeordnete gewählt, im Wahlkreis Schönberg sechs. Die Stimmen wurden nach dem d'Hondtschen Höchstzahlverfahren verrechnet (§20), wobei keine Reststimmenverwertung stattfand. Deswegen und aufgrund der vergleichsweise geringen Wahlkreisgröße kann eine Benachteiligung kleiner Listen vorliegen. Eine Auszählung auf Landesebene oder gar die Anwendung eines anderen Verrechnungsverfahrens hätte in der Tat ein weiteres Mandat für den nur im Wahlkreis Neustrelitz starken Mecklenburg-Strelitzer Bauernbund zuungunsten der vereinigten liberalen Parteien bedeutet.[91]

Im Gegensatz zum Wahlrecht stellte Stubmann die „Modalitäten" der nächsten Parlamentswahl frühzeitig und ausführlich zur Disposition.[92]

Paul Kretschmann stellte sich in seinem ersten Entwurf folgenden verfassungsrechtlichen Rahmen vor:„Der Landtag geht aus [...] Wahlen hervor, welche nach den Grundsätzen des Verhältniswahlrechts (mit freien Listen unter Zulassung der Listenverbindung?) vorgenommen werden. Zu wählen sind 42 Abgeordnete. [...] Die Einteilung des Landes in Wahlkreise sowie die sonst erforderlichen Bestimmungen [...] erfolgen durch das Wahlgesetz."[93]

In der nächsten Fassung waren nach einer handschriftlichen Korrektur nurmehr 35 Mandate vorgesehen. Sie findet sich im §6 der Regierungsvorlage.

Der Ausschuß zur Vorberatung des Landesgrundgesetzes schlug dem Plenum statt dessen ein automatisches Verfahren vor, bei dem auf je 2.500 Einwohner ein Mandat entfallen sollte. Außerdem sollte in die Verfassung ein Passus aufgenommen werden, der sicherstellte, daß das bisherige Fürstentum Ratzeburg auch weiterhin einen eigenen Wahlkreis bildete. Über die Zahl der Abgeordneten und die Ausgestaltung des Verhältniswahlsystems entspann sich eine kontroverse Diskussion. Der nunmehrige Regierungschef Hans Krüger (SPD) führte gegen die durch den Kommissionsvorschlag drohende Vergrößerung gegenüber den Regierungsplänen oder gar dem Umfang der Konstituante das ganze Arsenal der üblichen Bedenken ins Feld. Immerhin

[89] LHA Schwerin 4.12–2/1 370.
[90] Verhandlungen des Landtags von Mecklenburg-Strelitz Band 10 2. ordentlicher Landtag Drucksache Nr. 585.
[91] Ausgangsmaterial in: Verhandlungen der verfassunggebenden Versammlung. Drucksache Nr.10.
[92] Pr. ü. d. 2.Si. vom 20.12.1918, S.13.
[93] LHA Schwerin 4.12–2/1 370.

gelang es dem demokratischen Ausschußmitglied Sauerwein, anscheinend Hauptbefürworter dieser Änderung, um das Prinzip der automatischen Methode zu retten, dem Haus eine Zahl von 3000 Einwohnern schmackhaft zu machen. Einen solchen Kompromiß hatte zuvor schon Krüger vorgeschlagen[94]

Danach beschäftigte sich die Versammlung erst wieder in ihrer 9. Sitzung am 24. Januar im Rahmen einer ersten Lesung des Entwurfs eines Wahlgesetzes mit dem Wahlsystem.

Der Entwurf der Regierung[95] sah die Einteilung des Landes in vier Wahlkreise vor. Das Stimmenverrechnungsverfahren wollte sie einer Wahlordnung überlassen (§15). Diese sollte gemäß §18 auf dem Verordnungsweg durch die Abteilung des Inneren im Staatsministerium erlassen werden. Da sich diese Regelung durchsetzte, war ein im Konfliktfall sehr bedeutender Bereich des Parlamentsrechts demokratischer Kontrolle entzogen. Trotz der sibyllinischen Ausführungen Kretschmanns, welche dies andeuteten, hatte sich die Regierung nicht bereits jetzt für das d'Hondtsche Verfahren, sondern für die Beibehaltung der automatischen Methode entschieden. „[...] das Wahlsystem, welches wir [..] vorgeschlagen haben, ist außerordentlich kompliziert, weil nach ihm nicht nur berechnet werden muß, wieviel Sitze auf jede Vorschlagsliste fallen, sondern die Reihenfolge, in der die einzelnen Bewerber in den Landtag kommen, festgesetzt werden muß."[96]

In der allgemeinen Debatte erläuterte Paul Kretschmann den Entwurf, wobei er sich ausführlich über den Wegfall der Wahlpflicht und den Wechsel zu freien Listen ausließ. Bei dieser Listenform muß es sich aber nach heutiger Terminologie um lose gebundene Listen gehandelt haben, da Kretschmann das Panaschieren explizit ausschloß. Für die Demokratische Fraktion bemängelte der ehemals für die Justizabteilung des Staatsministeriums zuständige „Beirat" Dr. Weber den Ausschluß von Listenverbindungen, die den eher zersplitterten bürgerlichen Kräften zugute gekommen wären.[97] Vertreter beider bürgerlicher Splittergruppen äußerten in der zweiten Lesung in deutlicheren Worten die gleiche Ansicht.[98]

Zur weiteren Beratung überwies das Plenum den Entwurf eigentümlicherweise nicht dem Ausschuß Nr.5, sondern einem ad hoc zusammengestellten Ausschuß Nr. 7, der mit vier Sozialdemokraten und drei Bürgerlichen besetzt wurde[99]. Dieser tagte am 28. Januar[100] In der 10. Sitzung der Konstituante am Tag darauf, also vor der „Zweiten" Lesung, war das Wahlgesetz erneut auf der Tagesordnung. Aus nicht mehr nachvollziehbaren Gründen verzeichnet diese einen von einer Aussprache gefolgten mündlichen Bericht des Ausschusses Nr.7 über den Entwurf eines Wahlgesetzes [...]' der aber nur formal keine „Lesung" war. Um sich einen größeren Spielraum bei der Auswahl der Kandidaten zu erhalten, wurde an diesem Tag nach der Verabschiedung des Landesgrundgesetzes auf Antrag Webers eine Rückkehr zur alten Wahlkreiseinteilung be-

---

[94] Pr. ü. die 7. Si. vom 22.1.1919, S.83–84.
[95] Drucksache Nr.19.
[96] Pr. ü. die 9. Si. vom 24.1.1919, S.123.
[97] a.a.O, S.122–124.
[98] Pr. ü. die 11. Si. vom 30.1.1919, S.152.
[99] Pr. ü. die 9.Si. vom 24.1.1919, S.124.
[100] Pr. ü. die 10.Si. vom 29.1.1919, S.136.

schlossen. In dieser Sitzung wurden die großzügigen Möglichkeiten des §12,II des Entwurfs für „unstatthaft" erklärt. Dieser hatte ursprünglich folgende Fassung: „Statthaft ist, auf den Stimmzetteln einzelne Namen zu streichen, [...] umzustellen und für die durchstrichenen [..]andere [..] hinzuzufügen.[101]

Das Stimmenverrechnungsverfahren war schon bei der Wahl zur Konstituante angewendet worden. Die Entscheidung für seine Beibehaltung fiel im Staatsministerium. Die ebenfalls erprobte Wahlkreiseinteilung wurde auf Antrag Friedrich Webers einstweilen beibehalten. Die Rückkehr zur starren Liste geht auf den Ausschuß zurück.

Bereits im April 1920 wurde §2 des Wahlgesetzes dahingehend geändert, daß fortan nur noch zwei Wahlkreise existierten, die durch die Länder Ratzeburg und Stargard gebildet wurden.

Der auf der Verfassungskonferenz vom November 1922 vorliegende Entwurf Kretschmanns sah alternativ einen Abgeordnetensitz für je 3.000 Einwohner oder eine fixe Zahl von 35 Abgeordneten vor.[102]

Die letztere Lösung wurde von keiner Seite mehr beanstandet und fand als Teil des §6,I,1 Aufnahme in die Verfassung.

Am 17. Dezember 1927 erging ein Urteil des Staatsgerichtshofs für das Deutsche Reich zu Detailvorschriften des Landtagswahlsystems. Der zugrunde liegende Fall war dem im Kapitel über Sachsen geschilderten ähnlich. Der Landesverband Mecklenburg-Strelitz der „Aufwertungs- und Volksrechtspartei" hatte u.a. gegen die Schlechterstellung von nicht im Landtag vertretenen Parteien im Bezug auf die für die Zulassung zur Wahl notwendigen Unterschriften und gegen Vorschriften über die Hinterlegung einer Kaution geklagt. Angesichts der geringen Zahl von Wahlberechtigen werde durch die fragliche, erst 1927 erlassene, Verordnung Druck auf die Wähler ausgeübt, bereits im Parlament vertretene Parteien zu wählen. Der Gerichtshof gab dem Kläger recht und erklärte die betreffenden Vorschriften für mit der Reichsverfassung unvereinbar.[103] Deren Art.17,I,2 schrieb ja für die Länder die Gleichheit der Wahl vor. Die von der Volksrechtspartei geforderten weitergehenden Konsequenzen, die Ungültigerklärung der Wahl von 1927 nämlich und gar die Feststellung, der Landtag bestehe zu Unrecht und alle seine Beschlüsse seien daher unwirksam, zog das Gericht nicht. Seiner Meinung nach hätte der Streitfall „zunächst" vor den „dazu berufenen Landesstellen" verhandelt werden müssen.[104] Davon abgesehen verwies der den einschlägigen Urteilen des Staatsgerichtshofs ganz offensichtlich ablehnend gegenüberstehende Rostocker Professor Max Wenzel auf Grundlagen des Staats- und Verwaltungsrechts. „Aus der Ungültigkeit einzelner Verfassungs- oder Wahlrechtsbestimmungen, mag sie nun von einem Staatsgerichtshof ausgesprochen sein oder nicht, folgt noch nicht notwendig, daß auch die unter Anwendung dieser Bestimmungen bestellte Regierung oder gewählte Volksvertretung oder erlangte Abgeordneteneigenschaft [...] ungültig ist und alle ihre Handlungen und Beschlüsse nichtig sind. [...] Denn es ist ein allgemein anerkannter Grundsatz des öffentlichen rechts, daß hoheitliche Akte [...] auch bei Fehler-

---

[101] a.a.O., S.137.
[102] LHA Schwerin 4.12–2/1 370.
[103] JW 58 (1929) Heft 1 S.54, FN, RGZ 118, Anhang, S.22.
[104] a.a.O., S.58 FN.

haftigkeit – innerhalb gewisser Grenzen – bis zu ihrer Aufhebung [...] verbindlich und wirksam bleiben."[105]

Aus hier nicht zu erörternden Gründen zog das mecklenburg-strelitzsche Staatsministerium dennoch seine Konsequenzen, indem es die Wahl für ungültig erklärte und Neuwahlen ausschrieb.[106] An diesen nahm die Volksrechtspartei erst- und letztmals in Mecklenburg-Strelitz teil und erreichte mit 3,7% der Stimmen einen Sitz.[107]

2.2.6. Parlamentsauflösung

Alle Verfassungsentwürfe einschließlich der Regierungsvorlage an das Parlament des Landes sahen die ausdrückliche Unauflösbarkeit desselben vor (§7,2)

Davon wich der Ausschuß insofern ab, als er anstelle dieser Vorschrift dem Staatsministerium das Recht gab, eine Volksabstimmung über jeden Beschluß des Landtages, also auch über den Staatshaushalt, eine Volksabstimmung anzuordnen. Die Zustimmung des Volkes hätte dabei zwingend den Rücktritt der Regierung und seine Ablehnung die Auflösung des Landtags zur Folge gehabt.

Um einen extensiven Gebrauch der Volksabstimmung zu unterbinden, schlug der demokratische Abgeordnete Weise mit Unterstützung Krügers erfolgreich vor, daß deren Anordnung nur durch einen einstimmig gefaßten Beschluß des Staatsministeriums geschehen konnte.[108]

Der Text des §7, 2–5 lautete in der Endfassung wie folgt: „Die Landesregierung hat bei Zustimmung ihrer sämtlichen Mitglieder das Recht, Beschlüsse des Landtags einer [...] Volksabstimmung [..] zu unterbreiten. In solchen Fällen werden die Beschlüsse des Landtags erst wirksam, wenn sie in der Volksabstimmung [...] bestätigt sind. Entscheidet die Volksabstimmung gegen den Landtag, so ist er aufzulösen. Entscheidet sie gegen die Landesregierung, so hat diese zurückzutreten."

Die Regelung der Parlamentsauflösung geht zum Teil auf die Arbeit des Ausschusses Nr.5 und zum Teil auf den demokratischen Abgeordneten Georg Weise zurück.

Die Landtagsauflösung nahm in den Plänen des Staatsministeriums 1922[109] breiten Raum ein, was schon daraus hervorgeht, daß ihr ein eigener Unterabschnitt gewidmet war. Bemängelt wurde die Ausgestaltung der Volksabstimmung und die Tragweite ihrer Konsequenzen: „Gegenüber der [..] üblichen Regelung des Volksentscheides tritt der Unterschied hervor, daß die Abstimmung nicht nur gegenüber Gesetzen, sondern gegenüber allen Beschlüssen möglich ist, und (sic!) daß das Ergebnis nicht nur für den einzelnen Fall maßgeblich ist, sondern [..] über Existenz von Landtag bzw. Ministerium entscheidet." Der Verfasser des Planes hielt es für „[...] nicht unangemessen, wenn der Teil verschwindet, der[110] das Volk nicht hinter sich hat. Ebenso ist es nicht unangemessen, wenn die Abstimmenden nicht einer unklaren Neigung gegen Landtag oder Regierung [...] Ausdruck geben können, sondern sich bestimmter Streitpunkte bewußt

---

105 Wenzel 1930, S.618–619.

106 a.a.O., S.61.

107 Falter, Lindenberger u. Schumann S.99.

108 Pr. ü. die 7. Si. vom 22.1.1919, S.82–84.

109 LHA Schwerin 4.12–2/1 370.

110 Der Buchstabe wurde handschriftlich eingefügt.

werden." Der Widersprüchlichkeit seiner Aussagen war sich der Autor aber bewußt: „Doch ist noch nähere Untersuchung nötig."

Anschließend referierte Kretschmann die auch in Sachsen diskutierten vier Auflösungsvarianten. Offensichtlich lag ihm die Einführung eines Selbstauflösungsrechts, das er fälschlicherweise als reichsweit „ziemlich allgemein anerkannt"[111] bezeichnete, am Herzen. Ein selbständiges Auflösungsrecht wie das der oldenburgischen Regierung, das ihm bekannt war, lehnte er dagegen ab. Die Frage nach der Parlamentsauflösung nach einer Volksabstimmmung, entweder auf Regierungsbeschluß oder auf ein Volksbegehren hin, hielt er für diskussionswürdig. Letztere in „ziemlich allen" Verfassungen heimische Variante erschien ihm wegen der wahlkampfartigen Unruhe im Volk für theoretisch schädlich, wegen ihrer praktischen Bedeutungslosigkeit aber für harmlos.

In der Konferenz vom 20. November 1922 wurde die Frage nach der Parlamentsauflösung unter reger Beteiligung der Anwesenden erörtert, wobei nur wenige neue Argumente herangezogen wurden. Unbekannt war bisher die von einem Münchner Ministerialrat stammende und von Kretschmann vertretene These, daß in den Ländern, in denen das Volksbegehren nicht eingeführt wurde, das Prinzip der Volkssouveränität verletzt werde.[112]

Dem Vorschlag Kretschmanns entsprechend enthielt der im Landtag erörterte Regierungsentwurf[113] die Kompetenz des Parlaments sich selbst aufzulösen. Hierzu war die heute sogenannte Kanzlermehrheit, die Mehrheit der gesetzlichen Zahl seiner Mitglieder, notwendig. Der Ausschuß milderte das Quorum auf zwei Drittel der Mitglieder, von denen wiederum zwei Drittel zustimmen mußte,[114] was im Extremfall eine Minderheit von 4/9 der Abgeordneten bedeuten konnte.

Die ebenfalls von Kretschmann stammende Variante einer Auflösung nach durch Volksbegehren initiierter Abstimmung wurde durch den Geschäftsordnungsausschuß wieder gestrichen.[115] Davon abgesehen wurde das Verfahren im Fall der Volksabstimmung auf Antrag des Staatsministeriums wie bisher geregelt.

Der Strelitzer Landtag löste sich 1927 zum einzigen Mal selbst auf. Der für die Justizverwaltung zuständige Staatsminister Roderich Hustaedt, ein ehemaliger Nationalliberaler vom rechten Flügel der DDP, hatte 1925 die Begnadigung eines wegen Kindesmordes zum Tode verurteilten polnischen Erntearbeiters verweigert. Nachdem sich dessen Unschuld herausgestellt hatte,[116] kam die Regierung auf Betreiben der demokratischen Parteilinken zu Fall.[117] Die Neuwahl brachte wie u.a. eine neue Regierung unter sozialdemokratischer Führung

[111] Vgl. z.B. Meißner, S.68–75. Nicht ganz zuverlässig.
[112] LHA Schwerin 4.12–2/1 371.
[113] Drucksache Nr. 585.
[114] Pr. ü. die 87. Si vom 8.5.1923, Sp.3781–3782.
[115] Drucksache Nr. 683.
[116] Anders Endler, S.100.
[117] Umbach, S.348, Huber 1993, S.828.

Regierung

2.2.7. Regierungsbildung

Unter der Monarchie stand die Regierungsbildung im Belieben des Großherzogs.

Der revolutionäre Machtübernahme wurde durch einen Erlaß des sich als Landesverweser bezeichnenden Schweriner Großherzogs, der die Wahrnehmung der Geschäfte durch Stubmann beinhaltete, der Anschein der Legalität verliehen.

Daß aber die Mitglieder der verfassunggebenden Versammlung selbst den Wechsel der Regierung als revolutionären Akt ansahen, geht aus der Verhandlung eines Gesetzes zur nachträglichen Genehmigung der Maßnahmen des Kabinetts Stubmann vom 10. November 1918 bis zur Einberufung der Konstituante hervor. Dieser zählt nämlich die Bildung des neuen Staatsministerium unter diese Maßnahmen.[118]

Die Richtlinie C vom Dezember 1918 beinhaltete bereits detaillierte Vorstellungen der Regierung zur künftigen Gestaltung der Exekutive: „Die vollziehende Gewalt liegt bei der Landesregierung, die aus einem Landeshauptmann und der erforderlichen Anzahl von Landesräten besteht. Der Auftrag zur Bildung der Landesregierung wird von dem Landtagspräsidenten erteilt; die Ernennung der Mitglieder erfolgt durch Beschluß des Landtages. Die Landesregierung bedarf zu ihrer Amtsführung des Vertrauens des Landtages und ist ihm verantwortlich."

Anscheinend hatte sich die Regierung schon zuvor Gedanken gemacht, die über diese Grundlagen hinausgingen. So erklärte Peter Stubmann vor der Versammlung zur Zahl der Regierungsämter in „einem Staat von Kreisgröße"[119] und zu deren Titulatur: „Was die Zahl der Mitglieder der Landesregierung angeht, so meinen wir, daß wir diese in Zukunft bestehen lassen aus vier Mitgliedern, von denen [...] der Vorsitzende [...] als Landeshauptmann bezeichnet werden soll. Es käme vielleicht in Frage, ob man noch einen Stellvertretenden Vorsitzenden mit der Bezeichnung eines stellvertretenden Landeshauptmanns in Aussicht nimmt. Es [...] bleiben dann zwei Landesräte. [...] Dabei hat uns [...] das Gefühl geleitet, daß wir allen höfischen oder sonstigen offiziellen Prunk und Pomp vermeiden wollen. Einen Staatspräsidenten oder einen Ministerpräsidenten zu ernennen, hätte vielleicht nahegelegen. [...] Wir haben [..] geglaubt, Titel vermeiden zu sollen, die man uns als Großmannssucht auslegen kann. Wir sind der Meinung, daß gerade die deutsche Bezeichnung Landeshauptmann, die [..] in anderer Funktion, aber [..] in einer [..] einflußreichen Stellung bisher in einzelnen Provinzen Preußens vorhanden war, durchaus den Verhältnissen in Mecklenburg-Strelitz angemessen sein würde."[120]

In der Tat hatte in Brandenburg das mittelalterliche Amt des Landeshauptmannes existiert. Dennoch war Brandenburg, einschließlich Groß-Berlins, das rechtlich innerhalb dieser Provinz eine eigene Verwaltungseinheit bildete, die einzige preussische Provinz, die eben dieses Amt nicht bis 1926 eingeführt bzw. wiedereingeführt hatte. In den anderen Provinzen bezeichnete es einen Spitzenbeamten, dessen Aufgabe es war,

[118] Pr. ü. d. 4.Si. v. 22.12.1918, S.45–51.

[119] Hamann, S.107.

[120] Pr. ü. d. 2.Si. vom 20.12.1918, S.13.

den Oberpräsidenten von den laufenden Geschäften zu entlasten, also einen Kanzler.[121]

Landeshauptmann und Landesrat sind noch heute die Bezeichnungen der Regierungsmitglieder in den Flächenländern der Republik Österreich, ein Landeshauptmann steht ferner der Exekutive der autonomen italienischen Provinz Südtirol vor.

Was den Akt oder die Akte der Regierungsbildung selbst angeht, äußerte sich Stubmann am gleichen Ort in aller Ausführlichkeit. Wegen des besonderen Charakters der geltendes Recht gewordenen Lösung werden seine Einlassungen hier nur wenig gekürzt wiedergegeben: „Die Bildung eines solchen [parlamentarischen] Ministeriums, nicht kraft Ernennung durch den Landesherrn vorgenommen, sondern getragen durch das Vertrauen der Landesvertretung, verlangt selbstverständlich, daß einerseits [..] eine Person da sein muß, die die Erteilung des Auftrages zur Bildung der Regierung vorzunehmen hat, andererseits [...] das Vorhandensein einer Instanz, die die Bildung dieser Regierung bestätigt. Für unsere Verhältnisse, für die wir [...] das Amt eines Staatsvorsitzenden, eines Staatspräsidenten entbehren können, erschien es angemessen, daß der Auftrag zur Bildung der Landesregierung seitens des Landtagspräsidenten ergeht. Der Landtagspräsident würde also einerseits die Entlassungsgesuche eines Ministeriums oder eines einzelnen Ministers entgegenzunehmen haben, und er würde andererseits den Auftrag zur Bildung der Landesregierung erteilen. Wenn die Landesregierung durch Verhandlungen mit den Fraktionen [...] gebildet ist, dann würde das Ministerium [...] die Vertrauensfrage stellen [...]“[122]

Nachdem die Konstituante über Stubmanns Äußerungen in der Tagesordnung fortgefahren war, meldete sich der demokratische Präsident des Hauses, Dr. Wilda, ein Arzt, zu Wort, um einer Beschränkung des parlamentarischen Prinzips das Wort zu reden. Dabei bemühte er in verschiedenen Variationen das Argument, Mecklenburg-Strelitz, das etwa 110.000 Einwohner zählte[123], sei zu klein für den „absoluten Parlamentarismus“. Ob dieses Adjektiv Rückschlüsse auf seine Haltung dem Parlamentarismus im Ganzen gegenüber zuläßt, ließe sich nur vermuten, ein wirklich stichhaltiges Argument, warum gerade ein kleines Staatswesen nicht parlamentarisch regiert werden kann, bleibt Wilda jedenfalls schuldig. Statt dessen weist er seine Kollegen beispielsweise darauf hin, daß allein schon Charlottenburg dreimal größer sei.[124]

Wilda erntete nicht nur den Widerspruch der Sozialdemokraten, sondern auch den seines Fraktionskollegen und Stellvertreters im Parlamentspräsidium Karl Meltz, eines Rechtsanwalts und Notars. Dessen scharfe Replik belegt die innere Heterogenität der liberalen bzw. demokratischen Fraktion.[125] An verschiedenen Stellen der Debatte wird der Begriff des „Mißtrauensvotums“ verwendet. Dessen Bedeutung war offensichtlich noch nicht auf die eines zwingenden Rücktrittsgrundes verengt, die er heute, nach dem Durchbruch des parlamentarischen Prinzips besitzt. In den Fällen in welchen die heutige Bedeutung nicht gemeint war, muß es sich um das aus dem kaiserlichen Reichstag

[121] Peters, S.98 u. S.142.
[122] Pr. ü. d. 2.Si. vom 20.12.1918, S.13–14.
[123] Falter, Lindenberger u. Schumann, S.99.
[124] Pr. ü. d. 2.Si. vom 20.12.1918, S.18.
[125] a.a.O., S.19.

bekannte „Mißbilligungsvotum“, das aber in der Tat ein „informelles Mißtrauensvotum“ war, gehandelt haben [126]

Offensichtlich herrschte im Staatsministerium noch kein Konsens über die Ausgestaltung der Regierungsbildung. So verwendet der erste Entwurf die Begriffe „Staatsministerium“ und „Staatsräte“, was aber in den handschriftlichen Abänderungen wieder rückgängig gemacht wurde. Die Bezeichnung „Landesräte“ wurde eingeführt und sollte ihre geplante Offensichtlich herrschte im Staatsministerium noch kein Konsens über die Ausgestaltung Funktionsbezeichnung „Abteilungsleiter“ ergänzen. Die läßt auf die Absicht des Verfassers schließen, die ältere Bedeutung des Begriffes „Ministerium“ anstelle des modernen Ressortministeriums weiter zu verwenden. Der Absatz II des 16. Abschnitts des Entwurfs schrieb eine der Legislaturperiode entsprechende Amtsdauer der Regierungsmitglieder fest. Dieser Abschnitt schließt mit folgender in Klammern gesetzter Bemerkung, welche die noch fehlende Vertrautheit der Verfassungsväter mit den Institutionen des parlamentarischen Systems illustriert: „Die Berufung des Ministeriums durch den Landtag auf eine Legislaturperiode ist ohne Bedeutung, wenn es jederzeit gestürzt werden kann. Das folgt aber aus der Abhängigkeit vom Vertrauen und der Verantwortlichkeit.“ Beides wurde im Text ausdrücklich verlangt.

Außerdem wurde im Rahmen einer weiteren parenthetischen Anmerkung über die häufig diskutierte Volkswahl des Staatsoberhauptes bzw. des Regierungschefs hinaus die direkte Legitimation der ganzen Exekutive erwogen: „Es fragt sich, ob es sich nicht [...] empfiehlt, das Ministerium oder doch den Landeshauptmann durch das Volk auf 1 oder 2 Jahre wählen zu lassen.“ Eine solche Volkswahl wäre der bereits im Kapitel über Baden erwähnten Praxis schweizerischer Kantone gleichgekommen.[127]

Der nächste Entwurf wurde zweimal überarbeitet, wobei eine der Handschriften die Kretschmanns ist. Innerhalb der für diese Arbeit wichtigen Passagen wurden nur für die §§14–17 ein zweites Mal überarbeitet. Vermutlich von Peter Stubmann stammte die neue Bezeichnung der Landesräte als „Mitglieder der Landesregierung.“ Kretschmann selbst hat die Befugnis des Landtagspräsident zur Vergabe des Auftrags zur Regierungsbildung handschriftlich in den Text eingefügt, spricht aber das Recht zur „Ernennung“ der Regierungsmitglieder dem Landtag als Ganzem zu. Aus dem Text geht nicht hervor, ob diese Ernennung eine Wahl sein sollte.

In seinem handschriftlichen Entwurf dehnte Kretschmann dann die Befugnisse des Landtagspräsidenten erstmals in einzigartiger[128] Weise aus: „Der Auftrag zur Bildung der Landesregierung wird durch den Landtagspräsidenten erteilt, ihm liegt auch die Ernennung der Mitglieder der Regierung ob.“ (§16,I,2) Diese Regelung gelangte an das Parlament. Der Übersicht halber sei hier der unmittelbar vorangehende Satz der Vorlage noch einmal genannt:

Ein eigentümlicher Vorgang war die Regierungsumbildung vom 7. Januar, die ausweislich der Erklärung Krügers ohne Beteiligung der Versammlung erfolgte.[129] Zwar

[126] Vgl., Huber 1963, S.904–906.
[127] Giacometti, S.551.
[128] Vgl. z.B. Meißner, S.91.
[129] Pr. ü. d. 5. Si. vom 7.1.1919, S.52.

ist ein solcher Vorgang im parlamentarischen System an sich möglich, bedarf aber der Mitwirkung eines dritten, in Mecklenburg-Strelitz nicht existierenden Staatsorgans. Sie wurde jedoch von der Versammlung kommentarlos hingenommen, weswegen angenommen werden kann, daß sie dort auf ganz überwiegende Zustimmung gestoßen war. Deshalb stellt sich die Frage, ob die auch im Wahlerlass vom 15. November 1918 umschriebenen Kompetenzen der verfassunggebenden Versammlung auch ein Mitwirkungsrecht bei der Regierungsumbildung beinhaltet hat, nicht. Schulthess' Europäischer Geschichtskalender wußte einen solch regellosen Vorgang offensichtlich auch nicht richtig einzuordnen: „Die am 7.[Dezember] stattfindende Wiedereröffnung des Verfassunggebenden Landtages (sic!) gibt Anlaß zu einer Neubildung des Ministeriums. An Stelle des Dr. Stubmann, der Chef der Finanzabteilung bleibt, übernimmt Hans Krüger [..] den Vorsitz. Dr. Piper und Dr. Weber scheiden aus dem Ministerium aus, bleiben aber der Regierung als Beigeordnete angeschlossen."[130]

Die Ernennung aller Regierungsmitglieder durch den Landtagspräsidenten geht mit hoher Wahrscheinlichkeit auf Paul Kretschmann zurück.

Ein Gesetz vom 11. Juni 1919 änderte den §16,I ab, indem es für den Landeshauptmann und für den Landesrat oder die Landesräte die einheitliche Amtsbezeichnung Staatsminister festlegte. Dies bedeutete einerseits die Rückkehr zur Terminologie des staatsrechtlichen Mainstream, andererseits eine weitere Ausweitung des Kollegialsystems.

1922 setzte sich Paul Kretschmann als Autor der Regierungsdenkschrift zur Verfassungsreform für die Beibehaltung des Rechts des Landtagspräsidenten zur Ernennung der Staatsminister ein, obwohl sich diese als Formalität herausgestellt hatte.[131] Da bereits im Vorhinein davon ausgegangen werden konnte, daß der Parlamentspräsident in dieser Hinsicht den Willen der Landtagsmehrheit quasi treuhänderisch ausübt, erfolgte auch die Bestellung des Ersten Kabinetts von Reibnitz in der bekannten Weise.

Außerdem wurde im Laufe der Verfassungskonferenz vom November 1922 die Frage erörtert, ob die Zahl der Minister in der Verfassung festzuschreiben sei. Der konservative Abgeordnete Frick sprach sich wegen seiner unrichtigen Ansicht, bei einer geraden Anzahl von Ministern könnten keine Mehrheitsentscheidungen getroffen werden, für die Festlegung auf einen, drei oder mehr Minister aus. Regierungschef von Reibnitz, Kretschmann und der sozialdemokratische Abgeordnete und Unterabteilungsleiter Bartosch wollten diese Frage aus politischen Gründen auch weiterhin jeweils ad hoc durch das Parlament beantworten lassen. Letzterer wies dabei daraufhin, „[...] daß ein prominentes Mitglied der deutschen (sic!) Volkspartei der Meinung ist, dass ein Minister genüge, weil [..] Mecklenburg-Strelitz nur mit einem preussischen Landratsamt verglichen werden kann,"[132] womit er aber kaum das fragliche Gebäude gemeint haben kann. Immerhin: Nach der Vereinigung beider Mecklenburg waren für die Lokalverwaltung des ehemaligen Mecklenburg-Strelitz zwei Landratsämter notwendig.[133]

[130] 1919, S.7.
[131] LHA Schwerin 4.12–2/1 370.
[132] LHA Schwerin 4.12–2/1 371.
[133] Hamann, S.177.

Paul Kretschmann hat sich während der Verfassungsberatung im Staatsministerium für die Revision seiner eigenen mißverständlichen Verfassungsbestimmung über das Recht des Landtagspräsidenten, die Regierung zu ernennen, ausgesprochen. Statt ihrer wollte er die direkte Wahl der Regierungsmitglieder durch das Parlament verwirklicht wissen. Dem Parlamentspräsidenten sollten dabei nur noch formale Rechte zukommen.[134] Auf diesen Vorschlag kamen jedoch weder die anderen Konferenzteilnehmer noch die Mitglieder des Landtags zurück. Es kann daher angenommen werden, daß ein allgemeiner, unter staatsrechtlichem Gesichtspunkt fragwürdiger Konsens darüber bestand, daß die Ernennung der Exekutive ein nudum ius des Landtagspräsidenten sei, welcher die Wünsche der Mehrheit zu berücksichtigen habe. Dieser Ansicht hätte angesichts des Hangs der Mitglieder des Staatsgerichtshofs für das Deutsche Reich zum Positivismus, im Streitfalle wohl kaum juristisch zum Sieg verholfen werden können. Die Ausgestaltung der Regelung deutet entweder auf das Vertrauen der Beteiligten, daß Alles seinen geregelten Gang gehen werde oder auf deren mangelnde juristische oder politische Vorbildung.
Im Oktober 1919 bereits war Hans Krüger zurückgetreten. Ihm folgte Kurt Freiherr von Reibnitz, der während des Krieges Landrat in Oberschlesien gewesen war und seit 1918 der SPD angehörte.[135] Die SPD-DDP-Koalition blieb bis 1923 im Amt. Nachdem aber bei den Wahlen in diesem Jahr die Sozialdemokraten fast die Hälfte ihrer Sitze an die KPD verloren hatten, wurde sie von einem Bürgerblock, der von den Deutschnationalen bis zur DDP reichte, abgelöst. Nach dessen Erosion stand von 1928 bis Ende 1931 wiederum der sogenannte Rote Baron einer Regierung vor, die aus SPD und der aus Handwerker- und Gewerbepartei und DDP gebildeten „Bürgerlichen Arbeitsgemeinschaft" bestand vor. Schon 1929 mußte sie um DVP und Wirtschaftspartei erweitert werden. Nach einem weiteren Bürgerblock-Intermezzo amtierte seit April 1932 eine Koalitionsregierung unter Beteiligung der NSDAP, die stärkste Partei im Landtag geworden war.[136]

2.2.8. Inkompatibilität

Am 30. Juli 1920 schaffte ein den §6,I des Landesgrundgesetzes und den §16 des Landeswahlgesetzes ergänzendes Gesetz die Vereinbarkeit zwischen Regierungsamt und Abgeordnetenmandat ab. Begründet wurde die dazugehörige Vorlage von der Regierung, deren Vorgängerin noch eine Verkleinerung des Parlaments durchgesetzt hatte, mit der Doppelbelastung der Regierungsmitglieder. Der nachrückende Abgeordnete sollte sein Mandat wieder verlieren, wenn das Regierungsmitglied nicht mehr im Amt war.[137]

2.2.9. Regierungssturz

Zu Zeiten der Monarchie konnte der Großherzog die Minister nach Belieben entlassen.

---

[134] LHA Schwerin 4.12–2/1 371.
[135] Heck, S.97.
[136] Huber, 1993, S.827–829.
[137] LHA Schwerin 4.12–2/1 370.

Parlamentspräsident Wilda sprach sich in der Debatte über die Verfassungsrichtlinien des Staatsministeriums für eine der tatsächlichen Landtagsdauer entsprechende Amtszeit der Minister aus, was abgesehen von einer eventuellen Parlamentsauflösung der schweizerischen Lösung nahegekommen wäre.[138]

Trotz der wahrscheinlich schon im ersten Entwurf gewollten Abhängigkeit der Regierung vom Landtag enthielt dieser keine Vorkehrungen für den Regierungssturz.

Die zweite Fassung sah ein Mißtrauensvotum sowohl gegen die Regierung als Ganzem, als auch gegen einzelne Minister vor. Dieses wurden als §16,IIIf. Teil der Regierungsvorlage. Der oder die Betroffenen mußten zurücktreten, wenn das Parlament das Mißtrauensvotum binnen Wochenfrist wiederholte. Der Rücktritt des Landeshauptmanns war übrigens gegenüber dem Parlamentspräsidenten zu erklären.

Der Ausschuß fügte in den §16,III eine spezielle Bestimmung ein, welche die Regierung ermächtigte, über ein Mißtrauensvotum des Landtages eine Volksabstimmung anzuordnen Sie hatte jedoch im Plenum keinen Erfolg. Dem Staatsministerium stand aber weiterhin das Recht zu, über jeden Beschluß des Landtags die Volksabstimmung anzuordnen.

Diese Fassung des Absatzes erfuhr in der Sitzung vom 22. Januar Kritik von verschiedenen Seiten. So verlangte der Sozialdemokrat Heinrich Schleiß, ein Buchhändler aus Neubrandenburg, die Streichung des Rechts der Exekutive, nach einem Mißtrauensvotum ein Volksabstimmung anzusetzen, während der liberale Fabrikbesitzer Georg Weise dieses insofern beschränken wollte, daß er es einem einzelnen betroffenen Regierungsmitglied versagen wollte. Dagegen schlug Krüger, der sich angeblich nicht mehr daran erinnern konnte, wie die von ihm monierte Vorschrift in den Entwurf kam, die Streichung des Mißtrauensvotums gegen einzelne Regierungsmitglieder vor. Der sozialdemokratische Vizepräsident Schaffer, der ja gleichzeitig Mitglied des Staatsministeriums war, ließ zunächst über den Antrag Krügers abstimmen, der einmütig angenommen wurde, wobei sich die beiden Abgeordneten vermutlich der Fraktionsdisziplin beugten. Während sich der Antrag Schleißes erledigt hatte, zog Weise seinen Antrag mangels Erfolgsaussicht zurück.[139]

Die Regelung des Regierungssturzes geht auf den zweiten Entwurf Kretschmanns und Krüger zurück.

Ein Gesetz vom 20. Januar 1920 führte das Mißtrauensvotum gegen einzelne Regierungsmitglieder doch noch ein. §16,IV,1 lautete demnach: „Jeder Staatsminister oder das Staatsministerium in seiner Gesamtheit ist zum Rücktritt verpflichtet, wenn der Landtag zweimal in derselben Angelegenheit sein Mißtrauen gegen ihre Amtsführung beschließt."

Nach dem Plan des Staatsministeriums zur Verfassungsrevision[140] sollte der Regierungschef nach dem ersten Mißtrauensvotum die Wahl haben, gleich zurückzutreten, eine weitere Abstimmung zu verlangen oder den Landtag aufzulösen (sic!). Letztere Kompetenz steht in direktem Widerspruch zu den o.a. Vorschlägen zur Parla-

[138] Pr. ü. d. 2.Si. vom 20.12.1918, S.18. Vgl. Art.96,I Bundesverfassung der schweizerischen Eidgenossenschaft.

[139] Pr. ü. d. 7.Si. vom 22.1.1919, S.86–87.

[140] LHA Schwerin 4.12–2/1 370.

mentsauflösung. Der provisorische Charakter des Plans tritt auch hier deutlich hervor. Paul Kretschmann kann die von ihm immer wieder als Maßstab herangezogenen anderen Länderverfassungen kaum alle gelesen haben. Originell allerdings ist ein Vorschlag, demzufolge Ministern ausdrücklich das Recht eingeräumt werden sollte, von sich aus die Vertrauensfrage stellen zu können.

Die Regierungsvorlage von 1923 enthielt nun eine Vorschrift, welche die Exekutive ausdrücklich ermächtigte, gegen ein Mißtrauensvotum das Volk anzurufen (§24,III). Diese wurde im Verlauf der parlamentarischen Behandlung der Verfassung wieder gestrichen. Der konservative Berichterstatter von Waldow führte ihre Beibehaltung gewissermaßen durch die Hintertür herbei, indem er einen protokollarisch niedergelegten Konsens des Landtags über ihre stillschweigende Weitergeltung erreichte.[141] Angesichts des damaligen verfassungsrechtlichen Rechtspositivismus hätte diese Vorgehensweise im Konfliktfall wohl kaum Chancen gehabt, vor Gericht als stichhaltiges Argument zu bestehen.

2.2.10. Struktur der Regierung

Die zentralen Behörden von Mecklenburg-Strelitz wurden in den Jahren 1908–10 reorganisiert und waren bis zum Ende der Monarchie wie folgt strukturiert: „[Es] [..] wurden [...] Ministerien gebildet, die sich in ein Staatsministerium sowie drei Ministerialabteilungen gliederten; und zwar 1. eine [..]für Justiz, die geistlichen, die Unterrichts- und Medizinalangelegenheiten, 2. eine [..] für die Finanzen [...], 3. eine [..] für das Innere. Das Staatsministerium war für die Gesetzgebung, den Verkehr mit den Ständen [...], die Reichs- und auswärtigen Angelegenheiten [...] kompetent. Es setzte sich zusammen aus dem Staatsminister und den Vorständen der einzelnen Ministerialabteilungen, die als Staatsräte tituliert wurden. Auch der Staatsminister war Leiter einer Ministerialabteilung. Die Beratung und Beschlußfassung im Staatsministerium war eine kollegiale [...] 1909 wurde [...] noch ein Ministerium des Großherzoglichen Hauses geschaffen [...][142], das jedoch kurz nach der Revolution bereits wieder „abgewickelt“ wurde.

Dem de facto revolutionären und daher zunächst improvisierten Charakter der Regierung Stubmann entsprechend wurde keine Geschäftsverteilung veröffentlicht.[143] Über die Ausübung des Vorsitzes hinaus war nichts über seine inneren Strukturen in Erfahrung zu bringen.

Die Beiräte der Regierung, also Kretschmann und seit dem 5. oder 7. Januar auch Otto Piper und Friedrich Weber, waren keine ordentlichen Mitglieder des Staatsministeriums.[144] Wie aus dem Bericht des eigens eingesetzten „Ausschuß [...] zur Vorberatung des Gesetzes über Anerkennung der Maßnahmen der vorläufigen Regierung [...]“ hervorgeht,[145] erhielt Kretschmann ein Tagegeld von 20 Mark, wobei nicht ganz eindeutig ist, ob damit Kalender- oder tatsächliche Arbeitstage gemeint sind. Der Ausschuß

[141] Pr. ü. d. 88.Si. vom 16. Mai 1923, Sp. 3827.
[142] Hamann, S.104.
[143] bei der Wieden 1977, S. 17.
[144] Verhandlungen der verfassunggebenden Versammlung. Drucksache Nr.10.
[145] Pr. ü. d. 4.Si. vom 22.12.1919, S.45–51.

nannte dem Plenum gegenüber als Grund für Kretschmanns Einstellung lediglich den Umfang der anstehenden Arbeiten.[146]

Alle bei Kretschmann im Abschnitt „C. Landesregierung" genannten Befugnisse der Regierung sollten einschließlich des Begnadigungsrechts dieser als Kollektiv zusehen. Selbst die Vertretung des Landes nach außen war nicht dem Landeshauptmann zugedacht. Lediglich der Verkehr mit der „deutschen Republik" und mit anderen deutschen Staaten sollte „durch" den Vorsitzenden erfolgen, der auch formal für den Abschluß von Verträgen zuständig war. Der nächste Entwurf übernahm diese auf dem reinen Kabinettsprinzip fußenden Regelungen sinngemäß.

Gleiches gilt für den endgültigen Regierungsentwurf, dessen einschlägige Passagen wiederum den Ausschuß unverändert passierten.

Die relative Gleichordnung der Regierungsmitglieder geht eindeutig auf Paul Kretschmann zurück.

Das Gesetz vom Juni 1919 ist bereits weiter oben angesprochen worden. Die tatsächliche Gleichstellung der Regierungsmitglieder erfolgte dann durch ein weiteres Gesetz, diesmal des zweiten ordentlichen Landtags, vom 20. Januar 1920, das überdies eine originelle Regelung für die Leitung der Kabinettssitzungen beinhaltete und wie o.a. die Rechte des Parlaments gegenüber einzelnen Regierungsmitgliedern gestärkt hat. Die beiden ersten Absätze des §16 der Verfassung lauteten nach der Änderung wie folgt: „Die Landesregierung besteht aus der erforderlichen Anzahl gleichgeordneter Mitglieder, die die Amtsbezeichnung „Staatsminister" führen. Ihre Zahl wird vom Landtag bestimmt (I). Den Vorsitz in den Beratungen des Staatsministeriums führt jeweils derjenige Staatsminister, zu dessen Geschäftsbereich der zur Beratung stehende Gegenstand gehört (II)."

Was die konfuse, in Teilen unsystematische und offensichtlich auch von der Fachliteratur[147] nicht ganz durchschaute Titulatur, Anzahl und Funktion der verschiedenen Arten von Regierungsmitgliedern angeht, bleibt ein Trend zur fortlaufenden Verkleinerung der Exekutive festzuhalten. Hatte die revolutionäre Regierung vom November 1918 noch sechs reguläre Mitglieder, so waren es bereits im Januar 1919 nur noch vier, im Mai 1919 zwei, und ab März 1928 nur noch eines. Dafür gab es aber ab 1929 statt einem nun drei Ministerien.[148]

Es bleibt noch anzumerken, daß dem alleinigen Staatsminister 1929 offensichtlich aus Gründen der Koalitionsarithmetik, zwei parlamentarische Staatsräte unterstellt wurden. 1932 war es nur noch einer, der 1933 eingespart wurde.[149]

Wegen deren Stellung im Ministerium strengte die oppositionelle deutschnationale Landtagsfraktion einen Prozeß vor dem Staatsgerichtshof für das Deutsche Reich an, dessen Ausgang einen Blick auf den an diesem Gericht gepflegten Rechtspositivismus

---

146 a.a.O., S.47.

147 bei der Wieden 1976, 1977, S.17–25 (unterschlägt Paul Kretschmann), Huber S.826–829 (an dieser Stelle unzuverlässig).

148 bei der Wieden 1976, S.247.

149 Amtlicher Anzeiger für Mecklenburg-Strelitz 1929, S.91, 1932, S.158 u. 1933, S.162. Zit. n. bei der Wieden 1976, S.246.

erlaubt.[150] Die Deutschnationalen behaupteten die Landesverfassung sei verletzt, weil die Staatsräte dem Minister gleichgestellt seien, was in der Verfassung nicht vorgesehen sei. Als Beweismittel zogen sie u.a. einen schriftlichen Koalitionsvertrag und die Tatsache heran, daß die Staatsräte den Staatsminister während dessen Urlaub vertreten hätten, was rechtlich nur den Ministerialdirektoren oder eben ordentlichen Regierungsmitgliedern zustünde. „Diese Ausführungen sind in der mündlichen Verhandlung [..] ergänzt worden durch Hinweis auf eine Äußerung des [führenden sozialdemokratischen] Abgeordneten Bartosch [...] dahingehend, daß das Staatsministerium aus drei Mitgliedern bestehe, auf eine Äußerung des Staatsministers [...], daß er nicht „Chef" sondern „Kollege" der [..] Staatsräte sei, und auf einen in der Landeszeitung [...] enthaltenen Bericht über eine vom Staatsminister a.D. Dr. Hustadt gehaltene Rede, wonach die Staatsräte neben dem Alleinminister beschließende Stimme besäßen.[151] Aus der faktischen Stellung der Staatsräte ergäbe sich ferner wegen der o.a. Inkompatibilität deren Verpflichtung, ihr Abgeordnetenmandat ruhen zu lassen

Das Gericht wies den Antrag zurück. Es stützte sich wesentlich auf die in der Realität fortgesetzt mißachtete Geschäftsordnung des Staatsministeriums. „Denn entscheidend ist nicht die tatsächliche Übung, sondern die Rechtslage."[152] Es bestätigte also an diesem Punkt lediglich die Verfassungskonformität der Geschäftsordnung, wie sie auf dem Papier stand. Folgende, trotz ihrer gewundenen Formulierung eindeutige Erklärung Karl Bartoschs ließ es aber gelten: „Es ist [..] richtig, daß die [..] vom Landtag gewählten Staatsräte die Stellung des Ministers haben. Das hat mit dem Staatsministerium zunächst einmal nichts zu tun; sie haben die Befugnisse des Ministers, und wir sind uns vollständig darüber klar, daß nach außenhin der Minister [...] allein der Verantwortliche ist"[153] Da diese jedoch „[...] für die Regierungsparteien, nicht für die Regierung abgegeben worden [...]"[154] sei, kam der Gerichtshof nicht mehr darauf zurück. Nachdem die Staatsräte nach Ansicht des Gerichts rechtlich keine Minister waren, entfiel bei ihnen ansonsten auch die Verpflichtung, ihr Abgeordnetenmandat ruhen zu lassen.[155]

2.3. Die Urheber der Verfassung

2.3.1. Gewichtung der Anteile

Was die weiteren Entwürfe Kretschmanns angeht, läßt sich nicht sicher unterscheiden, welche Änderungen er aus eigenem Antrieb vorgenommen hat und welche auf Beschluß des Staatsministeriums durchgeführt wurden.

1. Der Abschnitt über die Landesregierung ging ganz überwiegend auf Paul Kretschmann zurück.

---

[150] RGZ 127 (1930), Anhang S.49–60.
[151] a.a.O., S.50
[152] a.a.O., S.57
[153] Pr. der LT-Situng vom 17.4.1929, Sp.1108, zit. a.a.O., S.56.
[154] a.a.O.
[155] a.a.O, S.60.

2. Die Parlaments- und die Haushaltsdauer, sowie die wesentlichen Bestimmungen über das Wahlrecht und das Wahlsystem wurden im Staatsministerium vorbereitet.
3. Die Regelung der Parlamentsauflösung und die Beibehaltung der starren Liste entstammten der Ausschußarbeit.
4. Teile der Vorschriften über die Parlamentsauflösung und über den Regierungssturz entstanden im Parlamentsplenum auf Initiative des Abgeordneten Georg Weise und Paul Krügers.

Mit der eingangs gemachten Einschränkung läßt sich insofern neben der formalen auch eine inhaltliche Urheberschaft Paul Kretschmanns für das Landesgrundgesetz von Mecklenburg-Strelitz behaupten, insofern keine Person namentlich festgemacht werden kann, die ebensoviel zu seiner Entstehung beigetragen hat.

2.3.2. Vorgehensweise

Aus einem Brief[156] Kretschmanns an Stubmann, der auf den 10. Dezember 1918 datiert ist, geht zumindest hervor, daß Kretschmann einen früheren Entwurf, dessen Urheberschaft nicht angesprochen wird, „ergänzt und geändert" hat nach dem Ergebnis einer ebenfalls nicht weiter ausgeführten „Sammlung". Womöglich ist damit eine Befragung unter den leitenden Ministerialbeamten gemeint, wie sie auch in Sachsen stattgefunden hat.

Die Urheberschaft Kretschmanns für den vollständigen Entwurfstext ergibt sich aus einem Briefwechsel des Rechtsprofessors Georg Maas mit dem Staatsministerium.[157]. Dieser hatte beim Staatsministerium um die Namhaftmachung eines für die Verfassungsentwicklung in Mecklenburg-Strelitz kompetenten Autors gebeten. der einen Aufsatz für die „Zeitschrift für Verfassungs-Wissenschaften" schreiben sollte. Maas war Oberarchivrat beim Reichsarchiv und hatte schwerpunktmäßig in den Bereichen des Telegraphen-, Bibliotheks- und Sozialrechts (sic!) veröffentlicht und war Herausgeber juristischer Sammlungen. Die „Zeitschrift für Verfassungs-Wissenschaften", auf deren Briefpapier Maas als Mitherausgeber erscheint, wird weder in seiner Vita in Kürschners Gelehrtenkalender noch im Gesamtverzeichnis des deutschsprachigen Schrifttums erwähnt. Sie ist wahrscheinlich niemals erschienen und enthält deswegen auch keine weiteren Aufschlüsse über die Vorbilder der Verfassung. Wie auch immer: In der Antwort teilt der unterzeichnende Ministerialdirektor „[...] mit, daß Herr Oberlandesgerichtsrat Kretschmann in Rostock das hiesige Landesgrundgesetz ausgearbeitet hat [...]."

Der Entwurf der Verfassung liegt, abgesehen von der endgültigen Fassung in Form der Landtagsdrucksache, in einer unvollständigen handschriftlichen und zwei vollständigen maschinenschriftlichen Fassungen vor.[158] Die Handschrift stammt von Kretschmann selbst, zum Vergleich läßt sich ein unterzeichneter Brief in derselben Akte heranziehen. Es handelt sich dabei nicht um eine Urfassung, sondern im Gegenteil um eine sprachlich mit der Parlamentsdrucksache, soweit überprüft, fast völlig identische Fassung. Die beiden anderen Entwürfe enthalten handschriftliche Abänderungen.

---

[156] LHA Schwerin 4.12–2/1 370.
[157] LHA Schwerin 4.12–2/1 370.
[158] a.a.O.

Derjenige, welche dem gedruckten Verfassungsentwurf inhaltlich näher steht, ihm aber nicht entspricht, wurde vermutlich von Stubmann selbst bearbeitet. Er enthält außerdem handschriftliche Verbesserungen Kretschmanns. Da dieser in dem o.a. Brief vom 10. Dezember weitere „Abänderungen mit Tinte" ankündigt, muß es sich um den dort als „ergänzt und geändert" bezeichneten Text handeln. Der erste Entwurf ist also vor dem 10. Dezember 1918 entstanden.

Demnach waren die von der Regierung am 19. Dezember in der verfassunggebenden Versammlung vorgestellten „Richtlinien" nicht die Grundlage für den Verfassungstext. Es läßt sich auf der vorhandenen schmalen Quellenbasis nicht mehr klären, ob das Staatsministerium die Versammlung in dem Glauben gelassen hätte, eben dies sei doch der Fall gewesen. Zwar zitiert Peter Stubmann zu Beginn der Debatte am 19.12. den §2 des späteren Regierungsentwurfs, aber dabei kann es sich auch um ein Versehen handeln. Das Verhältnis der Regierungen, zumal ihrer mehrheitssozialdemokratischen Mitglieder, zu den Regierungsfraktionen war in den verschiedenen Ländern durchaus von einer Distanz geprägt, die ein solches Manöver zuließe.

Protokolle des „Ausschuß Nr.5 zur Vorberatung des Landesgrundgesetzes" sind, soweit ersichtlich, nicht überliefert.

Paul Kretschmann war eines von den üblicherweise zwei bis drei Strelitzer Mitgliedern des Rostocker Oberlandesgerichts, das für beide Länder zuständig war. 1926 war er dort in die Position eines Senatspräsidenten aufgestiegen.[159] Im geordneten und verzeichneten Aktenmaterial dieses Gerichts findet sich keine Personalakte Kretschmanns.

Was Kretschmann vom Parlamentarismus hielt, läßt sich nicht genau rekonstruieren. Ein Hinweis könnte innerhalb seines ersten Entwurfs in den Regelungen zur Parlamentsauflösung und zum Regierungssturz zu finden sein: Die ausdrückliche Niederlegung der Unauflösbarkeit der Volksvertretung und das gleichzeitige Fehlen einer Vorschrift über den Regierungssturz könnte bedeuten, daß Kretschmann die Einführung eines nicht parlamentarischen Direktorialsystems nach schweizerischem Vorbild bevorzugt hätte und die Wendung zum parlamentarischen Mainstream nur unter äußerem Druck erfolgt wäre. Allerdings sollte man sich vor einer Überinterpretation des Quellenmaterials hüten. Sowohl Kretschmann als auch die anderen Autoren waren mit der möglichen Ausnahme des Ministerialbeamten Eugen von Finckh in Oldenburg keine Spezialisten auf dem Gebiet des Verfassungsrechts. Überdies waren im Deutschen Reich keine praktischen Erfahrungen mit dem parlamentarischen Regierungssystem vorhanden, wo sich doch selbst die freistaatlich verfaßten Hansestädte durch Spielarten des Direktorialsystems regierten. Es liegt daher, falls keine weitere Anhaltspunkte vorliegen, stets näher einen quasi-handwerklichen Fehler bei einem der Verfassungsväter, also hier bei Paul Kretschmann anzunehmen.

Statt mit weiterem detailliertem Material zu Paul Kretschmanns innerer Einstellung kann hier nur noch mit einem Kuriosum aufgewartet werden: Während der Verfassungskonferenz vom November 1922 schlug er vor, die alten Landesfarben blau, rot, gold mit einer Gösch in den Reichsfarben von 1919 zu versehen. Diesen Vorstoß begründete er mit Einspareffekten, die durch den so möglichen Verzicht auf die An-

[159] Mecklenburg-Strelitzsches Staatshandbuch für 1926, S.44.

schaffung von weiteren Reichsflaggen durch das Land einträten.[160] Diese Haltung spricht entweder für einen für damalige Verhältnisse ungeheuren Pragmatismus oder für eine wahrhaft republikanische Gesinnung. Eine gewisse Ernsthaftigkeit kann diesem Vorschlag im übrigen nicht ohne weiteres abgesprochen werden, da auch die gegenwärtigen Länder Niedersachsen, Rheinland-Pfalz und Saarland Abwandlungen der fraglichen Farben gewählt haben.

2.4. Vorbilder

Die Herkunft der Vorschriften des ersten Verfassungsentwurfs ist, soweit ersichtlich, nirgendwo dokumentiert. Paul Kretschmann selbst hat sich nur sehr allgemein auf rechtsphilosophische und rechtshistorische Vorbilder berufen,[161] weswegen der Vergleich mit allen plausiblen Vorbildern den Rahmen dieser Arbeit sprengte. Die Vorbilder des Landesgrundgesetzes von Mecklenburg-Strelitz müssen daher im Dunkeln bleiben.

---

[160] LHA Schwerin 4.12–2/1 371.

[161] P. ü. d. 5. Si. vom 7.1.1919, S.52.

3. Baden

3.1. Gang der Verfassunggebung

Am Abend des 9. November, an dessen Nachmittag die Nachrichten von der Abdankung des Kaisers und von einem Umsturz in Mannheim bekannt wurden,[162] fand im Karlsruher Rathaus die Gründung zweier Gremien statt: Neben einem Soldatenrat[163] wurde dort ein „sogenannter“[164] Wohlfahrtsausschuß aus Gewerkschaftern, Kommunal- und Landespolitikern gebildet,[165] der als „[...] *ausgesprochene Abwehr-Gründung* gegen die beginnende Revolution [...]“,[166] ins Leben gerufen wurde. Der Soldatenrat behielt die Oberhand, trat jedoch in Verhandlungen mit dem Wohlfahrtsausschuß ein, die der Abgeordnete Zehnter im Bericht der Verfassungskommission an das Plenum der Nationalversammlung wie folgt beschreibt:[167] "Der Wohlfahrtsausschuß trat am [...] 10. November [..] im Rathaus wieder zu einer Sitzung zusammen, zu der auch die Vertreter des Soldatenrates erschienen. Die Sitzung verlief ruhig und sachlich. Es trat überall das Bestreben hervor, durch unbedingtes Zusammenarbeiten aller die Ordnung aufrecht zu erhalten und die Dinge zum besten zu lenken. Man bildete eine provisorische Regierung aus 5 Sozialdemokraten der alten, 2 der unabhängigen Richtung, 2 Vertretern des Zentrums, 1 Vertreter der Fortschrittlichen Volkspartei und 1 Nationalliberalen [...]“. Baden hatte auf unblutige Weise eine neue, revolutionäre Regierung bekommen. Der württembergische Historiker Karl Weller stellte 1930 unter Berufung auf die Monographie von Oeftering fest, die im Vergleich zu den acht Kabinettsmitgliedern in Württemberg hohe Anzahl von Ministerien sei notwendig gewesen, um die entsprechende Anzahl von Anwärtern versorgen zu können.[168] Am selben Tag hielt diese Regierung ihre erste Sitzung ab, der Großherzog wurde von den Vorgängen in Kenntnis gesetzt und erkannte die neue Entwicklung de facto an, das Gewerkschaftskartell konstituierte sich als Arbeiterrat.[169]

Der darauffolgende Tag, der 11. November, brachte dann den „Klumpp-Putsch“.[170] Der möglicherweise betrunkene Obermatrose Heinrich Klumpp, der sich auf Heimaturlaub in Karlsruhe befand, gab sich an diesem Abend gegenüber anderen Militärangehörigen als Soldatenrat aus. Später erschien er in Begleitung von zuletzt etwa 20 Bewaffneten vor dem Schloß, wo er mit zwei Hofbeamten eine etwas konfus anmu-

---

[162] Brandt u. Rürup, S.75.

[163] Bericht der Verfassungs-Kommission der Badischen verfassunggebenden Nationalversammlung zu dem Entwurf eines Gesetzes, betreffend die badische Verfassung [...] Erstattet von dem Abgeordneten Dr. Zehnter in: Beilage zum Protokoll der 11. öffentlichen Sitzung der badischen Nationalversammlung vom 19. 3. 1919, Dok. 1, S.1. Besagtes Parlament bestand gemäß dem Ergebnis der Volksabstimmung vom 13. April 1919 als Landtag weiter, vgl. Kaller, 1973, S.201. Da selbst in amtlichen Drucksachen diese beiden Begriffe gebraucht werden, als ob sie Synonyme seien, soll das auch hier der Fall sein. Eine einheitliche Schreibweise, d.h. „Verfassungs-Kommission“ oder „Verfassungskommission“ ist i.ü. nicht festzustellen. Dort S.9.

[164] Kauffmann, S.20.

[165] Kaller, 1973, S.177–178.

[166] Brandt u. Rürup, S.76.

[167] Bericht der VK, S.11.

[168] S.120

[169] Bericht der VK, S.11–12.

[170] Ausführlichste Darstellung bei Kaller, 1973, S.180–194.

tende Unterredung führte und veranlaßte darauf den Beschuß desselben, wodurch einiger Sachschaden angerichtet wurde. Schließ-lich zog er mit seiner Mannschaft wieder ab.[171] Die Bedeutung des Vorfalles lag in seinem Einfluß auf die Befindlichkeit des Großherzogs, denn nach diesem Ereignis hatte dieser sich „[...] ohne Einwirken der Regierung unbemerkt und fast freiwillig aus der Residenzstadt entfernt. Damit hatte er selbst einen weiteren Schritt auf dem Weg zu seinem Rücktritt getan."[172]

Am 13./14. November suchten der ehemalige Staatsminister von Bodman und der Vorsitzende der vVR Anton Geiß den Monarchen auf Schloß Zwingenberg am Neckar auf, wo dieser zwar nicht auf den Thron, wohl aber auf die Ausübung der Regierungsgewalt verzichtete. Die eigentliche Abdankung erfolgte etwas mehr als eine Woche später.[173] „Noch unter dem Datum vom 14. November wurde daraufhin von der Volksregierung die Freie Volksrepublik proklamiert, die Entscheidung über die endgültige Staatsform allerdings der zu wählenden Nationalversammlung überlassen."[174] Ab diesem Tag bezeichnete sich die vVR offiziell selbst als badische vorläufige Regierung, Anton Geiß war nicht mehr „Vorsitzender" sondern „Präsident". Als Termin für die Parlamentswahl wurde der 5. Januar 1919 bestimmt.[175]

Die Regierung wollte offensichtlich bei der Lösung der Aufgabe, der jungen Republik eine angemessene Staatsverfassung zu verschaffen, keine Zeit verlieren: Bereits am 16. November setzte sie eine Kommission aus drei Notabeln ein, die einen Vorschlag für eine neue Konstitution ausarbeiten sollte:[176] Die Mitglieder waren Eduard Dietz (SPD), Karl Glockner (nationalliberal, später DDP), und Johann Zehnter (Z). Vier Tage später wurde Friedrich Weill (FVP) nachträglich in dieses Gremium berufen.[177] Während die Kabinettsliste der Revolutionsregierung[178] bei insgesamt elf Mitgliedern fünf SPD- und zwei USPD-Minister verzeichnete, waren die Unabhängigen Sozialdemokraten von der Mitarbeit in der Kommission ganz ausgeschlossen[179] und der Sozialdemokrat Eduard Dietz sah sich einer Übermacht von drei Vertretern bürgerlicher Parteien gegenüber. Die Regierung verzichtete darauf, dem Gremium Richtlinien für seine Arbeit vorzugeben.[180]

Die Zusammenarbeit innerhalb der Kommission verlief weniger harmonisch, als man angesichts des Verlaufs der bisherigen Ereignisse hätte erwarten können:[181] Die Badische Landeszeitung veröffentlichte am 11. Dezember einen größeren Artikel, der einen Entwurf für eine neue badische Verfassung enthielt. In diesem wurde das Modell einer ersten Kammer neokorporativen Zuschnitts ausführlich vorgestellt. [182] Im Gegensatz

---

[171] Bericht der VK, S.12–13
[172] Kaller, 1973, S.194.
[173] Bericht der VK, S.14, vgl. Kaller, 1966, S.305. Ausführlich: Kaller, 1969[a].
[174] Bericht der VK, S.15, vgl. Kaller, 1966, S.305–06.
[175] Bericht der VK, S.1.5
[176] GLA 233/28135, vgl. Kaller, 1966, S.322.
[177] GLA 233/28135.
[178] Bericht der VK, S.10–11.
[179] vgl. Kaller, 1969 [b], S.4.
[180] vgl. Kaller, 1973, S.195.
[181] Der genaue Ablauf der Querelen findet sich im Protokoll der VK, S.18.
[182] Ausschnitt aus Nr.578 (GLA 231/3396).

zum heutigen Sprachgebrauch wurde damals das jeweilige „Oberhaus“ als erste Kammer bezeichnet. Der anonyme Vorschlag sorgte alsbald für größere Irritationen, zumal in der Meldung fälschlicherweise behauptet wurde, er sei das Ergebnis der Beratungen der Vierer-Kommission. Autor war das Kommissionsmitglied Glockner, was der Regierung noch am gleichen Tag von diesem selbst mitgeteilt wurde.[183] Laut Sitzungsprotokoll wurde ebenfalls am 11. Dezember. eine Erklärung für die Öffentlichkeit abgefaßt. In dieser beteuerte die Exekutive, von der Kommission keinen Vorschlag und auch sonst keine Mitteilung erhalten zu haben, Glockners Namen verschwieg sie ganz.[184] Abgesehen von dem Vorwurf der Illoyalität[185] wurde außerdem an dem im Entwurf vorgesehenen Zweikammersystem Anstoß genommen.[186]

Bei Trippe liest sich der Vorgang wie folgt: „Noch in den alten Landtag (sic!) wurde von einem Nationalliberalen der Vorschlag für ein Zweikammer-System – Landtag plus Ständekammer – (sic!) eingebracht.“[187] Diese Ansicht ist offenbar die Folge einer fehlerhaften Interpretation eines Aufsatzes von Gerhard Kaller.[188]

Den Weg an die Öffentlichkeit beschritt einige Tage später auch Eduard Dietz, der in der Kommission mit seinen Ansichten zumeist allein stand. Am Tag der Veröffentlichung des erwähnten Artikels reichte er der Regierung einen eigenen Vorschlag ein, was er schon am 9. Dezember angekündigt hatte. Er berief sich hierbei auf die Unvereinbarkeit seines Entwurfs mit dem Glocknerschen, welcher den bürgerlichen Kommissionsmitgliedern als Arbeitsgrundlage diente.[189] Möglicherweise fand die Übergabe, wie aus den Akten des Justizministeriums hervorgeht, erst zwei Tage später statt.[190] Außerdem ließ er ihn in Fortsetzungen im „Volksfreund“ abdrucken und als Buch veröffentlichen.

In der Folge wurde der Entwurf Glockner von den drei bürgerlichen Kommissionsmitgliedern gemeinsam überarbeitet. Der Entscheidung für eine oder für zwei Parlamentskammern ging man aus dem Weg, indem man an den entsprechenden Stellen alternativ anzuwendende Varianten für beide Möglichkeiten entwarf. Dieser Text[191] erreichte die Regierung am 24. Dezember.[192]

Ebenfalls im Dezember erschien ein Verfassungsentwurf von seiten der Rätebewegung[193]. Dieser wurde im Januar 1919 überarbeitet. Bei der vorentscheidenden Kabinettssitzung lag er nicht vor. Die Geschichte der badischen Rätebewegung, der sich der Band von Brandt und Rürup widmet, muß hier ebenfalls außer Betracht bleiben.

---

[183] Kaller, 1966, S.323.
[184] GLA 233/24312 vgl. Kaller, 1973, S.196.
[185] Kaller, 1966, S.323.
[186] GLA 233/24312.
[187] Trippe, S.57.
[188] Kaller, 1969 [b]. Vgl. Trippe, a.a.O, FN 7. Unrichtig ist die Ansicht, die Deutschnationalen hätten in der Verfassungs-Kommission vergebens versucht, die Aufnahme von Grundrechten in den Verfassungstext durchzusetzen, da diese bereits in beiden maßgeblichen Entwürfen und in der Regierungsvorlage enthalten waren.
[189] Bericht der VK, S.18 und Kaller, 1973, S.196.
[190] GLA 234/10151.
[191] GLA 231/9151.
[192] Kaller, 1973, S.196 .
[193] Kaller, 1973, S.197–198.

Die beiden Verfassungsentwürfe wurden von Kaller beschrieben.[194] Ein von dem Ministerialrat Erwin Ritter als Privatmann erarbeiteter Verfassungsentwurf ging der Regierung, die ihn ebenso wenig beachtete wie die Nationalversammlung, erst am 11. Januar zu.[195]

Am 27./28. Dezember fand in Stuttgart eine Konferenz der süddeutschen Staaten Baden, Bayern, Hessen und Württemberg statt.[196] Von den Regierungschefs war als einziger der badische nicht anwesend, statt dessen nahm Außenminister Herrmann Dietrich (national-liberal, später DDP) teil.[197] Die Ernährungsfrage war der eigentliche Gegenstand der Beratungen. Diese wuchsen sich jedoch schnell zu allgemeinpolitischen Gesprächen aus, die neben der Erörterung der Vorgänge in Berlin und Überlegungen zum Reich-Länder-Verhältnis,[198] auch die durch das Ende der Monarchien aufgeworfenen Verfassungsfragen zum Gegenstand hatten. Die beteiligten Regierungsvertreter kamen überein, daß die zu beschließenden Verfassungen nur eine Parlamentskammer und „keinen besonderen Präsidenten" zulassen sollten,[199] ferner verständigte man sich auf Verhältniswahl- und Frauenstimmrecht.[200] Diese Konferenz wurde in der Kabinettssitzung vom 30. Dezember referiert.[201] Im GLA ist wenig mehr als die Reisekostenabrechnung von Minister Dietrich zu finden.

Das Gesamtministerium trat am 3. Januar 1919 erneut zusammen, um nach der Reich-Länder-Problematik die Verfassungsentwürfe zu beraten.[202] Der Regierung lagen nur der Entwurf von Dietz und derjenige der anderen drei Kommissionsmitglieder vor. Während der Innenminister Ludwig Haas (FVP) eine Entscheidung zuungunsten des Entwurfs Glockner hinauszögern wollte, setzte sich Justizminister Ludwig Marum (SPD) mit einem Vorschlag durch, welcher vorsah, den Entwurf Dietz unter fallweiser Hinzuziehung des Glocknerschen als Diskussionsgrundlage zu benutzen. Weiter beschloß die Regierung, über die einzelnen Materien getrennt zu debattieren. „Die Abstimmung über 25 Sachgruppen [...] ergab fast immer eine Mehrheit für den Vorschlag Dietz, in einigen Fällen überließ man die Entscheidung einer Kommission [...] Diese bestand aus den Ministern, Haas, Marum [...]", Gustav Trunk (Ernährung, Z), Adolf Schwarz (Soziale Fürsorge, USPD) und dem späteren Reichskanzler Joseph Wirth (Finanzen, Z), sowie einem Vertreter der Rätebewegung[203]. Im Gegensatz zu den Nationalliberalen, der Partei Glockners also, waren die revolutionären Kräfte immerhin in diesem Gremium vertreten.

---

[194] Kaller, 1969 [b], S.5–6.

[195] Kaller, 1973, S.197–198. u. Bericht der VK, S.53 und Pr. ü. die 13. ö. Si. vom 21. März 1919, S.44.

[196] Vgl. Kaller, 1973, S.198.

[197] GLA 233/28135.

[198] Ausführlich: Benz, S.66–78.

[199] GLA 233/28135.

[200] Benz, S.74.

[201] GLA 233/28135. Akten über die Konferenz selbst befinden sich nach Benz, S.66, Fußnote 56 in den Beständen des ehemaligen GStA Stuttgart.

[202] GLA 233/28135.

[203] Kaller, 1973, S.199.

Wie geplant fanden am 5. Januar dann die Wahlen zur Verfassunggebenden Nationalversammlung statt. „Eine Verordnung über die Wahlen [...] vom 20.11.1918 hatte alle männlichen und weiblichen Badener ab 20 Jahren mit Wohnsitz im Land als wahlberechtigt in allgemeiner, unmittelbarer und geheimer Wahl nach den Grundsätzen der Verhältniswahl erklärt. Für die Wählbarkeit war ein Alter von 25 Jahren vorgesehen."[204] „Das Land war in die vier Wahlkreise Konstanz, Freiburg, Karlsruhe und Mannheim [205], die sich mit den Landeskommissärbezirken (sic!)[206] deckten, eingeteilt. Die Wahlhandlung selbst vollzog sich nach den Vorschriften des Landtagswahlgesetzes von 1904."[207]

Von 1.168.409 Wahlberechtigten stimmten 1.029.038, also 88,1%[208] ab. Das Wahlergebnis lautete wie folgt: Die USPD erreichte trotz rabiater Wahlkampfmethoden[209] nur 1,5% der Wählerstimmen und keinen Sitz in der Nationalversammlung, ihre Minister traten zwei Tage später zurück[210] Die SPD kam auf 32,1% und 36 Abgeordnete, die DDP erhielt 22,8% der Stimmen und 25 Sitze. Das Zentrum wurde mit 36,7% und 39 Mandaten stärkste Partei, während sich die Konservativen, die als Christliche Volkspartei angetreten waren, mit 7% und ebenso vielen Abgeordneten begnügen mußten.[211] Mit 71 von 107 Abgeordneten hatten die bürgerlichen Parteien keine zwei Monate nach dem Machtwechsel in Karlsruhe einen klaren Sieg errungen. Auf der anderen Seite des politischen Spektrums war die vollständige Niederlage der Unabhängigen Sozialdemokraten sicherlich durch die Wahlkreiseinteilung besiegelt worden. Allerdings hätten sie selbst unter Anwendung eines Wahlverfahrens, bei dem das ganze Land einen Wahlkreis gebildethätte, höchstens zwei Abgeordnete nach Karlsruhe entsenden können.[212] Immerhin gelang es den beiden sozialdemokratischen Parteien ihren relativen Anteil an Wählerstimmen, gemessen am SPD-Ergebnis von 1913[213], dem Jahr, in dem die letzte Wahl zur II. Kammer des alten Landtags stattfand, um fast die Hälfte zu steigern. Die SPD-Parteipresse beklagte sich im Übrigen über die Undankbarkeit der Frauen der Partei gegenüber, die das Frauenstimmrecht propagiert hatte.[214]

Fortschritt und Nationalliberale waren vor dem Krieg noch von etwa einem Drittel der Wähler unterstützt worden, wogegen das DDP-Ergebnis um ungefähr zehn Prozentpunkte schlechter ausfiel. Der politische Katholizismus und die Konservativen konnten ähnliche Stimmenanteile erzielen wie vor dem Krieg. Das demokratische Karlsruher Tagblatt machte für das Ausbleiben konservativer Verluste das Überlaufen rechtsstehender ehemaliger Nationalliberaler verantwortlich. Da von den Flügelparteien nur die Christliche Volkspartei erfolgreich war, erreichten die Parteien der nachmaligen

---

204 Stiefel, S.321.
205 Protokoll der NV ü. die 1. ö. Si. vom 15.1.1919, S.4.
206 Die besagte Verwaltungseinheit hieß amtlich Landeskommissariatsbezirk.
207 Zier, S.145.
208 Bericht der VK, S.16.
209 Karlsruher Tagblatt Nr.6 vom 6.1.1919.
210 Kaller 1973, S.199.
211 Absolute Zahlen a.a.O.
212 vgl. Kaller, 1966, S.324.
213 Nach Zier, S.146.
214 Der Volksfreund Nr.4 vom 6.1.1919.

Weimarer Koalition zusammen 100 von 107 Mandaten. Zwei Tage nach der Wahl kommentierte Innenminister Haas in besagter Zeitung den Wahlausgang, wobei er sich für die Fortführung der bisherigen Koalition und gegen einen anscheinend von konservativer Seite verbreiteten Aufruf zur Bildung eines Bürgerblocks aussprach, den er als „[...] eine Politik des Wahnsinns [...]" bezeichnete. Im Gegenteil drohte er dem Zentrum für den Notfall eine SPD-DDP-Koalition an, die ja immerhin ca. 57% der Mandate auf ihrer Seite gehabt hätte. Zum Schluß verstieg er sich dann allerdings zu der Prophezeiung, die badische Politik werde„[...] von weltgeschichtlicher Bedeutung sein."[215]

Erstmals zogen neun Frauen in die Volksvertretung ein. Je vier von ihnen gehörten zum Zentrum und zur SPD, die neunte war Marianne Weber, deren Kandidatur somit erfolgreicher verlief als die ihres Ehemannes Max für die Deutsche Nationalversammlung.[216]

Die erste öffentliche Sitzung der Nationalversammlung fand am 15. Januar unter dem Schutz von Leibgrenadieren, der Volkswehr und einer „Ordnungswehr aus Studenten der Technischen Hochschule"[217] statt, nachdem sich tags zuvor eine „Vorbereitende Sitzung" mit der Geschäftsordnung und ähnlichen Dingen beschäftigt hatte. Es wurde beschlossen, daß vorrangig neben einer Wahlprüfungs- und einer Geschäftsordnungskommission die Verfassungskommission zu bestellen sei.[218] Aus dem Sitzungsprotokoll geht nicht hervor, ob diese „Bestellung" eine Wahl war, und daher auch nicht, nach welchem Modus sie gegebenenfalls durchgeführt wurde. In dieses 21-köpfige Gremium entsandte die SPD sieben, die DDP fünf das Zentrum acht und die Konservativen einen Vertreter. Die einzelnen Fraktionen waren also in etwa proportional zu ihrer zahlenmäßigen Stärke vertreten. Unter den Ausschußmitgliedern befanden sich auch die jetzigen Abgeordneten Dietz, Glockner und Zehnter. Die beiden zuerst genannten saßen dem Gremium vor,[219] letzterer wurde zum Berichterstatter gewählt.[220] Aus der ehemaligen Vierer-Kommission fehlte nur Friedrich Weill, der kein Abgeordnetenmandat erlangt hatte. Als einzige Frau wurde die „Fabrik-Arbeiters-Ehefrau" Sofie Regenscheit (SPD) aus Singen im Amt Konstanz,[221] in die Kommission berufen. Von den übrigen Mitglieder ist noch Heinrich Köhler (Z) zu erwähnen, der spätere Staatspräsident, Reichsfinanzminister und stellvertretende Ministerpräsident von Württemberg-Baden.

Noch in dieser ersten Sitzung übergab Innenminister Haas den durch die Regierung modifizierten Verfassungsentwurf Dietz, sowie den Vorschlag Glockner-Zehnter-Weill und den der Räte der Nationalversammlung, welche sie der Verfassungskommission überwies.[222] Zu deren Arbeitsweise bemerkt der Berichterstatter: „Die Kommission begann ihre Beratungen, an der Vertreter der vorläufigen Regierung teilnah-

[215] Nr.6 vom 6.1.1919.
[216] Verhandlungen der NV, Protokollheft, S.IV-VIII.
[217] Badischer Beobachter Nr.26 Abendblatt vom 16.1.1919.
[218] Verhandlungen der NV, Protokollheft, S.1–5.
[219] Pr. ü. die 2. ö. Si. vom 30.1.1919, S.14.
[220] Bericht der VK, S.18.
[221] Verhandlungen des Badischen Landtags [...] Heft 523, S.VII.
[222] Pr. ü. die 1. ö. Si. vom 15.1.1919, S.10–11.

men, am 23. Januar [...] Betreffend die geschäftliche Behandlung beschloß die Kommission [...] über drei Hauptfragen eine Generaldebatte zu führen, nämlich einmal über die Frage, ob der Abschnitt über die staatsbürgerlichen [...] Rechte in dem Entwurf stehenbleiben solle [...]; zweitens darüber, ob an die Spitze des badischen Staates ein Staatspräsident gestellt werden solle [...]; und drittens darüber, ob der Landtag eine oder zwei Kammern erhalten solle. Dagegen beschloß die Kommission, im übrigen von einer Generaldebatte abzusehen. Diese beschränkte sich dann auch auf einen Sitzungstag."[223] Die Einzelberatung wurde in zwei Lesungen vorgenommen.[224] Der erste Durchgang zog sich bis Ende Februar hin, da in ihm die Hauptarbeit geleistet wurde. Die zweite Lesung endete genau eine Woche[225] vor der Plenarsitzung vom 19. März, in welcher der Berichterstatter Zehnter die Abgeordneten umfassend schriftlich und mündlich über die Arbeit der Kommission in Kenntnis setzte.

An diesem Tag begannen auch die Beratungen der Nationalversammlung zur Verfassung.[226] Diese erstreckten sich zunächst über drei Sitzungstage, wobei einem Referat des Berichterstatters Redner die Stellungnahmen der einzelnen Fraktionen vortrugen, und sich dabei nur zum Teil an konkreten Verfassungsbestimmungen hielten.[227] Am letzten Beratungstag, dem 21. März, vermerkt das Protokoll: „Bei der hierauf folgenden namentlichen Abstimmung über den [..] Gesetzentwurf wird dieser in der beschlossenen Fassung mit 96 abgegebenen Stimmen einstimmig angenommen."[228]

Die von Kaller[229] vertretene Ansicht, an diesem Tag habe die dritte Lesung des Verfassungsentwurfs stattgefunden, wird durch das Protokoll der NV nicht gestützt. Vielmehr scheint es sich um den dritten Teil der ersten gehandelt zu haben. Die dritte Lesung bestand lediglich in der Diskussion der Frage, ob die Volksabstimmung über die Verfassung in dieselbe aufgenommen werden sollte und der dazugehörigen Abstimmung. Der Grund für die Unstimmigkeit dürfte in folgendem Verfahren gelegen haben: „Zur Geschäftsordnung erhält noch Abg. Dr. Glockner das Wort zu einer Anregung wegen alsbaldiger Drucklegung und Verbreitung des Verfassungsgesetzes mit Datum vom heutigen Tage und derart, daß es zur zweiten Beratung gedruckt vorliegt. Der Präsident sagt ihm dies zu [...]". a.a.O., S.44. Ebensowenig trifft die Bemerkung von Stehling[230] zu, die Plenarberatungen hätten erst am 21. März begonnen.

Der schwelende Streit um die Kirchen- und Schulartikel wurde durch einen Kompromiß zwischen den Regierungsfraktionen beigelegt. Das Zentrum erklärte sich bereit, die Annahme des Verfassungsentwurfs im Parlamentsplenum nicht zu behindern. Dementsprechend kamen ihm die Sozialdemokraten im Verfassungs-Ausschuß entge-

---

[223] GLA 231/2612.
[224] Bericht der VK, S.18–19.
[225] Badischer Beobachter Nr.121 vom 13. 1.1919.
[226] Pr. ü. die 11.ö. Si. vom 19. 1. 1919, S.39–40.
[227] Vgl. auch Badische Presse Nr. 134 Abendblatt vom 20. 1. 1919 oder die Nr. 67 und 68 des Volksfreund vom 20. und 21. 3. 1919.
[228] Pr. ü. die 13. ö. Si. vom 21. 3. 1919, S.43.
[229] 1969 [b], S.7.
[230] S.138.

gen.[231] Vier Tage später fand die „Zweite Beratung" statt. Nach der Vornahme einiger kleinerer Änderungen, wurde die Verfassung, wiederum einstimmig, verabschiedet.[232] In der Sitzung vom 28. März wurde das im §69 des Verfassungsgesetzes vorgesehene Plebiszit über seine Einführung besprochen. Es wurde mit der Frage verbunden, ob die Verfassunggebende Nationalversammlung als Landtag weiterbestehen solle.[233] Diese Volksabstim-mung, es war die erste in der deutschen Geschichte,[234] fand am 13. April statt. Bei einer Beteiligung von nur etwa einem Drittel der Stimmberechtigten, entschied sich eine überwältigenden Mehrheit von 94,6% für die neue Verfassung, nur unwesentlich weniger votierten für die Verlängerung der Abgeordnetenmandate.[235] Mit der Veröffentlichung im Gesetz- und Verordnungsblatt vom 25. April 1919 trat das Verfassungswerk in Kraft.

3.2. Regierungssystem

Parlament

3.2.1. Anzahl der Kammern

Die strittigste Frage, welche die am Zustandekommen der Verfassung Beteiligten im Bezug auf die Legislative zu beantworten hatten, war die nach der Anzahl der Parlamentskammern. Die Landstände des alten Großherzogtums waren in „zwey Kammern abgetheilt" (§26 BV 1818) gewesen, wobei die Mitgliedschaft in der Ersten Kammer, privilegierten Personen und Vertretern bestimmter Körperschaften vorbehalten gewesen war. (§27 BV 1818) Angesichts der politischen Umwälzung stand diese Zweiteilung zur Disposition.

Die öffentliche Debatte begann mit dem erwähnten Zeitungsartikel des Viererkommis-sionsmitglieds Glockner vom 11. Dezember 1918. Eine Begründung für die Notwendigkeit eines Oberhauses findet sich ebenfalls dort: „Durch Aufrechterhaltung einer Ersten Kammer in der die für das Staatsleben wichtigsten Berufsstände, sowie die großen Gemeinwesen ihre Vertretung finden, ist [..] dafür gesorgt, daß auch die Interessen dieser wichtigsten Gruppen in wirksamer Weise zur Geltung gebracht werden können."[236] Der Autor argumentiert also mit der größeren Bedeutung der zu berücksichtigenden Kreise und nicht mit ihrer etwaigen größeren Würde. Das dieser Kammer zugedachte suspensive Vetorecht gegenüber den Beschlüssen der Volksvertretung hat der Autor ausdrücklich den Kompetenzen des britischen House of Lords nachempfunden.

Der kurz darauf veröffentliche Entwurf von Eduard Dietz sah ein ungeteiltes Parlament vor, was dieser im Vorwort der gedruckten Ausgabe seiner Schrift wie folgt rechtfertigt: „Für die Art und Weise der Zusammensetzung der [...] Volksvertretung kann nach den Vorschriften des E[rfurter]. P[rogramms]. nur das Ein-

[231] Karlsruher Zeitung Nr. 62 vom 13. 3. 1919. Vgl. Stehling, S.109–140.
[232] Pr. ü. die 14. ö. Si. vom 25. 3. 1919, S.48–49.
[233] Pr. ü. die 17. ö. Si. vom 28. 3. 1919,S. 56.
[234] Meißner, S.20.
[235] Pr. ü. die 23. ö. Si. vom 15. 4. 1919, S.73.
[236] GLA 231/3396.

kammersystem in Frage kommen."[237] Weiter stelle die Einführung des Verhältniswahlsystems bei gleichzeitiger Erhöhung der Mandatszahl sicher, daß „[...] genügend Plätze frei sind für die in allen Parteien [...] vorhandenen und der Berücksichtigung würdigen geistigen, kulturellen und wirtschaftlichen Kräfte. Die in Betracht kommenden Interessenten werden dadurch gezwungen, sich in viel [...] intensiverem Maße mit den [...] Interessen der Volksgesamtheit vertraut zu machen als wenn sie hoffen dürfen, in einer sogen. „Ersten Kammer" [..] ihre Stimmen in die Waagschale werfen zu können [...]." Partikularinteressen seien auch durch die mindestens zweimalige Beratung eines Gesetzentwurfs und durch die Möglichkeit des Referendums geschützt.[238] Dietz scheint hier auch auf die „intraparlamentarische Kontrolle" als Funktion eines Oberhauses unter der Annahme einer dort herrschenden „besonneneren und sachlicheren Atmosphäre" anzuspielen.[239]

Eduard Dietz könnte sich allein schon aus Gründen der Parteiräson für eine Kammer entschieden haben. Die badischen Sozialdemokraten betrieben allerdings schon seit längerer Zeit eine teilweise pragmatische und im Widerspruch zu Direktiven von Parteitagen und Parteileitung stehende Politik.[240] Unter Umständen greift also die Übereinstimmung zwischen dem Erfurter Programm und den von Dietz veröffentlichten Motiven hier wie an anderer Stelle als Erklärung zu kurz. Text und auslegender Kommentar des Erfurter Programms verlangten die Einführung des Einkammmersystems nicht. Die überwiegende Beschäftigung mit Reichspolitik und -verfassung ließ diese Frage wohl eher vernachlässigbar erscheinen. Die Abschaffung des Bundesrats, der als nicht demokratisch legitimiertes Organ auf den Reichstag einwirkte und teilweise Aufgaben eines Parlaments ausübte, wurde allerdings ebenfalls nicht verlangt.[241] Obwohl sich die Bezugnahme auf das Programm vielleicht durch dessen Tenor rechtfertigen läßt, könnte die entsprechende Formulierung auch ein dekorativer Akt von Parteidisziplin zur Bemäntelung einer andersartigen Motivation gewesen sein. An dieser Stelle soll darauf hingewiesen werden, daß die Verfassungspläne der Rätebewegung [242] ein Zweikammersystem vorsahen.

Wie der von Glockner ausgearbeitete Vorschlag, sah auch eine Variante des auf ihm aufbauenden Entwurfs der Kommissionsmehrheit ein Oberhaus vor, ebenso die Arbeit des Ministerialrats im Justizministerium[243] Ritter. Dessen Entwurf wurde von dem Heidelberger Staatsrechtler Thoma in der Karlsruher Zeitung ebenso wohlwollend wie herablassend besprochen.[244] Der Autor selbst schlug in diesem Artikel eine Erste bzw. Zweite Kammer vor, die, womöglich um ihren Parlamentscharakter nicht ganz offensichtlich werden zu lassen, die Bezeichnung eines „[...] Gesetzgebungsbeirats oder Staatsrats oder wie man das nennen möchte [...]" tragen sollte. Die 24-köpfige Körperschaft sollte aus allgemeinen Wahlen hervorgehen. Alle drei Jahre sollte die Hälfte

---

[237] Dietz, 1919, S.7.
[238] Dietz, 1919, S.7–8.
[239] Brunner, S.228.
[240] Huber, 1969, S.121–122. und 417–418.
[241] vgl. Huber, 1963, S.849–860. Zur Authentizität der Auslegung des Kommentars s.u.
[242] vgl. Kaller, 1966, 323–324.
[243] Karlsruher Zeitung Nr. 23 vom 27.1.1919.
[244] Nr. 20 vom 23.1.1919.

ihrer Mitglieder neu gewählt werden. Ihr sollte gegen Beschlüsse der anderen Kammer ein suspensives Vetorecht zustehen. Eine solche zweite volksgewählte Kammer mit periodischer Teilerneuerung wie in Japan oder ohne wie in Italien wurde nach dem Zweiten Weltkrieg in verschiedenen zentralistisch aufgebauten Staaten realisiert.[245]
Am 27.1. äußerte sich der ehemaliger Senatspräsident Hermann Buch in einem Leitartikel der genannten Zeitung eindeutig positiv über den von offizieller Seite ignorierten Privatentwurf Ritter, wobei er dessen Engagement unter Berufung auf den Epitaphios des Perikles auf die gefallenen Athener würdigte.[246]

Am 11. Februar druckte die Karlsruher Zeitung eine von dem Oberamtmann Sauter verfaßte Entgegnung auf Thomas Artikel ab.[247] Der Autor verwahrte sich gegen die Feststellung des Professors, „[...]jeder Verfassungspolitiker der für das Einkammersystem eintrete sei auf das Prokrustesbett des Erfurter Programms geschnallt [...]". Vielmehr gebe es auch bei den Demokraten und beim Zentrum Vertreter desselben. Für eine Erste Kammer sprach sich auch der Historiker Willy Andreas aus, ein Rostocker Professor, der vorher an der TH Karlsruhe gelehrt hatte, in der Badischen Landeszeitung aus, die sich nicht scheute, den Verfassungen der Kriegsgegner Frankreich, Belgien, Großbritannien und USA Vorbildcharakter zuzusprechen. Für Baden stellte sich Andreas eine Erste Kammer vor, die ebenso korporativistische wie korporatistische Merkmale aufweisen sollte und die „[...] organischen Einheiten unseres Lebens [...] vertreten solle. Neben der jeweils separaten Berücksichtigung von Staatsbeamten, Gemeindebeamten und Lehrern und der Berücksichtigung der Juden, stellte sich der Autor auch die Frage [...] ob und in welchem Maße auch Sekten und nicht landeskirchliche Gemeinschaften heranzuziehen seien. Schließlich wollte er auch Künstler vertreten wissen. Die Sitze der Arbeiter sollten nach diesem Modell nicht den Gewerkschaften, sondern noch zu errichtenden[248] Arbeiterkammern zustehen, deren Einrichtung auch in Württemberg diskutiert wurde.

Wie dieses jeweils personell hätte aufgebaut sein sollen, zeigt die folgende Tabelle. Zu Vergleichszwecken beginnt sie mit der tatsächlichen Zusammensetzung der Ersten Kammer der Landstände des Großherzogtums nach der Reform von 1904. Ein Änderungsantrag der Nationalliberalen von 1917[249] wurde innerhalb derselben Spalte in Klammern wiedergegeben Die Zahlen beziehen sich auf die Anzahl der von der jeweiligen Gruppe zu entsendenden Vertreter.

Gruppe	Landstände gemäß §27 BV 1818	Glockner[250]	Kommission[251]	Ritter[252]	Badische Landeszeitung
Adel	8 zzgl. Prinzen	-	-	-	

[245] Brunner, S.228.
[246] Nr. 23; Thukydides: Der peloponnesische Krieg II, 35–46.
[247] Nr. 36.
[248] Nr. 11 vom 8.1.1919.
[249] Beilage zum Pr. der 1. ö. Si. der II. Kammer vom 29. 11. 1917, S.1–26.
[250] GLA 231/3396.
[251] GLA 231/9151(§18 der entsprechenden Variante).
[252] Ritter, S.44–45.

	und Standesherrn (<8)				
Staatsoberhaupt	höchstens 6 (4)	-	-	3	
Volkskammer	-	-	-	5	
Geistlichkeit	2(4)	3	5[253]	5	ja
Industrie u. Handel	3(5)	5	3	6	ja
Landwirtschaft	2	5	3	3	ja
Handwerk	1(2)	3	2	-	ja
Beamte	-	4	3	3	ja
Arbeitnehmer	-(3)	5	5	9	ja
Hochschulen	3	3	3	5[254]	ja
Kommunen u. Kommunalverb.	4(7)	9	9	10	ja
Richter	2	2	2	2	ja
Sonstige	-(1)	-	3	2	ja
Summe	variabel	39	35	53	

Die Vorschläge waren sich offensichtlich ziemlich ähnlich. Auffällig ist, daß die Zusammensetzung der alten Ersten Kammer etwa so modifiziert wurde, daß die ehemals dem Adel zustehenden Sitze auf verschiedene Berufsgruppen und die Kommunen verteilt wurden.

Das Gesicht der Ersten Kammer hatte sich bereits 1904 durch die Aufnahme von Berufs- und Kommunalvertretern verändert. Wäre sie wie in der Tabelle umgestaltet worden, hätte man von einem weiteren Schritt auf dem Weg von einer ständisch-korporativistischen zu einer berufsständisch- korporatistischen Zusammensetzung sprechen können.

Die Regierung indes zeigte schon bald, wie sie sich zu entscheiden gedachte. Schon am 18. November hatte Anton Geiß als Regierungschef in einem Brief an den Bürgermeister von Eberbach mitgeteilt, daß „[...] für eine Erste Kammer schwerlich Raum sein wird."[255] Überdies hatten sich ja die süddeutschen Staaten Ende Dezember auf eine einzige Parlamentskammer festgelegt. In der Kabinettssitzung vom 3. Januar 1919 votierten letztlich alle Minister für das Einkammersystem, wenngleich in der Diskussion vor der Abstimmung von Außenminister Dietrich und Finanzminister Wirth Bedenken erhoben wurden. Letzterer dachte daran, die größere Macht der dann einzigen parlamentarischen Körperschaft durch Allparteienregierungen und Plebiszite zu begrenzen.[256] Allerdings hat all dies die volle Entscheidungsfreiheit der Nationalversammlung zumindest de jure nicht beeinträchtigt.

---

[253] Zwei katholische, zwei evangelische und ein Rabbiner. Eine solche Verteilung auf die Konfessionen war im Rahmen des bayerischen Senats verwirklicht (Bayerisches Gesetz über den Senat Art.7).

[254] Darunter ein Vertreter der damaligen Handelshochschule Mannheim.

[255] GLA 233/28135, vgl. Kaller, 1973, S. 195.

[256] GLA 233/28135.

Einige Tage nach deren Wahl wurden auf der Landesversammlung der Arbeiter- und Soldatenräte von den drei großen Fraktionen Erklärungen abgegeben, in denen sie sich auf die Republik und die Bewahrung der revolutionären Errungenschaften verpflichteten. Die Adresse des Zentrums enthielt folgenden Passus: „Die Frage ob Ein- oder Zweikammersystem ist [...] nicht von der Bedeutung, daß sie allgemeine Güter der Volkswohlfahrt, besonders die öffentliche Ruhe und Ordnung, sowie den Aufbau des Staates gefährden dürfte. Wenn Volksinitiative und Volksreferendum in der Verfassung eingeführt werden, halten wir [...] die von uns zu wahrenden Interessen des Volkes gesichert (sic!) und sind gewillt, unter dieser Voraussetzung für das Einkammersystem zu stimmen."[257] Die Vorstellung vom Referendum als Ersatz für eine Erste Kammer taucht hier zum dritten Mal auf, nun sollen aber die „Interessen des Volkes" statt der bei Dietz gemeinten Partikularinteressen geschützt werden. Schon am 7. Januar hatte der Leitartikler des „Volksfreund" die Frage nach der zweiten Parlamentskammer zur Nagelprobe für die koalitionspolitische Zuverlässigkeit der Demokraten erklärt. Er befürchtete wegen des Zuzugs von Teilen der Nationalliberalen einen Rechtsruck innerhalb der Partei.[258]

Während der Generaldebatte der Verfassungskommission der Nationalversammlung stand diese Frage ein letztes Mal auf der Tagesordnung. Deren Bericht vermerkt hierzu, der Abgeordnete Zehnter habe beantragt, sie „[...] zur Erörterung zu bringen, weil sie [...] von breiter Bedeutung für den ganzen Aufbau des Gesetzesentwurfs sei. Er sei jedoch [...] der Meinung, daß darüber kaum mehr zu debattieren sei, nachdem die großen Parteien, in den vor einigen Tagen in den Zeitungen veröffentlichten Richtlinien für das Einkammersystem ausgesprochen hätten. Er sei in der Lage für seine Partei zu erklären, daß sie für das Einkammersystem eintrete. Eine abweichende Erklärung wurde von anderer Seite nicht abgegeben und demgemäß festgestellt, [...] daß der Gesetzentwurf auf der Grundlage des Einkammersystems aufgebaut werden solle."[259] Eine Kontroverse von anfänglich großer Brisanz hatte sich binnen kurzer Zeit erledigt.

Der Entwurf Dietz hatte sich hier durchgesetzt, nicht zuletzt weil er, wie sich herausgestellt hatte, von einem breiten Spektrum politischer Kräfte einschließlich großer Teile der Mitte, wenn auch aus unterschiedlichen Gründen, unterstützt wurde. Explizit für zwei Kammern sprachen sich auf dem Petitionsweg u.a. der Verband südwestdeutscher Industrieller, eine Untergliederung der neugegründeten DVP, verschiedene Beamten- und Handwerksverbände sowie der Badische altkatholische Landesausschuß aus, davon letzterer mit der Bitte um Be-rücksichtigung seiner selbst.[260] Wo beim Zentrum politische Opportunität den Ausschlag gab, war es bei den Demokraten die Sorge um die eigene politische Glaubwürdigkeit. Der Minister Haas beispielsweise hatte sich dahingehend geäußert, daß man es im Volk nicht verstünde, wenn nach jahrelanger Bekämpfung des Zweikammersystems ein solches vorgeschlagen werde.[261]

Baden hatte sich, wie mit einer Ausnahme alle deutschen Länder, für eine zu der Zeit naheliegende Option entschieden. Das einzige Land, das während der Zeit der Weima-

[257] Bericht der VK, S.16–17.
[258] Nr. 5 vom 7.1.1919
[259] Bericht der VK, S.21.
[260]. GLA 231/9151.
[261] GLA 233/28135.

rer Republik ein Zweikammersystem hatte, war der Freistaat Preußen, wo ein aus Vertretern der Provinziallandtage und vergleichbarer Organe zusammengesetzter Staatsrat der territorialen Repräsentation diente.[262]

Die Argumente, die von Befürwortern wie Gegnern des Zweikammersystems vorgebracht wurden zeigen, daß das Blickfeld beider Seiten im wesentlichen auf die bisherige Erste Kammer verengt war. Den einen diente sie als Vorbild für eine Kammer, die teilweise anders zusammengesetzt, unter Anerkennung der Vorrangstellung der Volksvertretung,[263] auch im republikanischen Baden fortbestehen sollte. Die sozialdemokratische Seite hingegen mußte sie angesichts ihrer zugleich feudalen und kapitalistischen Zusammensetzung als inakzeptable Einschränkung der Rechte des Volkes wahrnehmen.

An die Möglichkeit, die Mitglieder der Ersten Kammer auf demokratische Weise durch die Kommunalparlamente wie es damals in den Niederlanden und in Schweden[264] üblich war oder ebenfalls durch das Volk wie in Dänemark[265] wählen zu lassen, dachte niemand. Eine derartige Regelung hätte die auch von Eduard Dietz zugestandenen Vorteile zweier parlamentarischer Körperschaften mit der ungeschmälerten Geltung des Prinzips der Volkssouverainität verbunden. Dieser Modus wurde zu der Zeit auch in den USA nach dem 17. Amendment zur Verfassung und in verschiedenen ihrer Einzelstaaten praktiziert. Deren politische Systeme blieben nicht gänzlich unbeachtet. Beleg dafür mag eine zu den Landtagsakten geschriebene Abhandlung sein, deren Autor, der nachmalige Reichsaußenminister Curtius[266], die plebiszitären Einrichtungen dieser Staaten der Nationalversammlung näherbringen wollte. Ebenso berief sich der Entwurf Ritter auf das nordamerikanische Zweikammersystem.[267] Außerdem hätte die Möglichkeit bestanden, wie in Norwegen[268] und in Island[269] die zweite Kammer durch die erste wählen zu lassen.

Nach dem Zweiten Weltkrieg wurde die Schaffung einer zweiten Parlamentskammer in allen drei südwestdeutschen Ländern erneut betrieben.[270] Diese Bemühungen blieben jedoch ebenso erfolglos wie der Versuch der CDU, in der Verfassunggebenden Landesversammlung für Baden-Württemberg einen Senat durchzusetzen. Seine geplante Zusammensetzung stimmte grundsätzlich mit den erwähnten Plänen des Jahres 1918 zur Umgestaltung der Ersten Kammer überein.[271]

---

262. Verfassung des Freistaats Preußen §§31–43.
263 Entwurf Glockner-Zehnter-Weill §§37 u. 42.
264 vgl. von Beyme, S.389.
265 a.a.O., S.388.
266 GLA 231/9151.
267 vgl. Kaller, 1973, S.197.
268 von Beyme, S.388. „Einheitlich gewählte Kammer teilt sich in zwei Häuser“ (sic!).
269 Brunner, S.228–229.
270 Feuchte, S.90.
271 vgl. Feuchte, S.212.

3.2.2. Legislaturperiode

Die Abgeordneten der Zweiten Kammer der alten Landstände wurden zunächst auf acht, zwischen 1825 und 1870 auf sechs[272], danach nur noch auf vier Jahre gewählt (§38 BV 1818). Für die Kammer insgesamt war über lange Zeit eine periodische Teilerneuerung vorgesehen. Während der achtjährigen Wahlperioden wurde alle zwei Jahre ein Viertel der Ab-geordneten ausgetauscht, während der vierjährigen die Hälfte (§37ff BV 1818). Letztere wurde durch die Parlamentsreform von 1904 ebenso abgeschafft wie die indirekte Wahl der Volksvertreter (§33,2 BV 1818).[273] Demnach hatte noch unter der Monarchie eine Modernisierung des Parlaments- und des Wahlrechts stattgefunden. Die an der Verfassunggebung Beteiligten konnten sich, was die Volksvertretung anbelangt, früh den Detailfragen widmen.

So wollte die Kommissionsmehrheit die Legislaturperiode auf drei Jahre verkürzen,[274] der Vorschlag Dietz sah sogar alle zwei Jahre eine Landtagswahl vor.[275] Er folgte hier wiederum dem Erfurter Programm, das „Gesetzgebungsperioden" in dieser Länge fordert.[276] Dessen Kommentar führt hierzu verschiedene Gründe an: So könne jeder Wahlkampf auch zum Zweck allgemeiner Agitation genützt werden: „Durch den Volkskörper rollt in solchen Zeiten das Blut in rascherem Schlage [...]."An anderer Stelle nähert sich der Kommentator dem Prinzip des imperativen Mandats: „So können die Auftraggeber eine schärfere und eindringlichere Aufsicht über ihren Vertreter üben [...]."[277]

Dietz beruft sich ausdrücklich auf diesen Punkt und merkt, darüber hinausgehend an, „[...] daß 2 Jahre schon eine reichlich lange Zeit für das Abgeordnetenmandat sind [...]."[278] Diese Ansicht wurde vom Staatsministerium offensichtlich nicht geteilt, da es der Nationalversammlung eine dreijährige Legislaturperiode vorschlug.[279]

In der Kommission wollten Vertreter von SPD und Zentrum eine Verkürzung beziehungsweise Verlängerung um ein Jahr durchsetzen.[280] Da die DDP-Abgeordneten gegen den sozialdemokratischen Antrag stimmten, wurde die vierjährige Landtagsdauer in die Verfassung aufgenommen.[281]. Hinter dem vom Zentrum angeführten Argument, man wolle dem Volk zu häufigen Wahlkampf ersparen,[282] mag sich der Wunsch nach stabilen Verhältnissen und einem gewissen Schutz vor kurzfristigen Stimmungsschwankungen in der Wählerschaft verborgen haben.

---

[272] Fenske, 1993, S.149.
[273] vgl. Huber, 1969, S.416.
[274] GLA 231/9151 (§16,II,1).
[275] GLA 231/9151 (§29,1).
[276] Erfurter Programm I,3. Zitiert nach: Miller u. Potthoff, S.313.
[277] Kautsky u. Schoenlank, S.32.
[278] Dietz, 1919, S.11.
[279] Bericht der VK, S.78 (§25).
[280] Badischer Beobachter Nr.72 vom 12.2.1919.
[281] Volksfreund Nr.37 vom 13.2.1919.
[282] a.a.O.

3.2.3. Haushaltsdauer

Das großherzogliche Baden kannte anfänglich die Kontrolle des Finanzgebarens der Regierung nur in Form der Steuerbewilligung (§53ff. BV 1818) oder -verweigerung[283]. Seit 1831 erkannte die Verfassung diesen Zusammenhang ausdrücklich an (§79,II). Das „Finanz-gesetz", wie der Haushalt amtlich bezeichnet wurde, war auf jeweils zwei Jahre befristet (§§54,1 und 79,I BV 1818). Die Verfassungsdiskussion von 1918/19 verlief an dieser Stelle ähnlich wie die eben geschilderte, weswegen eine knappe Zusammenfassung genügen soll: Der Verfassungsentwurf der Viererkommissionsmehrheit sah eine einjährige Budgetperiode vor.[284] Diese Lösung findet sich dem Grundsatz nach auch bei Eduard Dietz und in der Regierungsvorlage.[285]

Das Kabinett folgte hierbei dem Argument des Unterrichtsministers Stockinger (SPD). Dieser hatte seine Kollegen darauf aufmerksam gemacht, daß die Beibehaltung zweijähriger Haushalte angesichts der kurz zuvor erfolgten Festlegung auf eine dreijährige Landtagsdauer nicht praktikabel war.[286] Beide Entwürfe räumten dem Landtag allerdings die Möglichkeit ein, den gesamten Haushalt oder einzelne Etatposten ausnahmsweise auf eine nicht näher bestimmte längere Zeit zu bewilligen.[287] Ein entsprechendes Recht der Regierung, etwa einen Doppelhaushalt von sich aus einzubringen, war nicht vorgesehen. In der Kommission verständigte man sich nach Ablehnung eines Zentrumsantrags, der die Beibehaltung der bisherigen Frist vorsah, auf einen Kompromißvorschlag der Demokraten.[288] Dieser erlaubte es dem Landtag, zwischen einer von der SPD gewünschten regulären einjährigen Haushaltsdauer und einer außerordentlichen von doppelter Länge zu wählen. (§31 BV)

Die zur Geltung gelangte Verfassungsbestimmung war also mit der Regelung des Vorschlags Dietz nahezu identisch.

3.2.4. Wahlrecht

Die Wahlen zu den letzten badischen Kammern unter der großherzoglichen Verfassung waren gleich, geheim, unmittelbar und, im Rahmen des Männerwahlrechts, allgemein gewesen (§33,2 BV 1818). Die Beschränkung des aktiven Urwahlrechts auf Grundbesitzer und Amts-träger war schon 1869 aufgehoben worden. (§36 BV 1818) Das aktive Wahlalter lag durchgängig bei 25 Jahren, das passive bei 30 (§§36f. BV 1818). Die drei letztgenannten Wahlrechtsgrundsätze waren 1904 in der Verfassung verankert worden, der erste galt seit ihrer Verabschiedung. (§7 BV 1818) Über die Freiheit der Wahl sagt der Verfassungstext nichts aus. Man dürfte die Ansicht geteilt haben, daß ohne Wahlfreiheit überhaupt keine Wahl vorliegt[289]. Mit der dadurch erreichten Demokratisierung des Wahlrechts war jedoch nach dem Weltkrieg und der Revolution keiner der an der Verfassunggebung Beteiligten mehr zufrieden.

[283] Huber, 1957, S.349.
[284] GLA 231/9151(§21,1).
[285] GLA 231/9151 (§37) Regierungsvorlage: Beilage zum Pr. der 11 .ö. Si. vom 19.3.1919 S.79 (§ 26I,1 und. §§31f.).
[286] GLA 231/233/28135.
[287] a.a.O.
[288] Badischer Beobachter vom 13.2.1919, Nr.73.
[289] vgl. Nohlen 1990, S.32.

Die Volksregierung hatte sich in der erwähnten Proklamation vom 14. November 1918 hinsichtlich der Wahl zur Nationalversammlung auf Verhältniswahl, Frauenstimmrecht und ein Wahlalter von 20 Jahren festgelegt.[290] Damit waren Standards gesetzt worden, von denen man später schwerlich wieder abgehen konnte. Dementsprechend wichen die Vorschläge der an der Verfassunggebung Beteiligten nur mäßig davon ab.

Der Verfassungsentwurf der Kommissionsmehrheit nennt alle vier demokratischen Grundprinzipien.[291] Eine Aussage über das Frauenwahlrecht findet sich darin ebensowenig wie eine über das Wahlalter. Ein geplanter Ausschluß der Frauen vom Wahlrecht läßt sich aus diesem Umstand nicht sicher schließen, da das Wahlalter unter dieser Verfassung ebenfalls an anderer Stelle hätte geregelt werden müssen.

Die sozialdemokratische Position nahm diesen Punkt wichtiger. Schon im ersten Satz des ersten Abschnitts forderte das Erfurter Programm und darauf basierend der Vorschlag Dietz[292] die Einführung des Frauenwahlrechts und die Herabsetzung des aktiven und passiven Wahlalters auf das vollendete zwanzigste Lebensjahr. Im nächsten Absatz desselben Paragraphen werden die Wahlrechtsgrundsätze aufgezählt. Eduard Dietz ergänzt den Verweis auf die Autorität des Parteiprogramms an dieser Stelle nicht durch ausführliche eigene Überlegungen. Das durch die Revolution garantierte Frauenwahlrecht instrumentalisierte er bereits anläßlich einer am 21. Dezember gehaltenen Wahlrede, in der er an die anwesenden Frauen appellierte, ihre Dankbarkeit für diese Errungenschaft an der Wahlurne zu zeigen.[293] Aufschlußreicher ist der Kommentar zum Erfurter Programm von Kautsky und Schoenlank, zumal er Argumente anführt, die in der badischen Verfassungsdiskussion von verschiedener Seite bemüht worden sind: „Wer mit dem zwanzigsten Lebensjahre der Militärpflicht [...] genügt und dem Gemeinwesen in diesem Alter die Blutsteuer zu entrichten pflegt, wer mit dem einundzwanzigsten Lebensjahre die Großjährigkeit [...] erlangt, der ist auch zur politischen Mündigkeit [...] herangereift. Tatsächlich ist die wirtschaftliche Mündigkeit für die Mehrzahl der Reichsangehörigen [...] bis zum zwanzigsten Lebensjahr eingetreten."[294] Das Frauenwahlrecht wird auch hier direkt aus der postulierten Gleichheit der Geschlechter abgeleitet.[295] Da die Kommentatoren die Frauenfrage als Teil der Arbeiterfrage wahrnehmen, kommt ein politisch-taktisches Moment noch hinzu.

Gegen Einwände aus den Reihen des Zentrums entschied sich die Regierung, was das Wahlalter angeht, für den Vorschlag Dietz.[296] Das Frauenstimmrecht wurde von ihr wie von den Parlamentsgremien nicht mehr in Frage gestellt. Selbst der konservative[297] Entwurf Ritter sah das Frauenwahlrecht vor. Originellerweise sollte „[...] des Mannes Stimme [..] doppelt [..]" zählen.[298] Zur Rechtfertigung dieser Konstruktion führte Ritter die kriegsbedingte Überzahl der Frauen an. Die diesem Privatentwurf an-

---

290 Bericht der VK, S.14–15.
291 GLA 231/9151 (§14) Im Verfassungstext sind sie unter §3,II zu finden.
292 GLA 231/9151 (§2,I).
293 Dietz, o.J., S.28–30.
294 Kautsky u. Schoenlank, S.29.
295 a.a.O., S.30.
296 GLA 231/9151.
297 vgl. Kaller, 1973, S.179.
298 Ritter, S.44.

sonsten wohlgesonnene Karlsruher Zeitung hielt eine solche Regelung angesichts der erfolgten Einführung des gleichen Frauenstimmrechts für unnötig und unrealistisch. Das Pluralwahlrecht wollte sie gegebenenfalls auf Kriegsveteranen beschränken.[299]

Die Kommission hob das Wahlalter in der ersten Lesung um ein Jahr an, was der erwähnte Oberamtmann Sauter mit Blick auf die Kriegsteilnehmer in der Karlsruher Zeitung mißbilligte.[300] Diese Vorschrift wurde in der zweiten mit Rücksicht auf die verfassungsrechtliche Entwicklung im Reich und in anderen Bundesstaaten wieder rückgängig gemacht.[301] Die verschiedenen Redner argumentierten mit dem Auseinanderfallen von zivilrechtlicher Volljährigkeit und Wahlalter. Das Stimmrecht in England, Frankreich und im ausnahmsweise herangezogenen Italien wurde gegen, das der Schweiz für eine Absenkung ins Feld geführt.[302] Daneben betonte ein Kommissionsmitglied die angeblich erzieherische Wirkung des Wahlrechts, was an die unlängst diskutierte Absenkung des aktiven Wahlalter in einigen deutschen Bundesländern erinnert.

Der Verfassungstext entsprach inhaltlich der Regierungsvorlage (§3,I,1 BV). In der badischen Verfassungsdiskussion machte mit der genannten nichtoffiziellen Ausnahme soweit ersichtlich übrigens keiner der Beteiligten darauf aufmerksam, daß die Beibehaltung des bisherigen Wahlalters den Ausschluß zahlreicher Kriegsteilnehmer bedeutet hätte. Ein Zusammenhang mit der Militärdienstpflicht, wie er schon in der griechisch-römischen Antike bestanden hatte, wurde jedoch gesehen.[303]

Eduard Dietz wollte das Wahlrecht auf die badischen Staatsangehörigen beschränkt wissen.[304] Da er sich an keiner Stelle über das Wahlrecht von Deutschen ohne badische Staatsbürgerschaft äußert, kann nicht abschließend geklärt werden, ob er ihnen die Teilnahme an der Wahlhandlung verweigern wollte oder ob er das Problem nicht erkannt hat. Der Entwurf der Kommissionsmehrheit äußert sich überhaupt nicht direkt zu dieser Frage. Einer juristischen Untersuchung bliebe es daher vorbehalten zu prüfen, ob aus der Vorschrift des §3,2 „Träger der Staatsgewalt ist das badische Volk [...]“ eine Beschränkung des Wahlrechts auf badische Staatsangehörige hätte hervorgehen sollen. Die Verfassungs-Kommission beschränkte sich darauf, eine Klausel einzufügen, nach welcher nur wählen durfte, wer die badische Staatsangehörigkeit seit mindestens sechs Monaten besaß.[305] Diese Regelung wurde als §3,I,1,1 der badischen Verfassung geltendes Recht. Vor der nächsten Landtagswahl trat jedoch die neue Reichsverfassung in Kraft, die in Art. 13,I den Vorrang des Reichs- vor dem Landesrecht festlegte. Das dort in Art,17,I,1 formulierte und auf alle Länder bezogene „[...] Wahlrecht aller reichsdeutscher Männer und Frauen [...] setzte demnach die genannte Passage außer Kraft.

---

[299] Nr. 24 vom 28.1.1919.
[300] 27.2. 1919.
[301] Badischer Beobachter Nr.102 vom 1.3.1919.
[302] Bericht der VK, S.22.
[303] Bericht der VK, S.22.
[304] GLA 231/9151 (§2,I).
[305] Bericht der VK, S.23.

3.2.5 Wahlsystem

Das in der alten Verfassung zuletzt verankerte Wahlsystem war die Mehrheitswahl in Einerwahlkreisen gewesen.[306] War das Majorzsystem zunächst unangefochten und vor allem alternativlos geblieben, änderte sich dies nach dem Aufkommen organisierter Parteien. Durch ihre Verbreitung wurde die hergebrachte Idee von der Auswahl zwischen einzelnen Persönlichkeiten durch die faktische Entscheidung zugunsten einer Parteipräferenz zumindest ergänzt. Eine Auswirkung der Mehrheitswahl kann die Verzerrung des Verhältnisses von Stimmen- und Mandatsanteilen einzelner Parteien sein.[307] Unter obigem Blickwinkel wäre dies als Verfälschung des Wählerwillens zu betrachten. Hinzu kam in Baden das Erfordernis der absoluten Mehrheit.[308] Absprachen vor dem zweiten Wahlgang beeinträchtigen die Chancen weiterer Parteien und beeinflussen die Auswahlmöglichkeit des Stimmbürgers. Was das Abschneiden der vier großen Parteien bei den drei letzten Kammerwahlen angeht, hielten sich die genannten Auswirkungen des Wahlsystems jedoch in Grenzen.[309] An anderer Stelle wäre zu prüfen, ob sie sich nicht sogar fallweise aufhoben. Zu denken wäre an die erwähnten Wahlabsprachen, wenn sie sich gegen den Gewinner des ersten Wahlgangs richteten. Am ungünstigsten fiel das SPD-Ergebnis von 1913 aus, als auf 22,3% der Stimmen im ersten Wahlgang nur 17,8% der Mandate entfielen. Hingegen erreichte das Zentrum 1905, trotz des Wahlbündnisses von Nationalliberalen und SPD[310] bei 42,4% immerhin 38,5% der Sitze, um bei der darauffolgenden Wahl bei einem diesbezüglichen Verhältnis von 29,8:36,6 den größten im Betrachtungszeitraum festzustellenden Vorteil zu erzielen. Dennoch wurde die Einführung des Verhältniswahlrechts nach dem Krieg offensichtlich als unumgänglich betrachtet.

Wie der Entwurf der Kommissionsmehrheit,[311] sah der Vorschlag Dietz die Verankerung der Proportionalwahl in der Verfassung vor und nicht in einem besonderen Wahlgesetz.[312] Mit der Begründung, ein solches Wahlsystem verhindere, „[...] daß die in der Wählerschaft vorhandenen erheblichen Minderheiten mundtot gemacht werden [...]“[313] kann letzterer kaum badische Verhältnisse gemeint haben. Bei den Kammerwahlen seit 1905 erreichten die Parteien, die ohne Mandat blieben, insgesamt nur zwischen 1,2 und 1,9% der Stimmen.[314] Wie das USPD-Ergebnis von 1919 zeigt, gab es für einen ähnlichen Stimmenanteil auch nach dem neuen Wahlrecht kein Mandat. Verrechnet werden sollten die Stimmen nach der einfach zu handhabenden automatischen Methode, wobei auf jeweils 6.000 Stimmen und auf einen Rest von mindestens 3.000 ein Parlamentssitz entfallen sollte.[315] Die nationalliberale Badische Landeszeitung bemängelte in zwei Artikeln das Schwanken der Mandatszahlen und die der besonderen

---

306 §33,2 BV 1818.
307 vgl. Nohlen 1990, S.114–115.
308 Hug, S.289.
309 Ausgangszahlen nach: Schadt S.224.
310 Hug, S.28.9
311 GLA 231/9151 (§14).
312 a.a.O. (§28,I,1).
313 Dietz, 1919, S.7.
314 Schadt, S.224..
315 GLA 231/9151 (§14,IIf.), (Dietz §28,II).

Art der Reststimmenverwertung innewohnende Begünstigung kleiner Parteien. Statt dessen verteidigte sie die Methode d'Hondt.[316]

Der Kommissionsentwurf sah an derselben Stelle als Alternative vor, jeweils 10.000 Wahlberechtigten ein Mandat zuzuordnen, was der Verfassungskommentar Glockners durch eine unglückliche Formulierung Dietz selbst zuschrieb.[317] Um den Preis eines komplizierteren Verrechnungsverfahrens wäre die Abgeordnetenzahl unabhängig von den Schwankungen der Wahlbeteiligung geblieben.

Die Regierung erhöhte die bei Dietz genannte Quote unter Beibehaltung des automatischen Verfahrens auf 10.000 Stimmen. Ein anderes Zuteilungsmodell wurde nicht in Erwägung gezogen.[318] Eine nicht weiter beachtete Denkschrift schlug ein Verfahren zur Verbindung des Proporzes mit der Einerwahl vor und antizipierte somit eine später verwirklichte Lösung.[319]

Die Verfassungskommission fügte der Vorlage noch eine Bestimmung bei, nach der das Land, wie vor der Wahl zur Nationalversammlung geschehen, in vier bis acht Wahlkreise einzuteilen war und erhöhte den für ein weiteres Mandat notwendigen Stimmenrest auf 7.500.[320] Es fällt auf, daß sich in der Debatte das Zentrum für und die SPD, diese vielleicht mit einem Seitenblick auf die Unabhängigen, gegen die Verwertung der Reststimmen auf Landesebene aussprach.[321] Diese wurde wie das Verfahren auf Wahlkreisebene ausgestaltet. Legt man die Zahl der abgegebenen gültigen Stimmen der Landtagswahl von 1920 zugrunde ergibt sich ein Effekt, der einer Sperrklausel von etwas mehr als einem Prozent entspricht. Das gegenwärtig an Einwohnern etwa gleich starke Israel besitzt eine solche Ein-Prozent-Hürde.[322]

Zu den das Parlament betreffenden Fragen vermerken die Plenarprotokolle übrigens nichts mehr. Das sozialdemokratische Mitglied der Verfassungs-Kommission Emil Kraus behauptete in seiner weiter unten nochmals erwähnten Artikelserie im „Volksfreund", es sei den „[...] Sozialdemokraten noch in letzter Sekunde gelungen den [..] automatischen Proporz in die Verfassung einzufügen."[323] Anhand der Quellen läßt sich nicht feststellen, welcher Vorgang damit gemeint war.

Das Wahlsystem geht also auf Eduard Dietz, die Regierung und die Verfassungskommission gleichermaßen zurück.

Nach dem Landtagswahlgesetz von 1920 wurde Baden in sieben Wahlkreise eingeteilt, die je eine oder zwei nachgeordnete Verwaltungseinheiten umfaßten.[324] Das Jahr 1927 brachte eine Einteilung des Landes in 22 Wahlkreise, „[...] um nähere Beziehun-

---

[316] Nr.6 Abendblatt vom 4.1. und Nr.10. Abendblatt vom 7.1.1919.
[317] Glockner, 1930, S.152.
[318] Beilage zum Pr. der 11. ö. Si. vom 19.3.1919, S.78 (§24,I,).
[319] Pr. ü. die 4. ö. Si. vom 4.3.1919, (S.19).
[320] Bericht der VK, S.44.
[321] Badischer Beobachter Nr.72 vom 12. 2. 1919, und vom 3. 3. 1919, Nr.104.
[322] Nohlen 1990, S.77.
[323] Nr. 74 vom 28.3.1919.
[324] Merk, S.33.

gen zwischen Wählern und Gewählten herzustellen [...]"[325] und marginale Regelungen gegen Splitterparteien.[326]

1931 wurde die Zahl der Abgeordneten durch eine Haushaltsnotverordnung auf 65 festgesetzt, was aber ohne praktische Bedeutung blieb, da nach 1929 in Baden keine Landtagswahl mehr abgehalten wurde.[327]

Die Geschichte des republikanischen Wahlrechts wird bei Glockner (1930), S.323–328 ausführlich beschrieben.

3.2.6. Parlamentsauflösung

Das Auflösungsrecht des Großherzogs war im §42 der alten Verfassung niedergelegt. Die Parlamentsauflösung war im Konstitutionalismus „[...]eine unbestrittene Prärogative des Monarchen [...]"[328] Die Ständeversammlung wurde zwischen 1824 und 1846 dreimal aus politischen Gründen aufgelöst.[329]

Der Entwurf Dietz sah in seinem §53,I neben der Parlamentsauflösung durch Referendum ein Recht des Landtags vor, mit verfassungsändernder Mehrheit über seine Auflösung zu befinden. Eine ähnliche Regelung beinhaltete der §22 bzw. 28 des Mehrheitsentwurfs.[330] Was die Selbstauflösung angeht, so übernahm die Regierung eine solche Formulierung in ihren §46,II.

Die Verfassunggebende Landesversammlung entschied sich jedoch auf Antrag des Zentrumsabgeordneten Josef Wittemann, eines Landgerichtsrats, für die Ansicht der Verfassungs-Kommission, welche die Selbstauflösung gerade nicht gewollt hatte.[331]

Die Auflösung des Landtags war also nur auf dem Wege einer Volksabstimmung möglich.[332] Die staatsrechtliche Frage, ob sich die Volksvertretung durch Verabschiedung eines entsprechenden Gesetzes mit verfassungsändernder Mehrheit selbst auflösen konnte, wie es der Entwurf der Kommissionsmehrheit vorgesehen hatte,[333] blieb unbeantwortet. Verfassungstheoretischer Kern des Problems war die auch auf der Reichsebene diskutierte Frage, ob und in wie weit ein formal korrekt zustande gekommenes Gesetz verfassungsändernden Inhalts den in der Verfassung geltendes Recht gewordenen Willen des Verfassunggebers übergehen darf ohne den Geist der Verfassung zu brechen. 1924 wurde sie in der Praxis relevant.[334]

Der Verfassungs-Ausschuß des Landtags hatte die Einfügung einer entsprechenden Passage in die Verfassung beschlossen,[335] wohingegen im Plenum über die Zulässigkeit der Selbstauflösung im Rahmen des geltenden Verfassungsrechts diskutiert wurde. Die Landtagsdebatte vom 7. November dieses Jahres über den entsprechenden

---

[325] Glockner, 1930, S.325.
[326] a.a.O., S.325–326.
[327] Sachanbacher, S.166.
[328] Umbach, S.61 Ausführlich a.a.O., S.54–84.
[329] a.a.O., S.67.
[330] GLA 231/9151.
[331] Volksfreund Nr. 262 vom 8.11.1924, S.3.
[332] §46,I BV. Hierzu ausführlich: Schiffers 1971, S.37–52 und Merk, 1924 passim.
[333] GLA 231/9151 (§22,2).
[334] Stiefel, S.327. Vgl. auch Umbach, S.342.
[335] Glockner, 1930, S.244.

Antrag des Zentrums war in hohem Maße von politischer Zweckargumentation geprägt. So verwies Prälat Schofer in der Antragsbegründung, abgesehen vom mehrfachen Verweis auf seine mangelnde juristische Vorbildung,[336] auf den Status des Zentrums als Verfassungspartei, die politische Opportunität und den Willen des Volkes.[337]

Der Rechtsanwalt Ludwig Marum verwies für die SPD auf das Referendum als einzige verfassungskonforme Möglichkeit zur Parlamentsauflösung und hielt es für nicht opportun, wie im Falle einer erfolgreichen Auflösung, Reichs- und Landtagswahlen gleichzeitig abzuhalten.[338] Eine Erklärung der SPD-Fraktion bezog sich auf den Willen der Mehrheit der Verfassungs-Kommission. Eine Berufung auf deren Bericht hatte jedoch fraglos lediglich appellativen Charakter, was ausgerechnet der Abgeordnete Wittemann für das Zentrum feststellte.[339] Kern der SPD-Argumentation war folgende Äußerung: „In Übereinstimmung mit den Heidelberger Beschlüssen des Deutschen Juristentages vom September 1924 sind wir der Auffassung, daß verfassungsändernd jedes Gesetz ist, dessen Inhalt mit dem Inhalt der Verfassungsurkunde in Widerspruch steht und daß der Erlaß solcher Gesetze nicht ohne Aenderung der Verfassungsurkunde erfolgen soll; Verfassungsänderungen sollen nicht auf Umwegen erreicht werden.“ [340]. Der Abgeordnete Glockner, der, wie o.a. an prominenter Stelle an der Verfassunggebung beteiligt gewesen war, hatte seinen Debattenbeitrag in bereinigter Form noch 1930 in die Neuauflage seines Verfassungskommentars einfließen lassen.[341]

Wegen der Obstruktion von SPD und DDP erreichte der Zentrumsantrag nicht die erforderlich Mehrheit von 65 Stimmen. Gemäß §48,III der Verfassung war eine Zweidrittelmehrheit bei einem Anwesenheitsquorum von drei Vierteln der Landtagsmitglieder notwendig. Mit dem Zentrum hatten DVP, DNVP und der Landbund gestimmt,[342] bei dem es sich um eine agrarprotektionistische Splitterpartei handelte, die sich ansonsten an die Deutschnationalen anlehnte.[343]

Regierung

3.2.7. Regierungsbildung

In ihrer Erklärung vom 14. November 1918 rief die badische vorläufige Regierung die Freie Volksrepublik aus und überließ gleichzeitig die endgültige Entscheidung über die Staatsform der zu wählenden Nationalversammlung.[344] Unabhängig von dieser, die Parlamentssouveränität respektierenden Formalität, mußte die monarchisch-konstitutionelle Regierungsweise durch eine andere ersetzt werden. Die Frage: Parlamentarische Monarchie oder Republik?, wird in keiner hier bearbeiteten Quelle thematisiert, was angesichts der gleichzeitigen Vorgänge im Reich und den anderen Ländern auch kaum zu erwarten gewesen war.

---

336 Pr. ü. die 2. ö. Si. vom 7.11.1924, S.46.
337 Badischer Beobachter vom 8.11.1924, S.22.
338 Volksfreund vom 8.1. 1924, S. 3–4.
339 Pr. ü. die 2.Si. vom 7.11.1924, Sp.58–59.
340 a.a.O., S.3.
341 Glockner, 1930, S.244–251.
342 Badischer Beobachter vom 8.11.1924, S.22.
343 Falter, S.57.
344 Bericht der VK, S.14–15.

Von den Verlautbarungen der Räte abgesehen, liefen sämtliche Vorschläge auf die parlamentarische Regierungsform hinaus. In der Hauptsache waren demnach zwei Fragen zu regeln:[345] In welcher Form sollten künftige Landesregierungen bei ihrer Bildung das Vertrauen der Legislative benötigen? Und ebenso: Wie sollte letztere dieses Vertrauen bestehenden Regierungen wieder entziehen können? Bisher war ja die Berufung und Abberufung der Minister Sache des Großherzogs gewesen (§5 BV 1818), abgesehen von dem Passus über die Ministeranklage, dem die Habilitationsschrift von Franz Schnabel gewidmet ist, (§67 BV 1818) werden diese in der alten Staatsverfassung kaum jemals erwähnt.

Der Entwurf Glockner-Zehnter-Weill[346] sah die direkte Wahl der Minister durch den Landtag vor. Alle Fraktionen sollten proportional zu ihrer Größe in der Regierung vertreten sein. Die Ressortverteilung wäre Angelegenheit des Kabinetts selbst gewesen. Über die Zahl der Minister schweigt sich die Vorlage aus, an der entsprechenden Stelle findet sich ein Leerraum.

Eduard Dietz wollte ebenfalls Regierungen mit möglichst breiter Basis im Parlament herbeiführen. Die entsprechende Stelle in seinem Vorschlag lautet: "Das [...] Staatsministerium besteht aus sieben Mitgliedern [...]. Die Berufung durch den Landtag erfolgt [...] in der Weise, dass alle [...] Gruppen von Abgeordneten, welche [...] mindestens 1/7 der Landtagssitze umfassen, für jedes volle 1/7 je ein Mitglied des Staatsministeriums benennen." Die geplante Anzahl von Ministern hätte sich so allerdings nur unter besonderen arithmetischen Bedingungen erreichen lassen. Die Ressortverteilung sollte danach durch das Landtagsplenum mit absoluter Mehrheit vorgenommen werden.[347]

Im Vorwort zur gedruckten Fassung seines Entwurfs legt Dietz die Vorteile eines solchen Verfahrens dar: „Das System des Proporzes zwingt in der Regierung die Mitglieder der größeren [...] Parteien, ständig mit den Mitgliedern der Minderheitsparteien zusammenzuarbeiten, gewährleistet aber [...] eine Berücksichtigung [..] der Wünsche und Anschauungen der Minderheit und stellt die Regierung gewissermaßen als ein Spiegelbild des Landtages [...] hin."[348] An anderer Stelle sah der Entwurf die Möglichkeit vor, Regierungsmitglieder durch Plebiszit zu berufen und abzuberufen.[349] Dieser Passus, durch den Dietz einer diesbezüglichen Forderung des Erfurter Programms gerecht wurde,[350] verschwand umgehend wieder aus der Diskussion. Somit sahen beide Entwürfe eine konkordanzorientierte Lösung der frage nach der Regierungsbestellung vor.

Die Regierung setzte sich mit der Bestellung ihrer Nachfolgerinnen in der schon mehrfach angeführten Sitzung vom 3. Januar auseinander.[351] Wie erwähnt wollte Finanzminister Wirth für das Zentrum ein nach Proporz zusammengesetztes Ministerium als Kompensation für die Abschaffung der Ersten Kammer. Eine weitere mögliche Moti-

345 vgl. Brunner, S.101.
346 GLA 231/9151 (§§34–35).
347 GLA 231/9151 (§60,I-II).
348 Dietz, 1919, S.19.
349 GLA 231/9151 (§7,III).
350 vgl. Huber 1969, S.109.
351 GLA 233/28135.

vation für die Favorisierung der Allparteienkoalition durch den politischen Katholizismus könnte die sozialdemokratisch-liberale Großblockpolitik der Jahre nach 1907 gewesen sein.[352] Deren Auswirkungen hätten für das Zentrum im Rahmen eines parlamentarischen Systems schwerwiegender als im monarchischen Konstitutionalismus sein können.

Innenminister Haas (DDP) gab als direkte Erwiderung eine Erklärung über sein Verständnis von Parlamentarismus ab. "Regieren heißt, die Macht im Wege der Mehrheitsbildung auszuüben [...] Es scheint mir richtiger zu sein, daß wie es in allen parlamentarischen Staaten der Fall ist, ein Ministerium gebildet wird, entweder von der Mehrheit, oder Kraft freien Willens im Wege der Koalition [...]"[353] Dieser Standpunkt wurde auch von Justizminister Marum (SPD) vertreten, der außer einer fixen Zahl von sieben Ministern und deren Berufung durch den Landtag alle diesbezüglichen Vorschriften gestrichen wissen wollte. Der modifizierte Entwurf Dietz lautete an dieser Stelle dann auch wie folgt:[354] „Die Mitglieder des Staatsministeriums werden unter Bezeichnung der von ihnen zu verwaltenden Ministerien vom Landtag [...] gewählt." Die Regierung hat an diesem Punkt beide Vorschläge verworfen.

Die Verfassungs-Kommission der Nationalversammlung behandelte in ihrer Einzelberatung dieses Thema ausführlich. Nach einer kontroversen Diskussion, die inhaltlich mit der Debatte um den Nutzen eines speziellen Staatsoberhaupts verknüpft war, einigte man sich auf eine nur unwesentlich veränderte Fassung des Regierungsentwurfs. Ausführlich beschäftigte man sich mit Anzahl und Zuständigkeit der zu errichtenden Ministerien. Diese Inhalte wollte man, um den jeweiligen Zeitbedürfnissen genügen zu können, außerhalb der Verfassung geregelt wissen, was ein dynamisches Verständnis von Verfassungspolitik dokumentiert.[355]. Der an dieser Stelle wieder mit dem Entwurf Dietz übereinstimmende Regierungsvorschlag sah hierbei Ressorts für Äußeres, Finanzen, Inneres, Justiz, Kultus und Unterricht, soziale Fürsorge sowie Verkehrswesen und öffentliche Arbeiten vor.[356] Die Anzahl von sieben Ministerien erschien den Kommissionsmitgliedern zu hoch „[...] für das kleine Land Baden [...]",[357] statt dessen wurden von verschiedenen Abgeordneten Vorschläge gemacht, die zwischen vier und sechs Ministerin vorsahen. Andererseits argumentierte man mit dem gestiegenen Aufgabenkreis des Landes auf wirtschaftlich-sozialem Gebiet. Das Zentrum konnte sich mit seinen Einsparungsplänen nicht durchsetzen, weil die sozialdemokratische Gegenposition die Unterstützung der DDP fand.[358] Man einigte sich auf „höchstens sechs" Ministerien und überließ die Frage nach den Ressorts einem besonderen Gesetz.[359]

Nach der zweiten Beratung des Verfassungsentwurfs durch das Plenum entfiel dann auch die zahlenmäßige Begrenzung.[360] Das endgültig wirksam gewordene Gesetz vom

---

[352] vgl. Huber 1969, S.417–418.
[353] GLA 233/28135.
[354] Beilage zum Pr. der 11. ö. Sitzung vom 19.3.1919, S.85(§53,1).
[355] Bericht der VK, S.52–53. (§53,1).
[356].Beilage zum Pr. der 11. ö. Sitzung vom 19.3.1919, S.85 (§54).
[357] Bericht der VK, S.53.
[358] Badischer Beobachter Nr.78 vom 15.2.1919.
[359] Bericht der VK, S.53.
[360] Pr. ü. die 14. ö. Si. vom 25.3.1919, S. 48.

2. April 1919 sah dann wieder sieben Ministerien vor, wobei das geplante Verkehrsressort durch eines für militärische Angelegenheiten ersetzt wurde.[361] Letzteres und das Außenministerium fielen schon 1920 wieder weg, weil die Zuständigkeiten auf das Reich übergegangen waren. 1924 wurde das Sozial- und Arbeitsministerium, „das Paradestück der Revolution“[362], aufgelöst.

Das Verfahren zur Wahl der Minister[363] ging demnach auf die Vorstellungen liberaler und sozialdemokratischer Regierungsmitglieder zurück. Sie entschieden sich bei der Ausgestaltung der Spielregeln des parlamentarischen Systems für Mehrheitsbildung und Konkurrenz und somit gegen Konkordanz und erzwungenen Konsens.[364] Die von ihnen getroffenen Regelungen implizierten, wie oben angeführt, allerdings die Möglichkeit der freiwilligen Koalition.

Die politische Wirklichkeit sah so aus, daß die Parteien der Weimarer Koalition, von einem vorübergehenden, durch die Schulfrage veranlaßten Rückzug der DDP abgesehen, bis zum November 1929 die Regierungsgewalt gemeinsam ausübten.[365] Dabei entfielen auf ihre Fraktionen zwischen 69 und 94% der Mandate im jeweiligen Landtag.[366] Nach der Wahl von 1929 schieden die Demokraten endgültig aus dem Kabinett aus. Ihren Platz nahm ab dem Sommer 1931 die DVP ein. Da auch die SPD im November 1932 in die Opposition gewechselt war, regierte bis zur Machtübernahme der Nationalsozialisten am 10. März 1933 eine Minderheitsregierung aus Zentrum und DVP.[367]

3.2.8. Regierungssturz

Auf die Wahl der Regierung durch die Legislative kann selbst im parlamentarischen System verzichtet werden, was die meisten der gegenwärtig so verfaßten Staaten tun.[368] Als unverzichtbar wird jedoch die Fähigkeit der Volksvertretung zum Sturz der Exekutive angesehen.[369] Da die Verfassung des Großherzogtums keiner solchen Regelung bedurfte, mußte auch hier eine vollständig neue Lösung gefunden werden. Der Sonderfall der Ministeranklage soll hier außer Betracht bleiben.

Die Vorstellung, welche die Mehrheit der Vierer-Kommission von Parlamentarismus hatte, wurde in ihrem Verfassungsentwurf ausdrücklich festgeschrieben:[370] "Die Minister bedürfen des Vertrauens des Landtags und sind diesem für ihre Amtsführung verantwortlich.“ Diese Formulierung wurde nicht näher erläutert.

Der Vorschlag Dietz verzeichnet an entsprechender Stelle folgende lapidare Regelung: „Der Landtag kann jederzeit die sämtlichen Mitglieder des Staatsministeriums oder

---

[361] Beilage zum Pr. der 18. ö. Si. vom 2.4.1919, S.95.
[362] Stiefel, S.328.
[363] §52, I2 BV.
[364] vgl. Schmidt, S. 228–230.
[365] Stiefel, S.331.
[366] Absolute Zahlen nach: Falter, S.90.
[367] Huber, 1981, S.796–798.
[368] Brunner, S.274–280.
[369] vgl. Brunner, S.251.
[370] GLA 231/9151 (§36).

einzelne von ihnen mit absoluter Stimmenmehrheit abberufen."[371] Im Vorwort zu seinem Entwurf findet sich ein mehrseitiger Essay über das Prinzip der Gewaltenteilung und seine Verwirklichung in der Geschichte.[372] Dieser schließt mit folgendem Satz: „Die Lehre von der Trennung der drei Gewalten hat sich für jedes wirklich demokratische Staatswesen als unhaltbar erwiesen." Daraus zieht er folgende Konsequenz: „Was dagegen die Vollziehungsgewalt [...] anlangt, so bedarf es [...] des ausdrücklichen Ausspruchs, daß sie ausgeübt wird, teils durch das Volk selbst [...] teils durch den Landtag, und daß nur in ihrem Auftrag die Mitglieder einer besonderen Behörde – des Staatsministeriums – mit der Führung der laufenden Geschäfte betraut sind."[373] Dietz favorisierte demnach eine Art Versammlungsregierung mit plebiszitären Elementen.

Das Kabinett selbst ging über die im Entwurf Dietz vorgesehene Regelung noch hinaus. Es machte in seinem Vorschlag den Sturz der Minister nur noch von einer einfachen Stimmenmehrheit abhängig.[374]

Offensichtlich ging dies den Mitgliedern der Verfassungskommission zu weit. Sie einigten sich auf das Erfordernis der absoluten Mehrheit und definierten diese als die Mehrheit der Mitglieder des Parlaments.[375] An dieser Stelle erwähnt der Bericht ausdrücklich, daß die Zurückweisung einer Regierungsvorlage durch den Landtag kein Grund für einen Rücktritt sein soll. Dieser Protokollvermerk bezieht sich wohl auf die gegenteilige englische Übung.[376]

Eine Vorschrift diesen Inhalts wurde dann auch in der Verfassung verankert (§53, I BV). Man war beinahe wieder zum Ausgangspunkt des Entwurfs Dietz zurückgekehrt. Die prinzipiellen Erwägungen des Autors über die Natur der Regierung wurden als §8 in die Verfassung aufgenommen. Glückert bemerkt hierzu folgendes: „In keiner anderen Verfassung ist [..] die Ueberflutung der Exekutivgewalt durch die Gesetzgebung und die Verletzung der Gewaltenteilungslehre derartig zum Ausdruck gekommen, wie durch diese Bestimmung der badischen Verfassung."[377]

3.2.9. Struktur der Regierung

Solange die Monarchie in Baden Bestand hatte, war die Frage nach dem Staatsoberhaupt gegenstandslos. Ebensowenig konnten die Parlamentarier gegen den Willen des Großherzogs weder in das Verhältnis zwischen Monarch und Staatsministerium eingreifen, noch die innere Struktur des letzteren verändern.[378] Diese beschreibt Eduard Dietz im Rückblick so: „Baden hatte bisher 4–5 Ministerien [...] Den Vorsitz im Staatsministerium führte einer der Minister, speziell mit dem Titel „Staatsminister"

[371] GLA 231/9151 (§60,IV).
[372] Dietz, 1919, S.4–7.
[373] Dietz, 1919, S.6–7
[374] Beilage zum Pr. der 11. ö. Si. vom 19.3.1919, S.85 (§53, II).
[375] Bericht der VK, S. 53.
[376] vgl. Brunner, S.251–252.
[377] Stier-Somlo, in: Zeitschrift für die gesamte Staatswissenschaft, 1922/23, S. 41. Zitiert nach: Glückert, S.20.
[378] vgl. Huber, 1957, S.347.

ausgezeichnet, zuletzt [...] der Minister des Inneren."[379] Durch den Wechsel der Staatsform war die Änderung dieser Regelungen zu einer vordringlich zu lösenden Aufgabe geworden. Infolge der Revolution mußte insbesondere festgelegt werden, ob das republikanische Baden als Teil des Deutschen Reiches überhaupt ein Staatsoberhaupt haben solle.

Der Verfassungsentwurf der Vierer-Kommission sah vor, daß der Landtag einen bereits amtierenden Minister zum Präsidenten und einen weiteren zu dessen Stellvertreter wählt.[380] Abgesehen von der Führung des Vorsitzes,[381] waren mit diesem Amt keine besonderen Kompetenzen im Hinblick auf die Arbeitsweise der Regierung verbunden. Vielmehr war entschieden worden, daß bei Beschlüssen des Staatsministeriums „die Zustimmung der Mehrheit seiner Mitglieder nötig" sei.[382]

Der Vorschlag Dietz unterschied sich davon nur wenig. Dem von ihm so bezeichneten „Vorsitzenden" billigte er allerdings die Vertretung des Kollegiums nach außen zu.[383]

Wie o.a. hatte man sich in der Stuttgarter Konferenz darauf verständigt, keinen „besonderen Präsidenten" an die Spitze der Länder zu stellen. Lediglich der Privatentwurf Ritter, der einen volksgewählten Präsidenten als monistische Staatsspitze vorsah und Professor Thoma, der selbst ein zusätzliches, mit rein repräsentativen Rechten ausgestattetes Staatsoberhaupt vorgezogen hätte, äußerten sich im abweichenden Sinne.[384]

Die Regierungsvorlage folgte im wesentlichen den Vorschlägen.[385] Vom Entwurf Glockner-Zehnter-Weill übernahm sie die Amtsbezeichnung des Präsidenten, von dem anderen das Vertretungsrecht für das Staatsministerium. Die Vertretung des badischen Staates aber übertrug der §57,I der Regierungsvorlage wie auch später der §56,I der Verfassung dem Staatsministerium als solchem. Neu war, daß für Abstimmungen innerhalb der Regierung nur noch die relative Mehrheit erforderlich sein sollte.

Die Ausgestaltung der Regierung und ihrer Spitze war für die Mitglieder der Verfassungskommission von besonderer Bedeutung. Innerhalb der Generaldebatte dieses Gremiums nahm sie, soweit sich das aus deren Bericht entnehmen läßt, den bei weitem größten Raum ein. „Ein Redner" sprach sich in einer längeren Stellungnahme für einen aus dem Kollegium herausgehobenen Staats- und Regierungschef aus. Ohne einen solchen müsse der Landtag die Minister wählen, was entweder zu einer unter Umständen drückenden Mehrheitsherrschaft oder zu einem sich selbst blockierenden Koalitionsministerium „ohne Schwungkraft und Ziel" führe. Ein Staatspräsident hingegen sei „[...] in einem gewissen Grade herausgehoben aus dem Parteigetriebe [...] sozusagen in eine neutrale Sphäre gestellt und weniger abhängig." [386] Weiter könne man ihm die Ernennung der Beamten übertragen, was angeblich nicht nur die Tüchtigkeit derselben sicherstelle, sondern auch die angemessene Berücksichtigung verschiedener Parteien. Das Kommissionsmitglied dachte auch an eine Mitwirkung des Staatspräsi-

[379] Dietz, 1919, S.17.
[380] GLA 231/9151 (§38).
[381] a.a.O.
[382] a.a.O. (§39).
[383] GLA 231/9151 (§§60,II und 63)
[384] Karlsruher Zeitung Nr.20 vom 23. 1. 1919.
[385] Beilage zum Pr. der 11. ö. Si., S.85 (§53,2).
[386] Bericht der VK, S.19–21.

denten bei der Landtagsauflösung. Außerdem könne dieser die repräsentativen Pflichten eines Staatsoberhaupts übernehmen. Ein Vertreter der entgegengesetzten Ansicht wies darauf hin, daß alle einem Staatspräsidenten zugedachten Aufgaben ebensogut durch das Staatsministerium als Kollegialorgan oder durch den „Staatsminister“ erledigt werden könnten. Außerdem gab er zu bedenken, daß der Staatspräsident „[...] doch auch notwendigerweise ein Parteimann sein [...]“ werde. Ein weiterer Abgeordneter bemühte das Argument zusätzlicher Kosten für den Staatshaushalt auch an dieser Stelle. Schließlich wurden prinzipielle Überlegungen angestellt: „Wieder ein anderer sprach sich gegen den Staatspräsidenten aus, weil der Staatspräsident eine mehr oder minder mit der Stellung des Landesherrn verwandte Stellung haben würde, und man es nicht vor der Revolution verantworten könne, daß das Selbstbestimmungsrecht und die Selbstregierung des Volkes durch einen solchen Staatspräsidenten getrübt werde.“ Die Debatte wurde ohne Entscheidung abgebrochen und sollte im Rahmen der Einzelberatung fortgesetzt werden. Anzumerken bleibt noch, daß sich mehrere Gegner eines herausgehobenen Präsidentenamtes ausdrücklich auf das Regierungssystem der Schweiz beriefen. Die in den Entwürfen vorgestellten und die in der Generaldebatte vorgetragenen Argumente und Modelle glichen im übrigen in hohem Maße denen der wenig später beginnenden Reichspräsidentendiskussion der deutschen Nationalversammlung.[387]

In der Einzelberatung wurde hierzu ein Antrag aus den Reihen der Demokraten[388] eingebracht, der die Wahl eines Staatspräsidenten durch den Landtag vorsah. Danach sollte er das Recht besitzen, die Minister zu berufen und zu entlassen. Nach längerer Beratung wurde dieser Antrag verworfen. An dieser Stelle vermerkt selbst der Bericht, daß „[...] sich die Gedankengänge [...] in den schon oben [...] dargelegten Richtungen bewegten.“[389] Statt dessen einigte man sich auf Vorschläge aus den Reihen des Zentrums, die auch von sozialdemokratischer Seite unterstützt wurden.[390] Die Plenardebatte brachte inhaltlich nichts Neues, was soweit ersichtlich auch für die Stenographischen Protokolle zutrifft, die beispielsweise von Kauffmann noch benutzt werden konnten,[391] nun aber nicht mehr zu beschaffen sind, was schon Stehling festgestellt hatte.[392]

In der Verfassung hatte die einschlägige Bestimmung folgenden Wortlaut: „Aus den Ministern ernennt der Landtag alljährlich den Präsidenten, der die Amtsbezeichnung „Staats-präsident“ führt, und seinen Stellvertreter (§53,2 BV).“ Ansonsten entschied sich die Verfassungskommission der Regierungsvorlage zu folgen, wobei sie dem Präsidenten bei den Kollegialentscheidungen des Staatsministeriums den Stichentscheid zugebilligte (§55,2 BV). Man hatte sich auf eine mittlere Linie verständigt, indem man einen Regierungschef schuf und ihm gleichzeitig nur wenige Kompetenzen und eine kurze Amtsdauer zubilligte. Der sozialdemokratische Abgeordnete Emil Kraus, der selbst Mitglied der Verfassungs-Kommission war, würdigte die Nichteinführung eines

[387] Meißner, S.76.
[388] Badischer Beobachter Nr.78 vom 15.2.1919, Nr.78.
[389] Bericht der VK, S.52.
[390] Badischer Beobachter Nr.78 vom 15 2.1919.
[391] Kauffmann, S.29–31.
[392] Z.B.-S.138, FN 1.

besonderen Staatsoberhauptes im Nachhinein mit einem Seitenhieb auf das spezifisch deutsche Staatsverständnis: „Wenn der Staat zur Gesellschaft wird, dann gibt es eben keine monarchische Spitze."[393] Die Repräsentationspflichten eines Staatsoberhauptes und „dieser ganze feudale Etikettenzwang" waren für Kraus ohnehin im Verschwinden begriffen.[394]

Soweit feststellbar, sollte die badische Regierung nach dem Willen aller Beteiligten ein kollektiv entscheidendes Organ sein. Dieses Prinzip wurde durch die Kompetenz jedes einzelnen Ministers zur selbständigen Verwaltung seines Geschäftsbereichs begrenzt.[395] Eine Überordnung des Regierungschefs, wie sie die Weimarer Reichsverfassung im Art.56,1, die Verfassungen der Freistaaten Sachsen und Preußen und das Grundgesetz der Bundesrepublik in Art.65,1 vorsieht, wurde von keiner Seite vorgeschlagen.

Dem Staatsministerium als Kollegialorgan stand im Übrigen nach der Verfassung das Begnadigungsrecht (§16,III,1 BV 1919)und das Recht der Beamtenernennung (§58,1) zu.

An dieser Stelle hatten die Mitglieder der Verfassungskommission einen wesentlichen Teil der Bestimmung einmal nicht der Regierungsvorlage oder den beiden anderen Entwürfen entnommen, sondern sich zu einer aus den eigenen Reihen hervorgegangen Lösung entschlossen.

Bei der Besetzung des Amtes lassen sich in der politischen Praxis bis 1933 zwei Phasen voneinander abgrenzen: Bis November 1925 wechselten sich Politiker aus SPD, Zentrum und DDP in dieser Reihenfolge ab. Danach wurde die Spitze der Regierung mit Ausnahme der Jahre 1927/28, als noch einmal ein Sozialdemokrat zum Zuge kam, nur noch mit Zentrumsangehörigen besetzt. Zu Staatspräsidenten wurden auch Anton Geiß, der den Regierungsvorsitz bis zum August 1920 behielt, Adam Remmele und Heinrich Köhler gewählt. Unter den übrigen Amtsinhabern war Willy Hellpach (DDP), der während seiner Amtszeit im ersten Wahlgang der Reichspräsidentenwahl von 1925 antrat und 5,8%[396] der Stimmen erhielt.

Erwähnenswert ist der Umstand, daß die Einrichtung eines auf der Volkswahl beruhenden Staatspräsidentenamtes nach dem Zweiten Weltkrieg in den Verfassungsdebatten der Bundesländer Württemberg-Hohenzollern[397] und später Baden-Württemberg[398] abermals erfolglos versucht wurde. Treibende Kraft war dieses Mal in beiden Fällen die CDU. Die Regierung in Freiburg, die sich als einstweilige Sachwalterin des gesamten badischen Staates verstand,[399] hielt sich mit der Schaffung eines vom Parlament gewählten Regierungschefs, der gleichwohl den Titel Staatspräsident trug, an die Tradition der Zwischenkriegszeit.[400]

---

[393] Nr.73 vom 27. 3. 1919. An Stelle des unterstrichenen Wortes stand im Original „moralische". Der Fehler wurde durch eine Notiz im Volksfreund Nr. 76 vom 28. März 1919 korrigiert.
[394] Volksfreund Nr. 74 vom 28.3.1919.
[395] vgl. Kromer, S.43–44.
[396] Falter, S.46.
[397] Feuchte, S.91.
[398] a.a.O., S.172
[399] vgl. Hug, S.375.
[400] Art.78,I Verfassung des Landes Baden, 19.5.1947.

3.2.10. Staatsräte

Als weitere Gruppe von Regierungsmitgliedern schuf die Nationalversammlung die Staatsräte. Beide Verfassungsentwürfe und die Regierungsvorlage hatten solche Minister ohne Portefeuille nicht vorgesehen. Auf Betreiben des Zentrums wurde von der parlamentarischen Kommission einmütig beschlossen,[401] entsprechende Stellen einzurichten und mit Sitz- und Stimmrecht im Staatsministerium auszustatten. Ihre Anzahl durfte die der Fachministerien nicht übersteigen (352,II BV). Ihre Tätigkeit sollte in der fachlichen Beratung der Minister und in der Entlastung des Staatsministeriums bestehen.[402]

1919 wurden sechs Staatsräte gewählt,[403] 1920 waren es vier und 1924 nur noch zwei.[404] Nach Stiefel war ihre Hauptaufgabe in der politischen Realität „[...] der Regierung eine breitere Basis zu geben und das Gleichgewicht in der Koalition herzustellen."[405] In der 18. öffentlichen Sitzung vom 2. April 1919 wurde die erste Regierung nach den Vorgaben der neuen Verfassung gewählt. Tatsächlich gehörten ihr drei Sozialdemokraten als Minister und zwei als Staatsräte an, während das Zentrum umgekehrt zwei Minister und drei Staatsräte stellte.[406]

Zu untersuchen wäre, ob die Fraktionen über die Besetzung der ihnen zustehenden Staatsratsposten auch einen inneren Proporz in geographischer Hinsicht herstellten. Für das Zentrum jedenfalls trifft dies nicht zu. So wurde keiner der zehn Zentrumsabgeordneten aus dem Landeskommissariatsbezirk Mannheim in das Staatsministerium berufen, während ihre acht Kollegen aus dem weit überwiegend katholischen[407] Bezirk Konstanz gleich zwei Regierungsmitglieder stellten.[408] Was die SPD-Fraktion angeht, könnte ein solcher geographischer Proporz Berücksichtigung gefunden haben. Mit zwei von drei Ministern war der Landeskommissariatsbezirk Mannheim stark überrepräsentiert. Nach der Zuwahl von je einem Staatsrat aus den Bezirken Karlsruhe und Freiburg waren die Kabinettssitze deutlich ausgeglichener verteilt.[409] Ohne fraktionsinternes Material können aus dieser Beobachtung allerdings keine weiterreichenden Schlüsse gezogen werden. Angesichts des beständig schrumpfenden personellen Umfangs der badischen Regierung und einer möglicherweise sich entwickelnden Eigendynamik bei Personalfragen gilt dies für die nachfolgenden Regierungen in erhöhtem Umfang.

Mit der Einführung von Staatsräten hatte die Nationalversammlung die von ihr geplante enge Verzahnung von Parlament und Regierung weiter vorangetrieben.

---

[401] Volksfreund vom 19. Februar 1919, Nr. 42.
[402] Bericht der VK., S.53.
[403] Pr. ü. die 18. ö. Si. vom 2. 4. 1919, S.61.
[404] Stiefel, S. 328.
[405] a.a.O.
[406] Pr. über die 18. ö. Si. vom 2. 4. 1919, S.61.
[407] Hug, S.228 in Verbindung mit Brandt/Rürup, S. 151.
[408] Wahlkreise der Abgeordneten: Verhandlungen des badischen Landtags, Protokollheft S.IV-VIII.
[409] SPD-Amts- und Mandatsträger nach Bezirken: Mannheim, 12 Abgeordnete, 2 Minister; Karlsruhe 11 Abgeordnete, 1 Minister, 1 Staatsrat; Freiburg 8 Abgeordnete, 1 Staatsrat; Konstanz 5 Abgeordnete.

Die Verfassung des Landes Baden-Württemberg sieht ebenfalls die Institution des Staatsrats vor.[410] Ihren Zweck, der gewisse Ähnlichkeiten mit den badischen Staatsräten aufweist, beschreibt Braun wie folgt: „Der Staatsrat kann als besonderer Berater der Regierung oder zur Bearbeitung einzelner Fragenkreise in Betracht kommen. Zugleich sollte die Möglichkeit geschaffen werden, die Repräsentanz besonderer Bevölkerungsteile zu ermöglichen [...].“[411]

3.3. Die Urheber der Verfassung

Die badische Verfassung war, wie o. a., von mehreren Einzelpersonen und verschiedenen Gremien gestaltet worden. Wer das dort verankerte Gedankengut jeweils zuerst formuliert hat, läßt sich in der Regel unschwer feststellen. Eine Ausnahme bildet dabei die erwähnte Sechser-Kommission, deren Arbeit von der des Kabinetts nicht vollständig abzugrenzen ist. Daher wird nun, nach der Wiedergabe der Literaturmeinung, die sich auf das gesamte Verfassungswerk bezieht, für die behandelten Teile die Urheberschaft festgestellt und auf dem Wege des Vergleichs eine Aussage über die angenommene Dominanz des Vorschlags Dietz getroffen werden. Über stenographische Mitschriften der Verfassungs-Kommission war nichts in Erfahrung zu bringen, solche des Plenums wurden in der Weimarer Zeit noch verwendet, waren aber, wie o.a., nicht mehr zu beschaffen.

Wer beim Prozeß der Verfassunggebung die tragende Rolle spielte, ist nach Ansicht der Literatur unstrittig. Koch bemerkt hierzu: „Sowohl in der Regierung als auch in der Verfassungskommission setzte sich [..] der Entwurf von Dietz durch, der trotz vieler Textänderungen ohne substantielle Eingriffe blieb.“[412] Zu einem ähnlichen Ergebnis kommt Kaller, der in seine Bewertung die Arbeit der Verfassungs-Kommission einbezieht: „Die Mitglieder der Kommission stellten zahlreiche Abänderungsanträge, so daß kaum ein Artikel der Verfassung unverändert blieb. Die Abänderungen betrafen aber häufig Einzelheiten oder stilistische Fragen. Auch auf die in Vorbereitung befindliche Reichsverfassung wurde Rücksicht genommen [...] Im großen und ganzen blieb jedoch die Substanz des Vorschlags Dietz erhalten.“[413]

Nach der bereits erfolgten Darlegung des Gangs der Verfassungsdiskussion lassen sich die einzelnen Bestimmungen wie folgt zuordnen:

1. Aus dem Vorschlag Dietz wurden zunächst die Anzahl der Parlamentskammern, das Wahlalter und das Frauenstimmrecht übernommen. Diese Lösungen folgten dem Modus, den die Regierung für die Wahl zur Nationalversammlung festgelegt hatte. Weiter setzte sich Eduard Dietz bei der Zahl der Minister, bei der Ressortzuteilung und bei der Regelung des Regierungssturzes durch. Schließlich ging das System der Volksgesetzgebung auf ihn zurück.
2. Neben dem Verhältniswahlsystem, das ebenfalls schon am 5. Januar 1919 zur Anwendung kam, fand sich die einjährige Haushaltsdauer, die von der Verfassungs-

[410] Art.45,II.
[411] Braun, S.396.
[412] Koch.
[413] Kaller, 1973, S.200.

Kommission allerdings geringfügig zugunsten des Entwurfs Dietz verändert wurde, in beiden Vorschlägen. Da die Sitzungsprotokolle der Vierer-Kommission nicht aufzufinden waren, läßt sich nicht klären, wer die entsprechende Regelung zuerst ins Gespräch brachte.

3. Die vierjährige Legislaturperiode war zuerst in einem Antrag der Zentrumsvertreter in der Verfassungs-Kommission vorgesehen.
4. Das Verfahren zur Ministerbestellung ging auf die Regierung zurück.
5. Die Verfassungskommission der Nationalversammlung gestaltete das Amt des Regierungschefs aus und führte die Staatsräte ein. Ebenso legte sie die Haushaltsdauer fest, indem sie eine Regelung modifizierte, die in beiden Vorschlägen enthalten war.
6. Das Plenum der Nationalversammlung beschäftigte sich kaum mehr mit inhaltlichen Fragen. Böhringer bezeichnet die Sitzungen des Plenums inhaltlich zutreffend als „Schlussredaktion".[414] Vor der Verabschiedung des Gesamtwerkes stand allerdings die Beschlußfassung über den Paragraphen 18 und die einzelnen Abschnitte des Paragraphen 19, die teilweise nur mit knapper Mehrheit angenommen wurden.[415]

Von den erwähnten Unwägbarkeiten abgesehen, entstammen die Bestimmungen der behandelten Verfassungsabschnitte demnach in erster Linie dem Vorschlag Dietz und der Arbeit der Verfassungs-Kommission. Ergänzend treten Normen hinzu, die ihren Ursprung in der Regierungsarbeit und im Entwurf der Vierer-Kommissionsmehrheit hatten.

Der Gesamtentwurf des Eduard Dietz scheint einem einheitlichen Ordnungsprinzip zu folgen. Der Autor tendiert dazu, dem Staatsvolk soviel Zuständigkeiten als möglich einzuräumen. Funktionen, die das Volk als solches nicht oder nicht ausschließlich erfüllen kann, weist er den Staatsorganen zu. Ferner sollte der Landtag eine starke Position gegenüber der Regierung haben. In diesem Zusammenhang wurde mit der direkten Volkswahl des Parlaments argumentiert.[416] Demgegenüber wären die Regierungsbefugnisse gewissermaßen zweimal abgeleitet und somit nachgeordnet. Dieser „organische" Staatsaufbau fand im Übrigen auch die Zustimmung des „Volks-freund".[417]

Jedenfalls zieht sich die Idee der Volkssouveränität wie ein roter Faden durch den Vorschlag Dietz und scheint dessen Kern zu sein.[418] Es wurde nachgewiesen, daß die Rechte des Volkes zugunsten des Landtags beschnitten wurden. Ebenso verschob sich das Verhältnis von Parlament und Regierung im Verlauf des Prozesses der Verfassunggebung zugunsten letzterer. Unter Zugrundelegung dieses Gedankengangs läßt sich sehr wohl behaupten, daß in die Substanz des Vorschlags Dietz eingegriffen wurde. Die Idee vom Landtag als Ausschuß des Volkes hat im Übrigen auch Wilhelm von

[414] Böhringer, S.32.
[415] Protokolle ü. die 12. und 13. ö. Si. vom 20. u. 21.3.1919, S. 42–43.
[416] vgl. Dietz, 1919, S.6–7
[417] Nr. 74 vom 28.3.1919
[418] a.a.O., S.1 u.6–7.

Blume, der Schöpfer der württembergischen Verfassung, während der dortigen Verfassungsberatungen vertreten.[419]

Andererseits finden sich in der inkraft getretenen Verfassung sehr viele Normen, die direkt oder auf Umwegen auf Eduard Dietz zurückgehen. Als die Regierung seinen Verfassungsentwurf zur Grundlage ihrer Beratungen machte, traf sie eine generelle Vorentscheidung. Hier sei daran erinnert, daß die Regierungsvorlage ein kompletter Entwurf war und die Verfassungs-Kommission sich in ihrer Einzelberatung meistens an die vorgegebene Reihenfolge der Paragraphen hielt. Somit mußte sich dieses Gremium an jedem einzelnen Punkt mit dem unveränderten oder veränderten Vorschlag Dietz auseinandersetzen. Soweit feststellbar, war Eduard Dietz derjenige, dessen Vorstellungen in der Verfassung am weitestgehenden verwirklicht wurden. Nach den eben angestellten Überlegungen wäre unter Vorbehalt der Ansicht Kallers zu folgen.

Über der Erwägung solcher Prioritäten sollte die Schlüsselrolle der Nationalversammlung nicht vergessen werden. Diese, das heißt de facto ihre Verfassungskommission, hatte ja von ihrer Kompetenz, jeden Teil der Regierungsvorlage anzunehmen, abzuändern oder fallen zu lassen, ausgiebig Gebrauch gemacht. Ganz abgesehen von ihrer eigenen schöpferischen Leistung, war sie demnach immer Mitautor.

3.4. Eduard Dietz: Eine badische Karriere

Angesichts der Bedeutung des Eduard Dietz für die Verfassung erscheint eine kurze Betrachtung seines Lebens an dieser Stelle angemessen. Ein Nachlaß fand sich weder im GLA Karlsruhe noch im dortigen Stadtarchiv. Eduard Dietz wurde 1866 in Karlsruhe geboren.[420] Sein Vater war Münzarbeiter[421] oder Buchhandlungsdiener.[422] Die Familie konnte ihm den Besuch des Gymnasiums und ein rechtswissenschaftliches Studium nebst Promotion in Heidelberg ermöglichen.[423] 1893 trat er in den badischen Staatsdienst ein. Nach kurzer Tätigkeit in den Ministerien für Justiz sowie für Kultus und Unterricht folgte der Wechsel ins Richteramt. 1899 bereits wurde Dietz zum Landgerichtsrat ernannt.[424] Schon im Jahr darauf trat er in die Anwaltschaft über. Ein Mandat als Strafverteidiger in einem aufsehenerregenden Mordprozeß verschaffte ihm einen hohen Bekanntheitsgrad.[425] Was seine politische Karriere angeht, war Dietz nach heutiger Terminologie ein Seiteneinsteiger. Er engagierte sich zunächst in der Genossenschaftsbewegung und wurde 1911 SPD-Stadtrat. „Sein Ansehen als Politiker war 1918 so groß, daß er als möglicher Ministerpräsident der vorläufigen Volksregierung im Gespräch war."[426] Seine Tätigkeit als Kommissionsmitglied und Parlamentarier wurde bereits erwähnt. Doch schon Anfang April 1919, das heißt zwischen der

[419] Verhandlungen der Württembergischen Verfassunggebenden Landesversammlung. Pr. ü. die 8. Si. vom 31.1.1919, S.169.
[420] Brandt u. Rürup, S.156.
[421] a.a.O., ebenso Koch, S.1.
[422] Gehrig u. Rößler, S.112, ebenso Kaller, 1973, S.201.
[423] Koch, S.1.
[424] Brandt u. Rürup, S.156.
[425] Koch, S.1.
[426] Koch, S.1.

Verabschiedung der Verfassung und der Volksabstimmung, legte er sein Abgeordnetenmandat und somit seine Mitgliedschaft im Fraktionsvorstand[427] nieder.[428] Im Jahr darauf verzichtete Dietz auch auf seinen Sitz im Stadtrat und trat aus der SPD aus.[429]
Über seine Gründe mutmaßt Koch folgendes: „Sie hängen offensichtlich mit seinem sozial-religiösen Engagement zusammen. Er vertrat 1919 die damals ungewöhnliche These, daß Christentum und Sozialismus vereinbar seien. 1919 gehörte er zu den Gründungsmitgliedern der 'Evangelischen Volkskirchlichen Vereinigung' und später des 'Bundes der religiösen Sozialisten' [...]"[430] Demnach müßte Eduard Dietz wegen seiner diesbezüglichen Betätigung entweder in Konflikt mit der SPD oder mit anderen Landtagsabgeordneten geraten sein. Stehling bemerkt in ihrem Abschnitt[431] über den „Bund" folgendes: „Der badische Landtag hat dem Problem des Religiösen Sozialismus sein Interesse gänzlich versagt: Keine der ausführlichen Debatten über kulturpolitische Fragen beschäftigte sich auch nur am Rande mit der Bewegung." Die SPD scheint das Phänomen des religiösen Sozialismus ebenfalls für weniger wichtig gehalten zu haben. Die sozialdemokratische Presse jedenfalls erwähnt ihn erstmals 1928.[432]

In der Zeit vor seinem Rückzug aus der Landespolitik hatte Dietz die doch recht umfangreiche Bearbeitung seines Verfassungsentwurfs hinnehmen müssen. Unter Berücksichtigung der offensichtlich ebenso dynamischen wie empfindlichen Persönlichkeit des Politikers wäre, ebenfalls auf dem Weg der Vermutung, eher Kaller zuzustimmen: „Vielleicht hatte er mit weniger Änderungen [...] gerechnet."[433]

Zu seinen religiösen Ansichten äußert sich Dietz in seiner Rede „Über Sozialdemokratie und Religion", in welcher er Sympathie für das Urchristentum und eine staatsferne und sozial engagierte Kirche erkennen läßt.[434]

1922 wurde Eduard Dietz Vorsitzender der badischen Anwaltskammer. Dieses Amt übte er bis 1933 aus.[435] Er verstarb 1940 in Stuttgart.[436]

3.5. Die Vorbilder des Eduard Dietz

Eduard Dietz hat sich zu den Vorbildern der von ihm geplanten Verfassungsbestimmungen zweimal schriftlich geäußert. Da sich beide Quellen inhaltlich stark unterscheiden, werden sie hier getrennt abgehandelt.

---

427 Gehrig u. Rößler. S.113.
428 Pr. ü. die 20.ö. Si. vom 4.4.1919, S.66.
429 Koch, S.1.
430 a.a.O.
431 Stehling, S.195–205.
432 a.a.O., S.199.
433 Kaller, 1973, S.201.
434 Dietz, o.J., S.1–3.
435 Koch, S.1.
436 Brandt u. Rürup, S.156.

3.5.1. Nach dem veröffentlichten Kommentar im „Volksfreund"

Wie oben angeführt, wurde der Verfassungsentwurf des Eduard Dietz nebst einem Kommentar des Autors im „Volksfreund" veröffentlicht und später von dieser Zeitung als Sonderabdruck publiziert. Gleich zu Beginn der Erläuterungen stellt Dietz klar, daß er die offizielle Parteilinie als Richtschnur für seine Arbeit grundsätzlich akzeptiert hat: „Die Stellung der Sozialdemokratie zu der neuen Badischen Verfassung ist gegeben durch das Erfurter Programm, welches bekanntlich in seinem 2. Abschnitt diejenigen Bestimmungen enthält, welche auf dem Boden der heutigen wirtschaftlichen Verhältnisse für das Verfassungsleben maßgebend zu sein haben."[437] Wie oben festgehalten, leitete Dietz auch seine Detailbestimmungen regelmäßig von dem Programm ab. Nach der vollständigen Durchsicht seines Kommentars kann dies auch für die nicht ausführlich behandelten Teile des Verfassungsentwurfs behauptet werden.

Das Erfurter Programm war 1891 verabschiedet worden[438] und blieb in Kraft, bis es durch das Görlitzer Programm von 1921 abgelöst wurde.[439] Sein erster Teil stimmt anscheinend „stellenweise fast wörtlich" mit der entsprechenden Passage des „Kapitals" überein.[440] Er enthält eine Analyse der Entwicklung der bürgerlichen Gesellschaft und legt die Notwendigkeit der Vergesellschaftung der Produktionsmittel dar. Der von Dietz bevorzugte zweite Teil beinhaltet hingegen einen Katalog verschiedener politischer und sozialer Forderungen eher realistischen Zuschnitts.

Es gibt keinen Hinweis darauf, daß zumindest in der Theorie der erste Teil weniger Geltungskraft besitzen sollte als der zweite. Die auch von mehrheitssozialdemokratischer Seite mehrfach getroffene Feststellung, es habe eine Revolution stattgefunden,[441], hätte die Anwendung des ersten Teils zur Folge haben müssen. Die Realität indes sah schon bei der Verabschiedung des Erfurter Programms ganz anders aus: Das „[...] Nebeneinander von revolutionärer Ideologie und reformistischer Praxis spiegelte sich auch in diesem [..] Parteidokument [...] wieder."[442] Noch weniger kann der de facto reformistischen badischen SPD[443] an der Vollendung der Revolution im sozialistischen Sinn gelegen haben. In der konkreten Situation von 1918 hatte sie sich ja letztlich für eine Koalition mit bürgerlichen Parteien und gegen die Zusammenarbeit mit der USPD entschieden. Die Kooperation mit der Rätebewegung blieb möglich, weil diese sich mit dem Parlamentarismus abfand.[444] Ihre Entscheidungsfreiheit wurde nicht zuletzt durch die Vorgänge auf der Reichsebene eingeschränkt.

Kaller und Koch stellen übereinstimmend fest, daß der Sozialdemokrat Dietz dem Erfurter Programm nicht blind folgt.[445] Als Beleg führen beide an, daß der Politiker die im Programm vorgeschriebene Sozialisation der Produktionsmittel nicht in vollem

---

437 Dietz, 1919, S.1.
438 Miller u. Potthoff, S.52.
439 a.a.O., S.118.
440 a.a.O., S.52.
441 z.B. Tätigkeitsbericht der sozial-demokratischen Landtagsfraktion, S.7.
442 Huber, 1969, S.109–110.
443 Schadt u. Schmierer, 26–28.
444 vgl. Brandt u. Rürup, S.125.
445 Kaller, 1969 [b], S.6; Koch.

Umfang in seinen Entwurf aufgenommen hat.[446] Diese Bestimmung findet sich allerdings im ersten Abschnitt des Programms, den Dietz in Ergänzung des oben angeführten Zitats als bloß „einleitenden Teil“ und „Prinzipienerklärung“ bezeichnet.[447] Dennoch hielt er es für nötig, seine abweichende Meinung sehr ausführlich zu begründen.[448]

Wo in der geplanten Landesverfassung Sachfragen zu regeln waren, die im Erfurter Programm nicht oder nicht detailliert genug behandelt wurden, stützt sich Eduard Dietz auf verschiedene Quellen: Aus der alten badischen Verfassung sollte zum Beispiel der Passus über die Ministeranklage in veränderter Form übernommen werden.[449]

Bei der Begründung anderer Bestimmungen verzichtet der Autor auf die Anführung von Autoritäten und Vorbildern und begnügt sich mit der Folgerichtigkeit seines eigenen Gedankengangs. In diese Kategorie fällt zum Beispiel die dem Landtag zuerkannte „Kompe-tenz-Kompetenz“.[450]

Eine weitere Gruppe von Vorschriften stützt sich auf ausländische Verfassungseinrichtungen. So stellt Dietz den von ihm zusammengestellten Grundrechtskatalog[451] in die Tradition der englischen „declaration of rights“ und der US-amerikanischen sowie der Französischen Verfassung von 1791.[452]

Schweizerische Vorbilder nennt Dietz an zwei Stellen. Bei der Ausgestaltung des Plebiszits zieht er eidgenössische Kantonalverfassungen heran.[453] Interessanterweise beruft sich der Kommentar des Erfurter Programms an dieser Stelle ebenfalls auf das Zürcher Staatsrecht und außerdem auf die Schweizerische Bundesverfassung.[454] Da Karl Kautsky, der Mitautor des Kommentars in der gleichen Funktion neben Eduard Bernstein an der Entstehung des Parteiprogramms beteiligt war,[455] kann der Auslegung dieses Kommentars eine gewisse Authentizität unterstellt werden.

Das politische System der Kantone wird wegen der in ihnen praktizierten Wahl der Beamten wiederum bemüht.[456] Allerdings benutzt es der Autor an dieser Stelle, um eine knapp gehaltene Vorschrift des Erfurter Programms (II,2) auszugestalten. Der Vorbildcharakter der Eidgenossenschaft wird unten näher ausgeführt werden.

3.5.2. Nach der Vorlage an die Regierung

Der Verfassungsentwurf des Eduard Dietz ging der Regierung in Form mehrerer großformatiger Hefte zu.[457] Zumindest ein weiteres Exemplar wurde der Nationalver-

---

446 a.a.O.
447 Dietz, 1919, S.29.
448 a.a.O., S.29–34.
449 §67 a-g BV 1818; Vorschlag Dietz §§68–72 und Kommentar, S.58ff.; §§60–64 BV.
450 Vorschlag Dietz §35 und Kommentar, S.51ff.; §29,I BV.
451 GLA 231/9151, §§8–24; §§9–20 BV.
452 Dietz, 1919, S.21–22.
453 a.a.O., S.3.
454 Kautsky u. Schoenlant, S.34–35.
455 vgl. Miller u. Potthoff, S.52.
456 a.a.O., S.24.
457 GLA 233/28134, u. 28135.

sammlung als Anlage zur Regierungsvorlage überwiesen.[458] Es handelt sich augenscheinlich um einen in Schreibmaschinenschrift geschriebenen Text, der auf nicht zu ermittelnde Weise vervielfältigt wurde. Der Wortlaut der Verfassung nimmt etwa zwei Drittel der jeweiligen Seite ein. Das innere Drittel dokumentiert entsprechende Bestimmungen anderer Verfassungen und sonstiger Texte verfassungspolitischen Inhalts in Form von Marginalglossen, die sich auf 71 der 74 Paragraphen des Entwurfs Dietz beziehen. Es ist nicht auszuschließen, daß Eduard Dietz diese Stellen zitiert, um Bestimmungen seines Entwurfs, die er dem Erfurter Programm entnommen oder selbst erdacht hat, zu stützen. Mehr Plausibilität besitzt jedoch die Vermutung, daß der Verfasser den nachfolgend erläuterten Quellen die ihm für badische Verhältnisse passend erscheinenden Vorschriften entnommen hat. Einige wenige der Marginalien verweisen allerdings auf Vorschriften, die Eduard Dietz gerade nicht übernehmen wollte. Zumeist entstammen sie der bislang gültigen badischen Verfassung. Die Anführung des aktiven und passiven Wahlalters (§§36f., BV 1818) fällt in diese Kategorie. Wo mehrere seiner Quellen Normen gleichen Inhalts vorsahen, neigte der Autor dazu, sämtliche Parallelstellen anzuführen. Welche Bestimmung das eigentliche Vorbild für ihn war, läßt sich in solchen Fällen nur dann feststellen, wenn er die sprachliche Form einer bestimmten Fundstelle übernahm.

Um einen ersten Überblick zu ermöglichen, sei hier das ungefähre Zahlenverhältnis der verwendeten Gesetze kurz dargestellt: Etwa 70% der Paragraphen sind mit einem Verweis auf die bisherige badische Verfassung versehen, jeweils 30–40% beziehen sich auf die genannten schweizerischen Kantonalverfassungen und auf das Erfurter Programm. Ungefähr bei jedem vierten Paragraphen machte Dietz Anleihen bei der Bismarckschen Reichsverfassung und anderen Reichsgesetzen. Daneben fallen Parallelstellen in der Schweizerischen Bundesverfassung, der sogenannten Paulskirchenverfassung und weiteren, zumeist badischen Gesetzen zumindest quantitativ kaum ins Gewicht.

Auch in dieser Fassung seines Entwurfs bezieht sich der Sozialdemokrat Dietz auf das Erfurter Programm. Im Gegensatz zu seinem veröffentlichten Kommentar unterläßt er es hier jedoch hier, für nahezu jede Bestimmung eine Formulierung aus dem Parteistatut heranzuziehen. Lediglich 16 Paragraphen werden durch Glossen ergänzt, die unter anderem auf das Erfurter Programm verweisen. Daneben finden sich nur zwei Stellen, die ausschließlich darauf Bezug nehmen. Bezeichnenderweise handelt es sich hierbei um die Garantie der genuin sozialdemokratischen Forderungen nach der Sozialisation der Produktionsmittel[459] und nach der Erweiterung des Koalitionsrechts auf Beamte, sonstige öffentliche Bedienstete und Soldaten.[460] Der Natur der übrigen Quellen nach konnte Eduard Dietz diese Inhalte schwerlich an anderer Stelle finden.

Die in dieser Arbeit ausführlich behandelten Verfassungsabschnitte besitzen im Entwurf Dietz einen Umfang von 43 Paragraphen.[461] Lediglich vier davon belegt der Autor in der Vorlage an die Regierung mit Passagen aus dem Erfurter Programm.[462] Zu

[458] Pr. über die 1. ö. Si. vom 15.1.1919, S.10–11.
[459] GLA 231/9151 (§14,III).
[460] a.a.O., (§17,II).
[461] a.a.O., (§§25–67).
[462] a.a.O., (§§30; 31; 37; 67.)

der Häufigkeit, mit der sich Dietz im „Volksfreund“ an den entsprechenden Stellen, wie oben fallweise dokumentiert, auf das Parteiprogramm bezieht, steht dies in gewissem Widerspruch. Ein Grund dafür könnte im Verzicht des Autors liegen, die Inhalte des Programms wie in dem geschilderten Fall extensiv auszulegen um seine eigenen Vorstellungen mit dem Programm begründen zu können.

Weitere Vorschriften hat Eduard Dietz verschiedenen deutschen Verfassungen entnommen. Ein Teil davon geht auf die bisherige badische zurück.[463] Die Vielzahl der dort entlehnten Bestimmungen, die der Autor, zumeist sprachlich oder inhaltlich abgewandelt, übernommen hat, legt den Schluß nahe, daß er die Verfassung von 1818 als Arbeitsgrundlage verwendet hat. Dafür spricht auch, daß Dietz die innere Gliederung der alten Verfassung soweit möglich übernommen hat. Er hat sie um einen Abschnitt über plebiszitäre Rechte und einen über die Regierung ergänzt. Gemäß seiner Vorstellung von der Ausübung der Gewalten hat er ersteren vor und letzteren nach den die Volksvertretung betreffenden Paragraphen eingefügt.[464] Der letzte Abschnitt mit Vorschriften über die Verfassungsänderung und Übergangsbestimmungen kann hier außer Betracht bleiben. Da Regierung und Nationalversammlung diese Einteilung übernahmen, hatte die badische Verfassung weiterhin einen Grundrechtsteil, der sich im Gegensatz zur Weimarer Reichsverfassung vor den staatsorganisatorischen Bestimmungen befand.[465]

Dietz scheint sich immer dann für die hergebrachte Lösung entschieden zu haben, wenn sie ihm entweder fortschrittlich genug erschien oder wenn ihr Inhalt seiner prozeduralen Natur nach gewissermaßen zeitlos war. Beispielhaft soll hier zunächst die Vorschrift über das Verfahren beim Mandatsverzicht eines Abgeordneten angeführt werden.[466] Abgesehen von der sprachlichen Anpassung an die projektierte neue Zusammensetzung des Landtags entspricht sie wörtlich dem §39 der großherzoglichen Verfassung. Der erste Fall liegt hingegen bei der Ausgestaltung der Abgeordnetenimmunität[467] vor. Hier übernimmt Eduard Dietz Inhalt und Sprachduktus der alten Verfassung (§§49 BV 1818) und ergänzt die Vorschrift um eine Erweiterung, die er einer anderen Quelle, in diesem Fall der Reichsverfassung, entnommen hat.[468] Zahlreiche Bestimmungen des Entwurfs Dietz, vor allem im Grundrechtsteil[469], scheinen auf diese Weise entstanden zu sein.

An einigen Stellen hielt es Eduard Dietz offenbar für angebracht, Materien, die bisher in einfachen Landesgesetzen geregelt waren, Verfassungsrang zu verleihen. Exemplarisch sollen hier Bestimmungen des Schulgesetzes von 1910, die Weltlichkeit der Schule betreffend, genannt sein,[470] die der Autor dem §19 seines Entwurfs zuordnet.

---

[463] Zur Fortdauer alten badischen Verfassungsrechts in der Endfassung vgl. Stiefel, S.326.
[464] GLA 231/9151 (§§25–27; §§28–59; §§60–67).
[465] Art.109–165 WRV Zur Übernahme des Grundrechtsteils der BV 1818 vgl. Fenske, 1993, S.91.
[466] a.a.O., (§32).
[467] a.a.O., (§51).
[468] Art. 30,III BRV.
[469] Z.B. §8 (§9 BV 1818;Verbot von Steuerprivilegien); §16(§15 BV 1818;Garantie des gesetzlichen Richters);§18 (§18 BV 1818;Religionsfreiheit).
[470] Dietz, 1919, S.40.

Diese Aufwertungen waren vermutlich eher symbolischer Natur, da Dietz die Verfassungsrevision den anderen Gesetzesänderungen ausdrücklich gleichstellt[471].

Eine Vielzahl von Regelungen des Vorschlags Dietz korrespondieren mit Einrichtungen der Reichsverfassung von 1871, was in besonderem Umfang auf das Parlamentsrecht zutrifft. Der badische Landtag sollte nach den Verfassungsvorstellungen des Autors eine ganz andere Rolle spielen als der Reichstag im Institutionengefüge der Kaiserzeit. Demzufolge waren die erwähnten Vorschriften mehrheitlich prozeduraler Natur: So übernahm Dietz zur Regelung der Haushaltsbewilligung wörtlich die entsprechende Bestimmung der Reichsverfassung.[472] Ähnliches gilt für die Festlegung der absoluten Mehrheit als regelmäßiges Erfordernis bei Landtagsabstimmungen.[473] In beiden Fällen findet sich keine weitere Parallelstelle.

An drei Stellen nimmt der Entwurf Bezug auf das Werk der Paulskirche. Dieses enthält einen sehr umfangreichen Grundrechteteil.[474] Die dort vorgeschriebene Aufhebung der Familienfideikommisse[475] übernahm Dietz in seinen Vorschlag.[476] Da der Autor eine Vorschrift solchen Inhalts weder den bisher angeführten Staatsgrundgesetzen noch den nachfolgend behandelten republikanischen Verfassungen entnehmen konnte, mußte er wohl auf die ephemere deutsche Verfassung von 1849 zurückgreifen. Diese garantierte daneben den Religionsgesellschaften die Selbstverwaltung (§147) und schützte den Einzelnen wiederum vor der erzwungenen Teilnahme an religiösen Handlungen (§148). Eduard Dietz übernahm beide Rechte in teilweise erweiterter Form in seinen Entwurf. (§18,I-II).

Etwa die Hälfte aller Paragraphen des Entwurfs enthalten Verweise auf schweizerische Parallelstellen. Diese konnten mit Hilfe des Handbuchs des Schweizer Verfassungsjuristen Zaccharia Giacometti verglichen werden, wo u.a. die Verfassungseinrichtungen aller Kantone unter systematischen Gesichtspunkten beschrieben sind. Diese fand Eduard Dietz in insgesamt vier Staatsgrundgesetzen. Dabei handelt es sich um die Bundesverfassung, sowie um die Kantonalverfassungen von Bern, Zürich und Solothurn. Die Auswahl der Kantone wird von dem Autor nicht begründet. Da es sich bei den zuerst genannten Gemeinwesen um die beiden volkreichsten Gliedstaaten der Schweiz handelt, könnte es Eduard Dietz um die Übertragbarkeit ihrer Institutionen auf badische Verhältnisse gegangen sein.

Auf jeden Fall entbehrt diese Zusammenstellung nicht einer gewissen Repräsentativität bezüglich der deutsch-schweizerischen Kantone im Hinblick auf die den jeweiligen Gemeinwesen und ihren Einwohnern zugeschriebenen Charaktere. So wird der Gegensatz zwischen dem am Handel orientierten und ehemals von den Zünften dominierten Zürich und dem früher landwirtschaftlich geprägten und von Patriziern beherrschten Bern, das ja eine Gründung der Zähringer war[477], in der Literatur gern hervorgeho-

---

[471] GLA 231/9151 (§73).
[472] GLA 231/9151 (§38); Art. 71 BRV.
[473] GLA 231/9151 (§55,I);Art.78(sic!)[28] BRV.
[474] §§130–189.
[475] Verfassung des deutschen Reiches vom 28.3.1849: §170.
[476] GLA 231/9151 (§8,II).
[477] vgl. Im Hof, S 21.

ben.[478] Beide Staatswesen verbindet ihr ehemaliges Bekenntnis zur reformierten Konfession,[479] wohingegen der Kanton Solothurn katholisch geprägt ist[480]. Seinen ehemals strengen Konfessionalismus verband er anscheinend mit einer ausgesprochen liberalen Lebensart.[481]

Die Bundesverfassung der Eidgenossenschaft war 1848 in Kraft getreten und schrieb nach US-amerikanischen Vorbild[482] einen föderativen Bundesstaat mit Zweikammersystem vor. An diesen Punkten war sie für Eduard Dietz allerdings nicht von Interesse. 1874 erfolgte eine Totalrevision, die zur Aufnahme einer begrenzten Anzahl direktdemokratischer Elemente auf Bundesebene führte.[483] Namentlich wurde das Gesetzesreferendum eingeführt, nicht aber die Volksinitiative.[484]

Deshalb bezieht sich der Autor gerade in diesem Bereich ausschließlich auf die schweizerischen Kantonalverfassungen, die sämtlich Referendums- und Initiativrechte garantieren[485]. Mangels entsprechender Einrichtungen in den anderen herangezogenenen Staatsgrundgesetzen erschienen sie ihm wohl auch alternativlos, was schon Glükkert bemerkt hat.[486] Die entsprechenden Institutionen der nordamerikanischen Systeme erwähnt Dietz nicht. In den bearbeiteten Quellen geht er ein einziges Mal auf die USA ein, indem er, wie o. a., die Bill of Rights ihrer Bundesverfassung erwähnt.

Einen weiteren Schwerpunkt bei der Anführung eidgenössischen Staatsrechts bildet das Verhältnis zwischen der Regierung einerseits und dem Volk oder der Volksvertretung andererseits. Wie bereits ausführlich dargelegt wurde, kam es dem Autor auf die Beschränkung der Macht des Kabinetts zugunsten des Parlaments und der Stimmbürgerschaft selbst an. Da der schweizerische Bundesrat in seinem Bestand von der Bundesversammlung und vom Volk vollständig unabhängig ist,[487] bezog sich Dietz auch an diesem Punkt vornehmlich auf die teilstaatlichen Konstitutionen. Giacometti beurteilt den Status der Exekutive so: „Wird nun der Regierungsrat wie der Große Rat aus dem Kreise aller Stimmberechtigten [...] bestellt, so erscheint auch die kantonale Exekutive politisch soziologisch (sic!) gesehen als eine Volksvertretung im weiteren Sinne. [...] Großer Rat und Regierungsrat sind jedoch nicht ganz gleich gestellt. Es besteht vielmehr eine gewisse rechtliche Unterordnung der Exekutive unter die Legislative [...]“[488] Diese Interpretation korrespondiert mit der von Eduard Dietz in seinem Kommentar geäußerten Ansicht zur Gewaltenteilungslehre.[489] Die Organisation der Volksvertretung selbst und ihre Rechte hat Dietz nur zum kleineren Teil den schweizerischen Verhältnissen nachempfunden.

---

[478] Z.B. Allemann, passim.
[479] vgl. Im Hof, S.9.
[480] vgl. a.a.O.
[481] vgl. Allemann, S.224–226.
[482] vgl. Mayer-Tasch, 495–496.
[483] Im Hof, S.124.
[484] Hangartner, S.17.
[485] a.a.O., S. 141–143.
[486] Glückert, S.21.
[487] vgl. Brunner, S.262.
[488] Giacometti, S. 370.
[489] Dietz, 1919, S.4–7.

Die obligatorische Wahl der Regierungen durch das Volk jedoch war nach dem Ersten Weltkrieg schon in den Kantonalverfassungen verankert.[490] Eduard Dietz hat sie zu einem fakultativen Volksrecht neben der Bestellung durch den Landtag abgeschwächt. Immerhin stellt die Abberufung der Exekutive auf dem Weg des Plebiszits selbst für schweizerische Verhältnisse eine Rarität dar. Unter den vier teilstaatlichen Verfassungen, die diese Möglichkeit 1941 vorsahen, befindet sich, als einzige der von Dietz herangezogenen, diejenige von Solothurn,[491] was das Interesse des Autors an der Verfassung dieses Kantons möglicherweise erklärt.

Die von Eduard Dietz vorgesehene Siebenzahl der Minister folgt dem Beispiel des schweizerischen Bundesrats.[492]

Die Beteiligung aller relevanten Parteien an der Exekutive[493] geht vermutlich auf die Zusammensetzung derselben Regierung zurück. In der Schweiz folgt diese jedoch keiner Rechtsvorschrift, sondern ist, zumindest der Theorie nach, ein freiwilliger Brauch unter Parlamentariern, der dem konkordanzorientierten Politikstil des Landes Rechnung trägt.[494] Da sich im Übrigen das Erfurter Programm aus taktischen Gründen,[495] abgesehen von der Forderung nach der „Wahl der Behörden" aller Aussagen über die Staatsordung selbst enthält, mußte Dietz an dieser Stelle eine eigene Formulierung finden. In einem Punkt war das später ebenfalls auf freiwilliger Basis realisierte badische Regierungsbündnis der Schweiz voraus: Die Beteiligung der Sozialdemokratie an der Exekutive erfolgte dort erst ab 1943.[496]

Der erste Teil des Entwurfs Dietz, den er „Von der Staatsgewalt, der Staatsform, den Staatsgrenzen und der Regierung im Allgemeinen"[497] überschrieben hatte, nimmt, verglichen etwa mit dem nachfolgenden Abschnitt über die Grundrechte[498] umfangreicheren Bezug auf die Verhältnisse des Nachbarlandes. Bestimmungen der angeführten Art finden sind einschließlich der Erklärung der Volkssouveränität ein allgemeines Merkmal schweizerischer Kantonalverfassungen.[499]

Die „Freiheitsrechte" nehmen dort ebenfalls breiten Raum ein.[500] Die „Regeneration" als schweizerische Variante der europäischen Entwicklung nach der Julirevolution hatte seit 1830 die Liberalisierung vieler Kantonalverfassungen zur Folge.[501] Wie im letzten Abschnitt dargelegt, tendierte Eduard Dietz jedoch an diesem Punkt dazu, die Einrichtungen der alten badischen Verfassung auszubauen.

Was aber die grundsätzlichen Erklärungen über das Wesen eines Staates, wie sie die ersten Teile zahlreicher Staatsverfassungen beinhalten, angeht, war die Auswahl der

---

490 Giacometti, S.551.
491 a.a.O., S.365.
492 Art. 95 Schweizerische Bundesverfassung vom 29.5. 1874.
493 GLA 231/9151 (§60,I).
494 vgl. Raschke, S.481.
495 Miller u. Potthoff, S.53–54.
496 a.a.O., S.490.
497 GLA 231/9151 (§§1–7).
498 a.a.O. (§§8–24).
499 Giacometti, S.43–45.
500 a.a.O., S.155.
501 a.a.O., S.119.

zu verwendenden Vorbilder begrenzt, da es an vielen Punkten um die Ausformulierung von Bestimmungen spezifisch republikanischen Inhalts ging. Zum letzten Mal sei hier auf die der Volkssouveränität verwiesen, die selbst diejenigen parlamentarischen Monarchien, in denen das Staatsoberhaupt lediglich repräsentative Funktionen ausübt, zumeist nicht in der Verfassung zugestehen. Die anderen 1918 existierenden Republiken kamen als Vorbilder für die Bestimmungen einer neuen badischen Verfassung kaum in Frage.

Die Untersuchung hat gezeigt, daß Eduard Dietz seinen Verfassungsentwurf in zwei sehr unterschiedliche Traditionen stellt. Es wäre nun von Interesse herauszufinden, welche Bedeutung die Forderungen der zumindest verbal noch revolutionären Sozialdemokratie einerseits und das Verfassungsleben der "plebiszitär-repräsentativen Direktorialdemokratie"[502] der Schweiz samt den Traditionen des badischen Konstitutionalismus andererseits für den Autor tatsächlich besaßen.

Dies ist anhand des aufgefundenen Materials nicht möglich, zumal Dietz sich in seinen weiteren Veröffentlichungen fast ausnahmslos[503] mit anderen Gegenständen befaßt. Seine frühen Publikationen beschäftigen sich mit studentengeschichtlichen Themen[504], die späteren zumeist mit Fragen aus dem religiös-politischen Bereich.[505] Etwaige private Aufzeichnungen standen nicht zur Verfügung.

In seiner Schrift „Sozialdemokratie und Bürgertum", einer „[..] Wahlrede aus dem Revolutionswinter 1918/19", so der Untertitel, weist er auf einige Zusammenhänge hin, die sein Verständnis von Gesellschaft etwas erhellen. Zunächst stellt er die Ereignisse des Jahres 1918 in die Tradition der Revolution von 1848/49.[506] Das seiner Ansicht nach damals bestehende Bündnis aus Kommunisten und Bürgertum sei durch den Abfall des letzteren vorläufig beendet worden.[507] Das Erlebnis des Weltkriegs müsse „[...] die bürgerlichen Republikaner und Demokraten, die bürgerlichen Frauen, Bauern, kleine und mittlere Geschäftsleute, Handwerker und Industrielle (sic!) Beamte und Litteraten (sic!), Künstler [...]"[508] etc. zum erneuten Bündnis mit der Arbeiterklasse veranlassen. Hinter dieser Überlegung steht jedoch kein umfassender Volksbegriff, sondern eine nicht ganz orthodox marxistische Haltung: „Sie alle sind Proletarier [...]"[509]

Die an dieser Stelle eingenommene Haltung steht in gewissem Gegensatz zum Gedankengut des von Eduard Dietz vorgelegten Verfassungsentwurfs. Etwas zugespitzt könnte man sagen, daß dessen Grundidee in der Umwandlung „Aller" in „Staats"-Bürger besteht. Da das letzte Zitat einem Text entnommen wurde, der von beträchtlichem Pathos durchzogen ist und seinem Sprachduktus nach vermutlich tatsächlich zur Verlesung im Wahlkampf abgefaßt wurde, kann auch hier das Ausmaß seiner Übereinstimmung mit den Motiven des Autors nicht bemessen werden.

---

[502] Brunner, S.158.
[503] Aber: Dietz o.J.
[504] Dietz 1894, 1903, 1906.
[505] Dietz, 1927, 1928, teilweise in Dietz, o.J.
[506] Dietz, o.J., S.18–20.
[507] a.a.O., S.20–21.
[508] a.a.O., S.24.
[509] a.a.O., S.25.

Das Erfurter Programm jedenfalls legt Dietz teilweise recht eigenwillig aus. Der oben beschriebene Versuch, die Forderung eines Einkammerparlaments aus dieser Parteirichtlinie abzuleiten, erscheint zum Beispiel angesichts der Tatsache, daß alle schweizerischen Kantonalverfassungen nur eine Parlamentskammer vorsehen,[510] in einem anderen Licht.

Festzuhalten ist die Tendenz des Politikers Dietz, sich mit der Begründung seiner Verfassungsvorschriften an den jeweiligen Adressaten zu orientieren. Die Leserschaft des sozialdemokratischen „Volksfreund" dürfte für einen Verfassungsplan, der ihnen im wesentlichen als Ausformulierung des Erfurter Programms präsentiert wurde, empfänglich gewesen sein, während die Anlehnung an die bürgerliche Ordnung der Schweiz als Entgegenkommen an die liberalen und katholischen Koalitionspartner der SPD zu verstehen wäre.

So wäre auch zu erklären, daß Eduard Dietz in seiner Vorlage an die Regierung das Erfurter Programm und in seinem Kommentar die schweizerischen Verfassungen so zitiert, daß diese Quellen den Gesamteindruck nicht verändern. Wie oben angeführt, benutzt er die eidgenössischen Vorschriften zum Plebiszit im „Volksfreund" dazu, die entsprechende Forderung des Parteiprogramms zu präzisieren. In seiner Vorlage an die Regierung beruft er sich fast ausnahmslos nur dann auf das Erfurter Programm, wenn er den Verweis darauf in die Anführung ähnlicher Vorschriften schweizerischer oder deutscher Verfassungen einbetten kann.

Es gibt keinen Grund, an der Aufrichtigkeit der sozialdemokratischen Gesinnung des Politikers Dietz zu zweifeln. Allerdings ist seine Biographie, zumindest bis zum Eintritt in die Politik, stark von bürgerlichen Karrieremustern geprägt. Das staatsnahe Studium der Jurisprudenz bei gleichzeitiger engagierter Aktivität in der Heidelberger Burschenschaft „Franconia"[511] und die sich anschließenden Tätigkeiten als Ministerialbeamter und als Richter müssen mehr als Spuren im Bewußtsein des Eduard Dietz hinterlassen haben. In diesem Zusammenhang sei darauf hingewiesen, daß der Jurist Dietz darauf verzichtet, das Institut der Volkswahl bestimmter Richter aus den Kantonalverfassungen von Zürich und Solothurn[512] in seinen Entwurf zu übernehmen.

Falls er es nicht doch unternommen hat, entweder seine Partei oder die Regierung hinsichtlich seiner Motive zu täuschen, bleibt als Erklärung übrig, daß sich sein Demokratieverständnis aus zwei durchaus verschiedenen Quellen speiste. Daß er identische Regelungen mit verschiedenen Erklärungen versehen hat, spräche dann für sein taktisches Geschick. In der gegebenen Situation, das heißt nach erfolgreicher Revolution und angesichts einer nach wie vor bürgerlich orientierten Bevölkerungsmehrheit hat dieses dem Erfolg seines Verfassungsentwurfs sicher nicht geschadet. Die ungewöhnliche Form seines religiösen Engagements mag als Beleg für die Plausibilität dieses Gedankengangs dienen.

Mit den politischen Institutionen des Nachbarlandes hatten sich auch andere Teilnehmer der badischen Verfassungsdiskussion beschäftigt. So sprach sich Emil Maier, der als Vertreter der Landeszentrale der Arbeiter- und Soldatenräte zur Kabinettsitzung

---

[510] Giacometti, S.290.
[511] Gehrig u. Rößler, S.112.
[512] Giacometti, S.283.

vom 3. Januar hinzugezogen wurde, dort für ein dem Vorschlag Dietz entsprechendes Wahlalter aus, wobei er sich auf die diesbezügliche schweizerische Vorschrift bezog.[513] Das dort enthaltene Protokoll spricht von einem Meier (Mitglied des Dreierausschusses). Ausweislich der Kurzbiographien von Brandt und Rürup muß es sich um die im Haupttext genannte Person handeln. Falls kein Schreibfehler des Protokollanten vorliegt, kann es sich um eine Verwechslung mit Stefan Meier handeln, der „Teilnehmer an mehreren Landesversammlungen der badischen Räteorganisationen“[514] war. Ein sozialdemokratischer Abgeordneter verwies in der VK ebenfalls auf diese eidgenössische Norm.[515] Es könnte sich hierbei allerdings um Eduard Dietz selbst gehandelt haben.

Wie oben angeführt, wurde das System der schweizerischen Bundesverfassung anläßlich der Generaldebatte über die Ausgestaltung der Regierungsspitze bemüht. Neben der Entbehrlichkeit eines besonderen Staatsoberhauptes[516] bezog man sich dort auf die jährliche Wahl des Bundespräsidenten.[517] Die Realisierung der einjährigen Amtsdauer des Staatspräsidenten in der badischen Verfassung schloß die eidgenössische Beobachtung der Anciennität allerdings nicht mit ein. Dieses hat auch zur Folge, daß Politiker, die derselben Partei angehören, dieses Amt nacheinander bekleiden können.

Vereinzelt bezieht sich die Literatur auf den Vorbildcharakter der Schweiz.[518] Glückert weist auf verschiedene Parallelen zum dortigen Bundes- und Kantonalrecht hin, beschränkt sich dabei aber zumeist auf den Vergleich der in Kraft getretenen Gesetzestexte.[519] Was das obligatorische Verfassungsreferendum angeht, stellt er ausdrücklich fest, daß die entsprechenden Einrichtungen des Nachbarlandes und der nordamerikanischen Einzelstaaten für die Arbeit der Verfassungskommission ausschlaggebend waren.[520]

In der Situation des Jahres 1918 war die Zahl der Republiken, die als Vorbilder für die neue Verfassung in Frage kamen, eng begrenzt. Die nordamerikanischen Verfassungsverhältnisse blieben, wie erwähnt, weitgehend unbeachtet. Womöglich schienen die dortigen Präsidialsysteme den am Prozeß der Verfassunggebung Beteiligten generell ungeeignet. Man kann aber wohl unterstellen, daß die politische Perspektive eines großen Teils der badischen Parlamentarier von eurozentrischen Vorstellungen des ausgehenden 19. Jahrhunderts geprägt war. Die USA wurden vor ihrem Aufstieg zur Weltmacht sicherlich als eher peripher betrachtet. Beide Überlegungen treffen auch auf die nicht eben gefestigten Republiken Lateinamerikas zu, deren Verfassungen ohnehin vielfach auf dem nordamerikanischen Vorbild beruhen.[521]

---

513 GLA 233/28135.
514 Brandt u. Rürup, S.165–166.
515 Volksfreund vom 24. Februar 1919.
516 Bericht der VK, S.20.
517 a.a.O. VK, S.21.
518 Z.B. Stiefel, S.326.
519 Glückert, S.20–22.
520 Glückert, S.22. Entweder hat der Autor nicht genannte Quellen, die für diese Arbeit nicht zur Verfügung standen benutzt, oder es handelt sich bei der erwähnten Behauptung um einen mißverständlich formulierten Analogieschluß.
521 Brunner, S. 105.

Neben der Schweiz blieb also fast nur Frankreich übrig. Die III.Republik war de facto ein parlamentarisches System. Der Weltkrieg und die besonderen Belastungen durch die Grenzlage Badens[522] dürften aber jede Anleihe unmöglich gemacht haben. Ansonsten existierte auf europäischem Boden an republikanischen Flächenstaaten nur noch Portugal mit einer Verfassung nach französischem Vorbild. Es wird wohl wegen seiner instabilen Verhältnisse[523] kaum in Betracht gekommen sein. Auf die parlamentarischen Monarchien wird wie o.a. ebenfalls fast nicht rekurriert, wobei sich kein Unterschied zwischen ehemaligen Angehörigen der Entente und neutralen Staaten ergab.

Diesem Gedankengang folgend, gab es zur Schweiz nahezu keine Alternative. Es besteht allerdings auch ein positiver Zusammenhang zwischen Baden und der Eidgenossenschaft, den Glückert, anläßlich seiner Äußerung über die Herkunft der plebiszitären Elemente wie folgt formuliert: „[Mangels eines tauglichen Vorbilds innerhalb der Reichsgrenzen] [...] wurde der Blick auf die Verfassung des Nachbarlandes gelenkt, das nicht nur nach Stamm und Sprache wesensverwandt war, sondern auch zugleich als Vorbild eines demokratisch-freiheitlich organisierten Staates galt [...]“[524] Diese Denkweise war zu der Zeit nicht singulär. So beruft sich die Weimarer Reichsverfassung in ihrer Präambel ebenfalls auf die deutschen Stämme. An anderer Stelle wäre zu prüfen, in welchem Umfang sich aus dem Mittelalter herrührende Stammesspezifika der Überlagerung durch jahrhundertelang unterschiedlich verlaufene Territorialgeschichte entziehen können, wobei konkret herauszufinden wäre, in wie weit das badische Staatsleben durch gemeinalemannische Mentalitäten geprägt war.

Gemeinsamkeiten gab es aber nicht nur im juristischen Bereich. Angesichts der Herkunft etlicher badischer Verfassungsbestimmungen aus dem schweizerischen Raum sollte hier zusammenfassend angemerkt werden, daß die badische Parteienlandschaft in gewisser Weise der eidgenössischen glich. Bestimmend waren in beiden Ländern eine sozialdemokratische, eine liberale und eine katholische Partei bei gleichzeitiger Existenz einer schwächeren konservativen Strömung.[525] Die Beteiligung der einzelnen Parteien an der Regierung war unterschiedlich geregelt. Wie oben angeführt wurden die Sozialdemokraten in der Schweiz zum ersten Mal in den vierziger Jahren berücksichtigt und waren die Konservativen schon 1929 fester Bestandteil der Koalition.[526] Die Neigung zur Bildung von überbreiten Koalitionen läßt sich jedoch hier wie dort feststellen. Die Konkordanzdemokratie muß sich in beiden aus heterogenen politischen Territorien zusammengesetzten Staatswesen, zur Überbrückung verschiedener, nicht zuletzt religiöser Gegensätze angeboten haben. Eine etwaige Neigung der Badener, Konflikte überdurchschnittlich oft statt durch Konfrontation durch gütliche Beilegung zu lösen, ließe sich nur auf dem Wege einer ausführlichen Analyse feststellen.

Auf jeden Fall läßt sich im Hinblick auf die Entstehung der badischen Verfassung und die politische Praxis in Erweiterung einer, eigentlich geographisch gemeinten, Bemer-

---

522 vgl. Stiefel, 342–343.
523 vgl. a.a.O.
524 Glückert, S.21.
525 vgl. Raschke, S.478–492.
526 a.a.O., S.492.

kung Herrmann Bausingers[527] behaupten, daß Baden nicht nur nach Westen und Norden, sondern eben auch nach Süden offen war.

[527] S.28

4. Oldenburg

4.1. Gang der Verfassunggebung

Bereits am 6. November 1918 wählten in Wilhelmshaven die Vertrauensleute der meuternden Soldaten, als Soldatenrat „[...] einen Exekutivrat, der nach der Anzahl der Mitglieder 21er Rat genannt, und einen Vorstand, der aus vier Mitgliedern bestand. Zu diesem 21 er Rat traten Vertreter des Arbeiterrats, der inzwischen ebenfalls gebildet worden war."[528]

Tags darauf wurde auch in der Hauptstadt Oldenburg ein Soldatenrat gebildet[529] und wiederum einen Tag später gelang es Wilhelmshavener Matrosen eine rote Fahne auf dem großherzoglichen Schloß zu hissen[530], ein Vorgang, den der Oldenburger Soldatenrat wieder rückgängig machte und sich daher als erstes Vorzeichen des Konflikts zwischen beiden Räten herausstellte.[531] Als nämlich der 21er-Rat am 9. November den Großherzog für abgesetzt erklärte und die sozialistische Republik Oldenburg-Ostfriesland ausrief, deren Präsident sein Vorsitzender Bernhard Kuhnt sein sollte, gelang es dem Oldenburger Soldatenrat eine Vereinbarung mit dem Wilhelmshavener Soldatenrat zu treffen, nach der über den Wechsel der Staatsform zunächst der Landtag zu hören sei. Da der 21er-Rat sie ablehnte, mußte der Großherzog am 11. November die Regierung niederlegen.[532]

Am selben Tag wurde nach Verhandlungen im Landtag, eine provisorische Regierung gebildet, das Direktorium des Freistaats Oldenburg oder Landesdirektorium, nachfolgend in Übereinstimmung mit dem größeren Teil der Archivalien „Direktorium" genannt. Die Volksvertretung hat dieses neue Staatsorgan durch einstimmigen Beschluß anerkannt. Auch wenn die Ansicht Wolfgang Günthers, durch „[..] den Thronverzicht [...][sei] die staatsrechtliche Grundlage der oldenburgischen Verfassung entfallen", problematisiert werden könnte, ist in dieser Handlung primär eine „politische Willensäußerung" zu sehen.[533]

Das Direktorium setzte sich aus Vertretern der Fraktionen der nachmaligen Weimarer Koalition zusammen: Die SPD entsandte Paul Hug, der als „inoffizieller Ministerpräsident" die Sitzungen leitete,[534] Karl Heitmann und Julius Meyer. Für die Freisinnige Volkspartei nahm Theodor Tantzen, der nachmalige Ministerpräsident und Bruder des späteren Präsidenten der verfassunggebenden Landesversammlung Ernst Tantzen, und für das Zentrum Franz Driver teil. Von der bisherigen Regierung übernahm das Direktorium zwei parteilose Politiker, den Finanzminister Otto Graepel und Herrmann Scheer als Fachminister[535]. Beide hatten sich übrigens noch Ende Oktober gegen die Parlamentarisierung Oldenburgs ausgesprochen. Sprenger stellt das Fortdauern ihres

[528] Günther, 1979, S.65.
[529] a.a.O., S.80.
[530] Pleitner, S.10.
[531] Günther, 1979, S.82.
[532] a.a.O., 1979, S.85 u.87.
[533] Günther, 1979, S.124–125.
[534] Günther, 1992 [a], S.335.
[535] Z.B. Friedl, 1992 [d], S.632.

Ministeramtes in Abrede,[536] räumt aber am selben Ort das Weiterbestehen des „Ministeriums“ ein. Immerhin wurden sie auch weiterhin als Minister tituliert.[537]

Herrmann Scheer war weitläufig mit Erich Koch- „Weser“ verwandt und leitete vorher die Ressorts für Inneres, Äußeres und das Ministerium des großherzoglichen Hauses..[538] Am Nachmittag gelang es Bernhard Kuhnt gestützt auf die Macht des 21er-Rates als Präsident in das Direktorium einzutreten, dem zur Herbeiführung einer sozialdemokratischen Mehrheit auch der Landtagsabgeordnete August Jordan beitrat.[539]

Am 13. November verabschiedete das Direktorium in seiner ersten Sitzung[540] „Richtlinien“, mit denen es den Rahmen seiner eigenen Tätigkeit absteckte. Es übernahm nun auch formal die Geschäfte der bisherigen Staatsregierung. Beachtung verdient der Punkt 2 der Richtlinien, nachdem der alte Landtag weiterhin zu tagen habe. Das Wahlrecht für seinen Nachfolger wurde an das prospektive Nationalversammlungswahlrecht gekoppelt. Weitere Bestimmungen befaßten sich mit der territorialen Neuorganisation des deutschen Nordwestens, der Reform des Kommunalrechts und der Ernährungslage.[541]

Am 16. Januar 1919 beschloß das Direktorium die Ausarbeitung von Vorschriften für die Wahl einer verfassunggebenden Landesversammlung am 23. Februar.[542] Diese wurden am 30. Januar im Gesetzblatt für das Herzogtum Oldenburg veröffentlicht. Der Termin und das entsprechende Wahlgesetz wurden im übrigen vom alten Landtag, der noch 1916 neugewählt worden war, formal beschlossen. Das Parlament tagte weiterhin und wurde erst am 19. Februar 1919 aufgelöst.[543] Es existierte somit länger als alle anderen bundesstaatlichen Landtage.[544]

Präsident Kuhnt, konnte Ende Januar einen kommunistischen Putsch in Wilhelmshaven nicht verhindern und wurde zunächst beurlaubt und im Februar 1919 vorübergehend festgenommen.[545] Am 3. März wurde er schließlich durch das Direktorium amtsenthoben.[546]

Zwischen dem 17. und dem 22. Februar schloß der Geheime Oberregierungsrat Eugen von Finckh seinen Entwurf einer Verfassung für den Freistaat Oldenburg ab. Der Autor selbst umschrieb den ihm zur Verfügung stehenden Zeitraum mit „[...] im ganzen nur etwa vier Wochen.“[547] Der Entwurf wurde zweimal ganz und einmal zum Teil überarbeitet. Demnach hatte er Ende Januar 1919 mit seiner Arbeit begonnen. Die Quellenlage für den Vorgang seiner Berufung wird weiter unten ausgeführt werden.

---

536 S.9.
537 Z.B. StO 131/107 Protokoll der Sitzung des Direktoriums v. 13.3.1919 u. Sten. Ber. ü. die 6. Si. der verfassunggebenden Landesversammlung vom 22.5.1919, S.62.
538 Friedl, 1992 [d], S. 632–633.
539 Günther, 1979, S.88.
540 a.a.O., S.127.
541 StO 131/107.
542 Günther, 1979, S.223.
543 StO 131/137 u. Sprenger, S.9.
544 Günther, 1979, s.196.
545 Günther, 1992 [b], S.400.
546 Günther, 1979, S.224.
547 StO 131/37.

Am 23. Februar fanden die Wahlen zur verfassunggebenden Landesversammlung statt. Die Wahlbeteiligung war gegenüber der Teilnahme an der Wahl zur deutschen Nationalversammlung bereits um 18 Prozentpunkte auf 67% abgesunken.[548] SPD und DDP schnitten mit 33 bzw. 31% und 16 bzw. 15 von 48 Mandaten am Besten ab. Das Zentrum erreichte 22% der Stimmen und 11 Sitze. DVP und DNVP kamen zusammen auf unter 14%, was nur für fünf bzw. einen Sitz reichte. Die Konservativen war dabei nur wegen ihres vergleichsweise guten Abschneidens im Landesteil Lübeck der Sprung in den Landtag gelungen.[549] Die Unabhängigen Sozialdemokraten waren nicht mit einer eigenen Liste angetreten,[550] brachten aber über die einheitliche SPD-Liste zwei Vertreter in den Landtag.[551]

Die SPD konnte sich gegenüber der Wahl zum letzten Vorkriegslandtag, nur von 27% auf ein Drittel der Sitze verbessern. Auch in Oldenburg erlebte die Rechte einen Einbruch, während das Zentrum seiner Klientel entsprechend stabil blieb: Nationalliberale und Bund der Landwirte waren 1911 noch auf 10 Mandate gekommen und büßten somit fast die Hälfte ihrer Sitze ein. [552] In Oldenburg waren ja die Demokraten mit dem Anspruch einer bürgerlichen Sammlungsbewegung angetreten. Unter den 48 Abgeordneten befand sich keine einzige Frau.

Am 7. März trat das Direktorium, das mit Ausnahme Hugs vollständig war, zum ersten Mal zur Beratung über den Verfassungsentwurf zusammen. Diese wurde an den beiden folgenden Sitzungen vom 10. und vom 13. März fortgesetzt, wobei an dem letztgenannten Termin eine Art zweite Lesung stattfand. Herrmann Scheer nämlich, der vom Protokollführer weiterhin als Minister tituliert wird, verlas einen überarbeiteten Teilentwurf, der nochmals zu beratende Vorschriften enthielt.[553]

In der Sitzung vom 10. März wurde außerdem die Einberufung der Landesversammlung für den 20. März festgelegt.[554]

In dieser Sitzung wurde Ernst Tantzen zum Präsidenten der Volksvertretung gewählt. Paul Hug hatte bereits in seiner Eröffnungsansprache die Erstellung einer Staatsverfassung mit als die wichtigste Aufgabe der Landesverfassung bezeichnet.[555] Als eine von drei in der ersten Sitzung eingerichteten Kommissionen wurde neben einem Finanz- und einem Eisenbahnausschuß ein Verwaltungsausschuß bestellt, in dem unter anderem der Verfassungsentwurf beraten werden sollte. Die Abgeordneten wurden dabei auf die drei Ausschüsse verteilt, wobei der Verwaltungsausschuß mit 20 Mitgliedern der größte war. Seinen Namen hatte er in Anknüpfung an die Gepflogenheiten des vorhergehenden Landtags bekommen. Das Verhältnis zwischen Ausschuß und Plenum war sicher auch dadurch bestimmt, daß über drei Fünftel der Abgeordneten im Aus-

548 Günther, 1987, S. 420–421.
549 Nachrichten für Stadt und Land, Nr.55 vom 25.2.1919.
550 Falter, Lindenberger u. Schumann, S.100.
551 Nachrichten für Stadt und Land, Nr.79 vom 21.3.1919.
552 Mosebach-Tegtmeier 1983 [b], S.174.
553 StO 131/107.
554 a.a.O.
555 Verhandlungen der verfassunggebenden Landesversammlung des Freistaates Oldenburg. Protokolle. Berichte. Anlagen. 1919. Protokoll über die Verhandlungen der verfassunggebenden Landesversammlung. Vorläufige und erste ordentliche Sitzung vom 20. März 1919, S.3.

schuß saßen. An seiner Arbeit nahmen Regierungsvertreter teil.[556] Im Ausschuß war die SPD mit sieben, die DDP mit sechs, das Zentrum mit fünf und die DVP mit zwei Abgeordneten vertreten, was der Mandatsverteilung der gesamten Landesversammlung im Rahmen des arithmetisch möglichen entsprach. Als Oppositionsführer begriff sich offenbar der DVP-Vertreter Friedrich Lohse, ein prominenter Rechtsanwalt und ehemaliger Syndikus der großherzoglichen Regierung. Sein Biograph bezeichnet ihn als"[...] ‚Mußrepublikaner', der [...] insgesamt ohne Verständnis für die geänderten Realitäten blieb."[557]

Der Ausschuß hat dem Plenum der Volksvertretung am 22. Mai über die erste Lesung des Verfassungsentwurfs Bericht erstattet.[558] Dem schlossen sich Stellungnahmen der verschieden Fraktionen eher allgemeinen verfassungspolitischen Inhalts an. Die Beratung der einzelnen Vorschriften begann an diesem Tag und erstreckte sich auch auf die Sitzungen vom 23. und 27 Mai.[559] Sie fand in der Form statt, daß der dem Plenum vorgelegte Entwurf nicht verändert, sondern um 150 Anträge ergänzt wurde. Dabei handelt es sich entweder um einstimmige Äußerungen des Ausschusses oder um die Mehrheitsmeinung und die Alternativen einer oder mehrerer Minderheiten, was sinngemäß auch für das Verfahren der zweiten Lesung gilt.

Darauf wiederum folgte eine zweite Lesung im Ausschuß.[560] Über dessen Bericht beriet das Parlamentsplenum an den beiden Sitzungen vom 13. und am 17. Juni.[561] An diesem Tag wurde die Verfassung durch Zustimmung zu einem entsprechend formulierten Ausschußantrag angenommen, wobei der stenographische Bericht darauf schließen läßt, daß die Landesversammlung nach der Abstimmung ohne jegliche kommentierende oder gar feierliche Äußerung umgehend in der Tagesordnung fortschritt.[562]

4.2. Regierungssystem

Eugen von Finckh hat zwischendurch zahlreiche neue Bestimmungen eingeführt und die Reihenfolge der Paragraphen in seinem Entwurf immer wieder verändert. Letzteres erstreckte sich bis auf die möglicherweise symbolträchtige Entscheidung im zweiten Entwurf, den Abschnitt über den Landtag nicht mehr vor demjenigen über die Regierung sondern dahinter abzuhandeln.

Für die vorparlamentarische Phase der Verfassunggebung wurde daher i.d.R. auf die genaue Bezeichnung des Paragraphen verzichtet.

Parlament

---

[556] StO 131/37 Bericht des VA, S.195–196.
[557] Haupt 1992 [b], S.422.
[558] Anlage 28.
[559] Pr. ü. die 6., 7. und 8. Si. vom 22., 23. und 27. 5. 1919.
[560] Anlage 30–31.
[561] Pr. ü. die 11., 12. und 13. Si. vom 13. u. 17.6.1919.
[562] Stenographischer Bericht 13.Si., S.246.

Bis zur Verfassung von 1848 hatte es in Oldenburg weder ein Parlament noch eine Ständevertretung[563] gegeben. Eine Ausführliche Darstellung des Landtagsrechts unter der Monarchie findet sich bei Schücking S.83–109.

4.2.1. Anzahl der Parlamentskammern

„Von Anfang an ist der aus einer einzigen Kammer bestehende Landtag lediglich durch Wahl zusammengesetzt worden."[564] Mit diesen Worten stellt Schücking zu Anfang seines entsprechenden Kapitels fest, worin sich das oldenburgische Parlament hinsichtlich des Aufbaus von den Vorgängern der anderen behandelten republikanischen Landtage unterschied. Im revidierten Staatsgrundgesetz von 1852 wurde übrigens ausdrücklich auf die Anzahl der Parlamentskammern hingewiesen: „Für das Großherzogthum besteht ein in einer Kammer vereinigter Landtag."[565] Die vergleichsweise geringe Einwohnerzahl und der zahlenmäßig schwache Adel[566] mögen der Grund für das Fehlen einer Privilegiertenkammmer gewesen sein. Dementsprechend mußte über Reform oder Abschaffung einer solchen Kammer nicht verhandelt werden.

Bereits in der 6. Sitzung der Landesversammlung sah sich das Direktoriumsmitglied Julius Meyer im Rahmen der erwähnten allgemeinen Aussprache jedoch genötigt, auf die verfassungspolitische Denkschrift eines Prof. Dursthoff, der Syndikus der Handelskammer für das Herzogtum Oldenburg gewesen war,[567] einzugehen, der die Neueinrichtung einer zweiten Parlamentskammer neokorporatistischer Natur mit weitreichenden Zuständigkeiten vorgeschlagen hatte.

Der „berufsständischen Vertretung", die auch als „Berufskammer" oder als „Landesrat" bezeichnet wurde, sollten zehn Arbeitgeber angehören, wobei deren Belange durch vier Landwirte und je zwei Industrielle, Handwerker sowie Handel- und Gewerbetreibende vertreten werden sollten.[568] Die entsprechenden Kreise wurden also in ihrer Rolle als Sozialpartner berücksichtigt und nicht etwa als Träger wirtschaftlicher Interessen. Sechs Arbeiter und je zwei gewerbliche und kaufmännische Angestellte waren als Repräsentanz der Gegenseite vorgesehen. Landarbeiter waren nicht berücksichtigt. Drei Beamte und zwei Lehrer sollten für den öffentlichen Dienst teilnehmen, sowie ein Rechtsanwalt, ein Arzt und ein Angehöriger der Presse für die Freiberufler. Die Zusammensetzung erinnert an diejenige des späteren Reichswirtschaftsrates.[569] Nach dem Willen der Verfasser sollte übrigens das Direktorium die Einrichtung eines solchen Gremiums der Reichsregierung vorschlagen. Die Denkschrift wies überdies darauf hin, daß ein ausgewogenes Verhältnis von zehn Produzenten und 18 Konsumenten bestünde.

Die Berufskammern sollten ihre Vertreter selbst wählen dürfen, und zwar jeweils für die Dauer einer Landtagsperiode. An eine Urwahl durch die in den Kammern vertrete-

---

563 Huber, 1960, S.540.
564 Schücking, S.90.
565 Staatsgrundgesetz (StGG) für das Großherzogthum Oldenburg vom 22. November 1852, Art. 112,§1.
566 Eckardt, S.385.
567 StO 131/37.
568 a.a.O., S.15.
569 Huber, 1993, S.396–397.

nen Einzelpersonen war allerdings ausdrücklich nicht gedacht. Die Schaffung von Arbeiterkammern, wie sie gegenwärtig in Österreich existieren, wurde nicht nur zu diesem Zweck ausdrücklich gefordert.

Begründet wurde die Forderung nach der Einrichtung einer solchen Korporation mit Hilfe mehrerer Argumentationsstränge: Zum Einen wurde der Wunsch weiter Teile der Arbeiterschaft nach der Persistenz der Arbeiterräte und der Verankerung dieser Einrichtung in der Verfassung durch die Einrichtung von Arbeiterkammern vorausgesetzt. Darüber hinaus sei der direkte Einfluß der Arbeiterschaft auf die Politik zu gewährleisten. Ziel der Revolution sei schließlich weder Republik noch Parlamentsherrschaft, sondern Demokratie gewesen.

Zum Anderen sollte die Berufskammer den Landtag und die unter dem parlamentarischen System angeblich von ihm abhängige Bürokratie kontrollieren. An dieser Stelle hatte der durchaus antibürokratisch eingestellte Dursthoff übrigens eingeräumt, es habe ein vorrevolutionäres, „[...] absolut unbestechliches, pflichtgetreues und von stark entwickeltem Ehrgefühl durchdrungenes Beamtentum" gegeben, worin ein „[...] unermeßlicher Schatz für das gesamte Volk [...]" liege. Schließlich erfordere die Ausweitung der wirtschaftlichen, finanziellen und sozialen Staatsaufgaben die Mitarbeit von „Männern der Praxis" in der Politik. Da Landespolitik in Oldenburg in der Hauptsache die nebenamtliche Tätigkeit von Honoratioren und Funktionären war, dürfte der Zweck dieses Hilfsarguments eher in der literarischen Abrundung der Dursthoffschen Begründung gelegen haben. Laut Dursthoff kam die Opposition gegen sein Projekt aus zwei unterschiedlichen Richtungen, was wie o.a. auch auf seine Argumente zutraf. Verschiedene Parlamentarier hatten es einerseits, im Hinblick auf die dahinterstehende neokorporatistische Idee als reaktionär bezeichnet. Gleichwohl wurden seine Befürworter von anderer Seite wegen der geplanten Einrichtung von räteähnlichen Institutionen als Spartakisten bezeichnet.[570]

Die Denkschrift wurde von der Mehrheit eines Ausschusses zur Prüfung der Frage der Einführung einer verfassungsrechtlichen Standesvertretung in Oldenburg getragen. Mitglieder dieses Gremiums waren fünf Vertreter bereits bestehender Kammern, sowie je ein Mitglied des Rates der geistigen Arbeiter, des Landesarbeiterrates, des Bundes der Festbesoldeten und eines „Sozialen Ausschusses".

Abweichender Ansicht war nur Fritz Albers vom Bund der Festbesoldeten, laut Akte gleichzeitig Vorsitzender des oldenburgischen Beamtenbundes. Dieser war ein parteiähnlicher Beamtenwahlverein mit freiwilliger Mitgliedschaft, dessen Oldenburger Sektion 1911 gegründet worden war. An den Landtagswahlen dieses Jahres nahm er ohne Erfolg teil, weil er die Interessen der mittleren und einfachen Beamten nicht ausreichend durch die bestehenden Parteien vertreten sah.[571] Heinrich Wilhelm Dursthoff war einer seiner Kandidaten gewesen. Albers bemühte zahlreiche, hier nur in Auswahl wiedergegebene Argumente von unterschiedlicher Stringenz, um den fehlenden Nutzen einer zweiten Parlamentskammer nachzuweisen. Da der Autor Mehrparteienregierungen erwartete, sah er im Hinblick auf die Regierung die Möglichkeit einer Intraorgankontrolle durch die Koalitionspartner gegeben. Weiter findet sich bei Albers ein für

---

570 StO 131/37, S.1–10.

571 Mosebach-Tegtmeier 1983 [b], S.168–171.

diese Zeit ungewöhnlich klares Bekenntnis zur Parteiendemokratie: „Parteien [...] sind notwendig als Zwischenorganisationen zwischen Volk und Parlament. [...][Politische Arbeit] lehrt [...] über die Enge der Berufsinteressen hinweg zu sehen und sich auf den Boden des Gesamtwohls [...] zu stellen." Allerdings hielt der Autor offensichtlich diese und andere hier nicht wiedergegebene Aussagen für vereinbar mit einer Mitgliedschaft in einer solch partikularistischen Vereinigung wie dem Bund der Festbesoldeten. Schließlich befürchtet der Bericht eine Verschlechterung des Verwaltungshandeln durch ein als Nebenregierung fungierendes Gremium. Am Ende seiner Ausführungen findet sich folgendes Bekenntnis.„Demokratie verlangt politische Erziehung, nicht Stärkung der Ständeherrschaft."[572]
Die Kompetenzen der Vertretung sollten sich auf Belange wirtschaftlicher, finanzieller und sozialer Natur erstrecken, was bei extensiver Auslegung des zweiten Begriffs annäherungsweise Allzuständigkeit bedeutet hätte.[573] Im Speziellen hätte diese Parlamentskammer vor allem das Recht der Gesetzesinitiative und, versteckt in einer Klausel über die Herbeiführung einer Volksabstimmung, das Recht, Gesetze und Verwaltungsmaßnahmen zu beschließen, gehabt. Bei Meinungsverschiedenheiten zwischen ihr und dem Landtag hätte letzterer das Recht gehabt, eine nochmalige Abstimmung in der „Vertretung" und im Falle weiter bestehender Differenzen besagtes Referendum zu verlangen. Daneben sollte sie Gutachtenstelle für Gesetzesentwürfe sein, was an die Einbindung der wirtschaftlichen Interessengruppen in den politischen Prozess der Schweiz erinnert. [574] Außerdem sollte sie als kollektiver Ombudsmann für Beschwerden gegen Regierung und Verwaltung fungieren.
Meyer lehnte diesen Plan unter ausführlicher Bezugnahme auf die überlegene demokratische Legitimation des künftigen Landtages ab. Überdies befürchtete er Nachteile prozeduraler Natur. Statt dessen empfahl er einen Ausbau der Berufskammern. Auch der später am selben Tag redende konservative Minister Scheer konnte dieser Denkschrift nichts positives abgewinnen, er hielt sie für „geradezu ungeheuerlich" und befand, daß Dursthoff für die vorgesehene weitere Kammer etwa die Befugnisse des revolutionären französischen Nationalkonventes vorgesehen habe. Darüber hinaus sollte sie die Berufskammern in ihrer Funktion als Beiräte des Staatsministeriums ablösen.[575] Dies wäre dies eine Umkehrung der verfassungspolitischen Entwicklung gewesen, wie sie gleichzeitig in Württemberg stattfand.
Die Frage nach der Anzahl der Parlamentskammern stand nach der Ablehnung der Denkschrift nicht mehr zur Debatte.

4.2.2. Legislaturperiode

Die Verfassung von 1849 sah, abgesehen von einer Übergangsregelung, eine ordentliche Landtagsdauer von drei Jahren und an anderer Stelle die Neuwahl aller Abgeordneten zu jedem neuen Landtag vor (StGG vom 18. Februar 1949. 166 und Art.139,I). Diese Regelung wurde 1852 übernommen (StGG 1852, Art.145,§1,1 und Art.120,1).

[572] StO 39/13125. Minderheitsbericht, gedruckte Version, S.2–7.
[573] StO 39/13125. S.10–15.
[574] Z.B. Steinmann, passim oder Hanggartner, S.179.
[575] Sten. Ber., 6.Si vom 22.5.1919, S.62–63.

Am Ende der Monarchie betrug die Parlamentsdauer fünf Jahre, womit Oldenburg die entsprechende Entwicklung im Reich nachvollzogen hatte.[576]

Eugen von Finckh hatte die Wahlperiode des Landtags in seinem Entwurf wieder auf drei Jahre festgelegt(§50), was vom Direktorium nicht verändert wurde. Ebenso gab es in der ersten Lesung im Verwaltungsausschuß[577] keine abweichenden Vorschläge. Der §50 wurde vom Parlamentsplenum in erster Lesung ohne weiteres verabschiedet.[578] Gleiches gilt sinngemäß für die zweite Beratung in Ausschuß[579] und Plenum.[580]

Die im Entwurf vorgesehene Parlamentsdauer konnte, soweit ersichtlich, verwirklicht werden, ohne daß ein alternativer Vorschlag auch nur aufgezeigt worden wäre.

4.2.3. Haushaltsdauer

Der Voranschlag genannte Staatshaushalt wurde vom Landtag für eine Finanzperiode beschlossen. Diese betrug nach dem Staatsgrundgesetz von 1852 drei Jahre(StGG 1852, Art. 190,§1) und am Ende der Monarchie ein Jahr.[581]

Eugen von Finckh übernahm eine solche Regelung. Der Abschnitt über den Staatshaushalt ist bei ihm vergleichsweise knapp gehalten, was er mit dem nunmehrigen Übergewicht des Landtages über die Regierung begründet, das bisherige Garantien der Exekutive unnötig werden ließ. Eigentümlich war sämtlichen drei Entwürfen [582] die Festlegung, daß die drei Landesteile Oldenburg, Lübeck und Birkenfeld 79, 12 und 9% der Gesamtausgaben des Staates zu bestreiten hätten.

Die Festschreibung dieses Schlüssels in der Verfassung wurde vom Direktorium wieder rückgängig gemacht, ohne daß dieser Vorgang in den Protokollen vermerkt worden wäre. Es kann angenommen werden, daß die Regierung ihn wegen mangelnder Flexibilität nicht übernommen hat, weil bei Wechseln der relativen Finanzkraft entweder jedesmal eine Verfassungsänderung nötig geworden wäre oder dies die Hinnahme einer ungleichen Behandlung der Steuerzahler bedeutet hätte. Letzteres wäre allein schon wegen des in §4 der Verfassung niedergelegten Grundsatzes der Gleichheit vor dem Gesetz nicht möglich gewesen. Die Begründung des geringen Textumfangs des fraglichen Abschnitts übernahm die Regierung hingegen fast wörtlich.[583] In der Regierungsvorlage war die Bestimmung über die Haushaltsdauer im §83 festgelegt.

Verwaltungsausschuß und Plenum der Landesversammlung behielten die einjährige Finanzperiode bei.

Sie geht demnach auf Eugen von Finckh zurück.

---

[576] Vgl. Huber, 1963, S.882.

[577] StO 131/37 Eine gedruckte Fassung ist als Anlage 28 in den „Verhandlungen der verfassunggebenden Landesversammlung..." enthalten.

[578] Sten. Ber., 8.Si. vom 26.5.1919, S125.

[579] StO 131/37 Eine gedruckte Fassung ist als Anlagen 30 und 31 in den „Verhandlungen der verfassunggebenden Landesversammlung..." enthalten.

[580] Sten. Ber., 8.Si. vom 26.5.1919, S125.

[581] Schücking, S.282.

[582] StO 131/37, Ber. S.13.

[583] Anlage 1B, S.20.

4.2.4. Wahlrecht

Mit der Wahlrechtsentwicklung im Großherzogtum befaßt sich ein Aufsatz von Mosebach-Tegtmeier:[584]

Das aktive Wahlrecht zum Urwähler, sowie ohne Unterschied das passive zum Wahlmann und zum Landtagsabgeordneten stand nach dem Wahlgesetz vom 18. Februar 1849, abgesehen von den üblichen zumeist strafrechtlichen Ausschlußgründen (§9), allen selbständigen oldenburgischen Staatsbürgern zu, die mindestens fünfundzwanzig Jahre alt waren (§89). Unselbständig war, wer unter Kuratel stand, wer Armenunterstützung erhalten hatte und wer „[...] ohne eigenen Heerd bei anderen in Kost und Lohn steht."[585] Die Zahl der so von der Wahl Ausgeschlossenen, läßt sich hierbei anscheinend nicht bestimmen[586]. Demnach war das Wahlrecht zunächst gleich, mittelbar, beschränkt und geheim.[587]

Die Verfassung der Reaktionszeit brachte dann das Dreiklassenwahlrecht. Zur Einteilung der Urwähler wurden je nach Landesteil verschiedene direkte Steuern herangezogen. Diejenigen, die je ein Drittel der Steuersumme zu entrichten hatten, durften ein Drittel der Wahlmänner bestimmen.[588]

1868 wurde das gleiche Wahlrecht wieder eingeführt. [589] Es wäre zu prüfen, inwieweit das Wahlrecht zum Norddeutschen Reichstag hier vorbildhaft gewirkt hat.

Nach jahrelanger Diskussion[590] wurde das Wahlrecht 1909 reformiert. Es war weiterhin geheim, nun im Rahmen des Männerwahlrechts allgemein und unmittelbar. Ein Rückschritt war die Einführung einer Zweitstimme für alle Wähler, die mindestens vierzig Jahre alt waren. In die Zukunft wies hingegen die Verleihung des Wahlrechts an alle seit drei Jahren in Oldenburg ansässigen Deutschen,[591] zumal ja das Reichs- und Staatsangehörigkeitsgesetz erst 1913 verabschiedet wurde.

Gemäß den frühzeitig erlassenen „Richtlinien" waren „alle deutschen Männer und Frauen, die am Wahltag das 20. Lebensjahr vollendet haben" wahlberechtigt[592]. Wählbar waren alle Wähler, die seit mindestens einem Jahr im Land wohnten.[593] Dieser Vorschrift genügte der gewählte SPD-Kandidat Wendelin Thomas nicht, der deshalb sein Mandat nicht antreten durfte.[594]

Eugen von Finckh hatte sich, wie weiter unten näher ausgeführt werden wird, zumindest aus Rücksicht auf die im Entwurf III der Reichsverfassung festgelegten Rahmen-

[584] 1983 [a].

[585] a.a.O.

[586] Mosebach-Tegtmeier, 1983 [a] S.123. Die an dieser Stelle geäußerten Bedenken gegen die anderswo vertretene Ansicht, die Wahlen seien nahezu gleich gewesen, kann sich nur auf die Allgemeinheit der Wahl bezogen haben.

[587] Wahlgesetz vom 18.2.1849, §23.

[588] Wahlgesetz vom 24.11.1852 Art.18,§1f.

[589] Schücking, S.90.

[590] Mosebach-Tegtmeier, 1983 [a], S.125–131.

[591] Schücking, S. 90–91.

[592] Ges. vom 29. Januar 1919, betr. die Wahlen zur verfasunggebenden oldenburgischen Landesversammlung, §3

[593] a.a.O., §5.

[594] Nachrichten für Stadt und Land, Nr.55 vom 25.2.1919.

richtlinien für teilstaatliche Verfassungen auf gleiches, geheimes und unmittelbares Verhältniswahlrecht für beide Geschlechter festgelegt. Der Entwurf seines §47 nannte die Wahlrechtsgrundsätze, wobei die Gleichheit der Wahl, wohl als Reaktion auf die Vorkriegsverhältnisse, in der ersten Fassung[595] mit der Wendung „Jeder Wähler hat eine Stimme“ umschreiben wurde. Das aktive Wahlalter legte von Finckh auf 20 Jahre fest, das Wählbarkeitsalter findet sich nirgendwo im Entwurf. Wählen durften alle Deutschen, die seit mindestens einem Jahr in Oldenburg ansässig waren. Diese letztgenannte Regelung hätte gegenüber dem §3 des Wahlgesetzes zur Landesversammlung, der allen deutschen Einwohnern Oldenburgs das Wahlrecht zugestand, einen Rückschritt bedeutet. Von Finckh übertrug sie bereits in der zweiten Version seines Entwurfes einem besonderen Wahlgesetz.

Das Direktorium ließ diesen Paragraphen unverändert.

In der Ersten Lesung im Verwaltungssausschuß stimmte die Mehrheit für die Regelung des Wahlalters in einem besonderen Wahlgesetz, d.h. durch einfache Gesetzgebung.[596] Die entsprechenden Diskussionen in den anderen Staaten, sprechen für die Annahme, daß die bürgerlichen Ausschußmitglieder eine spätere Erhöhung erleichtern wollten.

Das Plenum der Landesversammlung stimmte mit der Ausschußmehrheit.[597] Dennoch wurde von sozialdemokratischer Seite in der zweiten Beratung im Ausschuß ein gleichlautender Antrag gestellt[598], der wiederum in der zweiten Plenardebatte abgelehnt wurde. Statt dessen wurde die Gleichheit der Wahl nun wieder eigens betont.[599]

So geht auch das Wahlrecht auf Eugen von Finckh zurück.

4.2.5. Wahlsystem

Nach den Wahlgesetzen von 1849 und 1852 fand sowohl bei der Urwahl als auch bei der Wahl der Abgeordneten das relative Mehrheitswahlrecht Anwendung. Die Wahlgesetze ließen sowohl Ein- als auch Mehrmannwahlkreise zu.[600] Da der Urwahlbezirk sich aber mit der politischen Gemeinde deckte, waren größere Wahlkreise die Regel.[601] Für die Wahl der Abgeordneten gab es neun Wahlkreise, wobei Lübeck und Birkenfeld je einen bildeten.[602]

Die Zahl der Wahlmänner und der Abgeordneten war von der Bevölkerungszahl abhängig. Ursprünglich kam auf 300 Einwohner ein Wahlmann und auf 6000 ein Abgeordneter.[603] Um der wegen der Bevölkerungsentwicklung ansteigenden Zahl von Parlamentariern Herr zu werden, wurden diese Zahlen auf 500 und 10.000 heraufge-

---

595 Wie u.a. hatte von Finckh seinen Entwurf mindestens dreimal überarbeitet.

596 StO 131/37. Bericht des Verwaltungsausschusses, S.204.

597 Sten. Ber., 8.Si., vom 26.5. S.125.

598 StO 131/37. Bericht des VA, S.317.

599 Sten. Ber. 13.Si. 17.6., S.216.

600 Wahlgesetz vom 18.2.1849 u. Gesetz betr. die Wahl der Abgeordneten zum Landtag (Wahlgesetz) vom 24. 11. 1852, passim.

601 Wahlgesetz vom 18.2.1849, §6.

602 Z.B. Wahlgesetz vom 24.11.1849, §7.

603 Wahlgesetz vom 24.11.1849, Art.3,§1. 1849 war noch ein Wahlmann für 250 Einwohner vorgesehen gewesen. (Wahlgesetz vom 18. 2. 1849, §3,I).

setzt.[604] Die Reform von 1909 legte die Zahl der Abgeordneten auf 45 fest. Das Land war beim Urnengang von 1911 in 29 Wahlkreise eingeteilt, in denen jeweils ein bis drei Abgeordnete gewählt wurden.[605] Im ersten Wahlgang war eine absolute Stimmenmehrheit notwendig, um gewählt zu werden, im zweiten Wahlgang, der keine Stichwahl war, reichte eine relative Mehrheit[606]. In den 14 Einerwahlkreisen glich das Wahlsystem somit der gegenwärtig geltenden Bürgermeisterwahl in Baden-Württemberg.

Das Direktorium griff wieder auf das erwähnte Verhältnis zwischen Einwohnern und Parlamentariern zurück und legte die Zahl der Mitglieder der verfassunggebenden Landesversammlung auf 48 fest.[607] Die Stimmen wurden dabei in Anlehnung an das Wahlrecht zur Deutschen Nationalversammlung nach dem d'Hondtschen Höchstzahlverfahren ausgewertet.[608] Die drei Landesteile bildeten je einen Wahlkreis, wobei Reststimmen, mit der Ausnahme von solchen, die auf verbundene Listen entfielen,[609] nicht verwertet wurden.[610]

Der wie u.a. lediglich auf das Verhältniswahlrecht festgelegte von Finckh wollte alles Übrige einem Wahlgesetz überlassen wissen.[611] Die Entwicklung des §47 ist o.a. worden.

Das Wahlgesetz vom 7. Juni 1919 wies keine nennenswerten Abänderungen auf.[612] Später führte Oldenburg wiederum nach dem Muster des Reichswahlgesetzes die Mandatsverteilung nach der Automatischen Methode ein, wobei auf je 4000 Stimmen ein Mandat entfiel.[613] Das Wahlsystem geht also auf Entscheidungen des Direktoriums zurück.

4.2.6. Parlamentsauflösung

Auch im Großherzogtum Oldenburg stand dem Monarchen das nahezu uneingeschränkte Recht zu, den Landtag aufzulösen (StGG von 1849 Art. 169, StGG von 1852, Art. 148). Eigentümlicherweise[614] bestimmte das Staatsgrundgesetz, daß der dann neugewählte Landtag in die Wahlperiode des aufgelösten einzutreten habe (StGG 1852, Art.150,§3)

Nach der ersten Fassung des von Finckschen Entwurfs, sollte das diesbezügliche Recht des Großherzogs auf das Direktorium übergehen. Er sah vor, daß das Direktori-

---

[604] Mosebach-Tegtmeier, 1983 [a], S. 123–124.
[605] Schücking, S.91.
[606] a.a.O., S.92.
[607] Gesetz vom 29. Januar 1919, betr. die Wahlen zur verfassunggebenden oldenburgischen Landesversammlung, §2,I u. §6.
[608] Günther, 1987, S.417.
[609] Schanbacher, S.106, FN 106.
[610] Gesetz vom 29. Januar 1919, betr. die Wahlen zur verfassunggebenden oldenburgischen Landesversammlung, §6,II.
[611] StO 131/37, §47.
[612] Meißner, S.72.
[613] Hatschek, S.181.
[614] Schücking, S.99–100.

um den Landtag nur einmal „aus dem gleichen Anlaß" auflösen durfte. Diese Regelung entstammt fast wörtlich dem Entwurf der Reichsverfassung.[615]

Die zweite Fassung sah dann statt dessen eine Auflösung per Referendum und ein Selbstauflösungsrecht vor (§54). Von Finckh hat seine Sinnesänderung damit begründet, daß ein Recht der Regierung zur Auflösung und im Übrigen auch zur Eröffnung und Schließung des Parlaments systemwidrig sei.

Letzteres war an die Bedingung einer verfassungsändernden Mehrheit geknüpft. Da diese wiederum als Zweidrittelmehrheit bei einem Quorum von zwei Dritteln der Landtagsabgeordneten definiert war, hätte im Extremfall eine Minderheit von 4/9 das Parlament auflösen können.

Da das Direktorium nichts am Sinn der betreffenden Regelung änderte, lag sie so dem Verwaltungsausschuß der Landesversammlung vor. Wie u.a. wird bestimmt der §39,II, daß die Regierungsmitglieder des Vertrauens des Landtags bedürfen. Dieses Vertrauen konnte der Landtag jedem Einzelnen jederzeit entziehen. In diesem Zusammenhang stellte der Ausschuß einen inneren Widerspruch fest, zwischen dem §54 bzw. dem dort nicht mehr verankerten Auflösungsrecht der Exekutive und dem §34,III der Vorlage. Dieser bestimmte, daß die Regierung unter bestimmten Umständen wegen Meinungsverschiedenheiten bei der Gesetzgebung eine Volksabstimmung über die Landtagsauflösung herbeiführen könne. Der Ausschuß hielt daher die Gefahr des mißbräuchlichen, der Parlamentsauflösung vorbeugenden Regierungssturzes für gegeben. Die Übertragung des Rechts der Parlamentsauflösung an einen „besonderen" Staatspräsidenten wurde verworfen.[616]

Als bessere Alternative schwebte den Parlamentariern ein gouvernementales Auflösungsrecht vor. Der Ausschuß stellte daher einen Antrag, demzufolge die Regierung, wenn der Landtag ihr als Kollegium das Vertrauen versagte, frei zwischen ihrem eigenen Rücktritt und der Parlamentsauflösung wählen könne. Falls aber ein wegen dieser Bestimmung aufgelöster und neugewählter Landtag der Regierung das Vertrauen erneut versagte, war diese zum Rücktritt verpflichtet.[617] Die Bestimmungen zum Selbstauflösungsrecht und zum plebiszitäre Auflösungsrecht wurden sprachlich angepaßt.[618]

Der Antrag wurde im Plenum ohne weiteres angenommen.[619] Minister Scheer hatte diese Regelung bereits in der allgemeinen Aussprache begrüßt[620]. In der zweiten Ausschußberatung wurden keine weiteren Anträge gestellt.[621] Folgerichtig vermerken die Plenarprotokolle nur noch die erneute Annahme.[622]

Zur Praxis der Auflösung führt Umbach Folgendes aus: „[...] 1925 wurde [der nunmehrige] §40,IV zum ersten Mal angewandt. [...] Ministerpräsident von Finckh stellte

[615] Vgl. auch Umbach, S.260–266.
[616] StO 131/37 Ber. des VA, S.199.
[617] a.a.O., S.200.
[618] StO 131/37 Ber. des VA, S.205.
[619] Sten. Ber., 8.Si. vom 26.5.1919, S.123–125.
[620] Sten. Ber., 6.Si., S.63.
[621] StO 131/37 Ber. des VA, S.317.
[622] Sten. Ber. 13.Si. vom 17.6.1919, S.216 u.219.

die Vertrauensfrage. Zentrum, DDP, SPD und KPD lehnte es ab, ihm das Vertrauen auszusprechen. Daraufhin löste der Ministerpräsident den Landtag auf. [...]"[623]

1931 kam es zu einer Parlamentsauflösung durch ein von NSDAP und KPD vorangetriebenes Plebiszit, wobei es sich um den einzigen Fall einer erfolgreichen Abstimmung dieser Art in der Verfassungsrealität der Weimarer Republik handelte.[624]

Oldenburg war das einzige deutsche Land, in dem der Verfassunggeber der Exekutive ein derart umfangreiches Auflösungsrecht eingeräumt hat.

Das Recht der Parlamentsauflösung geht zum Teil auf von Finckh und zum Teil auf den Verwaltungsausschuß zurück.

Regierung

Die Regierung unter der monarchischen Verfassung wird ausführlich beschrieben bei Schücking, S. 109–127.

4.2.7. Regierungsbildung

Beide monarchischen Verfassungen regelten die Regierungsbildung gemäß der Staatslehre des monarchischen Konstitutionalismus wie folgt:„Der Großherzog ernennt und entläßt die Mitglieder des Staatsministeriums lediglich nach eigener Entschließung [...]" (Art.23II StGG 1849 u. Art.12, §5 StGG 1852)

Das Staatsministerium wurde erst durch die Verfassung von 1849 geschaffen, wobei weitere Oberbehörden nach Art des Ancien régime bis 1868 bestehen blieben.[625] Am Ende der Monarchie existierten drei Ministerien: Das Ministerium des Innern, das mit demjenigen für das Großherzogliche Haus und die Äußeren Angelegenheiten „nach dem Willen des Großherzogs" in Personalunion zusammengefaßt worden war, das Ministerium der Finanzen und das der Justiz, das mit dem für Kirchen- und Schulwesen verbunden war und dem die bei Oldenburg verbliebenen Militärsachen zugewiesen waren.[626]

Am 6. November 1918 faßte der Landtag einen einmütigen Beschluß, der die Einführung des parlamentarischen Systems verlangte,[627] eine diesbezügliche Vorschrift ist aber bis zur Revolution nicht mehr zur Geltung gelangt.[628]

Die Entwürfe von Fincks sahen vor, daß der Landtag für die Dauer einer Wahlperiode alle Mitglieder der Regierung wählt, wobei er ausdrücklich die Zulässigkeit der Iteration erwähnte.[629] Die Exekutive sollte nach diesem Entwurf noch Direktorium oder Landesdirektorium heißen. Die Geschäftsverteilung wollte er zunächst einem besonderen Gesetz und dann der Regierung selbst überlassen.

Demgegenüber bestimmte die Regierungsvorlage an die Landesversammlung folgendes: „Das Staatsministerium besteht aus fünf Staatsministern zur Verwaltung folgen-

---

623 Umbach, S.349.
624 a.a.O.
625 Schücking, S.111 StGG 1849, Art.24ff. StGG, StGG 1852 Art.12,§2.
626 Schücking, S.118–122.
627 Günther, S.38.
628 a.a.O., S.39.
629 StO 131/37.

der Ministerien: des Äußern, des Innern, der Finanzen, der Justiz, der Kirchen und Schulen, der sozialen Fürsorge, der Landwirtschaft, des Handels und Gewerbes und Verkehrswesens (§38,II).[...] Die Geschäftsverteilung erfolgt durch den Landtag (§38,IV)." Das Direktorium hat also das großherzogliche System von in Personalunion verbundenen Ministerien nicht etwa abschaffen, sondern weiter ausbauen wollen. Die Namensänderung war bereits am 10. März beschlossen worden.[630] Die Wahl aller Regierungsmitglieder war beibehalten worden.(§39,I) Für die Regierung wurde der hergebrachte Name wieder eingeführt, was angesichts seiner u.a. konservativen Methode schon bei von Finckh zu erwarten gewesen wäre.

Der Verwaltungsausschuß hielt es aus verschiedenen Gründen für angebracht, weder die Zahl der Ministerien noch die Zahl der Regierungsmitglieder in der Verfassung festzulegen. Dabei wollte der Ausschuß, so behauptet wenigstens sein Bericht, in beiden Fällen den Weg zu einer weiteren Erhöhung offen halten.[631] Der einschlägige Antrag an das Plenum enthielt dementsprechend keine diesbezüglichen Passagen mehr und nahm dem Landtag überdies die Befugnis zur Geschäftsverteilung, angeblich aus systematischen Erwägungen. Der Verzicht auf eine Festlegung des Zuschnitts der Ministerien in der Verfassung aber verleiht diesem Recht erst besonderes Gewicht. Es ist beispielsweise schlecht vorstellbar, daß Politikfelder, die einem Ministerium den Namen geben, aus tagespolitischen Erwägungen willkürlich einem anderen Minister zugeteilt werden können.

Im Ausschuß war man, wie schon im Zusammenhang mit der Parlamentsauflösung angedeutet wurde, ansonsten der Ansicht, „die Stellung des Ministeriums gegenüber der ihm durch den Entwurf zugewiesen Stellung [müsse] gehoben und gefestigt werden." An dieser Stelle wurde die Schaffung eines Staatspräsidentenamtes erwogen. „Man kam aber einmütig zu der Ansicht, daß [..][ein solcher Präsident][...] hauptamtlich zu viele Kosten verursachen würde, daß eine nebenamtliche Ausübung eines solchen [..] Staatsamtes nicht angängig sei, und man [...] wie in allen anderen Verfassungen der deutschen Bundesstaaten von der Schaffung eines solchen Staatspräsidenten absehen müsse." [632] Ebenso sah man von der Wahl des Ministerpräsidenten auf eine feste Zahl von Jahren ab, weil die dem parlamentarischen System widerspräche.[633] Auf die gesamte Regierung bezogen wurde ein ähnliches System in der italienischen Verfassungsdebatte nach dem Zweiten Weltkrieg erwogen.[634] Es setzte sich aber ebenfalls nicht durch.

Der Ausschuß wollte die Stellung des Ministerpräsidenten auch dadurch „heben", daß er ihm das Recht übertragen wollte, dem Parlament die Ministerkandidaten vorzuschlagen, was die Homogenität des Gesamtministeriums erhöhe und die Bildung von Koalitionsregierungen erleichtere.[635]

Plenum und Ausschuß änderten danach nichts mehr an der Materie. Was das Verhältnis zwischen Regierung und Volksvertretung angeht, galt die Aufmerksamkeit der

---

630 StO 131/107.
631 StO 131/37 Ber. des VA, S.195–196.
632 StO 131/37 Ber. des VA, S.199.
633 a.a.O.
634 von Beyme, S.340.
635 StO 101/37. Ber. des VA, S.196.

Parlamentarier in erster Linie der Frage nach der weiter unten behandelten Kompatibilität.

Die Wahl aller Regierungsmitglieder durch den Landtag geht auf Eugen von Finckh zurück. Der Name Staatsministerium und die Bezeichnung Minister oder Staatsminister war im Direktorium beschlossen worden. Das Präsentationsrecht der Ministerkandidaten und weitere kleinere Regelungen entstammten dem Verwaltungsausschuß.

Zur Staatspraxis der Weimarer Republik faßt Wolfgang Günther, der auch zu diesem Thema den ausführlichsten Aufsatz verfaßt hat,[636] an anderer Stelle[637] zusammen: „Die politische Geschichte des Freistaats Oldenburg während der Weimarer Zeit läßt sich leicht gliedern: die vier Jahren, in denen sich die Regierung auf die Weimarer Koalition stützen konnte (1919–1923), folgten neun Jahre Beamtenregierungen ohne feste [..] Mehrheiten (1923–32) und ein knappes Jahr NS-Alleinregierung [...] (1932/ 33)."

Die am Prozeß der Verfassunggebung Beteiligten haben sich in Oldenburg anders als in den anderen Ländern ausführlich mit der Regelung der Feststellung des parlamentarischen Vertrauens und der Vereinbarkeit von Regierungsamt und Abgeordnetenmandat befaßt. Um die Übersichtlichkeit über die Genese der übrigen Normen über die Regierungsbildung zu gewährleisten werden die erwähnten Bestimmungen entgegen ihrer systematischen Zugehörigkeit bei der Binnenstruktur der Regierung bzw. separat abgehandelt.

4.2.8. Inkompatibilität

Eugen von Finckh hat in die ersten drei Entwürfe keine Regelung der Kompatibilität aufgenommen. Dies läßt einerseits die Annahme zu, Regierungsamt und Abgeordnetenmandat sollten voll vereinbar sein. Falls aber von Finckh tatsächlich ein im klassischen Sinn gewaltenteiliges Regierungssystem einführen wollte, könnte das Fehlen einer solcher Passage auch das Gegenteil bedeuten. Die letzte Fassung des Abschnitts über die Regierung enthält demgegenüber als §39,I,1 folgende wirklich eindeutige Regelung: „Die Mitglieder des Staatsministeriums können Abgeordnete sein und verlieren durch die Wahl nicht ihren Sitz im Landtag"[638]

Als in der Sitzung vom 13. März 1919 diese überarbeitete dritte Fassung im Direktorium behandelt wurde, wurde die Formulierung sprachlich vereinfacht und lautete im Entwurf an die Volksvertretung wie folgt. „Die Mitglieder des Staatsministeriums können zugleich Abgeordnete sein."[639]

Im Verwaltungsausschuß kam es über dieser Frage zu einer Kontroverse zwischen den SPD- und Zentrumsabgeordneten einerseits und den Vertretern der beiden liberalen Parteien andererseits. Die elfköpfige erste Gruppe stellte klar, daß mit der Vereinbarkeit von Landtagsmandat und Regierungsamt ein essentieller Bestandteil des parlamentarischen Systems an sich zur Debatte stehe. Was die praktische Regierungsarbeit angehe, sei eine Verzahnung zwischen Regierung und Regierungsfraktionen wünschenswert. Überdies wurde auf die Nachteile, die dem betreffenden Politiker und sei-

---

[636] Günther 1983.
[637] Günther, 1987, S.413.
[638] StO 131/37.
[639] StO 131/107.

ner Fraktion durch ein Ausscheiden aus dem staatlichen Leben mindestens bis zur nächsten Wahl entstünden, rekurriert.[640] Die SPD als Funktionärspartei und das Zentrum aus nicht zu ergründenden Motiven scheinen die Anforderungen des sich entwikkelnden parlamentarischen Betriebes richtig eingeschätzt zu haben. Demgegenüber vertrat die Minderheit von acht Abgeordneten den konstitutionellen Standpunkt und bemängelte die Beschränkung der parlamentarischen Kontrolle über die Regierung. Dabei ging sie offensichtlich von der hergebrachten Dichotomie Regierung-Parlament aus und nicht von der im Parlamentarismus üblichen zwischen Regierung und Regierungsfraktion (-en) einerseits und Oppositionsfraktion (-en) andererseits. Offensichtlich ging man in dieser Hinsicht von dem gewaltenteilenden Modell der konstitutionellen Monarchie oder dem republikanischen schweizerischen System aus, wo doch das parlamentarische System an sich nicht mehr zur Debatte stand. Dabei wurde diese Entwicklung keineswegs verkannt, sondern abgelehnt. Anzumerken bleibt, daß die ansonsten auf die staatliche Unabhängigkeit und in Hinblick auf die Landesteile Birkenfeld und Lübeck territoriale Unversehrtheit Oldenburgs achtenden Abgeordneten sich an dieser Stelle nicht scheuten, ihr Land als einem Kommunalverband ähnlich einzustufen. Dort sei es auch nicht üblich, daß die Mitglieder des Magistrats gleichzeitig der Stadtverordneten Versammlung angehörten.[641]

Über dieser Frage entspann sich auch im Plenum der Landesversammlung ausnahmsweise eine kontroverse Debatte[642], an der sich auch mehrere Abgeordnete beteiligten, die dem Verwaltungsausschuß nicht angehörten. Zunächst schlug Theodor Tantzen einen Mittelweg vor: Um zu vermeiden, daß gestürzte Minister „politisch obdachlos" würden, solle ihr Parlamentsmandat während ihrer Regierungszugehörigkeit bloß ruhen. Wohl zur Bewahrung der parlamentarischen Mehrheitsverhältnisse sollte der nächste in der Parteiliste in die Volksvertretung nachrücken und sein Amt beim Rücktritt des Ministers, wie in Mecklenburg-Strelitz wieder verlieren. Die Kollegen äußerten sich nicht negativ zu dieser unter demokratietheoretischen Aspekten fragwürdigen Regelung.

Die verschiedenen weiteren Wortbeiträge brachten unter systematischen Gesichtspunkten wenig Neues, abgesehen von der Festellung des der Landesversammlung nicht angehörenden Ministers Scheer, es habe unter der monarchischen Verfassung bereits in den 1850er Jahren Minister gegeben, die auch Mitglieder des Landtags gewesen waren.

Der Antrag der Ausschußminderheit, eine Bestimmung über die Inkompatibilität in die Verfassung aufzunehmen, fand bei drei Enthaltungen eine Mehrheit von 21 zu 18 Stimmen. Daraus ergibt sich im Übrigen eine vergleichsweise hohe Rate von 1/8 abwesender Abgeordneter.

In der zweiten Beratung verständigte sich eine breite Mehrheit des Ausschusses gegen die Stimmen der DVP auf den Vorschlag Theodor Tantzens.

Im Plenum wurde danach nur noch über die Frage debattiert, ob das Abgeordnetenmandat eines Ministers beim Ausscheiden aus der Regierung wieder aufleben solle

[640] a.a.O., Bericht des VA, S.197.
[641] a.a.O., S.197–198.
[642] Sten. Ber., 8.Si. vom 26.5.1919, S.120–123.

oder nicht, was die Landesversammlung ein zweites Mal mehrheitlich bejahte und somit den Vorschlag Theodor Tantzens in einer durch den ebenfalls der DDP angehörenden Abgeordneten Gustav Ehlermann sprachlich überarbeiteten Form annahm..[643] Eine ähnliche Regelung galt in Norwegen noch nach dem Zweiten Weltkrieg, während in den Niederlanden und Luxemburg in „[...] ganz unparlamentarischer Weise der konstitutionelle Gedanke [...]“ fortlebte und Amt und Mandat ganz unvereinbar waren.[644]

Die Ausgestaltung der Inkompatibilität wurde von dem Mitglied des Direktoriums und späteren Ministerpräsidenten Theodor Tantzen in die Verfassungsdiskussion eingeführt. Ob dieser bereits im Direktorium versucht hat, eine derartige Regelung in den Verfassungsentwurf aufzunehmen, läßt sich nicht mehr klären.

4.2.9. Regierungssturz

Wie o.a. war die Entlassung der Minister, abgesehen vom Fall der Ministeranklage (§§ 200–207 StGG 1851), Sache des Monarchen.

Ursprünglich hatte der §40,I bei von Finckh folgende Fassung: „Die Mitglieder des Direktoriums bedürfen zu ihrer Amtsführung des Vertrauens des Landtags. Jedes Mitglied muss zurücktreten, wenn ihm der Landtag durch einen ausdrücklichen Beschluß das Vertrauen entzieht.“ Der zweite Entwurf weist an der genannten Stelle noch die Formulierung „Jedes Mitglied des Direktoriums trägt selbst dem Landtag gegenüber die Verantwortung für die Leitung des ihm anvertrauten Geschäftszweiges“ auf, wobei die unterstrichenen Wendungen nachträglich handschriftlich durch von Finckh eingefügt wurden. Die erste Variante der dritten Fassung verzichtet auf die diesbezügliche Erwähnung der parlamentarischen Verantwortlichkeit. Der Autor begründet dies mit der Entwicklung der Reichsverfassunggebung. Einziger Grund für den Autor, eine solche Vorschrift aufzunehmen, sei die entsprechende Vorschrift des Entwurfs II der Reichsverfassung, welche im Entwurf III so nicht mehr vorhanden sei.[645] In der Tat lautete die Formulierung, wie bei Triepel abgedruckt: „Jeder Gliedstaat muß eine [..] Landesverfassung haben [...] nach der die Länderregierung dieser Volksvertretung verantwortlich ist.“ Von Finckh könnte diese Bestimmung im Sinne der Ministerverantwortlichkeit der konstitutionellen Monarchie interpretiert haben. Der zweite Teil der Formulierung wurde aber in „[...] nach der die Landesregierung des Vertrauens der Volksvertretung bedarf“, korrigiert.[646] Von dieser Klarstellung abgesehen, kann die ursprüngliche Wendung ebenfalls nur eine politische Verantwortlichkeit bedeutet haben.

Falls sich von Finckh der Tragweite des Fehlens einer solchen Klausel bewußt war, hätte dies entweder bedeutet, daß er die Regelung der Frage, wie das Vertrauen des Landtages in die Regierung sich manifestieren solle, der Verfassungspraxis überlassen wollte oder daß er das parlamentarische System nur notgedrungen einführen wollte. Da die Amtsdauer der Regierung mit derjenigen des Landtags zusammenfallen sollte,

---

643 Sten. Ber. 13.Si. vom 17.6.1919., S.214–216.

644 Brunner, S.269.

645 StO 131/107, Ber., S.45.

646 Triepel, S.20.

hätte sich, abgesehen von Selbstauflösungsrecht und Referendum die oldenburgische Verfassung in dieser Hinsicht dem schweizerischen Modell angenähert. Sein o.a. zwischenzeitlicher Verzicht auf ein gouvernementales Parlamentsauflösungsrecht spräche für eine Einführung der klassischen Gewaltenteilung. Angesichts der allgemeinen politischen Stimmung und der zu erwartenden Mehrheiten in der Landesversammlung mutet ein solches Konzept auch unter dem angenommenen Horizont des Zeitgenossen unrealistisch an. Die der Regierung vorgelegte zweite Fassung der §§38–42 enthält wieder eine ausdrückliche Erwähnung des parlamentarischen Prinzips.

Die Regierungsvorlage an die Landesversammlung legt demnach im §39,II fest: „Die Mitglieder des Staatsministeriums [...] bedürfen des Vertrauens des Landtags und können jederzeit vom Landtag abberufen werden[...]“ Diese letzte Überarbeitung trug Minister Scheer am 13. März 1919 dem Direktorium vor.[647] Die entsprechenden Passagen waren aber schon in der Sitzung vom 10. März an der Reihe gewesen.[648] Mangels einer plausiblen Alternative läßt sich also annehmen, daß dieser Abschnitt des Entwurfs nicht die Zustimmung des Direktoriums gefunden hat, obwohl sich in den Regierungsprotokollen kein entsprechender Vermerk findet.

Der Verwaltungsausschuß beantragte einstimmig und erfolgreich gemäß der Regierungsvorlage die angeführte Bestimmung über das parlamentarische Vertrauen.[649] Diese hatte er um ein eigentümliches Verfahren ergänzt, nachdem das Gesamtministerium ein Mißtrauensvotum gegen einen einzelnen Minister in eines gegen das gesamte Kollegium umwandeln konnte, also gemäß dem o.a. Verfahren die Volksvertretung mit Auflösung bedrohen konnte.[650]

Eine ausdrückliche Verpflichtung der Regierung zur Resignation beim Zusammentritt eines neuen Landtags fehlte, was Günther zu den Spezifika der oldenburgischen Verfassungsentwicklung rechnet.[651]

Die Regelung des Regierungssturzes geht somit auf das Direktorium zurück, sollte aber nur im Zusammenhang mit dem, wie erwähnt, im Verfassungsausschuß zustande gekommenen §40 über die Parlamentsauflösung betrachtet werden.

Im Rahmen der o.a. Landtagsauflösung kam es zu einer Definition des Begriffs des „Vertrauens“. 1925 hatten sich die Parteien der Weimarer Koalition auf eine Regierungsbildung von Zentrum und DDP geeinigt, die von der SPD toleriert werden sollte. Als die Vertreter der beiden Fraktionen den Ministerpräsidenten Eugen von Finckh an eine von ihm gemachte Rücktrittszusage erinnerten, verweigerte sich dieser. Wolfgang Günther nimmt an, daß von Finckh sein Beamtenministerium nicht mehr als Notlösung sondern als einer parlamentarischen Regierung gleichwertig betrachtete.[652] Statt dessen stellte der Ministerpräsident die Vertrauensfrage nach §40,IV der Verfassung. Diese wurde vom Landtag mit deutlicher Mehrheit verneint, worauf von Finckh ihn auflöste. Gegen diese Entscheidung rief der Landtagspräsident namens des Landtags

[647] StO 131/107.
[648] a.a.O.
[649] StO 131/37. Ber. des VA, S.200.
[650] a.a.O., S.202.
[651] Günther 1983, S. 202.
[652] Günther, 1987, S.423.

den oldenburgischen Staatsgerichtshof an.[653] Einige der vorgebrachten Argumente sollen hier näher ausgeführt werden, weil sie die Unsicherheit der Beteiligten im Umgang mit einem essentiellen Bestandteil der neuen Regierungsform dokumentiert.

Der Gerichtshof bestand gemäß §70 der Verfassung aus sieben Mitgliedern, und zwar dem Präsidenten des höchsten oldenburgischen Gerichts und sechs vom Landtag gewählten Beisitzern, von denen mindestens die Hälfte „den ordentlichen Richtern des Landes angehören mußten." Diese wenig elegante Formulierung stammte aus einem einmütigen Antrag des Verwaltungsausschusses, der mit ihrer Hilfe die Unparteilichkeit des Gerichtshofes sicherstellen wollte.[654]

Im Rahmen seiner Klage argumentierte „der Landtag", d.h DDP und Zentrum, u.a. auf folgende Weise: Die Vorschrift über das Vertrauen des Landtages habe nur programmatischen Charakter und daher sei „[...] die Tatsache des Nichtbestehens des Vertrauens für sich allein ohne rechtliche Bedeutung." Die Vertrauensfrage sei kein Mißtrauensvotum, ihre Ablehnung nur die Weigerung „[...] früher geschenktes Vertrauen zu erneuern. Daneben wurde auch ein politischer Grund angeführt: Die oldenburgische Form des Auflösungsrechts stehe deutschlandweit „[...] einzig da und müsse als Einschränkung des demokratischen Prinzips [...] einschränkend ausgelegt werden." Überdies sei ansonsten eine weitere Ausdehnung zu befürchten, die bis zu einer Landtagsauflösung nach der Ablehnung einer wichtigen Gesetzesvorlage gehen könne. Immerhin ist eine solche Ablehnung im angelsächsischen Bereich ein wichtiger Rücktrittsgrund für eine Regierung.[655]

Sogar die Entstehungsgeschichte des §40 wurde bemüht. Die Regierungsvorlage hatte im Absatz III vorgesehen, daß ein Antrag im Rahmen der in Absatz II beschriebene alleinige Abberufungsmöglichkeit durch den Landtag von einer Mindestzahl von Abgeordneten gestellt werden müsse. Da die Wendung „das Versagen des Vertrauens" nur aus stilistischen Gründen das Wort „abberufen" ersetzt habe, habe die Regierung auch nach geltendem Verfassungsrecht nicht die Möglichkeit, die Vertrauensfrage mit den bekannten Folgen zu stellen.

Die Argumentation der Regierung beruhte demgegenüber in nuce auf einer extensiven Auslegung des Begriffs „Versagen des Vertrauens". Die Vorschrift des Regierungsentwurfs sei geändert worden, um die Exekutive zu stärken, der Vorschrift über das erwähnte Quorum keinerlei besondere Bedeutung beigelegt worden.

Der Staatsgerichtshof stellte zu Beginn seiner Urteilsbegründung klar, daß er bei der Auslegung des Gesetzes den Motiven der an der Verfassunggebung Beteiligten nur dann nennenswertes Gewicht einräumen wolle, wenn bei der Auslegung des Textes Unklarheiten zurückblieben. Überdies ließe sich der Zweck der Textänderung durch den Verwaltungsausschuß nicht sicher rekonstruieren.

Mit einem Seitenblick u.a. auf die preussische und sächsische Verfassung legte er darauf die Wendung „Versagen des Vertrauens" extensiv aus, obwohl die sächsische Re-

[653] Entscheidung des Staatsgerichtshofes in Sachen des Landtags des Freistaats Oldenburg gegen das Staatsministerium Oldenburg, S.170 zit. n.: Zeitschrift für Verwaltung und Rechtspflege in Oldenburg (1925), S.169–202.
[654] StO 131/37. Ber. des VA, S.211.
[655] Brunner, S.251–252.

gierung bereits seit 1922 rechtlich unbeanstandet die gegenteilige Auffassung betätigte.[656]

Interessanterweise bewegte sich der Gerichtshof auch auf das Feld der Vergleichenden Regierungslehre, als er den Vorwurf der Durchbrechung des demokratischen Prinzips durch das oldenburgische Auflösungsrecht zurückwies und überdies noch nicht einmal die Spielregeln des parlamentarischen Prinzips verletzt sah. Dabei wurden die Regierungssysteme der USA, Frankreichs und Großbritanniens als gleichermaßen demokratisch bezeichnet, die letzteren beiden als Spielarten der parlamentarischen Demokratie vorgestellt.

Die weitere Argumentation mit der das Gericht die einzelnen Punkte der Klage des Landtags zurückwies war juristische Feinarbeit und braucht daher hier nicht wiedergegeben zu werden.

4.2.10. Struktur der Regierung

Die beiden ersten Verfassungen schweigen sich über die Struktur des Staatsministeriums aus. Schücking faßt die Regierungspraxis am Ende der Monarchie wie folgt zusammen: „Innerhalb des Gesamtministeriums findet eine kollegialische Geschäftsbehandlung statt unter dem Vorsitz und der Leitung eines vom Großherzog beauftragten Mitgliedes. [...] Als solcher ist er aber lediglich primus inter pares und nicht der Vorgesetzte der [..] andern Minister, auch ist der besondere Titel eines „Ministerpräsidenten“ in Oldenburg nicht herkömmlich.“[657]

Der erste Entwurf von Finckhs beinhaltete als §36,I,1 folgende Bestimmung: „Das Direktorium besteht aus einem Präsidenten und 8 Mitgliedern, von denen zwei Fachminister sind.“[658] Der Autor hat also zunächst die Zusammensetzung des existierenden Direktoriums als entweder verfassungspolitisch wünschenswert oder als opportun festschreiben wollen. Die genannte Zahl kam jedoch nur zufällig zustande. So hat sich die Zahl der Minister durch den Rücktritt des Vorsitzenden des Staatsministeriums und Justiz- sowie Kirchen- und Schulministers Franz Ruhstrat wenige Tage vor der Bildung des Direktoriums[659] auf zwei verringert. Allerdings muß erwähnt werden daß Ruhstrat, der wegen der Parlamentarisierung zurückgetreten war für eine Mitgliedschaft im Direktorium wohl kaum geeignet war und sich wohl auch nicht zur Verfügung gestellt hätte. Ebenso war der Eintritt Kuhnts und Jordans wie o.a. nachträglich durch den 21er-Rat erzwungen worden. Dem Präsidenten billigte der Autor im §39 das Recht des Vorsitzes, das Recht, seinen Stellvertreter zu bestimmen und die Vertretung des Direktoriums nach außen zu. Ansonsten legte er fest, daß Anordnungen des Direktoriums vom Präsidenten und einem Mitglied unterzeichnet sein mußten (§41), daß das die Regierung mit Stimmenmehrheit entscheiden sollte (§38) und daß das Recht auf Begnadigung dem Direktorium kollektiv zustehen sollte (§42,1). Weitere Regelungen wollte von Finckh einem speziellen Gesetz überlassen. In der nächsten Fassung präzisierte er den ersten Entwurf dahingehend, daß er die Wahl des Präsidenten und der Mitglieder für die Dauer einer Wahlperiode und die Berufung der beiden Fachmi-

656 Vgl. Reichelt, S.102.
657 S.112.
658 StO 131/107.
659 Günther, 1979, S.230.

nister jeweils durch den Landtag festlegte. Diese Regelung hatte er zuvor im Abschnitt über den Landtag abgehandelt. Demgegenüber verringerte von Finckh im dritten Entwurf die Zahl der Beisitzer auf vier, womit er nach der obigen Betrachtungsweise die vom 21er- Rat herbeigeführte Vergrößerung wieder rückgängig gemacht hätte. Außerdem legte er ausdrücklich fest, daß die beiden Fachminister Beamte sein sollten.

Die überarbeitete Fassung dieses Abschnittes sah dann nur noch fünf Staatsminister vor (§38), das Recht der Bestimmung des Stellvertreters des Regierungschefs sollte dem Landtag zustehen. Der §41 legte dann die grundsätzliche Zuständigkeit der Minister für ihren Geschäftsbereich fest. Das kollektiv mit einfacher Mehrheit entscheidende Staatsministerium war aber berechtigt alle Angelegenheiten an sich zu ziehen, was dem Kabinettsprinzip einen theoretischen Vorrang einräumt. Was den Präsidenten angeht, wurden seine Kompetenzen insofern geschmälert, daß jeder Minister nun seine Angelegenheit selbst nach außen vertreten durfte. Andererseits billigte man dem Regierungschef nun das casting vote zu.

Diese sprachliche und inhaltliche Form hatte auch die Vorlage an die Konstituante. In einer sich an den Entwurfstext anschließenden „Anlage B" hat das Direktorium die mit dem Entwurf korrespondierenden Bestimmungen des alten Staatsgrundgesetzes und der in der Entstehung begriffenen Reichsverfassung aufgelistet und fallweise kommentiert. Am ausführlichsten werden dabei die eben erörterten §§ 38–42 behandelt[660]. Dabei begründet das Direktorium die Schaffung einer Regierung üblicher Art mit den Mängeln seiner eigenen Arbeitsweise: Von den beiden Fachministern abgesehen, seien alle Mitglieder des Direktoriums nebenamtlich tätig. Dies führe auch wegen der mehrheitlich gegebenen großen Entfernung zwischen Wohn- und Dienstort zu einem zu geringen Einfluß auf die Staatslenkung und die anfallenden Arbeiten.[661] Damit war vermutlich mangelnder Einfluß auf den Verwaltungsapparat selbst gemeint. Der Vorrang des Kabinettsprinzips im Entwurf wurde auch von den „Nachrichten für Stadt und Land" festgestellt, welche die Regierung als „Minister-Kollegium" titulierten.[662]

Der Verwaltungsausschuß hieß die Regelung des Direktoriums im wesentlichen „einmütig" gut[663] und beantragte ansonsten mit Erfolg[664] einstimmig die Einführung der Amtsbezeichnung „Ministerpräsident" einzuführen. Die Bestellung seines Stellvertreters wollte der Ausschuß dem Staatsministerium überlassen, das ansonsten mit absoluter statt mit einfacher Mehrheit beschließen sollte. Anscheinend war der Ausschuß mit der Arbeitsweise des Direktoriums zufriedener als dieses selbst, weil er zumindest darauf hinwies, daß man eine gemischte Zusammensetzung der Regierung aus haupt- und nebenamtlichen Mitgliedern nicht durch den §40,1 verbauen solle, welcher das übliche Verbot von bestimmten Nebentätigkeiten enthielt. An dieser Stelle gewann die Debatte im Ausschuß an Lokalkolorit, als darüber diskutiert wurde ob es nach besagter Regelung statthaft sei, wenn ein Minister, der eine Landstelle besitzt, diese durch einen Verwalter bestellen ließe.[665]

[660] Verhandlungen der verfassunggebenden Landesversammlung. Anlage 1B, S.18–19.
[661] a.a.O., S.18.
[662] Nr. 78 vom 20.3.1919.
[663] StO 131/37. Ber. des VA, S.195.
[664] Sten. Ber. 8.Si. vom 26.5.1919 S.120.
[665] a.a.O., S.196–201.

In den weiteren Phasen des parlamentarischen Verfahrens änderte sich bezüglich dieser Materie nichts erwähnenswertes mehr.

Die Ausgestaltung der Regierungsstruktur geht somit in der Hauptsache auf das Direktorium selbst zurück, während einzelne Regelungen dem Verwaltungsausschuß entstammen. Von Finckh konnte seine Vorstellungen an diesem Punkt einmal nicht durchsetzen.

Von den weniger wesentlichen Rechten, die genannt wurden abgesehen verfügte der oldenburgische Ministerpräsident über keinerlei weitere Kompetenzen.[666]

Die erste nach den Vorschriften der Verfassung gewählte Regierung umfaßte ausschließlich Mitglieder des Direktoriums und zwar als Vertreter der Koalitionsfraktionen die Abgeordneten Theodor Tantzen, Driver und Meyer sowie den parteilosen Minister Graepel.[667] 1923 kam dann aufgrund einer Pattsituation im Landtag die erste „unpolitische Beamtenregierung" zustande. Eine solche Lösung hatte die DVP bereits 1920 vergeblich gefordert.[668]

Regierungschef eines dreiköpfigen Kabinetts wurde Eugen von Finckh, der eine solche Möglichkeit während seiner Tätigkeit im Jahre 1919 auch nicht andeutungsweise erwähnt hatte. Die nahezu ausschließliche Rekrutierung der Regierungsmitglieder aus dem Kreise der Abgeordneten stellt aber in der Tat lediglich eine rechtlich für gewöhnlich nicht fixierte Gepflogenheit in der Verfassungspraxis parlamentarischer Systeme dar.

4.3. Die Urheber der Verfassung

Im Unterschied zu Baden und Württemberg sind die Protokolle der Regierungssitzungen, in denen die Verfassung behandelt wurde, wie o.a. erhalten. Es handelt sich dabei um Ergebnisprotokolle. Es läßt sich daher weder feststellen, wer mit der jeweiligen Bestimmung des Entwurfs unzufrieden war, noch aus welchem Grund sie beanstandet wurde, noch wie die Mehrheit beschaffen war, mit der sie verändert wurde.

Julius Meyer hat dem Landtag unter Bezugnahme auf die Begründung des Verfassungsentwurfs durch das Direktorium erläutert, daß der Regierungsentwurf „[...] lediglich Material sein sollte, um der Landesversammlung Gelegenheit zu geben, [..][ihn] als Unterlage zu benutzen um [...] die Verfassung [...] selbst zu gestalten." Minister Scheer hatte ähnliches in derselben Sitzung bereits betont[669]

Die Berichte des Verwaltungsausschusses nennen hingegen die Namen der jeweiligen Antragsteller. Auch aus ihnen geht allerdings nicht immer hervor in welcher Form innerhalb dieses Gremiums Argumente ausgetauscht wurden, und wie diese aussahen.

Die bearbeiteten Regelungen der Verfassung wurden wie o.a. zum ersten Mal von folgenden Personen oder Gremien vorgeschlagen:

---

666 Sprenger, S.29–30.
667 Günther, 1979, S.201–202.
668 Günther, 1983, S..194–195.
669 Sten. Ber., 6.Si. vom 22.5.1919, S.61–63.

1. Im Verfassungsentwurf Eugen von Finckhs war bereits die Anzahl der Parlamentskammern, die Haushaltsdauer und die Legislaturperiode festgelegt. Allerdings konnte der Autor sich bezüglich jeder dieser Regelungen auf einen offenbar allseitigen bzw. bei der Beibehaltung des Einkammersystems nahezu allseitigen Konsens stützen, der in den beiden ersten Fällen auch auf der Brauchbarkeit der entsprechenden Regelungen des alten Staatsgrundgesetzes beruhte. Originär auf von Finckh ging die Wahl aller Regierungsmitglieder durch den Landtag zurück.
2. Die Bezeichnung derselben und der Regierung als solcher entstand ebenso im Direktorium wie die Regelungen des Wahlsystems, des Regierungssturzes und verschiedener Vorschriften zum inneren Aufbau der Exekutive.
3. Im Verwaltungsausschuß wurden Einzelregelungen zu Regierungsbildung und Regierungsstruktur in die entstehende Verfassung eingeführt.
4. Der Modus der Parlamentsauflösung ging ebenfalls auf die Ausschußarbeit zurück, wobei die Vorstellungen von Finckhs zum Teil eher überlagert als verändert wurden.
5. Die Inkompatibilität von Regierungsamt und Abgeordnetenmandat war erst im Parlamentsplenum eingeführt worden. Ihre inhaltliche Ausgestaltung ging auf Theodor Tantzen zurück.

Unter der genannten Einschränkung waren die bearbeiteten Teile der oldenburgische Verfassung von 1919 ein Werk, dessen Grundstruktur auf den Entwürfen Eugen von Finckhs beruht aber von Direktorium und Verwaltungsausschuß an wichtigen Stellen verändert und ergänzt worden war. In nicht geringem Umfang bestand die Arbeit des Direktoriums aber auch aus redaktionellen Änderungen.

Das Parlamentsplenum hat auch in Oldenburg wenig zur Ausgestaltung der untersuchten Regelungen beigetragen.

4.4. Die Vorbilder des Eugen von Finck

4.4.1. Zur Biographie

Eine Kurzbiographie Eugen von Fincks findet sich im Biographischen Handbuch zur Geschichte des Landes Oldenburg,[670] auf der die nachfolgende Zusammenfassung beruht. Der 1860 geborene Finck entstammte einer oldenburgischen Beamtenfamilie. Nach dem Jurastudium in Göttingen, Straßburg und Berlin trat er in den oldenburgischen Staatsdienst ein. Er bekleidete Positionen in Verwaltung und Justiz, u.a. als Oberstaatsanwalt[671]. 1910 war er Präsident des Oberkirchenrates und Geheimer Oberregierungsrat. 1923 wurde der parteilose Beamte als Nachfolger von Theodor Tantzen Ministerpräsident des Freistaates Oldenburg. Dieses Amt bekleidete er bis zu seinem Tod im Jahr 1930.

---

[670] Friedl, 1992 [b], S.185–187.
[671] a.a.O., S.185.

4.4.2. Verfahrensweise

Eugen von Finckh hat über ziemlich genau vier Jahrzehnte hinweg Tagebuch geführt. Die von ihm benutzten Hefte befinden sich im Niedersächsischen Staatsarchiv Oldenburg und bilden den ganz überwiegender Teil seines „politischen Nachlasses".[672] Von den dort archivierten 28 Heften sind ausschließlich die beiden, die von Finckh in den Jahren 1918 und 1919 geführt hat, nicht mehr auffindbar. Wolfgang Günther hat sie Ende der siebziger Jahre noch für seine Dissertation benutzen können. Womöglich hängt ihr Verschwinden mit dem zweimaligen zwischenzeitlichen Umzug des Archivs zusammen.

Von Finckh hat seinen Entwurf an das Direktorium an verschiedenen Stellen durch Erklärungen zu seiner Arbeitsweise ergänzt. Diese waren ebenso maschinenschriftlich abgefaßt, wie der eigentliche Text, den er teilweise handschriftlich überarbeitet hat, wobei er häufig den die linke Seitenhälfte umfassenden Rand benutzt hat.

Generell hat er seine Aufgabe wie folgt gesehen: „Meine nächste Aufgabe, eine neue Staatsverfassung zu entwerfen, bestand darin, festzustellen, was in unserem Staatsgrundgesetz veraltet und [..] wegen der [..] Umwälzung daran zu ändern sei. Nähere Richtlinien waren mir nicht gegeben, abgesehen von einem vorläufigen Entwurf enthaltend [..] Bestimmungen über die Staatsgewalt, die Staatsform, [...] die Landesregierung sowie über den Landtag." An anderer Stelle betont er :"[Mangels Anweisungen][...] hatte ich völlig freie Hand."[673]

Beachtet hat der Autor allerdings die Entwicklung auf der Reichsebene, was er an verschiedenen Stellten anmerkt.[674] Der letzte von ihm berücksichtigte Stand der Dinge in Berlin war die Fertigstellung des „Entwurf III" am 17. Februar 1919[675]. Ebenso hat sich von Finckh an die im „Entwurf II" vom 20. Januar 1919[676] enthaltenen Richtlinien für die Länderverfassungen gehalten und war somit u.a. auf Einkammersystem, gleiches, geheimes, unmittelbares Verhältniswahlrecht für beide Geschlechter und das parlamentarische Regierungssystem festgelegt.[677] Er hat also das Staatsrecht des Reiches rezipiert, ohne daß bzw. bevor es Rechtskraft erlangte.

Von Finckh hat dann, seinem persönlichen Hintergrund entsprechend, Rücksprache mit der Verwaltung genommen: „Ich habe sodann die Herren vortragenden Räte unter [..] Namhaftmachung der einzelnen Bestimmung unseres Staatsgrundgesetzes ersucht, sich [...] zu äussern was von diesen Bestimmungen veraltet und [..] in welcher Form sie [...] zu übernehmen seien (sic!)." Richtschnur für seinen Entwurf war, wie erwähnt, das bisherige Staatsgrundgesetz: „Ich hielt es für richtig [...] mich [..] soweit es irgend möglich war, an den bisherigen Rechtszustand auch im Wortlaut [...] anzuschliessen."[678]

---

[672] StO 270/36.
[673] StO 131/37. Bericht S.1–2.
[674] Z.B. a.a.O., S.1.
[675] a.a.O., S.16.
[676] §12.
[677] StO 131/37. Bericht S. 2.
[678] a.a.O., S. 1–3.

Der Entwurf von Fincks ist bis zur Beratung im Direktorium, d.h. zwischen dem 22. Februar und dem 7. März 1919 zweimal überarbeitet worden. Der vierte Abschnitt „Von der Landesregierung" liegt in einer weiteren Fassung vor. Da der Autor eine Überarbeitung angekündigt hat[679] und mangels Hinweis auf einen weiteren Bearbeiter kann die Urheberschaft von Finckhs für alle drei Entwürfe angenommen werden.

4.4.3. Vorbilder

Die Paragraphen des Entwurfs sind mit handschriftlichen Kürzeln aus i.d.R. einem Buchstaben und einer oder mehrerer Ziffern versehen, die auf den Ursprung der Vorschrift oder parallele Stellen hinweisen. Diese Abkürzungen werden im Bericht des Autors aufgelöst. Demnach hat von Finck seine Inhalte, abgesehen von der bisherigen oldenburgischen Verfassung in der Hauptsache dem badischen und dem württembergischen Verfassungsentwurf sowie den verschiedenen Entwürfen aus Berlin entnommen.[680] Die Entwürfe II und III tragen bei ihm die Kürzel R1 und R2. Die abweichende Zählung liegt wohl darin begründet, daß der Entwurf I nicht veröffentlicht worden war[681]. Der Austausch der Verfassungen und auch der verschiedenen Entwürfe war nach der Novemberrevolution der Regelfall und gängige Praxis bei den Regierungen der deutschen Bundesstaaten. Daneben verwendet von Finckh ein Kürzel „S" für Scheer, daneben ein nicht im Siglenverzeichnis aufgelöstes „Sch", für das sich keine andere Bedeutung erkennen läßt. Herrmann Scheer war am Ende der Monarchie Innenminister. Da der Verfassungsentwurf, wie Scheer vor der Landesversammlung ausgeführt hat, in der Abteilung des Innern ausgearbeitet worden war[682], kann angenommen werden, daß sich daraus die Urheberschaft Scheers für den o.a.„vorläufigen Entwurf", den von Finckh zu berücksichtigen hatte, ergibt. Dessen ungefährer Inhalt läßt sich im Rahmen des folgenden Auszählverfahrens in Umrissen rekonstruieren. Im Bericht an das Direktorium tragen die meisten der im Entwurf mit „S" oder „Sch" gekennzeichneten Vorschriften das Sigle „V" für „vorläufiger Entwurf der oldenburgischen Verfassung, enthaltend den ersten und vierten Abschnitt."[683] Angesichts der sehr hohen Konvergenz muß es sich um eine Änderung aus stilistischen Erwägungen gehandelt haben.

Besondere Beachtung verdient wegen der o.a. Entscheidungsregel, altes oldenburgisches Staatsrecht soweit als möglich zu bewahren, der Umfang, den dieses in der neuen Verfassung einnimmt. Eugen von Finckh hat zusätzlich zu den eben erwähnten Erläuterungen im Text seines Entwurfes in seinem Bericht eine Konkordanz[684] zur Herkunft jedes einzelnen Paragraphen angelegt. Außerdem findet sich dort eine Zusammenstellung[685] von Vorschriften des großherzoglichen Staatsgrundgesetzes, die er nicht übernommen hat, nebst einer Erläuterung für den Grund dieser Entscheidung.

---

[679] StO 131/37. Bericht, S.18.
[680] a.a.O., S.4.
[681] Triepel, S.7.
[682] Sten. Ber., 6. Si. vom 22.5.1919, S.63.
[683] StO 131/37. Bericht, S.4–6 u. 9–16.
[684] StO 131/37. Bericht, S.1.2
[685] a.a.O., S.6–8 u. 16.

Wegen der zahlreichen Änderungen und Umstellungen, die von Finckh schon innerhalb des ersten und einzig glossierten Entwurfs vorgenommen hat, wurden nur die Anmerkungen zur ersten Fassung ausgezählt. Demnach ergibt sich für den gesamten Verfassungstext, abzüglich einiger weniger nicht lesbarer und einiger nicht zuzuordnender Anmerkungen folgendes Bild: Jeweils etwas mehr als die Hälfte der Paragraphen hatte er im badischen und im württembergischen Verfassungsentwurf vorgefunden. Ungefähr je ein Drittel der Siglen verweisen auf den Entwurf II zur Reichsverfassung und auf das alte oldenburgische Staatsgrundgesetz. Die nicht wieder aufgenommenen Vorschriften hat von Finckh nach eigenen Angaben aus verschiedenen Gründen fallen lassen. Manche waren wegen des Wechsels der Staatsform überflüssig geworden[686], manche durch Reichsgesetzgebung erledigt[687] oder schlichtweg veraltet und nicht mehr anwendbar.[688] Schließlich verweisen rund 20% der Kürzel auf den Vorentwurf Scheers. Betrachtet man nur die Abschnitte über die Landesregierung und den Landtag läßt sich das Ergebnis wie folgt zusammenfassen: Ungefähr drei Viertel der einschlägigen Bestimmungen verweisen auf Parallelstellen in den Verfassungsentwürfen Badens, Württembergs und des Reiches. Fast ebenso viele entstammen dem Vorentwurf der Regierung. Daneben findet sich nur zweimal ein Hinweis auf das alte Staatsgrundgesetz. Dessen Vorschriften dürften im Vorentwurf berücksichtigt worden sein. Da diesem nur wenige Paragraphen zum vollen Umfang der beiden Abschnitte im Entwurf von Finckhs fehlen, sollen diese der Einfachheit halber an Stelle der Vielzahl von vorhandenen Regelungen genannt sein. Im Vorentwurf war, was den Landtag angeht, lediglich eine Vorschrift über dessen Recht, sich eine Geschäftsordnung zu geben und sein Präsidium zu wählen, enthalten. Bezüglich des Direktoriums fehlt zunächst die Festlegung der Abhängigkeit desselben vom Vertrauen des Parlaments und der grundsätzlichen Geltung des Ressortprinzips. Ebenso fehlte das Erfordernis der Gegenzeichnung und das Recht der Begnadigung.

Für keinen Paragraphen der beiden Abschnitte und auch für die Festlegung der Haushaltsdauer läßt sich eine Vorschrift in den von Finckh zur Verfügung stehenden Entwürfen, sieht man vom alten Staatsgrundgesetz einmal ab, als alleiniges Vorbild ausmachen. Dieses trifft überhaupt nur für zwei mäßig spektakuläre Vorschriften über die Ausübung der Staatsgewalt im Allgemeinen und die restriktiv zu handhabende Veräußerung von Domänen zu, die der Autor mit Sicherheit dem württembergischen Verfassungsentwurf entnommen hat. Daneben entstammt der Paragraph über die Unabhängigkeit der Gerichte dem badischen Entwurf.

Ein genaueres Bild vom Vorentwurf der Regierung läßt sich daher nicht gewinnen.

Auch wenn bestimmte Tendenzen in seinem Werk erkennbar sind, läßt sich statt eines überwiegenden Vorbildes nur festhalten, daß von Finckh sich nach seinen Vorstellungen aus einem sich durch die verschiedenen Vorgaben ergebenden parlamentarischen Mainstream bedient hat.

---

686 StO 131/37. Bericht, S.4.
687 a.a.O., S.6–8.
688 Z.B. a.a.O.

Der Entwurf stützt sich aber im Ganzen anscheinend „[...] sehr stark auf die allgemeine (sic!) Staatslehre und das Staatsrecht von Georg Jellinek."[689] Wolfgang Günther bezieht sich dabei auf eine Tagebucheintragung von Finckhs vom 22. Januar 1919[690] Dieses Tagebuch ist wie o.a. nicht mehr zugänglich. Die einschlägigen Kapitel in Jellineks Staatslehre[691] bieten jedoch hauptsächlich die systematische Aufzählung der Charakteristika republikanischer Staatsordnung im Allgemeinen und die Einordnung historischer und zeitgenössischer Staatsordnungen in die erwähnte Systematik. Auf Jellinek hatte auch Wilhelm von Blume, der Urheber der württembergischen Verfassung übrigens bereits vor dem Ersten Weltkrieg bezug genommen.[692] Als Vorläufer der „Vergleichenden Regierungslehren" älteren Typs könnte die „Allgemeine Staatslehre" für Eugen von Finckh ein Katalog des theoretisch Zulässigen gewesen sein.

---

689 Günther 1979, S.201.
690 a.a.O., FN 23.
691 V.a. die Seiten 659–673.
692 von Blume, 1912, S.367.

5. Württemberg

5.1. Gang der Verfassunggebung

Schon am 8. November 1918 hatte König Wilhelm II von Württemberg als „[...] letzten Versuch, den drohenden revolutionären Umsturz [...] zu verhindern [...]“[693] eine Regierung unter dem Demokraten Liesching ernannt, die sich auf das Parlament stützen sollte. Neben zwei Ministern, die schon dem bisherigen, i.w.S. konservativen, Kabinett angehört hatten, setzte sie sich aus je einem Vertreter der SPD, des Zentrums und der beiden liberalen Parteien zusammen. Tags darauf fand auf dem Stuttgarter Schloßplatz eine große Demonstration statt, die von den beiden sozialdemokratischen Parteien und den Gewerkschaften veranstaltet worden war. Unter anderem wurde dort die Abschaffung der Ersten Parlamentskammer und die Einführung des allgemeinen Wahl- und des Frauenstimmrechts gefordert.[694]

Nach Bekanntgabe der Abdankung des Kaisers wurde auch in Württemberg die Republik ausgerufen und unter Beteiligung der Gewerkschaften sowie des Arbeiter- und des Soldatenrates[695] eine zweite, revolutionäre Regierung unter ausschließlicher Beteiligung der beiden sozialdemokratischen Parteien gebildet. Ministerpräsident wurde der Mehrheitssozialdemokrat Wilhelm Blos.[696] Dieser 1849 geborene Parteiveteran, der einstmals, nach Verbüßung einer Haftstrafe wegen Pressvergehens, noch von Karl Marx persönlich am Gefängnistor abgeholt worden war, hatte sich schon aus dem politischen Leben zurückgezogen.[697] Der einflußreichste SPD-Politiker, der bisherige Landtagsabgeordnete Wilhelm Keil, stand für einen Regierungsposten aber nicht zur Verfügung.[698]

König Wilhelm reiste noch am selben Abend nach Bebenhausen ab[699] Von dort aus entband er am 16. November die Landesbeamten von ihrem Treueeid und verzichtete am 30. dieses Monats als letzter deutscher Monarch auf seinen Thron.[700] Bereits am 10. November hatte der König die Minister der Regierung Liesching entlassen. Im Bestreben, die Revolutionsregierung auf eine breitere Basis zu stellen, erweiterte man diese um je einen Vertreter der Demokraten, der Nationalliberalen und des Zentrums. Liesching selbst wurde Finanzminister.[701]

Ministerpräsident Blos hatte Wilhelm Keil mit der Zusammenstellung einer Kommission zur Ausarbeitung einer neuen Verfassung beauftragt. Am 16. Dezember legte Blos dem Kollegium eine Liste mit den Namen von neun Männern vor, zu denen später noch ein weiterer hinzutreten sollte[702]. Von den vier Mehrheitssozialdemokraten hatten nur zwei dem formal weiterbestehenden alten Landtag angehört, nämlich Keil selbst und der Redakteur Franz Feuerstein. Ansonsten hatte sich Wilhelm Keil für den

[693] Sauer, S.205.
[694] Cordes, S.7.
[695] Weller, S.110.
[696] Cordes, S.10.
[697] Benz 1969, S.506.
[698] a.a.O.
[699] Cordes., S.7.
[700] Kittel, S.53.
[701] Weller, 1929, S.115.
[702] HSA 130b/100.

Stuttgarter Gemeinderat Friedrich Fischer[703] und den Gewerkschaftsfunktionär Götting entschieden. Die Unabhängigen waren durch die beiden Kammerabgeordneten Engelhard und Hornung vertreten.[704] Für das Zentrum nahm der Parlamentarier Karl Walter, Landgerichtsdirektor aus Ellwangen, teil. Die übrigen Mitglieder waren, einschließlich des ehemaligen Nationalliberalen von Blume, Demokraten. Es handelte sich wiederum um zwei Abgeordnete, den Rechtsanwalt Hugo Elsas und den Regierungsdirektor Johannes von Hieber, beide aus Stuttgart. Dieser Ausschuß erledigte seine Arbeit zwischen dem 17. Dezember 1918 und dem 14. Januar 1919.

Am 10. Januar 1919 bereits hatten die beiden Minister der Unabhängigen Sozialdemokraten ihre Ämter verloren, weil sie in die Januarunruhen, die von Berlin ausgehend auch Stuttgart erreicht hatten, verwickelt waren.[705] Die württembergische USPD hatte sich schon am 17. November zum politischen Programm des Spartakusbundes bekannt.[706]

Württemberg war der sechste deutsche Bundesstaat, in dem gewählt wurde:[707] „Am 12. Januar 1919 fanden die Wahlen zu einer Verfassunggebenden Landesversammlung statt. Somit wurde auch nominell an die drei Landesversammlungen aus der Zeit der Deutschen Revolution angeknüpft. Das Gesamtland bildete einen einzigen Wahlkreis. Wahlberechtigt waren sämtliche in Württemberg wohnhaften Deutschen, die das 20. Lebensjahr vollendet hatten. Erstmals durften auch die Frauen zu den Wahlurnen gehen.“[708] Von den 1.449.216 Wahlberechtigten stimmten 90,9% ab, was einen nicht wieder erreichten Höchststand darstellt.[709]

Am linken Rand des Parteienspektrums erreichten die Unabhängigen Sozialdemokraten 3,1%[710] der Stimmen, was ihnen vier von insgesamt 150 Abgeordnetensitzen einbrachte. Stärkste Partei wurde die SPD mit 34,4% und 52 Mandaten, wofür das demokratische Stuttgarter „Neue Tagblatt“ die „[...] Teilnahme der Frauen, aber auch [..] [den] Zustrom aus Handels,- Angestellten- und Gewerbekreisen [...]“[711] verantwortlich machte.

Die Parteien der Arbeiterbewegung erreichten also fast genau zwei Monate nach der Revolution nur ein gutes Drittel der Bevölkerung. Immerhin konnten beide zusammen ungefähr 37% der Abgeordneten im Stuttgarter Landtag stellen, während die SPD sich 1912, bei den letzten Vorkriegswahlen zur Zweiten Kammer der Stände bzw. des Landtags, mit 19% der Sitze hatte begnügen müssen[712]. Das Zentrum kam auf 20,8% der Wählerstimmen und 31 Abgeordnete, was einen deutlichen relativen Verlust bedeutete, die DDP auf 25,0% und 38 Mandate. Somit entfielen auf die Parteien der

---

[703] von Blume 1919 [b], S.2.

[704] Die Akten HSA 130b/100 und HSA 131/100 machen entgegengesetzte Angaben über die Identität desjenigen Unabhängigen, der nachträglich in die Kommission eintrat.

[705] Weller, S.168.

[706] a.a.O., S.131.

[707] Kittel, S.88–89.

[708] Sauer, S.207.

[709] Falter, Lindenberger u. Schumann, S.113.

[710] Stimm- und Sitzverteilung nach Falter, Lindenberger u. Schumann, S.113.

[711] vom 13.1.1919

[712] Sitzverteilung nach Grube, S.554.

Weimarer Koalition mehr als vier Fünftel der Abgeordneten. Da die in Württemberg als Deutsche Partei auftretenden Nationalliberalen bereits Ende November 1918 und somit vor der Gründung der DVP kollektiv zur Demokratie i.e.S. übergetreten waren[713], wurde der rechte Flügel der württembergischen Parteienlandschaft von den drei konservativen Gruppierungen Bürgerpartei (7,4% und 11 Sitze), Bauernbund (5,8% und 10 Sitze) und Weingärtnerbund (2,7% und 4 Sitze) gebildet, die auch Zuzug vom rechten Flügel der Nationalliberalen bekommen hatten. Zum Binnenverhältnis dieser drei Parteien bemerkt Weller Folgendes: „Der Bauernbund und der Weingärtnerbund traten ebenfalls jeder selbständig in die Wahlbewegung ein, doch in engster Fühlung mit der neu entstandenen Bürgerpartei, mit welcher sie auch eine Fraktionsgemeinschaft eingingen.“ [714] Die Konservativen, die vor dem Krieg noch mehr als ein Fünftel der Mandate innehatten, mußten sich nun trotz der erwähnten Verstärkung mit genau einem Sechstel zufrieden geben.

Am 23. Januar 1919 begann die Verfassunggebende Württembergische Landesversammlung ihre Arbeit. [715] Am letzten Tag dieses Monats begann eine zweitägige erste Beratung.[716] Ministerpräsident Blos nutzte die Gelegenheit zu einem allgemeinen Angriff gegen die Flügelparteien, wobei er die Konservativen ermahnte, nicht zu vergessen, daß der Regierungsentwurf aus einer Revolution hervorgegangen sei und eine Mißachtung dieser Tatsache weitere schwere Erschütterungen hervorrufen werde. Den „Unabhängigen und Spartakisten“ sprach er wegen der geringen Wählerresonanz das Recht ab, ihre Vorstellungen durchsetzen zu wollen.[717] Diese Erste Beratung bestand ansonsten in der Hauptsache aus einem Referat des inzwischen zum Regierungskommissar ernannten von Blume, der im Sitzungsbericht des allerdings ebenfalls demokratischen Neuen Tagblattes soweit ersichtlich zum ersten Mal als „Vater der Verfassung“ bezeichnet wurde.[718]

Seine Rede hielt er laut der Stuttgarter „Süddeutschen Zeitung“ „[...] im Geiste seiner sozialistischen Auftraggeber[...]“.[719] Ihr folgten Stellungnahmen des Regierungschefs und je eines Vertreters der Fraktionen. Dabei gaben die Parteivertreter grundsätzliche Stellungnahmen zu verfassungspolitischen Fragen im Allgemeinen ab. Daneben bezogen sie in unterschiedlichem Umfang auch Stellung zu spezifischen Regelungen der geplanten Verfassung.

Am Ende des zweiten Verhandlungstages überwies die Versammlung den Verfassungsentwurf an einen 24-köpfigen Ausschuß, der dem Plenum durch den inzwischen zum Parlamentspräsidenten gewählten Keil vorgeschlagen und „[...] auf dem Wege

---

[713] Weller, 1929, S.158–159.
[714] a.a.O., S.160.
[715] Verhandlungen der verfassunggebenden Landesversammlung (nachfolgend VLV abgekürzt) beziehungsweise des Landtags des freien Volksstaates Württemberg in den Jahren 1919 und 1920. Protokoll-Band 11. Sitzung vom 23. Januar 1919.
[716] Pr. über die 8. Si. vom 31. Januar 1919, S.162–180 und Pr. über die 9. Si. vom 1. Februar 1919, S. 182–215.
[717] Schwäbische Tagwacht Nr.26 vom 1.2.1919.
[718] Stuttgarter Neues Tagblatt Nr. 54 Abendausgabe vom 31.1.1919.
[719] Nr.30 vom 1.2.1919.

des Zurufs [...]"[720] eingesetzt worden war. Die Fraktionen entsandten eine Anzahl Vertreter in dieses Gremium, die ihrer relativen Stärke im Plenum ziemlich genau entsprach: Die USPD stellte einen, die SPD acht, die DDP sechs, das Zentrum fünf, die Bürgerpartei drei und der Bauernbund einen Abgeordneten. Ebenfalls entsprechend ihre Gesamtstärke waren die weiblichen Abgeordneten vertreten. Die 13[721] Frauen unter denen sich auch die spätere Kommunistin Clara Zetkin (USPD) befand, die erstmals ins Parlament einzogen wurden durch Mathilde Planck (DDP) und Laura Schradin (SPD) repräsentiert. Unter den DDP-Vertretern war Conrad Haussmann, der spätere Vorsitzende des Verfassungsausschusses der Deutschen Nationalversammlung, einer der Abgeordneten der Bürgerpartei war der spätere Ministerpräsident Wilhelm Bazille. Weitere dreißig Abgeordnete nahmen als Stellvertreter an der Ausschußarbeit teil. „Der Ausschuß hat in der Zeit vom 6. Februar bis 28. März 28 Sitzungen gehalten. Davon waren 20 der ersten, 7 der zweiten und 1 der dritten Beratung gewidmet." Nach Ende einer jeden Lesung arbeitete ein vierköpfiger Redaktionsausschuß die Änderungen in den Verfassungstext ein,[722] dessen einzelne Paragraphen dem Plenum in der Form von Anträgen des Ausschusses unterbreitet wurden, was ein den parlamentarischen Gepflogenheiten entsprechendes Verfahren darstellt. Das Arbeitstempo des Ausschusses wurde nach etwa der Hälfte seiner Tätigkeit von je einem Vertreter der DDP und des Zentrums als zu niedrig bewertet.[723] Die Klagen dürften sich gegen die rege Oppositionstätigkeit der Konservativen und des Unabhängigen im Ausschuß gerichtet haben und werden im offiziellen Bericht des besagten Gremiums nicht erwähnt.

Kommissionsvorsitzender wurde der ehemalige Nationalliberale von Hieber (DDP), von Blume nahm als Regierungskommissar an den Verhandlungen teil. Gegen ersteren bestanden anfänglich noch Bedenken wegen seiner führenden Stellung bei den Nationalliberalen von Seiten der sozialdemokratischen „Schwäbischen Tagwacht", während die Arbeit des anderen in der vorbereitenden Kommission gewürdigt wurde. Die Zeitung schreibt in ihrem Resümee der ersten Lesung: „[...] man darf [..] hoffen, daß die Grundlinien der Regierungsvorlage, die von dem echten Demokraten Prof. Dr. von Blume glänzend begründet wurden, keine wesentlichen Änderungen erfahren. [...] Herr Hieber, der zum erstenmal als „Demokrat" sprach, schlägt erheblich andere Töne an, als noch vor einigen Wochen [...]"[724]

Die Tätigkeit des Parlamentsplenums war in der Zwischenzeit unterbrochen worden, um dem Verfassungsausschuß und daneben dem Finanzausschuß sowie dem für das

---

[720] Pr. über die 9. Si. vom 1. Februar 1919, S. 215.

[721] Sauer, S.207.

[722] Verhandlungen VLV in den Jahren 1919 und 1920. Beilagen-Band 1, Beilage 62: Bericht des VA der VLV zu dem Entwurf der Verfassungsurkunde des Volksstaates Württemberg, S.218.

[723] Stuttgarter Neues Tagblatt Nr.109. Morgenausgabe vom 2.3.1919.

[724] Nr.27 vom 3. 2. 1919 Johannes von Hieber war evangelischer Theologe, hatte als Beamter Karriere gemacht und war vom württembergischen König in den persönlichen Adelsstand erhoben worden. (Sauer, S.211) Da das Adelsprädikat auch beispielsweise von dem ausgesprochen konservativen (vgl. auch Cordes, S. 9) Karl Weller auf regellos erscheinende Weise angeführt wird, (Weller, 1930, passim), muß die angeführte Weglassung desselben durch die „Tagwacht" trotz des polemischen Grundtons keine weitere Herabwürdigung der Person von Hiebers darstellen.

Gemeindewahlrecht Zeit zur Arbeit zu geben. Ebenso hatte am 6. Februar die Deutsche Nationalversammlung ihre Arbeit aufgenommen, was für einige exponierte Vertreter des politischen Lebens in Württemberg wie Conrad Haussmann, Wilhelm Keil oder den Zentrumsführer Adolf Gröber eine Doppelbelastung darstellte, auf die man in Stuttgart Rücksicht nahm.[725]

Die zweite Beratung im Plenum fand im Rahmen der beiden Sitzungen vom 16. April statt.[726] Da der Verfassungs-Ausschuß seinen Vorsitzenden zum Berichterstatter gewählt hatte, legte dieser den Kollegen das etwa 80 Seiten starke Protokoll der Verhandlungen vor. Das Neue Tagblatt bezeichnet es als „ungemein gründlich und übersichtlich."[727] Am selben Tag hatte von Hieber in anderem Zusammenhang eingeräumt, daß die weiter unten behandelte Debatte um die Kompetenzen des württembergischen Staatspräsidenten wegen „[...] der außerordentlich großen Eile mit der welcher Bericht fertiggestellt werden mußte, nicht so zur Darstellung gekommen ist, wie es wohl erwünscht wäre."[728] Die Diskrepanz zwischen beiden Charakterisierungen kennzeichnet das Verhältnis der besagten Zeitung zu ihrer Partei.

Die dritte Beratung erforderte wiederum zwei Sitzungen, welche am 25. und 26. April abgehalten wurden.[729] Dabei war der ganze Stoff bis auf zwei Paragraphen, welche Sozialisierungs- und Schulfrage, betrafen[730] binnen fünf Stunden erledigt worden, wobei die Länge dieses Zeitraumes, so die demokratische Parteizeitung, nur wegen der Obstruktionspolitik der Bürgerpartei notwendig wurde, die „[...] es nicht unterlassen konnte, eine Reihe von mehrfach abgelehnten Anträgen nochmals vorzulegen [...] Der Abg. Bazille zitierte sogar alle guten Geister des deutschen Volkes von Spinoza (sic!) bis Schiller, Goethe und Joh. Scherr[731], um den Sozialismus zu erschlagen [...]"[732]

Bei der Schlußabstimmung über das Verfassungswerk stimmten 128 von 137 teilnehmenden Abgeordneten, das sind 93,4% der Stimmen und 85,3% aller Mitglieder des Landtages für die Annahme der Verfassung. Neun votierten dagegen.[733] Mit den Worten der regionalen SPD-Zeitung entfielen „[...] 6 auf die reaktionärsten Mitglieder der äußersten Rechten, 3 auf die extreme Linke."[734] Das Protokoll der fraglichen Sitzung verzeichnet indes nur sieben abwesende Abgeordnete.[735] Der Verbleib der restlichen sechs Stimmen kann nicht geklärt werden. Die württembergische Regierung verzichtete auf die ausführlich erwogenen Durchführung eines Referendums.[736] „Der Grund dafür lag vor allem in der praktischen Erwägung, daß die württembergische

---

[725] Schwäbische Tagwacht Nr.27 vom 3.2.1919.

[726] Das Protokoll der VLV zählt Vor- und Nachmittagssitzungen desselben Tages i.d.R. als zwei getrennte Sitzungen.. Pr. über die 16. und 17. Sitzung vom 16. 4. 1919.

[727] Nr.193, Abendausgabe vom 16.4.1919.

[728] Verhandlungen der VLV Pr. über die 17.Si. vom 16.4.1919, S.395.

[729] Pr. über die 19. und 20. Sitzung vom 25. und 26.4.1919.

[730] Stuttgarter Neues Tagblatt vom 26.4.1919.

[731] Johannes Scherr (1817–1886) war Schriftsteller und Literaturhistoriker der in Gedichten, Romanen und Erzählungen Württemberg und die deutsche Vergangenheit schilderte.

[732] Stuttgarter Neues Tagblatt Nr.207.

[733] Pr. über die 20. Sitzung vom 25. und 26. 4.1919, S.459.

[734] Schwäbische Tagwacht Nr.97 vom 28. 4. 1919.

[735] Pr. über die 20. Sitzung vom 25. und 26. 4.1919, S.437.

[736] Vgl. Schiffers 1971, S.63.

Verfassung nach dem Inkrafttreten der Reichsverfassung noch einer Revision unterzogen werden müsse."[737] Allerdings erfolgte auch nach der Revision kein Referendum. Am 23. Mai, genau dreißig Jahre vor dem Grundgesetz für die Bundesrepublik Deutschland, wurde die Verfassung im Regierungsblatt verkündet.[738]

Knapp fünf Monate, nachdem sie Gesetzeskraft erlangt hatte, wurde das Verfassungsgesetz nach Vorberatungen der Regierung durch die Volksvertretung abgeändert.[739] Um dem vorhandenen Bedarf nach Kontinuität Rechnung zu tragen[740], wurden die Änderungen am 25. September 1919, also genau 100 Jahre nach der Vereinbarung der ersten württembergischen Verfassung, verabschiedet. Es handelte sich dabei dem Umfang und der Idee nach nicht um eine erneute Verfassunggebung, was im Vorspruch ausdrücklich festgehalten wurde.[741]

5.2. Regierungssystem

Parlament

5.2.1. Anzahl der Kammern

Die Landstände des Königreichs Württemberg waren ein Zweikammerparlament (§128 WV 1819). Bis zur Parlamentsreform von 1906 gehörten der Kammer der Standesherrn außer diesen selbst die königlichen Prinzen sowie eine Anzahl vom Monarchen zu erblichen oder lebenslänglichen Mitgliedern ernannten Persönlichkeiten an (§§129–131). Die Kammer der Abgeordneten war jedoch, anders als die badische Zweite Kammer, keine reine Volksvertretung, da ihr neben Abgesandten der Städte und der Oberamts-Bezirke Angehörige der Ritterschaft, der christlichen Kirchen und der Kanzler der Universität Tübingen angehörten (§133).

Die Zusammensetzung der Kammern wurde 1906 modernisiert: In leicht veränderter Zusammensetzung traten die ritterschaftlichen und geistlichen Vertreter der Kammer der Abgeordneten in die Erste Kammer über, welche überdies um einen Vertreter der Technischen Hochschule Stuttgart und einige Angehörige berufsständischer Organisationen ergänzt wurde. (§129) Diese Umgestaltung brachte, von weiteren geringfügigen Veränderungen abgesehen, die gewünschte[742] Beseitigung der Stimmenmehrheit der katholischen Standesherrn in der Ersten Kammer.[743]

Schon in der allgemeinen Aussprache der ersten Sitzung der, nachfolgend Zehner-Kommission genannten Kommission für die Ausarbeitung des Entwurfs der württembergischen Landesverfassung machte Ministerpräsident Blos, wie schon Schiffers festgestellt hat[744], den Standpunkt der Provisorischen Regierung klar: „Selbstverständlich halten wir an dem Einkammersystem fest. Wir sind nicht der Meinung, dass

[737] a.a.O.
[738] Grube, S.560.
[739] Pr. über die 53. und 54. Si. vom 22. und 23.9.1919.
[740] Z.B. Weller 241–242 oder Schiffers S.63.
[741] Z.B. Ruthenberg, S.218. Anders Ruthenberg, S.218 (sic!).
[742] Verfassung des Königreichs Württemberg, S.14–22.
[743] Cordes, S.148.
[744] Schiffers 1971, S.57.

es notwendig sei, die Eine (sic!) Kammer durch eine andere zu zügeln. Das ist eine sehr wesentliche Bedingung." Gegen jedes weitere parlamentsähnliche Organ sprachen sich ebenso verschiedene Kommissionsmitglieder aus: So erklärte der Vorsitzende Keil das Zweikammersystem für überlebt. Ähnlich klar äußerten sich die Kommissionsmitglieder Feuerstein (SPD), Elsas und von Hieber (beide DDP), wobei letzterer das bisherige Zweikammersystem als „[...] vielfach geradezu ins Lächerliche ausgeartet [...]" bezeichnet. Von Blume selbst hatte die Einrichtung eines Volksrates ins Auge gefaßt, den er sich als „ [...] Kontrollorgan aus eigenem Recht [..] dem nur beratende Funktion zukäme [...]"[745] dachte. Keil sprach sich für den unerwünschten Fall der Einführung eines „Nebenorgans" gegen eine berufsständische oder durch das Parlament gewählte Kammer und für einen Ausbau des bestehenden ständigen Auschusses aus. Dieser war ein zwölf Parlamentarier umfassendes Organ, das interimistisch die Geschäfte der Landstände führte, wenn diese nicht versammelt waren.[746] Elsas bevorzugte in dieser Hinsicht die direkte Volkswahl. [747] In den Ausführungen von Blumes während der folgenden Sitzung war, anscheinend wegen der geringen Resonanz[748], von einem permanent agierenden Kontrollorgan nicht mehr die Rede.[749] Die Debatte über das Kontrollorgan war eng mit der über die Notwendigkeit eines Interimsorgans bei nicht versammeltem Landtag verknüpft. Dies deutet darauf hin, daß die Kommissionsmitglieder die einer Parlamentskammer ähnliche Beschaffenheit des besagten Kontrollorgans nicht im Blickfeld hatten. So wurde eine Wahl der zweiten Parlamentskammer durch das Volk damals wie in Dänemark und gegenwärtig zum Beispiel in Japan oder Italien vorgenommen.[750] Selbst eine Bestellung einer Kammer minderen[751] Rechts durch die andere fand sich schon damals und zwar in Norwegen[752] und wurde später auch in Island eingeführt.[753]

Der Verfassungsentwurf, den von Blume dem Gremium am 30. Dezember 1918 vorlegte, sah statt des besagten Organs nur noch Ausschüsse vor[754], die den einzelnen Ministerien anzugliedern waren und die offensichtlich die Interessen der Berufsorganisationen und ähnlicher Einrichtungen vertreten sollten. Deren Existenzberechtigung und ihre etwaigen Befugnisse wurden wiederum kontrovers diskutiert.[755] Hauptkritikpunkte waren dabei die geplanten Kompetenzen, welche die Ausschüsse in eine gewisse Konkurrenz zu Landtag und Regierung hätten treten lassen[756] und die Komplizierung des Staatsaufbaus durch ihre bloße Existenz. Nach einer Abstimmung erhielt die entsprechende Passage im Kommissionsentwurf folgende Fassung, die den ge-

---

[745] Schiffers 1971, S.58.
[746] WV 1819 §§187–192
[747] HSA E131/100 Pr. der 10er-Kommission vom 17.12 1918, S.3–7.
[748] Schiffers 1971, S.58.
[749] HSA E131/100 Pr. der 10er-Kommission vom 18.12 1918, S.11.
[750] Z.B. Italien oder Japan, vgl Brunner, S.228.
[751] Z.B. Verfassung Norwegens §76 und Verfassung der Republik Island Art. 45,II.
[752] von Beyme, S.388.
[753] Brunner, S.228.
[754] HSA E131/100 Pr. der 10er-Kommission vom 30.12.1918, S.2.
[755] HSA E131/100 Pr. der 10er-Kommission vom 30.12.1918 und vom 2.-4. 1. 1919.
[756] HSA E131/100 Pr. der 10er-Kommission vom 30.12.1918 S.3, vom 3.1.1919 und vom 4. 1. 1919, S.29–31.

nannten Bedenken Rechnung trug: „Den Ministerien werden Beiräte angegliedert, denen Mitglieder der Ministerien, des Landtags und Vertreter der Berufs- und Erwerbskreise angehören. [...] Die Beiräte haben das Ministerium zu beraten insbesondere bei allgemeinen Anordnungen und bei der Aufstellung des Staatshaushaltsplans."[757]
Im Übrigen hatte auch der Schwäbische Merkur trotz grundsätzlicher Sympathien die Errichtung einer weiteren Parlamentskammmer abgelehnt, weil die Verfassung der verminderten Bedeutung der deutschen Einzelstaaten durch einen einfachen Staatsaufbau Rechnung tragen sollte. Statt dessen bevorzugte der Autor eines dort erschienenen Artikels, der Staatsrat a.D. von Mosthaf, ein System nach US-amerikanichem Vorbild,[758] bei dem das Staatsoberhaupt auf sieben Jahre gewählt werden sollte[759]. Ein Präsidialsystem mit nur einer Parlamentskammer existiert tatsächlich in Nebraska.[760] Die konservative Stuttgarter Süddeutsche Zeitung hatte sich anläßlich der entsprechenden Verhandlungen im Verfassungs-Ausschuß gegen eine weitere Parlamentskammer ausgesprochen. Ein Hauptkritikpunkt waren die hohen Kosten gewesen. Statt dessen befürwortete sie zur Verhinderung des befürchteten Parlamentsabsolutismus ebenfalls die Einführung eines volksgewählten Staatsoberhaupts.[761]
Im Entwurf, den die Regierung an die Verfassunggebende Landesversammlung überwies, waren dann keine bestimmten Kompetenzen für die Ausschüsse mehr enthalten: „§60. Den Ministerien werden Beiräte angegliedert, denen Vertreter der Berufs- und Erwerbskreise angehören sollen, die bei allgemeinen Fragen das Ministerium zu beraten haben. [...]"[762] In der großen Rede, die von Blume anläßlich der ersten Beratung der Verfassung hielt, schloß er eine Erste Kammer bisherigen Zuschnitts und eine mit der eigentlichen Volksvertretung gleichberechtigte berufsständische Kammer als unvereinbar mit dem parlamentarischen System aus. Darüber hinaus wies er darauf hin, daß eine aus Vertretern der Selbstverwaltungskörperschaften zusammengesetzte Kammer „[...] keine große Bedeutung im Staate erlangen [...]"könne. Dabei unterließ es der Redner, darauf hinzuweisen, daß eine weitere Parlamentskammer minderen Rechts anstelle der von ihm angeführten Extreme konstruiert werden könnte. Der rhetorische Einschlag der Rede wird an dieser Stelle auch deshalb deutlich, weil das Demokratieprinzip ohnehin den Vorrang der „echten Volksvertretung" verlangt, falls die Mitglieder der anderen Kammer nicht auch, wie die US-Senatoren seit 1913 direkt vom Volk gewählt werden.[763] Die fraglichen Beiräte jedoch bringt er mit dem revolutionären Rätegedanken in Verbindung, welcher wiederum teilweise auf dem zeitgenössischen neokorporatistischem Gedanken von der Beteiligung berufsständischer Organisationen am Staat fuße. In der Tat waren ja z. B. 1904 sechs Berufsvertreter in die badische[764] und 1906 fünf in die württembergische (§129 WV 1819) Erste Kammer aufgenommen worden. Zweck der Beiräte sei es konkret, daß den Berufsorganisatio-

[757] HSA E131/100 Pr. der 10er-Kommission vom 4.1.1919, S.29 u. 31.
[758] Nr. 94, Morgenblatt vom 26.2.1919.
[759] Nr. 96, Morgenblatt vom 27.2.1919.
[760] Wasser, S.156
[761] Nr.63 vom 6.3.1919
[762] Verhandlungen der VLV. Beilagen-Band 1. Beilage 3 vom 24.1.1919
[763] Vgl. Brunner, S.230.
[764] §27 BV 1818, wie o.a.

nen die Möglichkeit gegeben werde, „[...] auf diese Weise Gesetze und Verordnungen mit vorzubereiten, ehe sie an den Landtag gelangen."[765] Immerhin spielt die Einbindung der Verbände in das Gesetzgebungsverfahren bis heute in der Schweiz eine besonders große Rolle.[766] Nach ihm bezogen von Hieber und der spätere Staatspräsident Eugen Bolz (Z) zu den Beiräten Stellung. Die Rede des Letzteren dokumentiert dabei den Hang des Zentrums zum Zweikammersystem und zum Neokorporatismus auch für die württembergische Verfassunggebung[767]. Bolz betonte mehrfach die Möglichkeit, daß sich aus den Beiräten „ [...] eine Art Erste Kammer [...]"[768] entwickeln könne. Einer solchen Entwicklung stand er ebenso positiv gegenüber, wie der Einrichtung von „Arbeitskammern", die als Arbeiterkammern nach dem Vorbild der Handels- und der Landwirtschaftskammern 1920 in Österreich tatsächlich durchgeführt wurde.[769] Diese gehören dort inzwischen seit langem zum Kernbestand der Institutionen, welche die spezifisch österreichische Vorstellung von Konkordanzdemokratie verbürgen sollen.

Ebenso offen äußerte er sich negativ zu der o.a. Herleitung der Beiräte aus dem System der Arbeiter- und Soldatenräte durch von Blume, die wohl primär aus taktischen Erwägungen heraus erfolgte.[770] In derselben Sitzung gab ein Abgeordneter der Bürgerpartei, der Stuttgarter Rechtsanwalt Ernst Schott, dann noch ein ausdrückliches Bekenntnis zum Zweikammersystem ab: Eine weitere Parlamentskammer sei nötig, um die Volksvertretung zu mäßigen, sei es auf dem Wege der Korrektur oder schon durch das Wissen der Volksvertreter um die Möglichkeit einer Korrektur. Neben dem Verweis auf die beiden Räte der schweizerischen Bundesversammlung werden die Zweikammersysteme der ehemaligen Ententestaaten Frankreich, das ansonsten nur als Negativbeispiel angeführt wird[771], USA und Großbritannien erwähnt. Die Idee der berufsständischen Vertretung wird von ihm zu genuin germanischem Gedankengut erklärt, während der Parlamentarismus als solcher dem romanischen Kulturkreis zugewiesen wird. Zur Bedeutung des fraglichen §60 der Regierungsvorlage merkt Schott am Ende folgendes an:„[...] allein den Berufsständen ist gar nicht gedient mit diesem §60, denn das Recht beratend mitzuwirken, hatten die Berufsstände schon bisher."[772] Als Exponent der anderen Flügelpartei griff der ehemalige Innenminister Crispien nicht nur das Zweikammersystem, sondern vor allem die Beiräte an. Diese seien eine „[...] zahme, harmlose Einrichtung [...] die den Arbeitern vortäuschen sollen, als (sic!) wären ihre Interessen durchaus noch gewahrt und vertreten."[773]

Im Verfassungsausschuß der Landesversammlung wurde dann bereits in erster Lesung auf Antrag des demokratischen Abgeordneten Wölz, auch das allgemeine Beratungsrecht der Beiräte fallen gelassen und die Kompentenzabgrenzung einem zu erlassen-

[765] Verhandlungen der VLV. Pr. über die 8. Si. vom 31. 1. 1919, S.168–169.
[766] Z.B. Neidhart, S.141.
[767] Anders Kauffmann, S.19.
[768] Verhandlungen der VLV. Pr. über die 9. Si. vom 1. 2. 1919, S. 196.
[769] Bruckmüller, S.462–463.
[770] a.a.O.
[771] Z.B. Verhandlungen der VLV. Pr. über die 8. Si. vom 31. 1. 1919 S.168.
[772] Verhandlungen der VLV. Pr. über die 9. Si. vom 1. 2. 1919, S.206.
[773] a.a.O., S.213.

den einfachen Gesetz übertragen.[774] Ebenso wurde das in den Regierungsberatungen wieder eingeführte Exklusiv-recht der Berufsorganisationen auf Besetzung der Beiräte wieder relativiert, so daß der nunmehrige §58 nach den Ausschußberatungen folgende Form hatte: „Den Ministerien werden Beiräte angegliedert, denen insbesondere Vertreter der Berufs- und Erwerbskreise angehören sollen. Die näheren Bestimmungen werden durch Gesetz erlassen.“[775] Die Ausführungen der Redner während der zweiten Plenarberatung brachten dann qualitativ nichts Neues. [776] Ein Vertreter der Bürgerpartei, der nachmalige Staatspräsident Wilhelm Bazille, hatte während der Ausschußberatungen über den Landtag die Einfügung eines Paragraphen folgenden Inhalts beantragt:„ Der Landtag besteht aus zwei Kammern. Die Zahl der Mitglieder der 1. Kammer beträgt 2/3 der Mitgliederzahl der 2. Kammer. Die 1. Kammer wird aus gewählten Vertretern der Berufs- und Erwerbskreise wie der Amtskörperschaften und Gemeinden [...] gebildet.[...]“ Die Begründung des Antrag enthielt darüber hinaus nichts Neues. Bazille nahm in seinen Ausführungen auf den in Baden vollständig ignorierten Entwurf des Ministerialrats Ritter bezug. [777] Der Antrag erhielt lediglich die Stimmen der Konservativen im Ausschuß.[778]

In der zweiten Plenarberatung meldete sich der konservative Abgeordnete Gustav Beißwänger zu Wort, als die Vorschrift über die Zahl der Abgeordneten verhandelt wurde, und begann anstatt zur Sache zu reden eine erneute kontroverse Debatte über das Für und Wider einer berufsständisch organisierten Kammer, die mangels neuer Argumente nicht weiter verfolgt zu werden braucht.[779] Dieser Vorgang wiederholte sich in der dritten Lesung, was als Folge der exponierten Lage des nunmehrigen §27 an der Spitze des Unterabschnitts „IV. Landtag 2. Bildung, Zusammentritt und Auflösung“ gelten kann. Von Hieber belehrte dabei seinen Vorredner Schott, offenbar in Anlehnung an Rousseau, es sei ein Irrtum anzunehmen, „[..]daß [...] die Summe der einzelnen wirtschaftlichen Interessen, welche von den einzelnen Berufsständen wahrgenommen wird, gleichbedeutend sei mit der Vertretung des Gesamtinteresses.[780] Wilhelm Bazille griff in seiner Erwiderung auf die beiden Kammern der nordamerikanischen Einzelstaaten zurück, deren politisches System ja anders als in Baden im Rahmen der Debatte mehrfach angeführt wurde.[781]

Während der letzten Beratung der Vorlage wurde weiterhin zum §58 folgender Antrag aus der Mitte des Plenums gestellt[782] und verabschiedet[783]: „Die Landesversammlung wolle beschließen: Die Staatsregierung zu ersuchen (sic!) um, beschleunigt alle Vorarbeiten einzuleiten, um in Württemberg die Grundlagen für eine [...] Einrichtung von

[774] Bericht des VA, S. S.259.
[775] a.a.O.
[776] Pr. ü. die 17. Si. vom 16.4.1919, S.396. Sperrung nur im Text der Verfassungsurkunde vom 25. 4. 1919.
[777] Bericht des VA, S.248.
[778] a.a.O., S.249.
[779] Verhandlungen der VLV, Pr. ü. d. 17. Si. vom 16.4. 1919, S.390–392.
[780] Pr. ü. die 19. Si. vom 25. 4.1919, S.417.
[781] a.a.O.
[782] Pr. ü die 19. Si. vom 25. 4. 1919, S.423.
[783] a.a.O., S.426.

Betriebsräten und Wirtschaftsräten im Sinne von §34a des Entwurfs der Reichsverfassung zu schaffen, [...] insbesondere für einen württembergischen Bezirkswirtschaftsrat (Landes-Wirtschaftsrat), aufgebaut aus Vertretungen der Arbeiterschaft und der Unternehmer [...].“ Unterzeichnet war der Antrag mehrheitlich von Angehörigen der demokratischen Partei, aber auch von einzelnen Abgeordneten der anderen Regierungsfraktionen.[784] Die verschiedenen Debattenredner unterstützten den Antrag mit diversen Argumenten. Wie schon vorher[785] wurden die Selbstverwaltungspläne des Reichsfreiherrn von Stein bemüht, von Blume stellt sich in seinen Ausführungen den dem Kultministerium anzugliedernden Ausschuß als Entsprechung des gegenwärtig in Baden-Württemberg existierenden Landeselternbeirat vor.[786]

Am Wortlaut der Bestimmung über die Beiräte wurde nichts mehr verändert. Sie wurde als §37 Teil der geänderten Verfassung vom 25. September 1919. Sie gewann keine praktische Bedeutung.[787]

5.2.2. Legislaturperiode

Die alte Verfassung sah in ihrem §157 sowohl vor als auch nach 1906 zwischen zwei Wahlen zur Zweiten Kammer eine Frist von sechs Jahren vor. Während dieser Zeit mußte der König die Stände mindestens zweimal einberufen.[788]

In den Beratungen der Zehner-Kommission ging es hauptsächlich darum, einen Konsens über das Ausmaß der Verkürzung besagter Frist zu finden. Zu möglichst kurzen Wahlperioden tendierten die sozialdemokratischen Mitglieder: Die Kommissionsmitglieder Fischer[789] und Keil erwarteten zweijährige Landtage auf der Basis des Erfurter Programms.[790]

Die drei demokratischen Kommissionsmitglieder sprachen sich hingegen durchweg für eine längere Periode aus: So bemerkt von Blume u.a. „[...] das viele Wählen [..] kostet Geld [...] “ und plädiert deswegen für eine dreijährige Frist, zumal dadurch „[...] auch eine gewisse Stetigkeit in die Regierung [...]“[791] komme. Der Sozialdemokrat Götting hat in diesem Zusammenhang später darauf hingewiesen, daß eine längere Legislaturperiode angesichts eines möglichen Referendums zur Landtagsauflösung sich negativ auf die tatsächliche Frist zwischen zwei Wahlen auswirken werde.[792] Ein solches Referendum hatte Blos im Namen der Regierung bereits in der ersten Sitzung gefordert.[793] Elsas und von Hieber sprachen sich in derselben Sitzung für drei bzw. mindestens drei Jahre aus.

---

[784] a.a.O.

[785] HSA E131/100 Pr. der 10er-Kommission vom 3.1.1919, S.28.

[786] Verhandlungen der VLV, Pr. über die 19. Si. vom 25.4 1919, S.424.

[787] Benz, S.42.

[788] §127 WV 1819.

[789] HSA E131/100 Pr. der 10er-Kommission vom 17. und vom 18. 12. 1918 S.6 u. S.15.

[790] HSA E131/100 Pr. der 10er-Kommission vom 18. 12. 1918, S.15.

[791] a.a.O., S.14.

[792] HSA E131/100 Pr. der 10er-Kommission vom 18.12.1919, S.15.

[793] HSA E131/100 Pr. der 10er-Kommission vom 17.12.1919, S.2 vgl. Schiffers, 1971, S.57.

Der Entwurf von Blumes sah dann ebenfalls eine dreijährige Legislaturperiode vor.[794] Der Berichterstatter sprach sich jedoch in seiner einleitenden Begründung für eine bis zu fünfjährige Landtagsdauer aus.[795] Eine solche Frist wurde jetzt auch durch von Hieber vertreten.[796] Dieser stellte sich im Übrigen während der ersten Lesung im Parlamentsplenum auf den, angesichts der Zentralisierungstendenzen im Reich, exponierten Standpunkt, „ [...] die ungeheure Wichtigkeit der Verhandlungen und Beschlüsse des Landtags [...]"[797] erfordere ein Minimum von vier Jahren. Der Zentrumsabgeordnete Walter legte sich zuerst auf mindestens vier und dann auf fünf Jahre fest.[798]

Die sozialdemokratische Kommissionsmehrheit gab an diesem Punkt nach. So sprach sich der an den meisten Sitzungen teilnehmende Wilhelm Blos nur noch gegen eine Wahlperiode von mehr als drei Jahren Dauer aus.[799] Der Kommissionsvorsitzende Keil war bereit, die im Parteiprogramm zwingend vorgeschriebene Frist um ein Jahr zu verlängern, falls eine Auflösung des Landtags durch Referendum in die Verfassung aufgenommen werde. Damit erklärte sich von Blume um der verlängerten Legislaturperiode willen einverstanden.[800] Zuvor hatte er angedeutet, daß die Forderung des Erfurter Programms nach zweijährigen Wahlperioden damit zusammenhinge, daß die Einführung solcher Abstimmungen hinter dem Horizont der Handelnden gelegen habe.[801]

Bei einer am 2. Januar stattfindenden Abstimmung setzte sich die von Keil vorgeschlagene Lösung durch.[802] Der Verfassungsentwurf, den die Regierung an das Parlament überwies, sah dann in §20 eine „Landtagsperiode" von vier Jahren vor. In der Begründung zum Entwurf rekurrierte von Blume in seiner Eigenschaft als Regierungskommissar auf „Wahlmüdigkeit" und wiederum auf das in §23 geregelte Auflösungsreferendum.[803]

Für die mehrheitssozialdemokratische Fraktion kündigte der Abgeordnete Feuerstein, der ja auch der Zehner-Kommission angehört hatte, unter Wiederholung des Keilschen Standpunktes eine Überprüfung eben dieses Ergebnisses an.[804] Während Eugen Bolz für das Zentrum die Wiedereinführung der sechsjährigen Landtagsdauer forderte,[805] hielt der Unabhängige Crispien als einziger an der geforderten zweijährigen Periode fest.[806] Im Ausschuß stellte er einen entsprechenden Antrag, der „ [...] mit allen gegen eine Stimme abgelehnt" wurde. Ein Antrag Feuersteins auf eine dreijährige Landtagsperiode wurde mit acht zu vierzehn Stimmen ebenfalls verworfen, womit es bei vier

---

794 HSA E131/100 Pr. der 10er-Kommission vom 2.1.1919, S.16.
795 HSA E131/100 Pr. der 10er-Kommission vom 30.12.1918, S.2.
796 a.a.O., S.16.
797 Verhandlungen der VLV, Pr. ü. die 9. Si vom 1. 2. 1919, S.185.
798 a.a.O, S.4 und Pr. der 10er-Kommission vom 2. 1. 1919, S.16.
799 HSA E131/100 Pr. der 10er-Kommission vom 30. 12. 1918, S.3.
800 a.a.O., S.4.
801 HSA E131/100 Pr. der 10er-Kommission vom 18.12.1919, S.15.
802 HSA E131/100 Pr. der 10er-Kommission, S.16.
803 Verhandlungen der VLV. Beilagen-Band 1, Beilage 62 vom 31. 1. 1919, S.286.
804 Verhandlungen der VLV. Pr. über die 8. Si. vom 31. 1. 1919, S.175.
805 Pr. ü. die 9. Si. vom 1. 2. 1919, S.198.
806 a.a.O., S.212.

Jahren blieb.[807] Die weiteren Plenardebatten befaßten sich nicht mehr mit der Landtagsdauer.

Während der Umgestaltung der Verfassung im September wurde die Länge der Wahlperiode nicht mehr thematisiert. Sie geht somit auf eine nicht weiter zu rekonstruierenden Entscheidung innerhalb der Regierung zurück, die im Sinne der bürgerlichen Kommissionsminderheit ausfiel.

2.2.3. Haushaltsdauer

Die reguläre Haushaltsdauer im Königreich war entsprechend der halben Landtagsperiode auf drei Jahre festgelegt.[808] Der Gang der Beratungen der Zehner-Kommission vom 4. Januar läßt ansonsten auf eine reguläre Haushaltsdauer von einem Jahr im Vorschlag von Blumes schließen.[809] Der §61 der Regierungsvorlage an die Konstituante sah eine reguläre Haushaltsdauer von einem Jahr vor, die ausnahmsweise verdoppelt werden konnte. Am Wortlaut der Vorschriften über die Haushaltsdauer nahm die Verfassunggebende Landesversammlung keine für die Zwecke dieser Arbeit bedeutsamen Änderungen mehr vor.

Der Gang der Verhandlungen der Zehner-Kommission spricht dafür, daß sie inhaltlich auf von Blume selbst zurückgehen.

5.2.4. Wahlrecht

Das Wahlrecht zur Zweiten Kammer der württembergischen Ständeversammlung war zunächst mittelbar, öffentlich, beschränkt und ungleich. Die Volksvertreter innerhalb der Zweiten Kammer wurden laut Verfassung „[...] durch die besteuerten Bürgern jeder einzelnen Gemeinde gewählt“ (§137 WV 1819), wobei der folgende Paragraph die zahlenmäßige Erläuterung dieses Sachverhaltes brachte: „Die Zahl der Wählenden verhält sich zur Zahl der sämtlichen Bürger [...] wie eins zu sieben, sodaß (sic!) z.B. auf 140 Bürger (ungefähr 700 Einwohner) zwanzig Wahlmänner kommen.“ (§138).Die Höchstbesteuerten einer jeden Gemeinde stellten zwei Drittel des Wahlmännerkollegiums (§139), das letzte Drittel bestimmten die übrigen Urwähler (§140). Während des eigentlichen Wahlaktes hatte der Wahlmann den Stimmzettel eigenhändig zu beschriften und zu unterschreiben (§150).

Die weiteren Bedingungen für das aktive und passive Wahlrecht fielen zunächst zusammen. Eine Ausnahme bildete das Mindestalter, das für die Abgeordneten bei 30 Jahren lag (§34,II) und ansonsten mit der Volljährigkeit verknüpft war (§§142), die wiederum nach römischem Recht bei 24 oder 25 Jahren lag. Neben dem üblichen Ausschluß von Konkursschuldnern, Dienstboten (§135,4), zu einer Zuchthausstrafe Verurteilten u.ä. verweigerte die württembergische Verfassung ebenso dem zu einer ansonsten nicht entehrenden „Vestungs-Strafe“ unter bestimmten Bedingungen das

---

[807] Bericht des VA, S.251–252.

[808] a.a.O. §112.

[809] HSA E131/100 Pr. der 10er-Kommission vom 4.1.1919, S.32.

Stimmrecht (§135,2). Überdies wurde bis 1861 die Zugehörigkeit zur lutherischen, reformierten oder römisch-katholischen Konfession gefordert.[810]

Eine erste Demokratisierung erfolgte 1868, nachdem die entsprechenden Forderungen angesichts der Einführung des demokratischen Wahlrechts zum Norddeutschen Reichstag drängender wurden.[811] So waren die Dienstboten nicht länger vom Wahlrecht ausgeschlossen, das sich jetzt auf die alle dauerhaft am Ort wohnenden württembergischen Staatsangehörigen erstreckte und somit im Rahmen des Männerwahlrechts allgemein war. Die Einführung der direkten Wahl brachte gleichzeitig die Wahlgleichheit unter den nicht Ritterbürtigen mit sich. (§137). Das Recht der wirtschaftlichen und der strafrechtlichen Ausschlußgründe wurde modernisiert (§142), die Modalitäten der Wahlhandlung der einfachen Gesetzgebung zugeordnet und die geheime Wahl eingeführt (§142a). Die Parlamentsreform von 1906 brachte insofern eine weitere Modernisierung des Wahlrechts, als nun das passive Wahlalter bei 25 Jahren lag. (§134,I)

Bei der Wahl zur Verfassunggebenden Landesversammlung waren alle in Württemberg wohnenden Deutschen, die das zwanzigste Lebensjahr vollendet hatten wahlberechtigt und wählbar. Dies schloß erstmals, wie am 9. November gefordert, die Frauen ein.[812]

Auch in Württemberg bildete das Wahlrecht zur Konstituante die Verhandlungsgrundlage, was Ministerpräsident Blos gleich in der ersten Sitzung der Zehner-Kommission wie folgt formulierte: „Das Wahlrecht baut sich auf freiester Grundlage auf, ähnlich wie dasjenige der [..] Landesversammlung.“[813] Zu diesem Gegenstand stellte von Blume später fest, daß es eines „[...] weltbewegenden Unterschieds [...]“ bedürfe um „[...] von dem, was nun einmal durch das vorläufige Wahlgesetz festgelegt ist“[814] abzugehen.

Das Frauenstimmrecht, gegen das der nationalliberale[815] Schwäbische Merkur, der im Übrigen für eine Erhöhung des Wahlalters eintrat,[816] noch Bedenken andeutete, wurde in keiner Phase der Verfassunggebung mehr in Frage gestellt. Dagegen blieben das aktive und passive Wahlalter umstritten. So forderten die Bürgerlichen, abgesehen vom Berichterstatter selbst, eine Erhöhung des Mindestalters auf das zweiundzwanzigste Lebensjahr oder noch höher, was mit den Stimmen aller anderen abgelehnt wurde.[817] Auf ähnliche Weise endete die Debatte um das Wählbarkeitsalter, obwohl der Jurist Hugo Elsas daran erinnert hatte, daß dies den „[...] Eintritt nicht voll rechtsgeschäftsfähiger in den Landtag [...]“ bedeuten könne.[818]

---

810 §135,1 Weitere Beschränkungen in §146–147.

811 Cordes, S.143.

812 Sauer, S.207.

813 HSA E131/100 Pr. der 10er-Kommission vom 17.12.1918, S.5–6.

814 Verhandlungen der VLV, Pr. ü. die 8. Si. vom 31. 1. 1919, S.170.

815 Mündliche Auskunft des Stuttgarter Stadtarchivdirektors Roland Müller. Die Zeitungsinhalte lassen daneben auch auf ein besonderes Naheverhältnis zur Bürgerpartei schließen.

816 Nr. 80, Morgenblatt vom 18.2.1919.

817 HSA E131/100 Pr. der 10er-Kommission vom 30.12.1918, S.5.

818 HSA E131/100 Pr. der 10er-Kommission vom 2.1.1919, S.16.

Im Regierungsentwurf fand sich zum Wahlrecht folgende Passage: „Stimmberechtigte [...] sind alle württembergischen Staatsbürger beiderlei Geschlechts, die das 20. Lebensjahr vollendet und im Land ihren Wohnsitz haben. Das Stimmrecht ist gleich und wird geheim und direkt ausgeübt."[819] Der folgende Absatz regelte das Stimmrecht der ansässigen Deutschen ohne württembergische Staatsangehörigkeit auf der Basis der Gegenseitigkeit. Die erste Beratung der Landesversammlung brachte inhaltlich wenig Neues, wenn man davon absieht, daß Eugen Bolz neben einem Wählbarkeitsalter von 25 Jahren auch die Einführung der Wahlpflicht befürwortete.[820] Diese letztere Forderung ist mit der politikwissenschaftlichen Ansicht, das Wahlvolk sei etwas einem Staatsorgan zumindest ähnliches und somit verpflichtet, seine Funktionen auszuüben, begründbar, wurde von dem Zentrumsvertreter in der Zehner-Kommission vertreten,[821] in der ersten Beratung des Verfassungs-Ausschusses[822] wiederholt und war im übrigen im Land Lippe ab 1920 geltendes Recht.[823] Der „Schwäbische Merkur" sah für sie keinen Bedarf, weil die Wahlbeteiligung bisher hoch genug gewesen sei.[824] Diese Zeitung hatte allerdings eine ausgeprägt konservative Grundhaltung, die in ihrer Artikelserie über den Regierungsentwurf und die beginnende Arbeit des Verfassungs-Ausschusses prägnant formuliert wurde: „[Es] muß versucht werden, die *Anknüpfung* an das, was in einer vielhundertjährigten Entwicklung *gewachsen* und *geworden ist, soweit zu erhalten*, als dies mit dem Ziel der neuen Verfassung vereinbar ist." Grund für die teilweise Ablehnung der Wahlpflicht von konservativer Seite könnte auch der historische Charakter des Wahlrechts als einer Gewährung oder Vereinbarung gewesen sein.

In den Ausschußberatungen am 7. und 11. Februar 1919[825] wurde diese Materie kontrovers und ausführlich diskutiert, wobei schon am Beginn der Beratungen Abänderungsanträge aus den Reihen der Demokraten, Konservativen, des Zentrums und der Unabhängigen vorlagen.[826] Ein Großteil der Debatten wurde von der Diskussion über die Fragen, ob das Wahlalter bei 20 oder 21 Jahren liegen sollte und wie die außerhalb Württembergs wohnhaften Staatsbeamten und Soldaten rechtlich zu behandeln seien, eingenommen[827] und kann hier übergangen werden. Für und gegen die Einführung der Wahlpflicht wurden ebenfalls verschiedene Argumente bemüht. So sah von Blume eine Herabwürdigung des Wahlaktes. Von anderer Seite wurde sinngemäß vorgebracht, daß die Freiheit der Wahl eben auch die Freiheit der Nichtteilnahme beinhalte. Obwohl die Befürworter der Wahlpflicht dagegen hätten einwenden können, dass es jedem Wähler freistehe, seinen Stimmzettel ungültig zu machen, wurde der entsprechende Antrag mit 9 zu 15 Stimmen abgelehnt. Aus den verschiedenen Anträgen wur-

[819] Verhandlungen der VLV. Beilagen-Band 1, Beilage 3 vom 24.1.1919, §4,II.
[820] Pr. ü. die 9.Si. vom 1.2.1919, S.198.
[821] HSA E131/100 Pr. der 10er-Kommission vom 18.12.1918, S.14.
[822] Bericht des VA, S.221.
[823] Meißner, S.70–71.
[824] Nr. 80, Morgenblatt vom 18.2.1919.
[825] Schwäbische Tagwacht Nr.32 vom 8.2.1919.
[826] Bericht des VA, S.220.
[827] a.a.O., S.220–221.

de eine Neufassung synthetisiert.[828] Die zweite Beratung wurde von der Ablehnung eines Antrags des ehemaligen Innenministers Crispien zur Einführung des Rätesystems und eines entsprechenden Wahlrechts beherrscht. Daneben wurde das zwanzigste Lebensjahr als Wahlalter gegen die vier Stimmen der Bürgerpartei[829] und des Bauernbundes und somit mit den Stimmen der bisherigen Abweichler aus der Regierungsfraktion angenommen. Bei der Behandlung der die Volksvertretung betreffenden Paragraphen am 1. März[830] versuchten die Konservativen und das Zentrum noch einmal mit gleichlautenden Anträgen, wenigstens für das passive Wahlalter das 25. Lebensjahr einzuführen, was jedoch gegen die neun Stimmen der beiden Fraktionen abgelehnt wurde.[831] Die Änderungen in der dritten Beratung bezeichnet selbst der Bericht des Verfassungs-Ausschusses als „unwesentlich."[832]

Der Berichterstatter von Hieber äußerte sich in der Zweiten Beratung im Plenum dementsprechend dahingehend, daß Zentrum und DDP einerseits sowie die Bürgerpartei andererseits ihre Vorschläge zur Erhöhung des Wahlalters fallen ließen.[833] Am Sinn der Passage wurde weder im April noch im September 1919 etwas geändert. Das Wahlrecht zum Landtag jedoch mußte gemäß Art.17,I der Weimarer Reichsverfassung allen Reichsdeutschen zugesprochen werden. §4,II,1 der württembergischen Verfassung trug dem Rechnung.

Demnach geht das aktive und passive Wahlalter auf die Vorstellungen sozialdemokratische Zehner-Kommissionsmehrheit zuzüglich von Blumes zurück,

5.2.5. Wahlsystem

Die Verfassung von 1819 hatte als Wahlsystem ursprünglich die relative Mehrheitswahl in Einerwahlkreisen festgelegt (§ 144 i.V.m. §133, 5) Der zu Wählende mußte jedoch mindestens ein Drittel der abgegebenen Stimmen auf sich vereinigen (§144,I) das Quorum für die eigentliche Wahlhandlung lag bei zwei Dritteln der Berechtigten. Diese Zahl wurde 1868 um ein Sechstel auf die Hälfte ermäßigt und 1906 gänzlich gestrichen (§143,I).

Die große Reform dieses Jahres beinhaltete auch eine Abwandlung des Wahlsystems. Wie o.a. war die Zweite Kammer nun eine reine Volksvertretung. In dieser war die Hauptstadt Stuttgart gemäß ihrer Einwohnerzahl mit sechs Abgeordneten vertreten. Die Vertreter der anderen „Guten Städte" und der Oberamtsbezirke mußten nun im ersten Wahlgang die absolute und gegebenenfalls im zweiten die relative Mehrheit erreichen. Somit galt eine Variante der Romanischen Mehrheitswahl. Der Begriff der Romanischen Mehrheitswahl wird in der Literatur insofern nicht ganz eindeutig verwendet, als er entweder, wie bei Dobranicki, die Entscheidungsregel „Majorz" näher definiert oder daß er wie z. B. bei Brunner, S.211–212 die Zulassung von mehr als zwei Kandidaten für den zweiten Wahlgang bedeuten kann.

---

[828] a.a.O., S.221–222.
[829] a.a.O., S.224.
[830] Schwäbische Tagwacht Nr.51 vom 3.3.1919.
[831] Bericht des VA, S.251.
[832] a.a.O., S.224.
[833] Verhandlungen der VLV, Pr. ü. die 16.Si. vom 16.4.1919, S.346.

Vor allem aber traten siebzehn Abgeordnete hinzu, die in zwei Wahlkreisen (§133,3 WV 1819), wie die Stuttgarter Vertreter, nach dem Verhältniswahlsystem gewählt wurden. Dabei war den Wählern das Panaschieren und das Kumulieren von bis zu drei Stimmen gestattet, wie es gegenwärtig im baden-württembergischen Kommunalwahlrecht vorgesehen ist. Die Sitze wurden dabei nach dem d`Hondtschen Höchstzahlverfahren zugeteilt. Soweit die Dissertation von Dobranicki[834]

Bei der Wahl zur Verfassunggebenden Landesversammlung bildete der ganze Staat einen Wahlkreis.[835] Die angetretenen Parteien hatten demnach Landeslisten einzureichen, die im Unterschied zu den bisherigen Kreislisten starr waren.[836] Das o.a. Stimmenverrechnungsverfahren wurde nun für alle zu besetzenden Sitze angewandt.[837]

Die Zehner-Kommission hat sich nicht mit dem Stimmenverrechnungsverfahren befaßt. Allerdings wurden verschiedene Vorschläge zur Zahl der künftig zu besetzenden Sitze gemacht. Das Gremium entschied sich hierbei sowohl gegen eine fixe Zahl von Abgeordneten als auch gegen eine, dem späteren Reichstagswahlrecht entsprechende Regelung, welche die Mandate von der Anzahl der abgegebenen Stimmen abhängig gemacht hätte. Angenommen wurde die vom Berichterstatter vorgeschlagene Lösung, nach der ein Abgeordneter auf 25.000 Einwohner kommen sollte.[838] Sie fand als §18 Eingang in die Regierungsvorlage.[839]

In der ersten Plenarberatung sprach sich von Hieber für ein mehrstufiges Zuteilungsverfahren aus. Der Staat sollte in acht bis zehn Wahlkreise eingeteilt werden, wobei daran gedacht war, die Reststimmen auf Landesebene zu verwerten. Die weitere Regelung der Materie sei außerhalb des Verfassungsrechts i.e.S. in einem besonderen Landtagswahlgesetz zu regeln.[840] Der Unabhängige Crispien sprach sich wenig später für die Beibehaltung einer Abgeordnetenzahl von 150 aus, was ungefähr ein Mandat pro 16.000[841] Einwohner bedeutet hätte.[842]

Zur ersten Lesung im Ausschuß am 1. März lag ein Antrag der Abgeordneten Feuerstein (SPD), Wölz (DDP) und des Rottenburger Weihbischofs Sproll (Z) vor, der einen Abgeordneten auf 10.000 Wahlberechtigte vorsah, was mit 145 Mandaten einen Landtag vom ungefähren Umfang der beiden bisherigen Kammern ergeben hätte. Ein weiterer demokratischer Abgeordneter plädierte für 120–125 Sitze.[843] Der sozialdemokratische Innenminister Hugo Lindemann verteidigte die Regierungsvorlage u.a. mit dem Kostenargument. Nach kontroversen Anträgen und Debatten in allen drei Lesungen setzte sich der Kompromissvorschlag des Zentrumsabgeordneten Gustav Han-

---

834 S.16–18.

835 Sauer, S.207.

836 Wahlordnung §5, zitiert nach: Die Abgeordneten der verfassunggebenden württembergischen Landesversammlung.

837 §12.

838 HSA E131/100 Pr. der 10er-Kommission vom 3.1.1919, S.23.

839 Verhandlungen der VLV. Beilagen-Band 1, Beilage 3 vom 24. 1. 1919.

840 Pr. ü. die 9. Si vom 1. 2. 1919, S. 184–185.

841 Absolute Zahl nach Falter, S.113.

842 Verhandlungen der VLV, Pr. ü. die 9. Si. vom 1. 2. 1919, S. 212.

843 Stuttgarter Neues Tagblatt Nr. 109. Morgenausgabe vom 2.3.1919.

ser durch, nach dem je 20.000 Wähler einen Vertreter nach Stuttgart entsenden sollten. [844] Er wurde als §27 in die Verfassung aufgenommen.

Während der Verhandlungen des Ausschusses veröffentlichte ein DDP-Abgeordneter eine vierteilige Artikelserie in der Parteizeitung, dem „Stuttgarter Neuen Tagblatt", die dort vom 1. bis zum 3. März. erschien.[845] Autor war der „Kataster-Geometer"[846] Rudolf Linkenheil aus Schramberg, welcher dem Verfassungs-Ausschuß nur als stellvertretendes Mitglied angehörte. Er plädierte zunächst für eine Beibehaltung einer Abgeordnetenzahl von ungefähr 150, was, wie erwähnt, der Gesamtzahl der Sitze in den bisherigen Landständen nahekam. Daneben verwies er auf die internen Schwierigkeiten, die entstünden, wenn die Parteien etwa ein Drittel ihrer Mandatsträger „auszuschiffen" hätten. Ein weiterer praxisnaher Vorschlag zur Entlastung der Parteizentralen beinhaltete wegen der umständlichen Erstellung den Verzicht auf die einheitlichen Landeslisten. Dabei nimmt Linkenheil bezug auf eine von ihm 1913 veröffentlichte Schrift, in der er anscheinend ein einheitliches Verhältniswahlsystem für den Landtag in zwei Varianten für lose gebundene bzw. starre Listen vorgeschlagen hatte. Damit hatte er eine nicht weiter erläuterte Einbindung von Grundsätzen der Mehrheitswahl verbunden, die jedem der damaligen Wahlkreise eine Vertretung in Stuttgart garantieren sollte. Die Vertretung einzelner Landesteile wollte er auch gegenwärtig noch gesichert wissen.[847] Die bei der Wahl in Baden unterbliebene Reststimmenverwertung und der damit verbundene Verlust von USPD-Mandaten wird von ihm bemängelt. Dagegen sieht er 120 Abgeordnete, die in acht Wahlkreisen gewählt werden sollten und daneben 30 Landesabgeordnete vor, jeweils auf starren Listen gewählt.[848] Die begrenzte Anzahl und die Herkunft der auf den verschiedenen Stimmzetteln verzeichneten Kandidaten sei dem Verhältnis von Wählern und Gewählten zuträglich. Als Stimmenverrechnungsverfahren schlägt er in nicht ganz transparenten Formulierungen ein System vor, das eines der Wahlzahlverfahren sein muß. Das Höchstzahlverfahren in der Variante nach d'Hondt, das er das „sog. belgische System" nennt, lehnt er wegen angeblicher Ungenauigkeit ab, das Panaschieren wegen der fehlenden „politischen Reinheit" und das Kumulieren deswegen, weil die Parteigänger einer größeren Ortschaft „ihren" Kandidaten gegen den aus einer kleineren durchbringen könnten. Dabei bleibt Linkenheil den Nachweis schuldig, warum sie das bei einer starren Liste nicht können sollten.[849] Der o.a. Antrag Feuerstein-Sproll-Wölz geht anscheinend auf den Autor zurück, der seine Ansichten in allgemeiner Form vor dem Ausschuß vorgetragen hatte.[850] Angesichts der erwähnten Ausführungen von Hiebers vor dem Plenum liegt die Originalität des Linkenheilschen Wahlverfahrens in seiner ausführlichen Darlegung und seiner Stimmigkeit.

[844] Verhandlungen der VLV, Beilage 62, S.250–251.
[845] Nr. 108 Abendausgabe vom 1.3.1919, Nr. 109, Morgenausgabe vom 2.3 1919, Nr. 110 Morgenausgabe vom 3.3.1919 und Nr.111 Abendausgabe vom 3.3.1919.
[846] Die Abgeordneten der Verfassunggebenden Württembergischen Nationalversammlung.
[847] Stuttgarter Neues Tagblatt, Nr. 108.
[848] Stuttgarter Neues Tagblatt, Nr. 109.
[849] Stuttgarter Neues Tagblatt, Nr. 110.
[850] Stuttgarter Neues Tagblatt, Nr.111.

Die Regierung nutzte die Verfasssungsrevision vom September, um ihren Vorschlag erfolgreich wieder ins Spiel zu bringen[851]. Von Hieber begründete ihn vor dem Plenum mit der reichsverfassungsrechtlichen Einschränkung der württembergischen Gesetzgebungskompetenz. Er wurde als §9 der geänderten Verfassung verabschiedet.

Schon im Jahr darauf beschränkte das Landeswahlgesetz die Zahl der Abgeordneten auf 101. Zu seiner Entstehung bemerkt Schanbacher, der den Bestimmungen für die Wahlen zu den verfassunggebenden Versammlungen nur wenige Seiten[852] gewidmet hat, folgendes: „Der Entwurf für das Landeswahlgesetz wurde im Innenministerium binnen weniger Wochen fertiggestellt. Da die Regierung [..] das Reichswahlgesetz abwarten wollte, um eine größtmögliche Übereinstimmung [...] zu erreichen, wurde er bei der Landesversammlung nicht eingebracht. Nach neuerlichen Korrekturen im Sinne der Vorschläge von Rudolf Linkenheil, dem späteren Berichterstatter des Wahlgesetzausschusses, kam der Entwurf [..] am 21. April 1920 zur Beratung ins Kabinett. In der Landesversammlung und ihrem Wahlgesetzausschuß wurde er unter dem Eindruck des Kapp-Putsches zügig beraten, so daß er bereits am 15.Mai in Kraft treten konnte."[853]

Ganz Württemberg wurde, um eine engere Beziehung zwischen Wählern und Gewählten herzustellen, in 24 Wahlkreise eingeteilt, von denen die Stadt Stuttgart und je zwei bis vier Oberamtsbezirke jeweils einen bildeten. Dies machte eine landesweite Reststimmenverwertung nötig.[854] Eine solche Regelung hatte der Schwäbische Merkur bereits während der Arbeit des Verfassungs-Ausschusses gefordert.[855] 1924 wurde jedoch statt dessen im Zuge von Sparmaßnahmen eine feste Anzahl von 80 Abgeordneten beschlossen[856]. Der Staatsgerichtshof für das Deutsche Reich liefert in seinem Urteil en passant eine Zusammenfassung der wichtigsten Stellen des nun sehr komplizierten Wahlgesetzes:„ [..][Es] entfallen von den 80 Abgeordneten 56 auf die Bezirksvorschlagslisten, 24 auf die Landesvorschlagslisten (Art.1 Abs. 1) Die Stadtgemeinde Stuttgart und die Oberamtsbezirke bilden je einen Wahlbezirk (Abs. 2 das.) Es bestehen danach [...] 62 Wahlbezirke. Die Bezirksvorschlagslisten dürfen bis zu 6, im Wahlkreis Stuttgart-Stadt bis zu 10 Bewerber enthalten. [...] Bis zu 6 Bezirksvorschlagslisten benachbarter Wahlbezirke [...] [derselben Partei oder Vereinigung oder Listenverbindung] können miteinander verbunden werden (Art. 12 Abs. 1). Sollen die auf eine Bezirksvorschlagsliste entfallenden Stimmen für das ganze Land wirksam werden, so müssen die Unterzeichner [..] erklären, welcher Landesvorschlagsliste sich die Bezirksvorschlagsliste anschließt. (Art.13 Abs.1) Die Landesvorschlagslisten dürfen nicht mehr als 24 Bewerber enthalten. (Art. 14 Abs. 1 Satz 1)."[857]

Bei der von Schanbacher geäußerten Ansicht, bereits der 1920 gewählte Landtag sei so zusammengesetzt gewesen, muß es sich um ein Versehen handeln, da er in dersel-

---

[851] HSA Stuttgart E130b/101.
[852] S.61–65.
[853] S.104.
[854] Sauer, S.210.
[855] Nr. 92 Morgenblatt vom 25. 2. 1919.
[856] Sauer, S.212.
[857] Staatsgerichtshof für das Deutsche Reich [Urteil], in: Entscheidungen des Reichsgerichts in Zivilsachen 124 (1929), Anhang S.2.

ben Arbeit auch die korrekte Jahreszahl nennt[858]. Über die Details der Reststimmenverwertung schreibt dieser Autor folgendes: „Die Parteien wurden bei dieser Zuteilung auf die Landeswahlvorschläge [..] nur dann berücksichtigt, wenn sie in einem der 24 Wahlbezirke ein Achtzigstel der im gesamten Land abgegebenen Stimmen errungen oder in 4 Wahlbezirken je ein Achtel der [..] Stimmen erreicht haben."[859]

Aufgrund der zuletzt genannten Klausel entgingen der Volksrechtspartei und der NSDAP zwei Sitze bzw. ein Sitz im Stuttgarter Landtag, während der Christliche Volksdienst mit einer der Volksrechtspartei vergleichbaren Stimmenzahl drei Mandate erreichte. Die beiden benachteiligten Parteien erhoben deswegen Klage vor dem Staatsgerichtshof für das Deutsche Reich. Dieser Entschied auch hier zugunsten einer extensiven Auslegung der in Art. 17, I vorgeschriebenen Gleichheit der Wahl.[860] Aus der ungewohnt und unnötig wortreichen Urteilsbegründung soll hier nur angeführt werden, daß der Antragsgegner, also das Land Württemberg, eine Unterscheidung zwischen dem Zählwert und dem Erfolgswert einer Stimme machte und behauptete, der Gleichheitsgrundsatz sei nur für den ersteren vorgeschrieben. Mit der absichtlichen Ungleichheit des letzteren sollten Wahlerfolge von Kleinparteien ohne regionalen Rückhalt verhindert werden. Eine entsprechende Äußerung des Berichterstatters Linkenheil vor dem Landtag wurde als Beweis herangezogen.[861] Der Gerichtshof befand: „Erforderlich ist [...], daß jede Stimme auch bei der Bewertung der Stimmen das gleiche Gewicht besitzt. Nicht der [..] Zählwert, sondern der[..] Erfolgswert gibt der Stimme ihre wirkliche Bedeutung. Er muß also für jede Stimme der gleiche sein."[862] Das Gericht stellte demnach die Verfassungswidrigkeit des Art. 20 Abs. 2 des württembergischen Wahlgesetzes fest, wies aber die weitergehenden Anträge der beiden Splitterparteien ab.

Den Höhepunkt in der Verkleinerung des württembergischen Volksvertretung brachte dann das nationalsozialistische „Vorläufige Gesetz zur Gleichschaltung der Länder mit dem Reich" vom 31. März 1933, in dessen Anwendung der Landtag nurmehr 54 Abgeordnete umfaßte.[863] Die Beratende Landesversammlung von Württemberg-Hohenzollern umfaßte dann wieder 65 Mitglieder und die ebenfalls 1946 gebildete Verfassunggebende Landesversammlung von Württemberg-Baden, in dessen württembergischen Landesbezirk etwa drei Fünftel der Bevölkerung wohnten hatte 100 Abgeordnete.[864]

5.2.6. Parlamentsauflösung

Im Königreich Württemberg regelte seit 1819 der §186,II das Auflösungsrecht des Staatsoberhauptes: „Dem König steht [..] das Recht zu, die Versammlung zu vertagen oder ganz aufzulösen." Nach der zeitgenössischen Staatsrechtslehre war dieses Recht

[858] S.104 u. S.165.
[859] S.104–105.
[860] Staatsgerichtshof für das Deutsche Reich [Urteil], in: Entscheidungen des Reichsgerichts in Zivilsachen 124 (1929), Anhang S.1–19.
[861] a.a.O., S.10.
[862] a.a.O., S.8–9.
[863] Sauer, S.218.
[864] Uffelmann, S.77.

unbeschränkt.[865] Während der Geltung der ersten Verfassung wurde der Landtag oder die verfassunggebende Landesversammlung zwischen 1833 und 1870 insgesamt neunmal aufgelöst.[866]

Die Auflösung des Landtages wurde 1918/19 ausschließlich im Zusammenhang mit dem Referendum[867] erörtert.[868] Die Möglichkeit der Selbstauflösung wurde, abgesehen von einer Äußerung von Blumes, daß sie sich nicht empfehlen dürfte,[869] nicht diskutiert.

Anzumerken wäre eine Ausführung von Blumes in der Zehner-Kommission, die ein Schlaglicht auf die tatsächliche Kenntnis des immer wieder[870] von verschiedenen Seiten angeführten schweizerischen Regierungssystem wirft: „In der Schweiz führt die Regierung bis zum Vollzug der Neuwahlen die Geschäfte weiter, sie wird also nicht zusammen mit dem Parlament aufgelöst." Diese Aussage stimmt nur insofern die Bundesversammlung überhaupt nicht aufgelöst werden kann. Ebenso äußerte sich beispielsweise das Kommissionsmitglied Elsas, ebenfalls Jurist, negativ über die angeblich verfassungsrechtlich vorgeschriebene proportionale Besetzung des schweizerischen Bundesrates.[871]

Regierung

5.2.7. Regierungsbildung

Die „oberste [...] Staatsbehörde" (§54 WV 1819) war ursprünglich der 1911 abgeschaffte Geheime Rath gewesen (§§54–61) der schon durch die Bildung des Staatsministeriums 1876 an Bedeutung verloren hatte, zumal seine Aufgaben an andere Behörden überggangen waren.[872] Beide Gremien wurden gemäß der konstitutionellen Staatslehre ohne Beteiligung des Landtages gebildet. Zahl und Gliederung der Ministerien war verfassungsrechtlich geregelt. So gab es die üblichen Ressorts für Äußeres, Inneres, Justiz, Kirchen- und Schulwesen, Kriegswesen und Finanzen (WV 1819 §56). So wie im Reich wurde erst in der Zeit des Weltkrieges wieder der Ruf nach Parlamentarisierung laut, der in Württemberg im Zusammenhang mit den Haushaltsdebatten der Jahre 1917/18 vergebens von Conrad Haussmann als demokratischem Landtagsabgeordneten erhoben wurde.[873] Das ephemere Kabinett Liesching war hingegen,

---

865 Göz, Karl: Das Staatsrecht des Königreichs Württemberg. Tübingen 1908, S.1, 3, 8 (sic!). Zitiert nach: Umbach, S. 31, FN 10 und 13.

866 Umbach, S.36–37. Ausführlich hierzu Umbach, S.26–54.

867 Lorch, S.17–18. Schiffers 1971, S.53–64, passim, Umbach, S.342.

868 Anders Lorch, S.17, der einen anderslautenden Antrag während der Beratungen des VA behauptet, aber den Beleg schuldig bleibt. Der Autor stellt a.a.O. fest, daß „[..] eine Auflösung durch einen Staatsrat aus [-scheidet], da die [..] Verfassung die Einrichtung des Staatsrates überhaupt nicht kennt."

869 HSA E131/100. Pr. der 10er-Kommission vom 3.1.1919, S.17.

870 Z.B HSA E131/100. Pr. der 10er-Kommission vom 17.12.1918, S.2, 3,u.8; vom 18.12. S.11 u. 13, vom 30. 12., S.1, 2, und 3, vom 2.1.1919, S.13, 14, und 17. Verhandlungen der VLV. Pr. ü. die 8. Si. vom 31.1.1919, S.167, der 9.Si. vom 1.2.1919, S.188 u. S.212 , S.206, der 19. Si. vom 25.4 1919, S.419. Auf den einzelnen Seiten sind teilweise mehrere Wortmeldungen zum Thema verzeichnet.

871 HSA E131/100 Pr. der 10er-Kommission vom 18.12.1918, S.11.

872 Dehlinger, S. 164.

873 Cordes, S.150.

zumindest was die Parteizugehörigkeit seiner Mitglieder angeht, eine parlamentarische Regierung.[874]

Für die Zwecke der rein sozialistischen Regierung vom 9. November wurde ein zusätzliches Arbeitsministerium geschaffen, während der Plan eines aus dem Außenministerium auszugliederndes Verkehrsministeriums wieder fallengelassen wurde.[875] Die Aufnahme der bürgerlichen Kabinettsmitglieder brachte dann die Errichtung eines Ernährungsministeriums.[876]

Zwei Hauptstreitfragen beherrschten die Debatten um die Regierungsbildung i.w.S.: 1. Sollten die Funktionen des Staats- und des Regierungschefs von derselben Person ausgeübt werden und Württemberg also eine monistisch[877] oder auch monokephal[878] regierte Republik werden oder war eine dualistische[879] bzw. bikephale[880] Staatsspitze vorzuziehen? 2. Wer sollte die Regierungsmitglieder wählen bzw. ernennen?

Ministerpräsident Blos erklärte gleich zu Beginn der ersten Sitzung der Zehner-Kommission, daß innerhalb der Regierung keine Einigkeit über Fragen, welche die Staatsspitze betreffen bestehe. Die Mehrheit der Kabinettsmitglieder sei aber gegen einen besonderen Präsidenten und tendiere zu einer am schweizerischen Regierungssystem angelehnten Lösung, wobei die Regierung sich ihren Präsidenten selbst wählen solle[881], was aber nicht der schweizerischen Bundesverfassung entsprochen hätte, die in Art.98,I die Wahl des Bundespräsidenten und seines Stellvertreters durch beide Parlamentskammern festlegt.[882] Ausdrücklich gegen einen Staatspräsidenten sprachen sich der Sozialdemokrat Fischer[883] sowie die Demokraten Elsas[884] und von Hieber[885] aus, welcher das fragliche Amt, wenngleich mit anderem Aufgabenkreis, später fast vier Jahre lang innehatte. Von Blume wies daraufhin, daß die Wahl des Ministerpräsidenten durch den Landtag oder durch das Kabinett erfolgen könne und daß die Ernennung der Minister alternativ entweder durch den zuvor wie o.a. bestellten Regierungschef erfolgen könne. Keil, Feuerstein und von Hieber[886] hielten hierbei eine Wahl des Regierungschefs durch die Kammer zur Stärkung seiner Autorität für angezeigt, letzterer hielt die Wahl des Gesamtministeriums für eine nicht weiter spezifizierte „Unmöglichkeit". In einem 1920 veröffentlichten Aufsatz machte sich von Blume diese Ansicht zu eigen.[887] Der Berichterstatter selbst sprach sich hingegen dem Grundsatz nach für eine Wahl durch die Kabinettskollegen aus, weil er befürchtete, einer von ihm

---

[874] Vgl. Sauer, S.205.
[875] Weller, S.111.
[876] a.a.O., S.115.
[877] Brunner, S.259. Wilhelm bezeichnet hingegen Systeme als monistisch, in welchen „[...] eine gewisse Verbindung zwischen Legislative und Exekutive hergestellt ist. [...]"(S.11).
[878] von Beyme, S.389.
[879] Brunner, S.259.
[880] von Beyme, S.389.
[881] HSA E131/100 Pr. der 10er-Kommission vom 17.12.1918, S.2.
[882] Art.98,I Bundesverfassung der Schweizerischen Eidgenossenschaft.
[883] a.a.O., S.6.
[884] a.a.O., S.3.
[885] HSA E131/100 Pr. der 10er-Kommission vom 18. 12. 1918, S.13.
[886] HSA E131/100 Pr. der 10er-Kommission vom 18. 12. 1918, S.10–13.
[887] von Blume, 1920 [d], S.177.

befürworteten allmählichen Entwicklung zum Parlamentarismus vorzugreifen.[888] Im selben Zusammenhang bezeichnet er zu Beginn der zweiten Lesung sein nun ausgearbeitetes Regierungssystem als Propädeutikum zu seiner Idealverfassung:[889] „[...][Mein Entwurf] geht von dem Gedanken der parlamentarischen Regierung[890] aus. Der Landtag wählt den Ministerpräsidenten, dem mit dem Titel „Staatspräsi-dent“ eine gehobene Stellung zukommen soll; er bestellt selbst sein Ministerium, das jedoch vom Landtag zu bestätigen ist und von diesem abberufen werden kann. Beim Abtreten des Landtags bleibt das Ministerium in der Regel im Amt; eventuell übernimmt der ständige Ausschuß des Landtags die Staatsleitung. Vollziehende und gesetzgebende Gewalt wird also in einer Hand vereinigt.“[891] Zur Sicherstellung des parlamentarischen Vertrauens schlug von Blume die Wahl des Regierungschefs durch jeden neuen Landtag vor, obwohl er selbst der Ansicht war, daß hierzu auch „[...] bloße Bestätigung [..]“ genügt. [892] Die §§49 und 51 der Kabinettsvorlage an die Konstituante entsprachen den von der Zehner-Kommission verabschiedeten Vorschlägen des Berichterstatters.

Auf die Vereinbarung der Stuttgarter Konferenz, keinen besonderen Präsidenten zu installieren, rekurrierte er allerdings nicht. Besagte Konferenz wurde im Verlauf der württembergischen Verfassunggebung kaum wahrgenommen. Immerhin meldete die „Schwäbische Tagwacht“ am 7. Februar aus dem eben zusammengetretenen Verfassungs-Ausschuß: „Ueber die Anfrage nach einem engerem Zusammenschluß der süddeutschen Staaten konnte nur mitgeteilt werden, daß eine Zusammenkunft statt (sic!) gefunden hat, bei der für eine spätere Verständigung der [...] Grund gelegt ist.“[893]

Was Zahl und Zuschnitt der Ministerien angeht, beschränkte sich die Diskussion innerhalb der Zehner-Kommission im wesentlichen auf die Frage, ob fünf oder sechs Minister nötig seien und auf das Für und Wider der Zusammenlegung des Innen- mit dem Kult- oder dem Justizministerium. Der Jurist von Blume sah, was die letztere Variante angeht, eine Gefahr für die Unabhängigkeit der Gerichte.[894] Das Bestehen einer solchen Gefahr sah im Übrigen auch das Verfassungsgericht Nordrhein-Westfalens in den entsprechenden Plänen des Ministerpräsidenten Clement. Die im der Kommission vorliegenden Entwurf genannte Zahl von sieben Ministerien zuzüglich des Regierungschefs wurde um zwei auf fünf vermindert.[895] Die Regierungsvorlage an die Verfassunggebende Landesversammlung hingegen erklärte Anzahl und Geschäftsbereich der Ressorts zum Gegenstand der einfachen Gesetzgebung.[896]

Der Gang der Debatte wurde bereits 1928 durch Kauffmann umrissen, beschränkte sich jedoch nach der Art der meisten damaligen staatsrechtlichen Dissertationen unter

---

[888] HSA E131/100 Pr. der 10er-Kommission vom 18. 12. 1918,, S.12.
[889] HSA E131/100 Pr. der 10er-Kommission vom 30.12.1918, S.2.
[890] Unterstreichungen im Text durchweg nach der Vorlage.
[891] HSA E131/100 Pr. der 10er-Kommission vom 30.12.1918, S.1.
[892] HSA E131/100 Pr. der 10er-Kommission vom 3.1.1919, S.24.
[893] Nr.31 Hierzu ausführlich die Dissertation von Wolfgang Benz.
[894] HSA E131/100 Pr. der 10er-Kommission vom 2.1. 1919, S.23.
[895] a.a.O., S.24.
[896] Verhandlungen der VLV, Beilage 3, §50.

Verzicht auf die Angabe der jeweiligen Quellen auf die gedruckten Parlamentsprotokolle.[897]

In der ersten Lesung im Parlamentsplenum äußerte sich nach von Blume, der keine neuen Gedanken zur Sache vortrug zunächst der Sozialdemokrat Feuerstein über das Amt „ [...] des Ministerpräsidenten, der die Amtsbezeichnung ‚Staatspräsident' tragen soll. [...] " Dessen von anderer Seite kritisierte „[...] Stellung ohne Macht und Ansehen, [...]" wollte er unter demokratietheoretischen Aspekten betrachtet wissen: „Macht und Ansehen des [..] Minister- und Staatspräsidenten beruhen auf der politischen Mehrheit und der Macht des Landtages und des württembergischen Volkes! Das ist etwas ganz anderes als wenn man sich einfach die Machtbefugnisse der bisherigen Ministerpräsidenten der verflossenen Regierungen vorstellt [...] Ich meine, das ist autoritative Stellung genug um die repräsentative (sic!) nach außen zur Geltung bringen zu können. [...]"[898] Tags darauf legte von Hieber dem Plenum ausführlich die Funktionsweise des entstehenden Regierungssystems dar, wobei er es nicht unterließ, ausdrücklich auf die Essenz des Parlamentarismus hinzuweisen: „Der Ministerpräsident bildet sein Ministerium selbstverständlich im Benehmen mit dem Landtag, denn das Ministerium bedarf ja des Vertrauens des Landtags [...]"[899] Von Hieber, der sich schon zuvor eine Richtungsänderung, was seine Haltung zur Frage eines besonderen Staatsoberhauptes anging, vorbehalten hatte[900], votierte jedoch anschließend für ein solches Amt, weil es seiner Ansicht nach „[...] eine sichtbare Stütze des Staates darstellt, die den Wechsel der Ministerien überdauert."[901] Die von ihm zuvor als Folge des parlamentarischen Systems im Allgemeinen vermutete Neigung der Regierungschefs, „[...] möglichst viele Parteien an der Regierung teilhaben zu lassen, um so eine möglichst breite Basis für sein Ministerium [...] zu gewinnen",[902] hat sich angesichts des Scheiterns[903] der politikwissenschaftlichen Theorie von der „minimum winning coalition" als richtig erwiesen. Für das Zentrum wies Eugen Bolz darauf hin, daß ein durch das Volk gewähltes Staatsoberhaupt auch ein Parteimann sein werde.[904] Demgegenüber äußerte sich der Konservative Schott positiv über eine dualistische Staatsspitze, von der er sich eine Milderung des befürchteten Parlamentsregimes versprach.[905] Für die Unabhängigen forderte Arthur Crispien statt eines Staatoberhauptes die systemwidrige Volkswahl des Ministerpräsidenten[906], wie sie gegenwärtig in Israel praktiziert wird. Kauffmann unterstellt indes den sozialdemokratischen Rednern beider Richtungen, ihre wirkliche Absicht sei die Abschaffung des föderalen Reichsaufbaus.[907]

---

[897] Kauffmann, S. 17–21.
[898] Pr. ü. die 8. Si. vom 31.1.1919, S.175–176.
[899] Pr. ü. die 9. Si. vom 1.2.1919, S.186.
[900] HSA E131/100 Pr. der 10er-Kommission vom 18.12.1918, S.13.
[901] Pr. über die 9. Si. vom 1.2.1919, S.187.
[902] a.a.O.
[903] von Prittwitz,. S.169–173.
[904] Pr. ü. die 9. Si. vom 1.2.1919, S.197.
[905] a.a.O., S.207.
[906] a.a.O., S.212.
[907] Kauffmann, S.18.

Im Anschluß an die Haltung von Hiebers stellte Wilhelm Bazille im Verfassungs-Ausschuß einen umfassenden Abänderungsantrag, der zwar keine Volkswahl der Staatsspitze mehr vorsah, wohl aber deren Stärkung innerhalb der Regierung. Diese sollte ihre Kompetenzen aus eigenem Recht ausüben: „Die Staatsleitung steht dem Staatsministerium zu."[908] Seine Grenze hätte diese Vorschrift im §3 der Ausschußvorlage zur zweiten Plenarberatung gefunden: „Alle Staatsgewalt [...] geht vom Volke aus."[909] Immerhin war von Blume in seiner Erwiderung dazu bereit, die formale logische Überlegenheit des Antrags über den Regierungsentwurf anzuerkennen. Dennoch beschloß die Ausschußmehrheit, hierin der Regierungsvorlage folgend, daß die Exekutive gewissermaßen nur im Auftrag der Volksvertretung tätig sein sollte: „Die Staatsleitung wird durch den Landtag dem Staatsministerium übertragen [...]."[910] Der Ausschußvorsitzende von Hieber äußerte sich später zur Quellenlage wie folgt: „Im Ausschuß sind die Erwägungen, das Für und Wider, besonders betreffend den Staatspräsidenten eingehend erörtert worden. Ich muß [..] gestehen, daß das im Bericht, bei der außerordentlich großen Eile, mit welcher der Bericht fertiggestellt werden mußte, nicht so zur Darstellung gekommen ist, wie es erwünscht gewesen wäre."[911] Ansonsten war in eben diesem Bericht als Grund für die unterbliebene Wiederaufnahme eines Kanons von zu errichtenden Ministerien der in Bewegung geratene Zuständigkeitsbereich der Staaten genannt: „[...] es werden Aufgaben, die heute ein eigenes Ministerium erfordern, verschwinden und möglicherweise neue Aufgaben [...] entstehen."[912]

Weitergehend war in der zweiten Lesung im Parlamentsplenum ein Antrag von demokratischer Seite. In Abwesenheit des laut Parlamentsprotokoll weder kranken, noch beurlaubten oder unentschuldigt fehlenden Abgeordneten Max von Mülberger[913], trug Conrad Haussmann, dessen Entwurf vor. Dieser „[...] ernsthafte Vorstoß [...]"[914] sah im Kern die Volkswahl eines Präsidenten, der Staats- und Regierungsspitze zugleich sein sollte, vor und koppelte dessen Amtszeit von der Landtagsdauer ab: „Der Staatspräsident wird im Wege der geheimen Wahl durch die [...] Wahlberechtigten auf die Dauer von 7 Jahren gewählt."[915] In der Begründung fordert er eine engere Verbindung von „nomen" und „res" ein: „Durch den Namen ist eine gewisse gebotene Stellung behauptet [...]", die er z.B. durch das Mißtrauensvotum in Gefahr sieht.[916] In seiner Entgegnung weigerte sich von Blume als Regierungskommissar ausdrücklich, auf die Frage der Staatspräsidentschaft einzugehen. Von Hieber sekundierte ihm, insofern er, ebenfalls ohne in die Sachdebatte einzusteigen, den Kollegen empfahl die „[...] Ausschußanträge [anzunehmen] und zwar unverändert." Wilhelm Keil schloß als Präsident unmittelbar darauf die Sitzung und stellte den Antrag des Ausschusses zur Abstim-

[908] Bericht des VA, S.257.
[909] a.a.O., S.219.
[910] a.a.O., S.257.
[911] Pr. über die 17.Si. vom 16.4. 1919, S.395.
[912], a.a.O., S.389.
[913] a.a.O., S. 394.
[914] Kauffmann, S.20.
[915] Pr. ü. die 17. Si. vom 16.4.1919, S.394.
[916] a.a.O., S.395.

mung, die positiv ausfiel.[917] So kam die im Entwurf von Blumes vorgesehene Staatsspitze über die Hürde der zweiten Plenarberatung. Am 25. April hielt von Mülberger eine von Polemik wie von inhaltsarmer Rhetorik gleichermaßen freie Rede zugunsten der Schaffung eines Staatsoberhauptes, das er als „[...] charakteristisches Moment jeder Staatsverfassung [...]"[918] bezeichnete und dem er insbesondere die Repräsentation nach innen übertragen wollte. Seine Bemerkung „[...] der richtige Mann oder [...] die richtige Frau [...]" fände von selbst ein umfangreiches Betätigungsfeld führte laut Protokoll zu „Heiterkeit" im Saal. Seinen Antrag zog er gleichwohl wegen Aussichtslosigkeit zurück.[919] Dieser Abgeordnete hatte schon während der ersten Plenarberatung im Rahmen eines Zwischenrufs darauf hingewiesen, daß es bei einer überwiegend repräsentativen Staatsspitze darauf ankomme, wer das Amt ausübe.[920]

Die erörterten Bestimmungen über den Regierungschef und die äußere Kabinettsstruktur wurden nicht weiter verhandelt. Eine Wahl aller Regierungsmitglieder wurde während der parlamentarischen Phase der württembergischen Verfassungsverhandlungen, soweit ersichtlich, nicht thematisiert. Die Diskussion um die Regierungsbildung war so auf das Für und Wider eines volksgewählten Präsidenten fokussiert, daß offensichtlich selbst in den Vorstellungen der Gegner eines solchen Amtes kein Raum für eine der badischen ähnliche Lösung war.

Während der Verfassungsrevision im September stellte Wilhelm Bazille dann bei unveränderten Mehrheitsverhältnissen noch einmal einen Abänderungsantrag auf Einführung eines besonderen Staatsoberhauptes[921]. In scharfer Form griff er dabei das parlamentarische System im Allgemeinen an, zu dessen ihm wesentlichen Nachteilen die Korruption der gesamtem Staatsverwaltung gehöre.[922] Seine politische Haltung insgesamt war anscheinend so, daß nicht einmal die DVP, bezeichnenderweise während der Ära Stresemann, unter ihm als Regierungschef in das Staatsministerium eintreten wollte.[923] Ebenso kritisierte er die Stuttgarter Regierungskoalition im Besonderen. Später stellte er interessanterweise klar, daß er nicht seinen Antrag als Allheilmittel betrachte, sondern „[...] die Diktatur [..], die sicher in einigen Jahren [käme]."[924] Darüber hinaus bemerkte er auf die Reichsebene abschweifend an: „Wir haben [...] bei der nächsten Wahl des Reichspräsidenten damit zu rechnen, daß kein Parteimann gewählt wird. (Widerspruch links.) Ich bin überzeugt, daß am meisten Aussicht einer der großen Generale des Weltkriegs hat. (Heiterkeit links.)"[925] Der Abgeordnete Ziegler erklärte sich namens der Unabhängigen Sozialdemokraten in der Hauptsache für den dem Erfurter Programm in Tat entsprechenden[926] Antrag, gab jedoch umgehend bekannt, daß seine Fraktion ihn, angeblich wegen des zu hohen Mindestalters von 35

[917] a.a.O.
[918] Pr. über die 19. Si. vom 25.4. 1919, S.422.
[919] a.a.O.
[920] Pr. über die 8. Si. vom 31.1.1919, S.167.
[921] Pr. über die 54.Si. vom 23.9. 1919, S.1234–1235.
[922] a.a.O., S.1235.
[923] Sauer, S.215.
[924] Pr. über die 54.Si. vom 23. 9. 1919, S.1242.
[925] a.a.O., S.1243.
[926] Erfurter Programm II,3.

Jahren, für die Wahl des Staatsoberhauptes, nicht unterstützen könne[927]. In der sich nun entwickelnden Generaldebatte über den Parlamentarismus bemühten nun auch die Sozialdemokraten das Kostenargument, als Innenminister Lindemann auf die fehlende Notwendigkeit je eines Staats- und Regierungschefs hinwies. Die zusätzliche Installierung des Letzteren wäre im Falle einer dualistischen Regierungsspitze allein schon durch den Art. 17,I,2 der Reichsverfassung notwendig geworden. Daß dort den Ländern das parlamentarische Prinzip vorgeschrieben war, teilte später von Blume den Volksvertretern noch einmal ausdrücklich mit. Die durch den Regierungskommissar den Konservativen unterstellten „[...] anderen politischen Zwecke, die [sie] mit der Einrichtung eines Staatspräsidenten [...]“[928] verfolgten, waren laut Kauffmann die Wiedereinführung der Monarchie,[929] etwa nach der Einrichtung des Zweiten Kaiserreiches in Frankreich durch den Präsidenten Louis Napoleon.

Die vielerorts zugunsten einer volksgewählten Staatsspitze angeführte Neutralität und Überparteilichkeit derselben stellte Lindemann mit Blick auf die US-amerikanischen Verhältnisse ebenso in Frage, wie diejenige der Kabinette im Konstitutionalismus.[930] Von Hieber berief sich auf die in den zurückliegenden Jahrzehnten eingeführte parlamentarische Demokratie in Skandinavien und den Niederlanden, deren Funktionieren er zugunsten der Regierungsform als solcher geltend machte. Dies zeigt, daß die verfassungspolitische Entwicklung in diesen, gemessen an Deutschland als Ganzem, kleinen Ländern immerhin nicht gänzlich ignoriert wurde. Außerdem hegte der Ausschußvorsitzende die Vermutung, daß der Antrag von der konservativen Seite allein schon deswegen nicht ganz ernst gemeint sein konnte, weil Bazille auf die Formulierung der zahlreichen Verfassungsbestimmungen, die im Erfolgsfalle hätten geändert werden müssen, verzichtet hatte.[931] Der Antrag Bazilles wurde dann auch abgelehnt. Das grundsätzliche Verhältnis zwischen Parlament und Regierung legte dann der §26,I,1, hierin dem §49,1 der Regierungsvorlage an die Landesversammlung folgend, fest: „Die Staatsleitung wird durch den Landtag dem Staatsministerium übertragen.“ Staatsrechtlich feinsinnig bemerkt Wilhelm hierzu: „In Wahrheit erhält die Regierung ihre Befugnisse nicht vom Landtag übertragen, sondern sie stehen ihr unmittelbar auf Grund der Verfassung zu.“[932]

Die Wahl des Staatspräsidenten durch den Landtag ging also auf Wilhelm von Blume zurück, der ihn später übrigens als „[...] mit dem Amtstitel Staatspräsident [...]“ ausgestatteten Ministerpräsidenten[933] bezeichnete. Zahl und Zuschnitt der Ministerien wurden erst nach der Verfassunggebung und im Rahmen der einfachen Landesgesetzgebung geregelt.

Zu Minister- bzw. Staatspräsidenten wurden in nahezu ununterbrochener Reihenfolge die am Prozeß der Verfassunggebung beteiligten Politiker Blos, von Hieber, Bazille und Bolz gewählt. Bei den Landtagswahlen von 1920 verlor die SPD mehr als die

---

[927] Pr. über die 53.Si. vom 22. September 1919., S.1235.
[928] a.a.O., S.1237.
[929] Kauffmann, S.20.
[930] Pr. über die 53.Si. vom 22. September 1919, S.1236–1237.
[931] a.a.O., S.1239–1240.
[932] Wilhelm, S.16.
[933] von Blume 1920 [d], S.178.

Hälfte ihrer Stimmen und ging gegen den Rat ihrer Exponenten Blos und Keil in die Opposition, was eine Minderheitsregierung ihrer bisherigen Koalitionspartner nach sich zog. Diese verließ sie wieder für ein eineinhalbjähriges Intermezzo in Form einer Neuauflage der Weimarer Koalition.[934] Zwischen 1924 und 1928 regierte ein Bürgerblock unter Bazille. Diese Koalitionsform wurde auch nach den Landtagswahlen von 1928 beibehalten. Das Zentrum entschied sich dabei gegen eine mandatsarithmetisch mögliche Neuauflage der Weimarer Koalition und durfte dafür mit Eugen Bolz den Regierungschef stellen. 1930 trat der spätere Ministerpräsident von Württemberg-Baden und Baden-Württemberg, Reinhold Maier, für die DStP als Wirtschaftsminister in das von der DNVP mitbestimmte Kabinett ein, weswegen Friedrich von Payer die Partei verließ. Nachdem die NSDAP 1932 stärkste Fraktion geworden und keine bürgerliche Mehrheit mehr möglich war, regierte das Kabinett Bolz als geschäftsführende Regierung bis März 1933 weiter. [935] Möglich wurde dies durch eine Abänderung der Geschäftsordnung, derzufolge für die Wahl des Staatsministeriums nun die absolute Mehrheit notwendig war. Da eine solche Mehrheit nicht zustande kam, war die Wahl eines neuen Regierungschefs und somit insbesondere eines Nationalsozialisten nicht mehr möglich.

Was die Zahl der Ministerien anbelangt wurden Arbeits- und Ernährungsministerium 1923 zu einem Wirtschaftsministerium zusammengefaßt, die Zahl der Minister sank zeitweise durch die gemeinsame Verwaltung von Wirtschafts-und Kultministerium durch Wilhelm Bazille. 1924–28.[936] Durch ein Gesetz aus dem Jahr 1926 wurde die Zahl der Minister auf fünf einschließlich des Staatsministeriums festgelegt. Die in derselben Vorschrift festgelegte Bildung von fünf Ministerien bedeutete gleichzeitig, daß der Regierungschef ein eigenes Ressort zu verwalten hatte.[937]

5.2.8. Regierungssturz

In der Zehner-Kommission äußerte sich von Blume bereits in der zweiten Sitzung zum Thema. Bei einer Auflösung des Landtags sollte die Regierung zwar geschäftsführend weiter bestehen, ihre Vollmacht jedoch nach den fälligen Neuwahlen erlöschen.[938] Zum eigentlichen Regierungssturz hatte er folgende Vorstellungen: „Eine Abberufung der Regierung durch ein „Mißtrauensvotum" im alten Sinn ist nur bei Bestehen eines Staatsoberhauptes möglich; ich würde eine wirkliche Abberufungsmöglichkeit durch das Parlament für angemessen halten und zwar [..] auch gegenüber dem Einzelminister [...], also nicht nur gegenüber dem Gesamtministerium. Hierdurch könnte [..] ein Vakuum entstehen; vielleicht könnte [...] dem Landtagspräsidenten, etwa unter Mitwirkung eines ständischen Ausschusses die Weiterführung der Geschäfte übertragen werden."[939] Entsprechende Bestimmungen wurden Teil seines Verfas-

---

[934] Sauer, S.210–211.
[935] Huber, 1993, S.792–794.
[936] Dehlinger, S.258. Besagter Autor läßt sich a.a.O., S.178 über seine fruchtbringende Tätigkeit als Finanzminister der nationalsozialistischen Regierung in den Krisenjahren (sic!) bis 1942 aus. Die fraglichen Fachkenntnisse bescheinigt ihm allerdings auch Sauer (S.213).
[937] Kauffmann, S.35.
[938] HSA E131/100 Pr. der 10er-Kommission vom 18. 12. 1918, S.10–11.
[939] a.a.O., S.11.

sungsentwurfs.[940] Für die Staatspraxis erwartete der Berichterstatter offensichtlich ein kontinuierliches Zusammenfallen von Regierungs- und Landtagswillen: „Eine Abberufung der Regierung durch den Landtag wird bei dem vorgeschlagenen System nur sehr selten vorkommen.“ Diese Möglichkeit schien ihm so vernachlässigbar, daß er bereit war, sie gegen eine verlängerte Landtagswahlperiode einzutauschen, was ursprünglich eine Idee von Wilhelm Keil war,[941] der sich ansonsten schon früher für die Möglichkeit des Misstrauensvotums gegen einzelne Minister ausgesprochen hatte.[942]

Abgesehen von der allgemeinen Vorschrift, daß das Staatsministerium des Vertrauens des Landtages bedürfe, legte die Regierung in ihrer Vorlage an die Konstituante die Modalitäten des Regierungssturzes fest: Der Landtag ist berechtigt, das Staatsministerium abzuberufen oder die Entlassung einzelner Minister zu verlangen (§52). Ist das gesamte Ministerium zurückgetreten oder abberufen worden, so hat es bis zur Bildung eines neuen Ministeriums die Geschäfte weiterzuführen (§52). Im vorangehenden Abschnitt über die Volksabstimmung wird eine plebiszitäre Eingriffsmöglichkeit in den Bestand des Ministeriums nicht erwähnt.

In der Ersten Beratung wurde die Frage des Sturzes der Regierung oder einzelner ihrer Mitglieder nur ganz am Rande diskutiert und wenn sie diskutiert wurde, dann nicht kontrovers.[943]

Gleiches gilt für die Behandlung der Materie im Verfassungs-Ausschuß. Während seiner Beratungen wurde immerhin klargestellt, daß auch eine Regierung, die lediglich geschäftsführend im Amt war, sich gegen ihren Rücktrittsbeschluss an das Volk wenden konnte, um mittels der Volksabstimmung die Landtagsauflösung herbeizuführen.[944] Diese Regelung wurde als so bedeutend angesehen, daß sie in die schriftliche Begründung zur Ausschußarbeit aufgenommen wurde.[945] Gleiches gilt für den in §52 genannten Auflösungsbeschluß zur Abberufung der Regierung, von dem erklärt wurde daß er zwingend notwendig sei. Somit sollte eine Abstimmungsniederlage der Regierung nicht, wie in England, Frankreich, Belgien, Italien und Schweden zu der Zeit üblich[946] ein Grund zum Rücktritt sein.

In der Zweiten Plenarberatung wurden weitere spezielle Fragen zum Regierungschef allein schon deswegen nicht erörtert, weil Regierungskommissar von Blume sie aus nicht näher erläuterten Motiven in der dritten Lesung beraten wissen wollte. Analog zu dem weiter oben geschilderten Vorgang schloß Präsident Keil unmittelbar nach dem Wortbeitrag von Blumes die Sitzung.[947]

In der letzten Lesung wurde der Regierungssturz dann doch nicht weiter erörtert, was trotz der o.a. Debatte um die Stellung des Staatspräsidenten im Allgemeinen auch für die Verfassungsrevision im September gilt.

---

[940] HSA E131/100 Pr. der 10er-Kommission vom 30.12.1918, S.1.
[941] a.a.O., S.4.
[942] HSA E131/100 Pr. der 10er-Kommission vom 18.12.1918, S.12.
[943] Z.B. Pr. über die 9.Si. vom 1. 2. 1919, S.187.
[944] Bericht des VA, S.258.
[945] Verhandlungen der VLV, Beilage 62, S.289.
[946] von Beyme, S.679–688.
[947] Pr. über die 17.Si vom 16.4.1919, S.395.

Die Regelung des Regierungssturzes und der Abberufung einzelner Minister jeweils durch den Landtag geht demnach ebenfalls auf von Blume zurück.

Das seit 1928 amtierende Minderheitskabinett Bolz, das sich aus Zentrumsangehörigen und Konservativen zusammensetzte, hatte sich erstmals mit einer größeren Zahl von Mißtrauensanträgen auseinanderzusetzen. Diese konnte sie „[...] oft nur mit Hilfe der für [...] [sie] günstigen Geschäftsordnung und der Dank der Toleranz, die Christlicher Volksdienst und DVP [...] übten“[948] abwehren. Ein deswegen von der SPD vor dem Staatsgerichtshof des Deutschen Reiches angestrengter Prozess fiel ebenfalls positiv für die Regierung aus.[949]

5.2.9. Struktur der Regierung

Unter König Wilhelm I. (1816–1864) hatte das uneingeschränkte Ressortprinzip gegolten: „Die Minister waren [..] nicht zu einem Kollegium zusammengefasst, vielmehr selbständige Fachmänner. Sie waren weder der Leitung eines Ministerpräsidenten [...] noch dem Mehrheitswillen der anderen Minister unterworfen. Nach dem Ermessen und unter dem Vorsitz des Königs traten sie nach französischem Vorbild in Ministerkonseils zusammen [...]“[950] Vom März 1848 an[951] existierte dann bis zur Einrichtung des Staatsministeriums ein Ministerrat. Dem Staatsministerium stand ein vom König aus der Zahl der Minister ernannter Ministerpräsident vor.[952]

Die ephemere, rein sozialistische Regierung des 9. November hatte ebenso wie der Rat der Volksbeauftragten des Deutschen Reiches nominell zwei Kovorsitzende, die MSPD und USPD vertraten, nämlich Wilhelm Blos und Arthur Crispien, gehabt.[953] Nach der Regierungsumbildung wird Blos von der Literatur durchweg als einziger Ministerpräsident genannt.[954]

Die am Prozeß der Verfassunggebung Beteiligten hatten, was die Binnenstruktur der Regierung angeht, vornehmlich zwei Aufgabengebiete zu gestalten: Einerseits waren die Kompetenzen des Regierungschefs festzulegen, von denen das Recht der Ministerauswahl bereits kurz behandelt wurde, und andererseits die Entscheidungsstruktur des Kabinetts als Ganzem. Wiewohl die Politikwissenschaft, „Kanzler-“, Kabinetts- und Ressortprinzip als Reinformen kennt, ging es in der Realität der Verhandlungen hier wie anderswo vornehmlich darum, festzulegen, welches Element der Regierung das vorherrschende sein sollte.

Der Gang der Diskussion innerhalb der Zehner-Kommission, den schon Schiffers kurz umrissen hat,[955] orientierte sich auch an diesen Punkten am schweizerischen Regierungssystem, bzw. an dem, was die Kommissionsmitglieder dafür hielten. An dieser Stelle sei kurz darauf hingewiesen, daß die schweizerische Bundesverfassung das pas-

---

[948] Sauer, S.215.
[949] a.a.O.
[950] Dehlinger, S.141.
[951] a.a.O., S.149.
[952] a.a.O., S.164.
[953] Weller, S.111.
[954] Z.B. Sauer, S.205.
[955] Schiffers, 1971, S. 58.

sive Wahlrecht zum Bundesrat, also zum Minister, keineswegs nur auf die Parlamentarier beschränkt. Vielmehr umreißt sie in Art.96,I,1 den Kreis der potentiellen Kandidaten wie folgt: „Die Mitglieder des Bundesrates werden von der Bundesversammlung aus allen Schweizerbürgern, welche als Mitglieder des Nationalrats wählbar sind [...] ernannt."

Was zunächst die Kompetenzen des Staatspräsidenten angeht, von denen sich der Anteil des „Kanzlerprinzips" an der Entscheidungsstruktur des Staatsministeriums der Sache nach nicht trennen läßt, legte sich von Blume bereits vor der Vorlage seines Entwurfs darauf fest, ihm lediglich die Rolle eines „primus inter pares" zuzuweisen: „Der Ministerpräsident hätte grundsätzlich nur die Stellung eines Vorsitzenden; also keine überragende Stellung über die anderen Minister; nur nach aussen wird ihm das Recht der Vertretung des Staates zuzubilligen sein."[956] Dieses wiederum wurde durch eine Regelung als ein eher repräsentatives definiert, die der Berichterstatter in der ersten Einzelberatung seines Verfassungsentwurfs selbst ins Spiel gebracht hatte und nach welcher der Abschluß von Staatsverträgen der Zustimmung der Regierung bedürfe.[957] Dagegen wollte der Demokrat Elsas ihm immerhin das casting vote zubilligen um Pattsituationen vorzubeugen, die ansonsten durch die von ihm propagierte Sechszahl der Ministerien hätten entstehen können.[958] Der auf der Stuttgarter Konferenz gefaßte Beschluß, keine „besonderen Präsidenten" zu installieren, blieb unerwähnt.

Der Regierungsentwurf hingegen sah an der entsprechenden Stelle eine stärkere Stellung des Regierungschefs vor: „Die Anordnungen [...]des Staatsministeriums bedürfen zu ihrer Gültigkeit der Unterzeichnung durch den Staatspräsidenten und mindestens der Hälfte der Minister.[959] Die Macht des Regierungschefs sollte also noch über das absolute Vetorecht gegenüber Beschlüssen des Gesamtministeriums hinausgegangen. Ohne ihn gefaßte Entscheidungen wären nicht einmal bis zu einem etwaigen Widerspruch, wie etwa bei einem absoluten Vetorecht, sondern überhaupt nicht gültig geworden.[960]

In nennenswertem Umfang traktiert wurden die Befugnisse des Staatspräsidenten erst wieder im Verfassungs-Ausschuß der Verfassunggebenden Landesversammlung. Dort wurde der Zusatz in den Verfassungsentwurf aufgenommen, daß Beschlüsse nur dann durch die o.a., gewissermaßen qualifizierte Mehrheit der Minister unterzeichnet werden mußten, wenn diese zu veröffentlichen waren, was allerdings in weitem Umfang zutrifft.[961] Auf Antrag des Demokraten Otto Wölz wurde dem Regierungschef das Recht eingeräumt, seinen Stellvertreter zu ernennen.[962]

In der zweiten Plenardebatte nahm die Verfassunggebende Landesversammlung den §48 der Regierungsvorlage in der durch den Ausschuß abgeänderten Form nach einer speziellen Abstimmung und die unveränderten §§ 49–52 in einem summarischen Be-

---

956 HSA E131/100 Pr. der 10er-Kommission vom 18.12.1918, S.11, vgl. Schiffers, 1971, S.58.
957 HSA E131/100 Pr. der 10er-Kommission vom 3.1.1919, S.26.
958 a.a.O., S.24.
959 Verhandlungen der VLV, Beilage 62, S.283.
960 Bericht des VA S.257.
961 Vgl Württembergisches Regierungsblatt, passim.
962 Bericht des VA, S.258.

schluß an.[963] Zuvor hatte Conrad Haussmann, der ja Vorsitzender des Verfassungsausschusses der Deutschen Nationalversammlung war, die Kollegen über die auf Reichsebene vorgesehene Richtlinienkompetenz des Regierungschefs informiert und sich für eine Übereinstimmung der Regierungssysteme von Reich und Land ausgesprochen, was womöglich auch der Grund für die o.a. Unterstützung des von Mülbergerschen Antrags zur Staatsspitze begründet. Ebenso wünschte er die Einführung des casting vote des Staatspräsidenten, der dadurch weiter aus dem Kreis der Minister herausgehoben werden sollte. Außerdem versuchte er, wenigstens die repräsentativen Rechte des Staatspräsidenten durch die von ihm beantragte Streichung der Worte „nach außen" auch auf Amtshandlungen innerhalb Württembergs auszudehnen.[964] In der dritten Lesung wurde allen einschlägigen Paragraphen en bloc zugestimmt.[965]

Die Verfassungsvorschriften über die genannten Rechte des Staatspräsidenten waren von den erneuten Verhandlungen im September nicht betroffen.

Der Vollständigkeit halber sei angemerkt, daß dem württembergischen Staatspräsidenten, ganz abgesehen von dem im §32,1 niedergelegten Recht der Vertretung nach außen, nach der Verfassung das Recht zustand, einen Teil der Beamtenschaft zu ernennen, wobei er anscheinend in seinem Ermessen tatsächlich frei war. Den Umfang des Begnadigungsrechts bezeichnet Kauffmann wie folgt: „Der §33 der [..] Verfassung gibt dem [..] Staatspräsidenten Ehrenrechte, die nicht nur diejenigen aller übrigen deutschen Regierungschefs, sondern auch diejenigen des [..] Reichspräsidenten an Umfang und Bedeutung übertreffen, insofern er dem Staatspräsidenten neben dem Recht der Einzelbegnadigung das Recht der Niederschlagung anhängiger Strafverfahren verleiht."[966]

Weiterhin zu klären war die Frage, in welchem Umfang die Minister bei der Führung ihrer Amtsgeschäfte selbständig sein sollten und welche Befugnisse dem Staatsministerium zu übertragen waren. Reinhard Schiffers hat in seiner Dissertation diese Frage kurz behandelt. Dabei stellt er einerseits heraus, daß die von Seiten der Regierung der Zehner-Kommission „[...] empfohlene Orientierung am Schweizer Regierungssystem nicht darin bestehen konnte, aus diesem [..] einzelne Elemente herauszulösen und sie formalisiert in den Entwurf der württembergischen Verfassung einzufügen." Weiterhin betont der Autor, daß sich die Kommissionsmitglieder Keil und von Hieber dem „[..] Bedenken gegen eine zu enge Orientierung am Regierungssystem der Schweiz [anschlossen][...]."[967] Die entsprechende Äußerung Keils lautete hierbei: „Das rein schweizerische System wird nach unserer Volksstimmung keine Aussicht auf Verwirklichung haben."[968] Somit dürfte es sich eher um die Bedenken der Württemberger als um die Keils gehandelt haben. Der entsprechende Einwand von Hiebers bezieht sich auf den bundesstaatlichen und multiethnischen Charakter der Eidgenossenschaft im Unterschied zum württembergischen Einheitsstaat.[969] An anderer Stelle hatte von

[963] Pr. über die 17. Si. vom 16. 4. 1919, S.395.
[964] a.a.O.
[965] Pr. über die 19. Si. vom 25. 4. 1919, S.423.
[966]Kauffmann, S. 43–47.
[967] Schiffers, 1971, S.58–59.
[968] HSA E131/100 Pr. der 10er-Kommission vom 18.12.1918, S.8
[969] a.a.O., S.13. Vgl. Schiffers, 1971, S.58–59 und S.58, FN 31, dort auf S.12 u.14 (sic!).

Blume darauf hingewiesen, daß das schweizerische Regierungssystem eben kein parlamentarisches sei,[970] was aber nur heißen sollte, daß er zumindest kein rein parlamentarisches System in Württemberg eingeführt sehen wollte. Ein rein kollegiales System lehnte von Blume in der Tat ab.[971] Gleiches gilt für den Demokraten Elsas, der auch an dieser Stelle über die tatsächlichen eidgenössischen Verhältnisse nicht im Bilde war und annahm, der schweizerische Bundesrat kenne überhaupt keine Fachminister.[972] Während der sogenannten Helvetik von 1798–1803 war dort allerdings in der Tat als Exekutive nach französischem Vorbild ein Direktorium im Amt gewesen, das als eigentliche Regierung vier Fachministerien vorstand.[973] Von der Übernahme der republikanischen Verfassung des Nachbarstaates en bloc konnte in der Tat keine Rede sein. Andererseits fallen die positiven Bekenntnisse zur eidgenössisch-demokratischen Tradition deutlich genug aus. So äußerte sich von Blume bereits in seiner ersten Stellungnahme in der Kommission wie folgt: „Im Uebrigen könnte ich die Vorschläge der [..] Regierung sehr gut akzeptieren. So insbesondere die Anlehnung an das Schweizersystem."[974] Ebenso ließ Elsas Sympathie für die Heranziehung der nachbarstaatlichen Verfassung erkennen, die trotz der o.a. Ablehnung des angeblichen extremen Kollegial- und des Zweikammersystems[975] kaum als wesentlich geschmälert betrachtet werden kann: „Der Hinweis auf das schweizerische Regierungssystem hat mir ausserordentlich gefallen [...]."[976] Wie o.a. zogen die am Prozeß der Verfassunggebung Beteiligten das schweizerische System von der ersten Sitzung der Zehner-Kommission bis zur dritten Plenarberatung der Verfassunggebenden Nationalversammlung immer wieder als Vorbild heran, wobei die positiven Erwähnungen überwiegen. Es läßt sich also abweichend von der Ansicht Schiffers behaupten, daß einerseits eine allgemeine Anlehnung an das fragliche Vorbild stattgefunden hatte. Gerade wegen der Unmöglichkeit, die Schweizerische Bundesverfassung genau zu kopieren, konnten nur einzelne ihrer Elemente verwendet werden. Damit fand aber andererseits genau der von Schiffers in Abrede gestellte Prozeß des Herauslösens einzelner Teile aus dem schweizerischen Regierungssystem und des Einfügens in die eigene Verfassung statt.

Von Blume hatte, wie schon Schiffers dargestellt hat[977], eine Kombination aus Kollegial- und Ressortprinzip vorgesehen. Dies wurde durch von Hieber ausdrücklich gutgeheißen, der ansonsten auf die Aktualität des Gesetzes betreffend die Bildung des Staatsministeriums von 1876 verwies.[978]

Der §58 der Regierungsvorlage an die verfassunggebende Landesversammlung hatte dann folgenden Wortlaut: „Jeder Minister führt die Geschäfte seines Ministeriums unter eigener Verantwortlichkeit, soweit nicht das Staatsministerium zuständig ist. Die

---

[970] HSA E131/100 Pr. der 10er-Kommission vom 17.12.1918, S.4.
[971] HSA E131/100 Pr. der 10er-Kommission vom 18.12.1918, S.13. Vgl. Schiffers, 1971, S.58.
[972] a.a.O., S.12.
[973] Vgl. z.B. Hatschek, S.459.
[974] HSA E131/100 Pr. der 10er-Kommission vom 17.12.1918, S.4.
[975] a.a.O., S.3.
[976] a.a.O.
[977] Schiffers, 1971, S.58.
[978] HSA E130/100 Pr. der 10er-Kommission vom 18.12.1918, S.13.

Zuständigkeit des Staatsministeriums wird durch Gesetz bestimmt."[979] In die entsprechende Passage der Begründung zum Entwurf wurde die Ablehnung des schweizerischen wie auch des badischen Kollegialsystems ausdrücklich aufgenommen.[980] Diese Stelle dokumentiert außerdem, daß hinsichtlich einer weiteren Materie die Entscheidung zwischen den drei fraglichen Entscheidungsprinzipien aufgeschoben worden war: „Das [zu erlassende] Gesetz [über Zahl und Zuschnitt der Ministerien] wird [..] darüber zu bestimmen haben, ob und in wie weit die Beamtenernennung dem Ministerpräsidenten, dem Gesamtministerium oder den einzelnen Ministern zusteht."

Der Verfassungs-Ausschuß der Landesversammlung hat an den in Frage kommenden Paragraphen wenig mehr als bloß redaktionelle Änderungen vorgenommen,[981] was ungefähr auch für die letzte Beratung und die Plenardebatten im September 1919 gilt. Die Verhandlungen über die Entscheidungsstrukturen innerhalb der Regierung standen, wie ausführlich dargelegt wurde, im Zeichen der anhaltenden Versuche doch noch eine dualistische Staatsspitze zu schaffen. Die an den fraglichen Stellen mögliche Anwendung des Kollegial- und des Ressortprinzips wurde wohl als weniger wichtig angesehen.

Die im Vergleich zu möglichen Varianten schwache Stellung des Regierungschefs im allgemeinen geht demnach ebenso auf Wilhelm von Blume zurück, wie das Recht des Staatspräsidenten, Württemberg nach außen zu vertreten. Die überragende Stellung, die der Regierungschef bei bestimmten Abstimmungen innerhalb des Staatsministeriums einnehmen sollte, war im Regierungsentwurf an die Verfassunggebende Landesversammlung zu finden. Während der Diskussionen über den Entwurf von Blumes war eine solche Regelung nicht thematisiert worden. Die verkürzte Darstellung der Einzelberatungen dieses Gremiums lassen allerdings nicht den sicheren Schluß zu, ein solches Recht sei dort nicht verankert gewesen. Die Stellvertretung des Staatspräsidenten wurde nach einem Vorschlag geregelt, den der Abgeordnete Otto Wölz im Verfassungs- Ausschuß eingebracht hatte.

Über die partielle Einführung des Kollegialsystems in die neue Verfassung bestand ein Konsens innerhalb der Zehner-Kommission. Daneben wurde die grundsätzliche Eigenverantwortlichkeit des Ministers für sein Ressort erstmals durch von Blume in den ersten allgemeinen Beratungen dieses Gremiums angesprochen.

Der zeitgenössische Göttinger Staatsrechtslehrer Julius Hatschek hat, um die Stärke der Regierungschefs zu vergleichen, statt der Entwicklung im Verfassungsgebungsprozeß alle außerpreussischen Länderverfassungen herangezogen. Anhand von vier Kriterien kam er zu der Überzeugung, daß der württembergische Staatspräsident nach dem sächsischen Ministerpräsidenten die zweitmächtigste Stellung zukäme.[982]

---

979 Verhandlungen der VLV, Beilage 3 vom 24.1.1919, S.77.
980 Verhandlungen der VLV, Beilage 62 vom 15.4.1919, S.290.
981 a.a.O., S. 258.
982 S.480–481.

5.3. Die Urheber der Verfassung

5.3.1. Vorgehensweise

In Württemberg durchlief der Verfassungstext, nachdem ein von der revolutionären Regierung eingesetztes Gremium über einer Rohfassung beraten hatte, die Stationen Regierung, Parlamentsplenum, Verfassungs-Ausschuß und wiederum Parlamentsplenum. Der Hauptunterschied zur Entwicklung im badischen Nachbarstaat bestand, wie schon Schiffers festgestellt hatte, im „[..] Fehlen von Einzelentwürfen“[983], d. h. konkret in den zweitägigen Beratungen der Zehner-Kommission vor der Einbringung des von Blumschen Entwurfs. Übereinstimmend schlecht hingegen ist die Quellenlage für die Überarbeitung des Verfassungsentwurf durch die revolutionären Regierungen. Was die Provisorische Regierung Württembergs angeht, finden sich im entsprechenden Bestand verschiedene Sitzungsprotokolle aus der fraglichen Zeit.[984] Diese sind keineswegs vollständig, ein bestimmtes Muster bei der Auswahl der überlieferten Büschel läßt sich nicht feststellen. Der Gegenstand der Debatte kann nicht ausschlaggebend gewesen sein, weil das Protokoll über die entsprechende Sitzung zur Verfassungsrevision des September 1919 am zu erwartenden Platz aufbewahrt wird.[985]

Die geringen Vorgaben, welche die Regierung dem Ausschuß machte, kommentiert Keil in seinen Memoiren so: „Die Regierung übermittelte mir einen flüchtig ausgearbeiteten Verfassungsentwurf, von dem jedoch im Laufe unserer Beratungen nicht viel übrig blieb.“[986] Die Kommission, die in Anwesenheit des Regierungschefs tagte, begann ihre Arbeit mit einer allgemeinen Aussprache, welche die Zeit der beiden ersten Sitzungen am 17. und 18. Dezember in Anspruch nahm.[987] Am Ende der zweiten Sitzung wurde von Blume einstimmig die Ausarbeitung eines ausführlichen Verfassungsentwurfs übertragen, der die Grundlage der weiteren Verhandlungen sein sollte.[988] Diese begannen am 30. Dezember mit einer allgemeinen Aussprache, welche in den Beginn der Einzelberatung einmündete. Der Entwurf ist als solcher nicht aufzufinden. Da die Kommission, auch wenn sie keine Änderungsanträge einbrachte doch über die entsprechenden Passagen der Vorlage abstimmte, lassen diese sich zum Teil rekonstruieren. Diese erstreckte sich über zehn Sitzungstage und wurde durch eine knappe zweite Lesung am Nachmittag des 14. Januar 1919 abgeschlossen.[989] Der Kommissionsvorsitzende bemerkt zur Einstellung des Berichterstatters und zur Arbeitsweise des Ausschusses u.a. folgendes: „Prof. v. Blume, ein [...] genauer Kenner des Verfassungsrechts aller modernen Staaten [...] war bemüht, ein logisch aufgebautes, einfaches und klares Werk zustande zubringen.[990] [...] Majoritätsbeschlüsse wur-

---

983 Schiffers, 1971, S. 53.
984 HSA E130b/214.
985 HSA E130b/101.
986 Keil, 1948, S.125.
987 GLA E 131/100.
988 a.a.O.
989 a.a.O.
990 Zur daraus hervorgehenden Vorbildfunktion der württembergischen Verfassung vgl. Schiffers, S.54.

den möglichst vermieden. [...] Der von Blume umgearbeitete Entwurf wurde in drei[991] Lesungen durchberaten. Die beiden Unabhängigen verstanden wenig von der Sache und bereiteten keine Schwierigkeiten. Die drei Bürgerlichen legten alte Vorurteile ab und trugen den Zeitverhältnissen Rechnung. [...] In bezug auf das Wahlrecht entsprach der Entwurf völlig den Forderungen des Erfurter Programms. Die Regierung überprüfte unsere Arbeit und legte den Entwurf fast unverändert der Verfassunggebenden Landesversammlung vor."[992] Die Protokolle des Staatsministeriums aus dieser Zeit enthalten keinen Hinweis auf die entsprechende Tätigkeit der Regierung. Immerhin geht aus einer Äußerung von Blumes hervor, daß die Regierung den Entwurf „[...] ihrerseits in mehreren Sitzungen erledigte, [...] daß es nicht einmal möglich war, die Protokolle des Verfassungsausschusses fertigzustellen, ehe die Regierung mit ihren Beschlüssen zum Ziele gekommen war."[993]

Trippe behauptet, „Württemberg" habe auf eine Dokumentation der Debatten des Verfassungsausschusses bewußt verzichtet. Dabei bezieht er sich auf eine im März negativ beschiedene Anfrage der hessischen Regierung, die offenbar die fraglichen Protokolle angefordert hatte.[994] Der Bericht des Verfassungsausschusses wurde am 15. April 1919 als Beilage 62 der Parlamentsprotokolle ausgegeben[995] und nannte, beispielsweise im Gegensatz zu seinem badischen Pendant, die einzelnen Redner beim Namen.

5.3.2. Gewichtung der Anteile

Wilhelm von Blume, den die demokratische Parteipresse wie o.a. schon bei Beginn der Parlamentsberatungen den Vater der Verfassung nannte, war wie Schiffers ausführlich herausgearbeitet hat,[996] der maßgeblich Kopf der württembergischen Verfassungsverhandlungen. Dies wurde auch von Max Rümelin, dem Verfasser eines Nekrologs auf von Blume,[997] im Großen Brockhaus und in Kürschners Deutschem Gelehrtenkalender festgehalten.[998] Schiffers selbst stellt für die vorparlamentarische Phase folgendes fest: „Der Ausschuß[...] beriet den von dem Berichterstatter v. Blume völlig umgearbeiteten ursprünglichen Entwurf [...]. Die Regierung legte den von v.Blume erarbeiteten Entwurf fast unverändert der verfassunggebenden Landesversammlung vor."[999]

Die Inhalte der bearbeiteten Passagen wurden in folgenden Phasen des Verfassungsgebungsprozesses zuerst vorgeschlagen:

---

[991] Die o.a. allgemeine Aussprache zählt Keil hier offensichtlich unter die Lesungen. Von Blume selbst schreibt in Übereinstimmung mit dem Protokoll von zwei Lesungen (von Blume 1920 [d], S.172).

[992] Keil, 1948, S.125–126.

[993] Pr. ü. die 8. Si. vom 31. 1. 1919, S.164–165.

[994] S.96.

[995] Verhandlungen der verfassunggebenden Landesversammlung beziehungsweise des Landtags des freien Volksstaates Württemberg in den Jahren 1919 und 1920.Beilagen-Band 1: Enthaltend: die Beilagen 1–202. Seite 1–634. Stuttgart 1920.

[996] 1971, S.53–63 passim.

[997] S.136f., vgl. Schiffers, 1971, S.53, FN 5.

[998] a.a.O.

[999] a.a.O., S.54.

1. Das zahlenmäßige Verhältnis zwischen Wählern und Gewählten, die Möglichkeit des Regierungssturzes durch den Landtag, sowie die schwache Stellung des Staatspräsidenten im Allgemeinen und ein Vertretungsrecht nach außen gingen ohne nennenswerte Einschränkung auf von Blume zurück. Vermutlich trifft dies auch für die Haushaltsdauer zu.
2. Das aktive und passive Wahlalter wurde in der verwirklichten Form vom Berichterstatter und den sozialdemokratischen Mitgliedern der Zehner-Kommission gefordert.
3. Über die Einführung von Elementen sowohl des Ressort- als auch des Kollegialsystems in die Verfassung bestand ein Konsens innerhalb der Zehner-Kommission.
4. Die Auswahl der Minister durch den Staatspräsidenten wurde zuerst von Hugo Elsas in der Zehner-Kommission vorgeschlagen.
5. Die Länge der Landtagswahlperiode ging auf bürgerliche Kommissionsmitglieder zurück. Wegen der uneinheitlichen Äußerungen der genannten Politiker ließe sich auch eine Urheberschaft der vorläufigen Regierung behaupten.
6. Die bevorzugte Stellung des Regierungschefs bei Abstimmungen ging auf die Vorläufige Regierung zurück.
7. Die Regelung der Stellvertretung desselben wurde von dem Demokraten Otto Wölz im Verfassungs-Ausschuss vorgeschlagen.

Die mehrfach festgestellte Behauptung der dominierenden Stellung Wilhelm von Blumes läßt sich also auch bei detaillierter Betrachtung aufrecht erhalten. Anzumerken wäre zunächst, daß in den beiden ersten Sitzungen der Zehner-Kommission jedes Mitglied dieses Gremiums anscheinend Gelegenheit hatte, seine eigenen verfassungspolitischen Vorstellungen im allgemeinen und im besonderen recht ausführlich zu äußern. Von Blume war also über die entsprechenden Tendenzen und Mehrheitsverhältnisse informiert und war zumindest in der Lage seinen Verfassungsentwurf so gestalten, daß die einzelnen Passagen gute Chancen hatten, von einer Mehrheit des Kollegiums gutgeheißen zu werden. Ob ein solcher Anpassungsprozeß tatsächlich stattgefunden hat, läßt sich anhand der Quellen nicht immer überprüfen. Weiter unten werden anhand von widersprüchlichen Aussagen von Blumes zwei derartige Prozesse angeführt.

5.4. Die Verfassungsvorstellungen des Wilhelm von Blume

5.4.1. Kurzbiographie

Das Leben Wilhelm von Blumes wurde in der Literatur mehrfach in unterschiedlicher Intensität dargestellt. Die folgenden Ausführungen entstammen dem Nekrolog den Max Rümelin im „Archiv für die civilistische Praxis“ veröffentlicht hatte, dessen Mitherausgeber der Verstorbene gewesen war.[1000] Wilhelm von Blume wurde 1867 als Sohn eines später nobilitierten preussischen Offiziers in Berlin geboren. Eine Rückgratverkrümmung[1001] „[...] in Verbindung mit einem Sturz vom Pferd [...]“ beendete

[1000] Rümelin, S.132–138. Vgl. daneben, auf diesen gestützt (S.54, FN 9) Schiffers, (1971), S.54–56. und ansonsten Weller, 1930, S.175–176.

[1001] a.a.O., S.175.

seine militärische Laufbahn, er studierte Jura in Marburg, Berlin und Göttingen. Nach dem Referendarexamen schlug er, ohne das Assessorexamen abzulegen, die wissenschaftliche Laufbahn ein, indem er an der zuletzt genannten Universität promoviert wurde und sich als Schüler Rudolf von Iherings habilitierte, obwohl diese ehemalige „Leuchte der Pandektistik“[1002] „[...] kein Schulhaupt und kein Privatdozentenzüchter war“[1003]

Dieser aus dem römischem Zweig der Historischen Rechtsschule hervorgegangenen Lehre war von Friedrich Carl von Savigny der Weg bereitet worden, sein Schüler Georg Friedrich Puchta führte sie zu ihrem Höhepunkt. Ihre Grundlage ging von einer Identifikation des Rechts mit der sozialen Wirklichkeit aus und stellte aber genau deswegen „die [..] Frage nach der Eignung eines Rechtsinstituts zur Regelung praktischer Bedürfnisse [...] nicht.“[1004] Die Selbstreflexivität dieses Systems kann an einem Ausschnitt aus einem Hauptwerk Puchtas demonstriert werden: „Es ist [..] die Aufgabe der Wissenschaft, die Rechtssätze in ihrem systematischen Zusammenhang, als einander bedingende und voneinander abstammende zu erkennen, um die Genealogie der einzelnen bis zu ihrem Princip hinauf verfolgen, und ebenso von den Principien bis zu ihren äußersten Sprossen herabsteigen zu können [...]. Bei diesem Geschäft werden Rechtssätze [...] zu Tage gefördert werden, die in dem Geist des nationalen Rechts verborgen, weder in der unmittelbaren Ueberzeugung der Volksglieder [...] noch in den Aussprüchen des Gesetzgebers zur Erscheinung gekommen sind, die also erst als Product einer wissenschaftlichen Deduktion sichtbar entstehen.“[1005]

Von Ihering selbst hatte sich von dieser Lehre abgewandt. Sein zentrales Anliegen faßt Nipperdey wie folgt allgemeinverständlich zusammen: „Man muß das Recht aus seiner Isolierung von Wirklichkeit und Leben herauslösen, muß es realistisch verstehen, [...] aus seinen sozialen Bedingungen und Funktionen, aus den [...] Interessen der Individuen und den vorrangigen [...] Interessen der Gesellschaft.“[1006]

Von Iherings gesellschafts- und allgemeinpolitische Einstellung ist nicht leicht zu durchschauen und unterlag, wie seine Position innerhalb des Faches, stärkeren Schwankungen. „Zweimal hat er [...] den nach einer neuen Richtung drängenden Kräften [..] Bahnen gewiesen, das erstemal, als er [...] das Feldzeichen der [...] Entwicklung neuer Rechtssätze aus den Elementen der alten auf dialektischem Weg, aufpflanzte. Das zweitemal als er das Steuerruder herumriß und unter der Verspottung der von ihm gepredigten wenn auch nicht befolgten Begriffsjurisprudenz den neuen Kurs der Zweck- oder Interessenjurisprudenz einschlug und gleichzeitig dem herrschenden Individualismus und Liberalismus sein System des sozialen Eudämonismus gegenüberstellte.[1007] [...] Er war Altliberaler und gehörte wohl dem rechen Flügel der Nationalliberalen Partei an. Von den Konservativen trennte ihn die von Haus aus demokratische Grundstimmung, von der linken der überzeugte Monarchismus, zu dem er sich durchgerungen. In seiner Spätzeit werden allerdings starke, mit dem liberalen Dogma

[1002] Nipperdey 1990, S.557.
[1003] S.133.
[1004] Laufs, S.183.
[1005] Zit. n. Laufs, S.184.
[1006] Nipperdey 1990, S. 655–657.
[1007] Rümelin 1922, S.1–2.

nicht vereinbare sozialistische Einschläge fühlbar."[1008] In gewisser Weise jedenfalls hat von Blume Ideen aus der Gedankenwelt von Iherings umgesetzt.
Im Rahmen eines humoristischen Gedichtes über die Angehörigen der Tübinger Juristenfakultät war von Blume mit folgenden Zeilen bedacht worden:

Im Aug' lacht ihm ein leiser Spott:
Jurist? Nun ja, du lieber Gott,
Gewiß bin ich's, doch bin's nicht nur
Es leb' das Recht und die Kultur[1009]

Wie sein Lehrer war dieser Privatrechtler, Dennoch bezeichnen ihn sowohl Rümelin selbst als auch Schiffers (1971, S.53), Schanbacher (S.103) und Benz (S.39) als Staatsrechtslehrer. Seine „[..] Arbeiten waren in dieser Zeit überwiegend rein zivilistischer Natur [...] In der späteren Zeit [etwa ab 1906] nimmt die fachwissenschaftliche Produktivität merklich ab, und es erfolgt [...] ein Hinüberschwenken zum öffentlichen Recht." Dieses war von einer gleichzeitigen Hinwendung zu einer „[...] an die weiteren Volkskreise sich wendenden Publizistik." begleitet. Da Rümelin diesen Begriff als Synonym für „Wissenschaft vom öffentlichen Recht" verwendet, ist der Sinn der zitierten Äußerung nicht genau zu ergründen. Seine Veröffentlichungen beschreibt Rümelin als insgesamt „[...] wenig zahl- und umfangreich."[1010]
In Marburg konnte er ein „planmäßiges Extraordinariat" bekleiden. Dort wurde der von Haus aus Konservative Anhänger Friedrich Naumanns. Da er aber die politischen Chancen des Nationalsozialen Vereins für aussichtslos hielt,[1011] schloß er sich später der Nationalliberalen Partei an. Danach war er ordentlicher Professor in Rostock, Königsberg, Halle, wo er auch Stadtverordneter war, und ab 1912 in Tübingen, wo er später das Rektorat bekleidete.[1012] Dort versuchte die Fakultät vergebens, ihn dazu zu bewegen, sich für einen der beiden Lehrstühle für öffentliches Recht vorschlagen zu lassen. Im Zusammenhang mit der kriegsbedingten Abwesenheit des einen und der noch nicht erfolgten Ankunft des anderen Lehrstuhlinhabers berief die vorläufige Regierung von Blume in die Zehner-Kommission.[1013] Zu dieser Zeit gehörte er bereits der neugegründeten DDP an.[1014] Da die württembergische nationalliberale Deutsche Partei wie o.a. als Ganzes Teil der DDP wurde, mußte von Blume nicht zu dieser Partei übertreten, wie von Rümelin und Schiffers behauptet.[1015] In seiner „praktisch-politischen Tätigkeit" dort und in der Sozialisierungskommission des Reichs liegt, so

[1008] a.a.O. S.10.
[1009] Rümelin, S.135.
[1010] S.134.
[1011] Schiffers, (1971), S.55.
[1012] Falls von Blume nicht schon im Jahr 1902 einen Ruf nach Tübingen abgelehnt hat, handelt es sich bei dieser, von Weller (1930, S.175) genannten Jahreszahl um einen Druckfehler.
[1013] Rümelin, S.136–137.
[1014] a.a.O., S.138. Der Autor rügt an dieser Stelle den Eintrag „nationalliberal" in der „Wer ist's" Ausgabe von 1922 und stellt statt dessen eine Mitgliedschaft in der demokratischen Volkspartei (sic!) fest.
[1015] Rümelin, S.138 und Schiffers (1971), S.55.

Schiffers, ein guter Teil seiner Bedeutung.[1016] Von Blume verstarb am 2. Oktober 1927 in Hornegg bei Gundelsheim.[1017]

5.4.2. Von Blumes Beiträge im Handbuch der Politik und sein Verfassungsentwurf

Wilhelm von Blume hat vor und nach dem Ersten Weltkrieg in insgesamt drei Auflagen des genannten Werkes durch eine Reihe von Beiträgen essayhaften Zuschnitts seine allgemeinen verfassungspolitischen Vorstellungen veröffentlicht.[1018] Seine beiden Artikel „Bedeutung und Aufgabe der Parlamente. Parteibildung“ von 1912 und 1914 unterscheiden sich dabei nicht wesentlich. Der zweite wurde bereits von Schiffers zusammengefaßt.[1019] Einer grundsätzlichen Bejahung der Existenzberechtigung von Parlamenten folgt die sehr ausführliche Aufzählung der Gefahren des Parlamentarismus und seiner angeblichen Gebrechen. Die Parlamentsherrschaft sei am Besten durch die Regierung[1020] und durch Volksabstimmungen[1021] zu begrenzen. In Notzeiten sei das Parlament ohnehin auszuschalten.[1022]

Abgesehen von der Erwähnung des Referendums befinden sich die ansonsten wenig originellen Ansichten von Blumes auf der Höhe der damaligen staatsrechtlichen Diskussion. Die von Blume vorgenommene Unterscheidung zwischen Parlamentsherrschaft und Parlamentarismus[1023] beispielsweise ähnelt den Gedankengängen Redslobs, die dieser in seiner breit rezipierten Schrift aus dem Jahr 1918 niedergelegt hat. Im Übrigen vertritt von Blume in seiner Rektoratsrede auf den Geburtstag des Königs 1917 die Ansicht, daß nur „[..] eine starke monarchische Regierung [..] in den bevorstehenden Interessenkämpfen unparteiisch Stellung nehmen“[1024] kann, was an das Radbruchsche Wort von der Lebenslüge des Obrigkeitsstaates erinnert. Ausgesprochen elitär mutet sein Gedanke an, Zahl und Schwierigkeit der parlamentarischen Aufgaben stünden in wachsendem Gegensatz zur Befähigung der Parlamentarier. Daran seien Abgeordnete aus „breiten“ Volksschichten, ohne administrative, nationalökonomische und juristische Vorbildung schuld.[1025]

In der dritten, 1920 erschienen Auflage des Handbuchs entstammten insgesamt vier Artikel der Feder von Blumes, wobei sich bereits bei oberflächlicher Betrachtung eine erste Akzentverschiebung darin erkennen läßt, daß der Autor dem ehemals nur kursorisch behandelten Parteiwesen nun einen eigenen Unterabschnitt widmet.[1026] Der Kritik am Parlamentswesen räumt der zwischenzeitlich in der praktischen Politik tätig gewesene von Blume deutlich weniger Raum ein als in den früheren Aufgaben.

[1016] Schiffers (1971), S.55.
[1017] UAT 126/176.
[1018] 1912, 1914, 1920 [a], [b] und [d], 1921.
[1019] Schiffers (1971), S. 54- 56.
[1020] Von Blume, 1912, S.371.
[1021] a.a.O., S. 371–372.
[1022] Von Blume, 1914, S. 379.
[1023] 1912, S.366.
[1024] S.7.
[1025] Von Blume, 1912, S.373.
[1026] a.a.O.. S,.375–377.

Statt dessen sieht er den nun auf nicht weiter ausgeführte Weise geläuterten Parlamentarismus durch eine andere Gefahr bedroht: Der Siegeszug der politischen Parteien bewirke eine Verlagerung der Macht aus dem Parlament in die Parteizentralen. Die Volksvertretungen werden im Zuge dieser Entwicklung zu „Fassaden", die Redeschlachten zu „Theater". Das größte Übel am Parteienstaat sei die Verhältniswahl, welche das jeweilige Parlament denaturiere und das Volk parlamentsmüde mache, womit eine Frühform von „Politikverdrossenheit" gemeint sein muß. Am wenigsten scheint der ehemalige Naumann-Anhänger jedoch Gefallen am Sozialstaat gefunden zu haben: „Die grösste Gefahr für den Parlamentarismus ergibt sich endlich aus der ‚Verstaatlichung' des sozialen Lebens und dem daraus sich ergebenden Wachstum der Staatstätigkeit."[1027] Ebenso behält er die Passage über Volksvertreter aus nicht richtig vorgebildeten Schichten bei.

In seinem Artikel über die Bedeutung der Parteien begrüßt der Sproß einer Offiziersfamilie das Parteiwesen und hier besonders dessen agonales Element dem Grundsatz nach: „So machen sie [die Parteien] aus einem Getümmel ein Gefecht und ermöglichen, dass ein ehrenhafter Kampf zu einem ehrenhaften Frieden führt."[1028] Vor einer hier nicht wiederzugebenden Parteientypologie beschäftigt sich der Autor ausführlich mit einem Anwachsen der Parteikämpfe, die dem Staat schädlich werden, wenn sie auf Dominanz oder Vernichtung des Gegners angelegt sind. Solche negativen Erscheinungen sieht er sowohl im Parteienhader des Bismarckschen Reiches als auch in der Gegenwart, wobei er, anders als Joseph Wirth, den Feind links stehen sieht: „In Deutschland beginnen erst jetzt die alten Wunden des Parteikampfes zu vernarben und schon hat der Klassenkampf, schon haben die wirtschaftlichen Interessengegensätze neues Gift hineingeträufelt." Von Interesse ist noch, daß von Blume bereits 1920 an positiv dargestellten autokratischen Systemen orientierte Überlegungen für den Fall des Scheiterns der repräsentativen Demokratie anstellt. „Versagen die Parteien und versagt das Parlament, so werden andere Kräfte den Staat zu retten suchen, wie einst der grosse Kurfürst den Eigennutz der Stände und [...] der grosse Cäsar den Eigennutz der Klassen bändigte". Sein Beitrag schließt mit der Empfehlung, Organe wirtschaftlicher Selbstverwaltung zu schaffen, und so das Parteiwesen von diesen Interessengegensätzen zu befreien.

Von den genannten Gegengewichten, die im von Blumeschen Entwurf die Parlamentsherrschaft begrenzte, handelt Schiffers, gemäß dem Schwerpunkt seiner Dissertation die, ansonsten hier nicht näher betrachteten, Elemente der direkten Demokratie ausführlicher ab.[1029] Von Blume lehnt das obligatorische Gesetzesreferendum ab, sieht jedoch ein fakultatives Gesetzesreferendum vor, das durch ein Volksbegehren oder die Landtagsmehrheit initiiert werden kann.[1030] Schiffers stellt weiterhin fest, daß von Blume die Initiative „bekämpfte", somit nicht für das Volksbegehren eintrat[1031], vor der Möglichkeit, den Landtag aufzulösen „warnte" und das obligatorische Verfas-

[1027] von Blume 1920 [b], S.344.
[1028] von Blume 1920 [d], Zitate, S.346–351.
[1029] Schiffers, 1971, S.58–59.
[1030] HSA E131/100 Pr. der 10er-Kommission vom 31.12.1918, S.10–12.
[1031] Schiffers, 1971, S.60.

sungsreferendum „ablehnt“.[1032] Anhand der Protokolle der Zehner-Kommission soll im Folgenden nachgewiesen werden, daß diese Ansicht in gewisser Weise der Ergänzung bedarf. Von Blume scheint sich trotz seiner Bedenken und trotz seiner anfänglichen Äußerung, die Einführung der Initiative aufschieben zu wollen,[1033] für die entsprechenden Regelungen ausgesprochen haben. In der Einzelberatung des entsprechenden Kapitels beginnt der erste Wortbeitrag von Blumes wie folgt: „Die Volksabstimmung kann durch Initiative oder durch Regierungsanregung herbeigeführt werden [...].“[1034] Schon in der „Allgemeinen Aussprache“ über seinen Entwurf bemerkt dessen Urheber: „[...] auch zum obligatorischen Referendum konnte ich mich noch nicht entschließen, für Verfassungsänderungen könnte man es wohl einführen.“[1035] Des weiteren befürwortet der Berichterstatter vergleichsweise lange Legislaturperioden gerade wegen der an diesem Zeitpunkt geplanten Einführung weitreichender Elemente direkter Demokratie: „Auch die Abberufung des Landtags und der Regierung bedeutet eine starke Lähmung der Verantwortlichkeits- und Entschlußfreudigkeit der Regierung. Bei solch starken Kontrolleinrichtungen konnte ich mich zu zweijähriger Landtagsperiode nicht entschließen; ich würde [...] bis 5 Jahre hinaufgehen.“[1036]

Angemerkt werden muß, daß die Gedankengänge von Blumes und der anderen Kommissionsmitglieder an dieser Stelle zuweilen den Eindruck von Sprunghaftigkeit hinterlassen. Besonders negativ bemerkbar macht sich daneben der Verlust des von Blumschen Entwurfs und der Protokolle der Regierungssitzungen, in denen er behandelt wurde.

Was die Regierung als Konkurrenten des Landtags angeht, so haben die letzten Unterabschnitte gezeigt, daß von Blume seine anfänglich geäußerte Ansicht, es „[..] wäre entweder ein Staatspräsident oder eine vom Parlament unabhängige Regierung zu wünschen“[1037] angesichts der Stimmungsverhältnisse in Kabinett und Zehner-Kommission nicht weiter vertreten hat.

Ebenso wurde der anfänglich geplante Volksrat und seine allmähliche Verwandlung in ministerielle Beiräte bereits beschrieben.

Wilhelm von Blume hat das von ihm bevorzugte Verfassungssystem und die Gründe seines Abweichens von ihm wie folgt beschrieben: „Das demokratische Idealsystem wäre ein vom Volk gewählter Staatspräsident, ein Landtag als beratende und teilweise (für Finanzgesetze und ähnl.) beschliessende Behörde und Gesetzgebung durch das Volk. Ein solches System aber setzt Gewöhnung voraus; wir würden einen Misserfolg erleben. [...] Mein Vorschlag ist daher zunächst ein Uebergangssystem.“[1038]

Insgesamt läßt sich angesichts der Quellenlage der Schluß ziehen, daß von Blume wegen der seinen tatsächlichen Vorstellungen eher abgeneigten Mehrheiten in der vorläufigen Regierung, in der Zehner-Kommission sowie in der Verfassunggebenden Landesversammlung sich zu weniger elitären und weniger parlamentsfeindlichen Vor-

---

[1032] a.a.O., S.59.
[1033] HSA E131/100 Pr. der 10er-Kommission vom 30.12.1918, S.2.
[1034] HSA E131/100 Pr. der 10er-Kommission vom 31.12.1918, S.10.
[1035] HSA E131/100 Pr. der 10er-Kommission vom 30.12.1918, S.2.
[1036] a.a.O., vgl. Schiffers, 1971, S56.
[1037] HSA E131/100 Pr. der 10er-Kommission vom 17.12.1918, S.4.
[1038] HSA E131/100 Pr. der 10er-Kommission vom 30. 12.1918, S.2. Vgl Schiffers, 1971, S.60.

schlägen entschloß und in die Verfassungsdiskussion einbrachte. Max Rümelin hingegen weist in besagtem Nekrolog auf ganz andere Charakterzüge hin: „Er war in nahezu allen Dingen novarum rerum cupidus [...] das Neue [wirkte] mit so faszinierender Gewalt auf ihn ein, daß er leicht Mängel und Unklarheiten übersah oder gering wertete."[1039]

Jedenfalls ist es Wilhelm von Blume gelungen, einen Großteil der Regelungen seines Entwurfs erfolgreich durch die verschiedenen Stadien des Prozesses der Verfassunggebung zu bringen. Falls er sich dabei aus taktischen Gründen bis zu einem gewissen Grad anpassen mußte, spricht das für ein Politikverständnis, das spürbar flexibler gewesen sein muß als das traditionelle deutsche, dessen starre Prinzipientreue er pointiert dargestellt hat.[1040]

[1039] Rümelin, S.139.

[1040] Von Blume, 1914, S.375 und 1920 [d], 348.

6. Sachsen

6.1. Gang der Verfassunggebung

Der Greifswalder Staatsrechtler Erwin Jacobi ließ im Jahr 1920 einen Artikel über die sächsische Verfassungsentwicklung mit folgendem Überblick beginnen: „Die staatsrechtliche Entwicklung des ehemaligen Königreichs Sachsen in den Jahren 1918 und 1919 führt wie in ganz Deutschland von der konstitutionellen in die parlamentarische Monarchie und von da durch ein Stadium revolutionären Absolutismusses in die verfassungsmäßige parlamentarische Demokratie."[1041]

Nach dem Rücktritt der sächsischen Staatsminister zwischen dem 23. und dem 26. Oktober 1918[1042] sah die Parlamentarisierung des Königreichs zunächst so aus, daß durch ein Gesetz vom 1. November 1918 „[...] die Schaffung von Staatsministern ‚ohne Departement', d.h. ohne Portefeuille, und die Ernennung von Landtagsmitgliedern zu diensttuenden Staatsministern [..] möglich wurde." Dementsprechend setzte sich das neue Ministerium des Nationalliberalen und bisherigen Justizministers Rudolf Heinze aus Beamten und Abgeordneten zusammen. Dieser kündigte für sein ephemeres Kabinett am 5. November u.a. eine Reform der Ersten Kammer, des Parlaments- und des Kommunalwahlrechts an.[1043] Somit bewegten sich diese Reformen ebenfalls im Rahmen des Üblichen. Am 8. November vertagte sich der Landtag auf den 11. November, wobei die Tagesordnung die Beratung der Beschwerde eines Grundbesitzers über seine Steuern und über die Petition der Gemeinden Niederoderwitz und Spitzkunnersdorf über die Errichtung einer öffentlichen Güterabfertigungsstelle vorsah. Zu dieser Sitzung kam es jedoch nicht mehr. Die Revolution erreichte innerhalb Sachsens zuerst Leipzig und am Abend des 8. November Dresden. Dort und in anderen sächsischen Städten hatten am selben Tag Massendemonstrationen stattgefunden.[1044] Im ganzen Land entstanden zahlreiche revolutionäre Räte. Am nächsten Abend übernahm ein „Vereinigter Arbeiter- und Soldatenrat" die Macht. Dieser setzte sich aus ursprünglich konkurrierenden Räten zusammen, die unter der Führung von gemäßigten SPD- und Gewerkschaftsführern wie Georg Gradnauer und Wilhelm Buck einerseits und USPD-Mitgliedern andererseits gestanden hatten.[1045]

Am 10. November rief der spätere Volksbeauftragte und Vorsitzende der USPD-Parlamentsfraktion Herrmann Fleißner im Zirkus Sarasani die Republik aus.[1046]

Drei Tage später verzichtete der sächsische König auf den Thron. Tags darauf wurde in gewisser Analogie zu den Vorgängen in Berlin auch die sozialistische Republik proklamiert. Der 15. November brachte dann auf Initiative der Arbeiter- und Soldatenräte von Dresden, Chemnitz und Leipzig wie im Reich ein sechsköpfiges Regierungsgremium, das paritätisch aus je drei Mitgliedern der beiden sozialdemokratischen Parteien zusammengesetzt war. Dieses wurde entweder weiterhin Gesamtministeri-

---

[1041] Jacobi, S.163.
[1042] Naumann, S.242.
[1043] Kirsch u. Ruhland, S.6.
[1044] Naumann, S.242.
[1045] Rüdiger, S.429.
[1046] Naumann, S.243. Vgl. den Berliner Zirkus Busch als Ort des Rätekongresses.

um,[1047] so die offizielle Bezeichnung oder aber„die Volksbeauftragten"[1048] genannt, wobei beide Bezeichnungen auch im amtlichen Schriftverkehr verwendet wurden.

Für die Mehrheitssozialdemokraten nahmen u.a. die späteren Ministerpräsidenten Gradnauer und Buck teil, wobei Ersterer das Justizressort und Letzterer dasjenige für Kultus und Unterricht übernahm. Regierungschef war aber der Unabhängige Richard Lipinski (Äußeres und Inneres).[1049]

„Angesichts der offen konterrevolutionären Politik der rechten Sozialdemokraten", so die orthodox marxistische Geschichtsforschung „konnten die USPD-Vertreter nicht mehr wagen, in der sächsischen Regierung mitzuarbeiten. Am 16.Januar traten [...][sie] zurück, und Gradnauer bildete [...] eine reine SPD-Regierung.[1050] Von Unabhängiger Seite wurden aber für die verschiedenen Zusammenstöße die „Gegensätze zwischen Mehrheitssozialisten und Spartakisten" verantwortlich gemacht. Die Äquidistanz dieser Betrachtungsweise ist durch Wertung eines Vorfalls belegbar, der sich am 10.Januar vor dem Gebäude der mehrheitssozialdemokratischen Dresdner Volkszeitung ereignete: „Hier kam es, wahrscheinlich infolge übergroßer Nervosität der militärischen Schutzmannschaften und auch durch mangelnde Disziplin der führerlosen Demonstranten zu einem furchtbaren Blutbad, bei dem 12 Personen getötet [...] wurden." Unmittelbarer Anlaß für den Rücktritt war die von den Unabhängigen geforderte Haftentlassung zweier Radikaler und die „Eingriffe" des anscheinend wenig radikalen „Dresdner Arbeiter- und Soldatenrats in das Recht der Versammlungsfreiheit".[1051]

Schon am 28. Dezember 1918 hatte das Gesamtministerium die „Verordnung über die Wahlen zur Volkskammer der Republik Sachsen (Landeswahlgesetz)" veröffentlicht. Damit wurde die Wahl zu einer als „vorläufige Vertretung des gesamten Volkes der Republik Sachsen" zu bildenden Volkskammer für den 2. Februar 1919 festgelegt. [...] [Diese] wurde nach dem allgemeinen, gleichen unmittelbaren Wahlrecht und dem Verhältniswahlsystem des Reichswahlgesetzes vom 30. November 1918 gewählt."[1052] Die Mehrheitssozialdemokraten erreichten 42 der 96 Mandate, was zusammen mit den 15 Abgeordneten der Unabhängigen eine Mehrheit von fast drei Fünfteln der Volkskammersitze bedeutete. Zweitstärkste Partei aber wurde die DDP mit 22 Mandaten. Da das als Christliche Volkspartei (vgl. DVP und DNVP) antretende Zentrum trotz eines Stimmenanteils von 1,0% keinen Kandidaten in die Volkskammer brachte, lag die Stimmenzahl der gemäßigten Parteien bei 64 und somit bei zwei Dritteln. Die DVP kam auf 4 und die DNVP auf 13 Sitze.[1053] Drei der 96 Mandate wurden von Frauen eingenommen. Die letzte Wahl zur zweiten Kammer der Ständeversammlung des Königreichs hatte 1909 stattgefunden. Wegen des damals herrschenden ungleichen Wahlrechts mußte auf das Stimmzettelergebnis[1054] zurückgegriffen werden. Ebenso wurde

---

[1047] Z.B. a.a.O.

[1048] Z.B Jacobi. S.163 mit An- und Abführungszeichen.

[1049] Kirsch u. Ruhland, S.6.

[1050] Rüdiger, S.434.

[1051] a.a.O., S.45–46.

[1052] a.a.O., S.6–7.

[1053] Ausgangszahlen nach Falter, S. 108.

[1054] Ausgangszahlen nach Rüdiger und Zeise, S.418.

wegen des Wandels innerhalb der liberalen und der konservativen Parteifamilien deren Ergebnisse zusammengefaßt. So lag der relative Stimmenanteil der DNVP in Sachsen mit 2,4 Prozentpunkten nur wenig unter dem Vorkriegsergebnis der beiden konservativen Parteien und des Bundes der Landwirte. Die liberalen Parteien gingen von 29,5 auf 26,8 Prozent zurück und hatten somit ebenfalls nur einen mäßigen Schwund zu verzeichnen. Trotz der begrenzten Vergleichbarkeit muß hier aber angemerkt werden, daß für die Nationalliberalen 1909 mehr als dreimal so viele Stimmzettel abgegeben worden waren als für die Freisinnigen. Der entsprechende SPD-Anteil hatte sich vor dem Krieg auf 53,4% belaufen, was eine Steigerung von etwa sechs Prozentpunkten für beide sozialdemokratischen Parteien bedeutete. Alles in allem hielt sich der Wandel der Stärkeverhältnisse also auch in Sachsen in Grenzen. Eine anderweitige Wahrnehmung war jedoch möglich, da sich die alte Kammer wegen des Pluralwahlrechts aus 30 Konservativen, 28 Nationalliberalen, 8 Freisinnigen und nur 25 Sozialdemokraten zusammengesetzt hatte.[1055] An der Wahl beteiligten sich 74,4% der Aktivbürger, was in Sachsen gegenüber der Wahl zur Nationalversammlung zwei Wochen zuvor einen Rückgang von 9,5 Prozentpunkten bedeutete.[1056] Während die Unabhängigen die Zahl Ihrer Wähler noch um 16.000 steigern konnte, verlor die MSPD 218.000 Stimmen, was einem Verlust von fast einem Fünftel entsprach.

Die sozialdemokratische Dresdner Volkszeitung konstatierte deshalb das Phänomen der Wahlmüdigkeit, das sonst eher als bürgerliches Argument gegen kurze Wahlperioden verwendet wurde.[1057] Auch in Sachsen wurden die Unabhängigen eines unlauteren Wahlkampfes bezichtigt. Ihre Zukunftsaussichten beschrieb das Blatt so: „An den Unabhängigen wird es liegen, ob sich die Möglichkeit bieten wird, in geschlossener Weise sozialdemokratische Politik zu treiben. Erweisen sich die Unabhängigen als politisch unfruchtbar, so wird bald die Weltgeschichte über sie und ihren [..] Augenblickserfolg zur Tagesordnung übergehen." Die Zeitung bleibt allerdings Argumente schuldig, die für eine Persistenz der USPD bei einer Anlehnung an die Mehrheit sprächen.

Das Parlament trat am 25. Februar 1919 zum ersten Mal zusammen.[1058] Tags darauf fand eine „Allgemeine Vorberatung" über den Regierungsentwurf[1059] eines „Vorläufigen Grundgesetzes für den Freistaat Sachsen" statt.[1060] Dieses sollte, aus Rücksicht auf die entstehende Reichsverfassung ähnlich dem Gesetz über die vorläufige Reichsgewalt[1061] die wichtigsten Fragen der Staatsorganisation bis zum Erlaß einer Verfassung in nur 21 Paragraphen regeln. Zu diesem Zweck wurde ein vom Gesamtministerium[1062] der Volkskammer vorgelegter Entwurf an einen der sieben Parlamentsaus-

---

1055 Kirsch u. Ruhland, S.6.

1056 Ausgangszahlen bei Falter, Lindenberger u. Schumann, S.108 und S.57.

1057 Nr. 27 vom 3.2.1919.

1058 Woelker, K. S.47.

1059 Volkskammer-Akten aus dem Jahre 1919. Vorlage Nr.1.

1060 Verhandlungen der Sächsischen Volkskammer im Jahre 1919. Erster Band Nr.1–23 Umfassend die Sitzungen vom 25. Februar bis mit 7. April 1919. Dresden 1919. Pr. ü. die 2.Si. vom 26.2.1919, S.14–32.

1061 Pr. der 2. Si. vom 26.2.1919, S.14–15.

1062 SächsHStA III.1.2. 233.

schüsse, die im Anschluß an die genannte Beratung gebildet wurden[1063], überwiesen. Dieser 18-köpfige Gesetzgebungs-Ausschuß konstituierte sich am selben Tag.[1064] Vorsitzender war der Demokrat Max Langhammer, sein Stellvertreter der ehemalige Regierungschef Lipinski. Dem Wahlergebnis entsprechend gehörten ihm sieben Mehrheitssozialdemokraten, vier Demokraten, je drei Unabhängige und Deutschnationale sowie ein Volksparteiler an.[1065]

Der Ausschuß beriet tags darauf in zwei Lesungen den Entwurf, [1066] der am 28. Februar als erstes Gesetz der Volkskammer gegen 21 Stimmen[1067] aus den Reihen der Flügelparteien[1068] beschlossen wurde. Die sächsische DVP hat dabei in der Debatte, welche der Abstimmung vorausging, ihre von anderen Parteigliederungen abweichende Haltung zum Ergebnis der Revolution in durchaus deutliche Worten gefaßt: „Wir geben [..] zu erkennen, daß wir uns auf den Boden der gegebenen Verhältnisse stellen und daß wir mit allen Kräften daran mitarbeiten wollen, daß auf diesem Boden der neue Staat aufgebaut wird, der uns allein die Existenz für die nächste Zeit gewährleisten kann. [...] ich darf [...] darauf hinweisen, daß wir all die Bedenken, [...] gegen die neue Fassung [d.h. gegen ein VGG ohne besonderes Staatsoberhaupt][...] zurückgestellt haben, um zu ermöglichen, daß das Staatsgrundgesetz [...] einstimmig [...] beschlossen wird, und [...] der Beschluß auch nach außen hin eine machtvolle Kundgebung dafür ist, daß das gesamte sächsische Volk sich auf den Boden dieser neuen Verhältnisse stellen und geordnete Zustände haben will."[1069] Den relativ größten Raum in der Debatte nahmen fruchtlose Wortwechsel über die Sozialisierung und über das Weiterbestehen und die künftigen Aufgaben der Arbeiter- und Soldatenräte ein, wobei aber allenfalls das Ausmaß verbaler Konzessionen von seiten der Mehrheitssozialdemokraten an die Unabhängigen heraussticht.

Am 14. März trat Georg Gradnauer gemäß dem Grundgesetz sein Amt als erster Ministerpräsident Sachsens an.[1070] „Er bildete eine [...] Minderheitsregierung aus den bisherigen Ministern, da die USPD ihre Teilnahme absagte, weil die SPD es weiterhin [..] ablehnte, die Arbeiter- und Soldatenräte als Träger der politischen Macht anzuerkennen."[1071] Walter Fabian nennt statt dessen die Weigerung der Unabhängigen, an einer von der SPD gewünschten Koalition beider sozialdemokratischer Fraktionen mit der DDP teilzunehmen.[1072]

[1063] Pr. der 2. Si. vom 26.2.1919, S.33–34.

[1064] SächsHStA III.1.2 233.

[1065] Verzeichnis der Mitglieder, Auschüsse und Fraktionen der Volkskammer des Freistaates Sachsen, S.10–11.

[1066] SächsHStA III.1.2 233.

[1067] Verhandlungen der Sächsischen Volkskammer. Pr. ü. die 3. Si. vom 28. Februar 1919, S.62.

[1068] Kirsch u. Ruhland, S.6.

[1069] Pr. ü. die 3. Si. vom 28. Februar 1919, S.42.

[1070] Naumann, S.246.

[1071] Kirsch u. Ruhland, S.7.

[1072] S.53–54.

Von April bis November 1919 ist Sachsen Schauplatz politischer Morde, Straßenschlachten und Plünderungen unter Beteiligung von Reichswehr und Freicorps einer- und radikalen Arbeitern andererseits.[1073]

Am 6. Oktober 1919 bildete Gradnauer sein Kabinett in eine Koalitionsregierung unter Beteiligung zweier DDP-Politiker, welche die Ministerien für Volksbildung und für Finanzen übernahmen, um.[1074]

Zwischen Oktober 1919 und dem Februar des Folgejahres entstand in der Staatskanzlei der Entwurf der endgültigen Verfassungsurkunde. Am 19. April 1920 überreichte das Gesamtministerium, dem ab dem 4. Mai der Sozialdemokrat Wilhelm Buck vorstehen sollte, der Volkskammer die besagte Vorlage,[1075] deren Publikumswirksamkeit Konrad Woelker wie folgt beschreibt: „Der Entwurf hat die Öffentlichkeit nur in verhältnismäßig geringem Maße beschäftigt."[1076] Die Klärung des Reich-Länder-Verhältnisses durch die Reichsverfassung wird ihren Beitrag zur Entstehung dieses Desinteresses geleistet haben. Die rechten Dresdner Nachrichten würdigten den Beginn der Volkskammerarbeit am Verfassungswerk durch den Wirklichen Geheimen Rat Walter Schelcher. Dieser äußerte sich im Rahmen einer der üblichen Tiraden gegen das parlamentarische System und die Macht der Parteien wie folgt: „In der Presse hat der Verfassungsentwurf [...] nur wenig Beachtung gefunden und keine Kritik ausgelöst. Vor schwach besetztem Hause, vor leeren Tribünen hat der Ministerpräsident in der Volkskammer die angekündigte ‚große' Rede zur Einführung dieses wichtigsten Staatsgesetzes gehalten. [...] ebensowenig haben die Debatteredner große Gesichtspunkte und Gedanken entwickelt. [...] Beruht die Gleichgültigkeit der Bevölkerung gegenüber dem großen Verfassungswerke auf allgemeiner Indolenz oder Resignation?"[1077] Der polemische Charakter dieser Ausführungen Schelchers, dessen Aufsätze im Jahrbuch des Öffentlichen Rechts von der dort zu erwartenden Sachlichkeit waren, wird klar, wenn man die Äußerungen, die derselbe Schelcher in der Morgenausgabe dieser Zeitung veröffentlicht hatte, vor Augen hält: „Die Anpassung an die Reichsverfassung hat zur Folge, daß der Entwurf über die sogenannten Grundrechte, ferner über verschiedene wichtige Gebiete des Staatslebens, deren sich die Reichsverfassung bemächtigt hat [...], keine Bestimmungen enthält und sich auf das beschränkt, was [..] für den Aufbau [...] des Einzelstaates noch zu regeln übrig bleibt."[1078]

Das Parlamentsplenum beriet in erster Lesung über die Vorlage[1079] und überwies sie dann zur detaillierten Bearbeitung nicht an den Gesetzgebungs-Ausschuß, sondern an einen ad hoc gebildeten Sonderausschuß, den Verfassungsausschuß. Da er ebenfalls 18 Mitglieder hatte, war jede Fraktion in ihm so stark vertreten wie im Gesetzgebungs-Ausschuß. Jedoch gehörten nur sechs Abgeordnete beiden Gremien an, je zwei aus den Reihen der sozialdemokratischen Parteien und je ein Demokrat und Deutschnationaler. Ein Teil seiner bürgerlichen Minderheit war juristisch vorgebildet. Sein Vorsit-

---

1073 Naumann., S.246–247.
1074 Rüdiger, S.436.
1075 SächsHStA III.1.2. 283.
1076 S.50.
1077 Nr.168 vom 21.5.1920.
1078 Nr.167 vom 21.5.1920.
1079 Pr. ü. die 116. Si. vom 12.5.1920.

zender wurde der Mehrheitssozialdemokrat Karl Sindermann, als dieser sein Amt krankheitshalber nicht mehr ausüben konnte, wurde Max Winkler sein Nachfolger. Stellvertreter der beiden war der Demokrat Reinhard Dietel.[1080] Der Ministerialrat der Staatskanzlei Konrad Woelker, von dem der einschlägige Kommentar zur Sächsischen Verfassung stammt, nahm als einer von sechs Referenten der Regierung an den Ausschußsitzungen teil.[1081] Während der Zeit, in der die Volkskammer nicht tagte, bestand das Gremium als Zwischenausschuß fort. Über dessen Arbeit schreibt Woelker u.a. Folgendes, wobei er die teils kontroversen Plenardebatten und Abstimmungen über die einzelnen Artikel nicht erwähnt: „Vorübergehend wohnten auch Ministerpräsident Buck und Finanzminister Dr. Reinhold den Verhandlungen bei. Der Verfassungsausschuß erledigte die erste Lesung [...] in 14 Sitzungen, die zweite [..] in 5 Sitzungen. Er legte seinen Bericht am 20. Oktober 1920 der Volkskammer vor (Nr.834). Am 26. Oktober 1920 fand die Schlußberatung im Plenum statt, die nach 5 1/2stündiger Sitzung mit der einstimmigen Annahme der Verfassung endete. [Diese][...] ist im Sächsischen Gesetzblatt [...] mit dem Datum vom 1. November 1920 veröffentlicht worden.[1082] Anzumerken bleibt, daß die Protokolle von mehr als zwanzig Ausschußsitzungen vorhanden sind, wobei die zweite Lesung mit der 19. Sitzung beginnt. Woelkers Irrtum geht vielleicht auf eine abweichende Einordnung derjenigen Protokolle zurück, die den Ausschuß als Zwischenausschuß betreffen.[1083]

6.2. Regierungssystem

Parlament

Wegen der besonderen Zusammensetzung der Kammern des Königreichs Sachsen läßt sich die Unterscheidung zwischen den Abschnitten „Wahlrecht“ und „Wahlsystem“ nicht vollständig durchführen. Einen Überblick über das Parlamentsrecht des Königreichs Sachsen gewährt Mayer, S.114–155.

6.2.1. Volkskammer oder Landtag

Die Bezeichnung „Volkskammer“ wurde im zweiten Regierungsentwurf durch den Begriff „Landtag“ ersetzt.[1084] Die Begründung zur letzten Fassung des Regierungsentwurfs behauptet, die bisherige Bezeichnung sei zu altmodisch gewesen: „Die Bezeichnung „Kammer“ mit ihrem Anklange an geheime Bürokratie oder an frühere landesherrliche Güterverwaltung paßt nicht [..] für ein modernes Parlament.“ Über die Frage, ob die Bezeichnung „Volks-kammer“ für die Regierung und für die an den Entwürfen beteiligten Beamten nicht vielmehr zu fortschrittlich war, wäre nur zu spekulieren. Ganz sicher aber entbehrt das im gleichen Absatz angeführte Argument, auch die Reichsverfassung kenne nur „Landtage“ jeglicher Schlagkraft. „Landtage“ im dort angeführten Sinne waren auch die Bürgerschaften von Hamburg, Lübeck und Bremen.

[1080] Woelker, K. S. 50–51.
[1081] a.a.O., S.51, FN.
[1082] a.a.O., S.51.
[1083] SächsHStA III.1.2. 283.
[1084] SächsHStA III.2.4. 22.

Anscheinend bestand aber zumindest in Bremen Unklarheit über die Frage, ob der Ausdruck „Landtag" ein Synonym für „Parlament" sein sollte. So lautet die Überschrift über dem zweiten Abschnitt der dortigen Verfassung „Der Landtag (Bürgerschaft)."[1085] Im Text ist dann aber ganz überwiegend von „Bürgerschaft" die Rede.

6.2.2. Anzahl der Kammern

Die Ständeversammlung des Königreichs Sachsen war ein Zweikammerparlament gewesen. Zu den ursprünglich 41 Mitgliedern der ersten Kammer, zu denen noch die volljährigen Prinzen des königlichen Hauses hinzukamen, gehörten 27 Vertreter des Adels, der somit ungefähr zwei Drittel der Sitze innehatte. Die Frage, ob sich unter den 22 in der zuletzt genannten Zahl enthaltenen Rittergutsbesitzern auch Personen befanden, die der genannten sozialen Gruppe nicht angehörten, kann hier nicht beantwortet werden. Das letzte Drittel der Sitze wurde von fünf Geistlichen, einem Professor der Universität Leipzig und acht „ersten Magistratspersonen" besetzt. Die Vertretung der Kommunen wird von Kirsch und Ruhland als Errungenschaft gewürdigt,[1086] läßt sich aber auch mit Mayer[1087] als aus dem Vereinbarungscharakter der Verfassung als Konzession an altständisches Staatsrecht werten. Drei der Sitze waren erblich, 17 wurden durch Wahl besetzt, fünf ex officio und 16 durch königliche Ernennung.[1088]

Seit 1868 vertraten zwölf gewählte Abgeordnete nicht mehr nur die Rittergutsbesitzer, sondern auch die Besitzer von sonstigen Latifundien. Im selben Jahr wurde die erste Kammer durch die Aufnahme von weiteren fünf Mitgliedern vergrößert, die der König nach eigenem Gutdünken auf Lebenszeit ernennen durfte.

Am Tag der Volkskammerwahl äußerte sich der Zittauer Oberbürgermeister Dr. Külz in den Dresdner Neuesten Nachrichten zugunsten einer zweiten Kammer und stelle hierbei eine sachliche Erwägung an, die in Sachsen und anderswo ansonsten wenig Resonanz fand: „Für das Reich ist im Verfassungsentwurf ein Zweikammersystem vorgesehen [...]. Die Begründung des Entwurfs sagt dazu: ‚Die natürliche Abneigung der Demokratie gegen das [..] Zweikammersystem kann in diesem Falle [eines demokratisch legitimierten Staatenhauses] bei unbefangener Beurteilung nicht entscheidend sein.' Aehnlich liegen die Dinge für Sachsen. Es ist natürlich keine Rede davon, neben die Volkskammer eine [..] Vertretung privilegierter Klassen zu stellen, aber die [..] berechtigte Abneigung gegen die überlebte Erscheinungsform der ehemaligen Ersten Kammer darf [..] nicht dazu führen, die Prüfung der Frage von vornherein abzulehnen, ob nicht ein auf demokratischer Grundlage errichtetes zweites [...] Haus ein zweckmäßiger nützlicher, vielleicht sogar [..] notwendiger Bestandteil der künftigen Staatsform Sachsens ist." Vom Zweikammersystem versprach er sich eine ausgleichende Wirkung auf den Parlamentsbetrieb. Der von ihm befürwortete „Volksrat" sollte sich dabei aus Vertretern der kommunalen Selbstverwaltungskörperschaften zusammensetzten. Meinungsverschiedenheiten zwi-

[1085] Verfassung der freien Hansestadt Bremen vom 18. Mai 1920.
[1086] S.4.
[1087] S. 123
[1088] Verfassungsurkunde für das Königreich Sachsen vom 4. September 1831, §63

schen beiden Kammern sollten teils durch ein nicht näher spezifiziertes Übergewicht der Volkskammer, teils durch Plebiszit bereinigt werden.[1089]

Bei der ersten Beratung des VGG vor dem Volkskammerplenum vertrat der Volksbeauftragte und Justizminister Harnisch noch die Meinung, zur Sicherstellung der nötigen Stetigkeit des politischen Betriebs sei statt eines Staatspräsidenten auch ein Zweikammersystem, bei dem die „[...] andere Kammer [...] die...] des organisierten Volkes ganzes Wissen und Können repräsentiert“[1090], d.h. ein berufsständischer Senat, „[...] denkbar und nützlich [...]“ Konkrete Verhandlungen zum Thema gab es zu diesem Zeitpunkt aber nicht.

Während der Verhandlungen des Gesetzgebungs-Ausschusses versuchten die Unabhängigen, im Rahmen eines in das VGG einzufügenden §3a einen Arbeiter- und Soldatenrat als Kontrollorgan mit Einspruchsrecht gegen „Maßnahmen und Beschlüsse des Parlaments und der öffentlichen Körperschaften“ zu installierenden. Wegen der sprachlichen Ungenauigkeit des Antrags könnte es aber auch sein, daß die Einräumung eines solchen Rechtes für alle sächsischen Arbeiter- und Soldatenräte intendiert war. Falls das Parlament bei seiner abweichenden Haltung blieb, sollte „der“ Arbeiter- und Soldatenrat eine Volksabstimmung über Streitfragen herbeiführen können. Der Mehrheitssozialdemokrat und spätere Innenminister Karl Uhlig beantragte eine inhaltlich entsprechende Regelung als Übergangslösung, während der anwesende Ministerialbeamte nicht einmal die Abwicklung der Räte im VGG geregelt wissen wollte. Der dem letzteren assistierende SPD-Abgeordnete Arthur Arzt veranlaßte durch einen entsprechenden Antrag den Rückzug Uhligs. Der USPD-Antrag wurde gegen elf Stimmen abgelehnt. Da 15 Ausschußmitglieder anwesend waren und der Unabhängige Abgeordnete Hermann Müller wegen des zusammengebrochenen Zugverkehrs fehlte, stimmten immerhin zwei nicht der USPD angehörende Parlamentarier für die Stärkung der Räte.[1091] Der Antrag wurde vor dem Plenum erneut vorgebracht und gegen nur zehn Stimmen abgelehnt.[1092] Die mangelhafte sprachliche Genauigkeit des Antrags kann auf die Erwartung seines Scheiterns zurückzuführen sein. Dafür spricht, daß die USPD verschiedentlich auch andere aussichtslose Maßnahmen, wie z.B. die Umwandlung Sachsens in einen „demokratisch-sozialistischen Freistaat“ und die Sozialisierung der Bodenschätze und bestimmter Industriezweige in der Verfassung verankern wollte.[1093] Motiv für eine solche Handlungsweise könnte die Bloßstellung der mehrheitssozialdemokratischen Politik gewesen sein.

In der ersten Lesung der Verfassung im Volkskammerplenum sprach sich der DVP-Abgeordnete Blüher zugunsten einer „Kammer der Arbeit“ aus, deren Zusammensetzung auf der sozialen und beruflichen Schichtung des Volkes beruhen sollte. Einmal mehr wurde der Sinn eines solchen Organs im Ersatz eines nicht zu verwirklichenden Staatsoberhauptes gesehen.[1094] Die Einrichtung eines solchen Gremiums und die nach seiner Ansicht daraus entstehende soziale Harmonie propagierte er auch vor dem Ver-

[1089] Nr.32 vom 2.2.1919, .Ausgabe 2.
[1090] Pr. ü. die 2. Si. vom 26.2.1919, S.23.
[1091] Pr. ü. die 2. Si. des GA vom 26.2.1919, S.1–4.
[1092] Pr. ü. die 3.Si. vom 28.2. 1919, S.61–62.
[1093] Pr. ü. die 2. Si. des GA vom 26.2.1919, S.10–11.
[1094] Pr. ü. die 116. Si. vom 12. 5. 1920, S.3678.

fassungsausschuß: „[Der Landeswirtschaftsrat][..] müsse eine Vertretung aller [..] Berufsschichten [...] darstellen, die in kontradiktorischer Verhandlung einen Ausgleich der verschiedenen Interessen [...] herbeiführen und das politische Parlament mit ihrem Rate und ihrem Gutachten zu unterstützen habe. [...] Eine solche Zusammenfassung dieser Kräfte werde [...] dahin wirken können, daß sich die Kämpfe des Wirtschaftslebens in anderen Formen auswirken, als dies jetzt zum Schaden der Allgemeinheit geschehe, und daß mit manchen Mißverständnissen aufgeräumt, manche Gegensätze überbrückt und ein vertrauensvolles Zusammenarbeiten der verschiedenen Berufsklassen gefördert wird.“[1095] In der zweiten Ausschußlesung einigten sich die Vertreter der drei bürgerlichen Parteien unter Zustimmung des Regierungsvertreters auf einen Minderheitsantrag, der die Schaffung eines Landeswirtschaftsrates zum Gegenstand hatte. Dieser sollte sozial- und wirtschaftspolitische Gesetzesvorlagen begutachten und als Bezirkswirtschaftsrat im Sinne des Art.165,III WRV wirken. Die SPD-Abgeordneten legten einen Entschließungsantrag vor, der die spätere Einrichtung einer solchen Kammer durch einfaches Gesetz vorsah. [1096] Woelker unterläßt es dabei darauf hinzuweisen, daß im Erfolgsfalle von den viel weitergehenden Vorstellungen Blühers nicht mehr viel übrig geblieben wäre. Diese erläuterte er vor dem Plenum anhand des von ihm an diesem Punkt ausführlich als vorbildhaft dargestellten preussischen Verfassungsentwurfs: „In Preußen hat man neben dem Parlament noch einen Staatsrat geschaffen, [...] der [...] eine zweite Funktion erfüllt, [...] nämlich [...] daß die Provinzialinteressen ausreichend zur Geltung kommen [...]. Aber der Staatsrat hat auch eine Reihe von Befugnissen, die die Allmacht des Parlaments in wirksamer Weise einschränken [...]: einmal die gutachtliche Äußerung bei der Vorbereitung von Gesetzentwürfen, zweitens die gesetzgeberische Initiative [...] drittens – das ist besonders bedeutsam – ein Einspruchsrecht gegen über den Beschlüssen der Landesversammlung. Das Einspruchsrecht ist erst unwirksam, wenn die Landesversammlung mit Zweidrittel-Mehrheit auf ihrem Standpunkt beharrt; in diesem Fall bleibt dem Staatsrate noch die Herbeiführung eines Volksentscheids. [...] Dann kommt als besonders wichtiger Punkt, daß bei Bewilligung von Ausgaben, die über den von der Regierung für annehmbar erklärten Betrag hinausgehen, der Einspruch des Staatsrates [...] absolut ist [...]“[1097]

Im Plenum hatte zuvor der Berichterstatter Wulffen namens der Ausschußmehrheit erklärt, daß man den Landeswirtschaftsrat nicht in die Verfassung nehmen wolle, um „nicht Überorganisation zu treiben“[1098], um im nächsten Satz namens der gleichen Mehrheit diese Überorganisation auf außerverfassungsrechtlicher Grundlage zu befürworten. Angesichts des sozialen Unfriedens in Sachsen und der angenommenen Wirkung einer solchen Körperschaft wurde offensichtlich ein allseitiger Bedarf gesehen. Die Abschaffung eines Verfassungsorgans hätte aber gemäß Art.41 der Verfassung ein Quorum und eine Zustimmung von 2/3 der Abgeordneten erfordert.

[1095] Zit. n. Woelker, K. S.68–69.
[1096] a.a.O., S.69.
[1097] Pr. ü. d. 152. Si. am 26.10.1920, S.4829.
[1098] Pr. ü. d. 152. Si. am 26.10.1920, S.4813.

Bei der Einzelabstimmung ergriff Blüher nochmals das Wort und erläuterte das von ihm gewünschte „[...] Zusammenarbeiten von Arbeitgebern einerseits, Angestellten und Arbeitnehmern (sic!) andererseits, [...] von Industrie, Landwirtschaft und Handel, Gewerbe und Kleinhandel, Verbrauchern und freien Berufen [...]".[1099] Schließlich plante der Dresdner Oberbürgermeister eine Vertretung der Gemeinden. Die USPD erklärte ihre Gegnerschaft zu diesem Antrag, der nur ein Relikt eines einstigen Planes der nationalliberalen Partei sei, ein teils aus allgemeinen Wahlen und teils aus Berufsorganisationen hervorgehendes Parlament zu schaffen.[1100] Der Entschließungsantrag der SPD wurde abermals gegen die Stimmen der Unabhängigen angenommen.[1101]

Angesichts des Engagements Blühers, das ihn als treibende Kraft des Planes eines Landeswirtschaftsrates ausweist, und angesichts der Resonanz, die dieser Plan bei allen bürgerlichen Fraktionen fand, läßt sich die Ansicht Trippes, es sei der DNVP beinahe gelungen, ein solches Gremium in der Verfassung zu verankern,[1102] so nicht aufrechterhalten.

Anzumerken bleibt, daß noch 1921 bei der Universität Leipzig eine staatswissenschaftliche Dissertation[1103] eingereicht wurde, deren Autor glaubte, aus der allgemeinen Geschichte der Revolutionen die prinzipielle Kurzlebigkeit des Einkammersystems herauslesen zu können.

6.2.3. Legislaturperiode

Ursprünglich waren die Abgeordneten der zweiten Kammer auf neun Jahre gewählt worden, wobei alle drei Jahre ein Drittel der Abgeordneten ausschied. (§71,I) Die Feststellung von Kirsch und Ruhland, die Regierung habe durch die Teilerneuerung erreicht, daß „[...] die Vertreter der zweiten Kammer niemals länger als neuen (sic!) Jahre im Dienst waren."[1104], läßt sich anhand des Verfassungstextes nicht nachvollziehen. Vielmehr bestimmte §71,III,2 der Sächsischen Verfassung von 1831: „Die Austretenden können sofort wiedergewählt werden." Die Dreiteilung wurde beibehalten, als 1868 die Legislaturperiode auf sechs Jahre verkürzt wurde. Eine einheitliche sechsjährige Wahlperiode wurde durch die Wahlrechtsänderung von 1909 eingeführt, aber nur einmal angewendet.

Der Regierungsentwurf zum Vorläufigen Grundgesetz ließ die Mandate der Volkskammerabgeordneten nach §10 ihrer Vorlage am Ende des Jahres 1920 ablaufen.[1105] Diese Regelung wurde unangefochten im VGG verwirklicht.

Der erste von drei bzw. vier Entwürfen zur Verfassung sah eine vierjährige Parlamentsdauer vor.[1106] Diese gelangte als Art.6,1 in die Regierungsvorlage[1107] an die Volkskammer. Der Verfassungsausschuß entschied sich gegen die Stimmen der Unab-

---

[1099] a.a.O., S.4842–4843.
[1100] a.a.O., S.4843.
[1101] Woelker, K. S.70.
[1102] S.110.
[1103] von Zezschwitz.
[1104] Kirsch u. Ruhland, S.4.
[1105] Volkskammer-Akten aus dem Jahre 1919. Vorlage Nr.1.
[1106] SächsHStA III.2.4. 22.
[1107] SächsHStA III.1.2. 283.

hängigen, die eine Verkürzung um ein Jahr herbeiführen wollten, für seine Beibehaltung. Hauptargument in der Diskussion war die Festlegung von Wahlperioden entsprechender Länge in der Reichsverfassung und in den meisten der zur Verfügung stehenden Länderverfassungen. Der Kofraktionsvorsitzende der USPD, Richard Lipinski, äußerte hierbei folgende weitblickende Annahme: „Wir sind für dreijährige Wahlperioden [...] zumal diese Bestimmung gar nicht praktisch werden wird, da bei den [..] politischen Gärungsverhältnissen, unter denen wir noch im nächsten Jahrzehnt leben werden, kaum ein Reichstag und damit auch ein Landtag eine vierjährige Lebensdauer hat."[1108] In der Tat bestand kein Reichstag und nur der 1922 gewählte sächsische Landtag eine volle Wahlperiode lang. Sein anschließender Vorschlag, die Landtagsdauer von der Reichstagsdauer abhängig zu machen, spricht für Lipinskis Geringschätzung sächsischer Eigenstaatlichkeit.

Die Länge der Legislaturperiode geht demnach auf den ersten Entwurf der Regierungsvorlage zurück.

6.2.4. Haushaltsdauer

Die Bewilligung des Staatshaushaltsplans erfolgte unter der monarchischen Verfassung gemäß §98 der für die Dauer eines „ordentlichen Landtages". Dieser umfaßte bis 1868 drei, seither zwei Jahre und bestimmte, was, wie o.a., auch die Dauer des Abgeordnetenmandats bestimmte.

Der §6,I,2 der Regierungsvorlage zum Vorläufigen Grundgesetz führte statt dessen die einjährige Haushaltsdauer ein.[1109] Diese war eine alte Forderung der zweiten Kammer und trug gemäß der Rede des Volksbeauftragten Gradnauer vor der Volkskammer der gestiegenen Bedeutung des Parlaments im neuen System Rechnung.[1110] Sie wurde nicht beanstandet.

Der erste Regierungsentwurf zur Verfassung enthielt eine Bestimmung entsprechenden Inhalts. Außerdem sah er die ausnahmsweise Verlängerung der genannten Frist für bestimmte Ausgaben vor.[1111] Der Kern dieser Regelung wurde als Art.42 Teil der Verfassung.

Die einjährige Haushaltsdauer findet sich zuerst in der Vorlage zum VGG.

6.2.5. Wahlrecht

Unter der monarchischen Verfassung war die zweite Kammer wie in Württemberg keine reine Volksvertretung gewesen.[1112] Ursprünglich vertraten 20 ihrer 75 Angehörigen die Rittergutsbesitzer, je 25 die Städte und den Bauernstand. Daneben wählten „Handel und Fabrikwesen" fünf Abgeordnete.(§68) Angesichts der sich andernorts erst zu Beginn des 20. Jahrhunderts entfaltenden Diskussion neokorporatistischer In-

[1108] SächsHStA III.1.2. 283. Anlage zur Niederschrift (Stenographischer Bericht) über die 6. Si. des Verfassungs-Ausschusses [Schreibweise variiert] am 13.7.1920, S.22–23, vgl. Woelker, S.87

[1109] Volkskammer-Akten aus dem Jahre 1919. Vorlage Nr.1.

[1110] Pr. ü. die 2. Si. vom 26.2.1919, S.16.

[1111] SächsHStA III.2.4. 22.

[1112] Das Landtagswahlrecht im Königreich Sachsen wird am ausführlichsten bei Diersch beschrieben. Diesem folgend und genauer als Mayer: Goldt.

halte fällt diese erstmalige[1113] Berücksichtigung industrieller Interessen aus dem Rahmen. Laut Kirsch und Ruhland ist sie u.a. „[...] Ausdruck des gestiegenen Einflusses der Bourgeoisie [...].“[1114] Mayer vermutet ihre Ursache in einem Handel während der Verfassungsverhandlungen der alten Stände: „Es gelang [..][den Rittergutsbesitzern], offenbar auf Grund eines mit den Städten abgeschlossenen Geschäftes, [...] durchzusetzen, daß die Zahl ihrer Abgeordneten auf 20 zu erhöhen sei; dafür wurde zugunsten der Städter vorgeschlagen: ‚die zweite Kammer‘ [...][um die fraglichen fünf Sitze] zu vermehren.“ Das aktive Wahlrecht war an ein Mindestalter von 25 Jahren, das christliche Bekenntnis und den Besitz eines Wohnhauses gebunden. Das Wählbarkeitsalter lag bei 30 Jahren. Die Wählbarkeit setzte für die Wahlmänner und Abgeordneten der Städte und des Landes die Erfüllung eines Zensus voraus.[1115] Die sich überlappenden Wählergruppen bedeuteten ein Pluralwahlrecht, was gegebenenfalls auch für die Wahlen zu beiden Kammern zutraf.

1861 wurde die Anzahl der Wirtschaftsvertreter verdoppelt.[1116] 1868 wurde die Zahl der ländlichen Abgeordneten auf 45 und die der städtischen auf 35 erhöht. Die besonderen Vertreter der Rittergutsbesitzer und der Industriellen fielen weg. Auch in Sachsen brachte dieses Jahr die Anpassung des Wahlrechts an dasjenige des Norddeutschen Bundes. So durften künftig alle[1117] mindestens fünfundzwanzigjährigen Männer, welche die mäßige Mindeststeuerleistung von einem Taler erbrachten, wählen[1118]. Die Wählbarkeit war an die zehnfache Steuerleistung geknüpft. Soweit die Mandatsverteilung zwischen Stadt und Land nicht der Bevölkerungsverteilung entsprach, war das Wahlrecht weiterhin ungleich. Das Jahr 1892 brachte den Städtern zwei weitere Sitze. Das Wahlgesetz von 1909 sah eine zweite Kammer vor, die nur noch aus Vertretern von 48 ländlichen und 43 städtischen Wahlkreisen zusammengesetzt war.

1895 hatte ein Abgeordneter der zuletzt bei Wahlen erfolgreichen SPD die Herabsetzung des Wahlalters auf 21 Jahre und das Frauenwahlrecht gefordert. Die Kammer nahm dies zum Anlaß, auf diesen Antrag hin zur Tagesordnung überzugehen und statt dessen ein Dreiklassenwahlrecht einzuführen,[1119] das aus demokratischer Perspektive dem preussischen Vorbild gegenüber nur unwesentliche Vorteile aufwies. Sie beugte somit einem weiteren Ansteigen der sozialdemokratischen Mandate vor,[1120] rief aber den Widerstand beträchtlicher Teile auch der bürgerlich wählenden Bevölkerung und zuletzt sogar das Mißfallen des Königs hervor.[1121] Bei der Reichstagswahl von 1903 fielen übrigens mit einer Ausnahme alle 23 sächsischen Wahlkreise an die Sozialdemokraten.

[1113] Kirsch u. Ruhland, S.4.
[1114] a.a.O.
[1115] Gesetz, die Wahl der Abgeordneten zu den künftig zu haltenden Ständeversammlungen betreffend §56 u. §83.
[1116] Mayer, S.124–126.
[1117] Anders Goldt, S.34.
[1118] Gesetz, die Wahlen zum Landtag betreffend, §18.
[1119] Mayer, S.126–127.
[1120] Ritter, S.165.
[1121] Goldt, S.45–53.

Daher wurde das Wahlrecht 1909 erneut gravierend umgestaltet. Nunmehr sollte ein gemäßigtes, für alle Steuerzahler geltendes Pluralwahlrecht angewendet werden. Das aktive Wahlrecht war dem von 1868 ähnlich, jedoch konnte ein Wähler bis zu vier Stimmen auf sich vereinigen. Zusatzstimmen gab es nach Steuerleistung und Grundbesitz, aber auch für einen mittleren Bildungsabschluß und das Erreichen des 50. Lebensjahres. Wählbar waren, von marginalen Einschränkungen abgesehen, alle mindestens dreißigjährigen Wähler.[1122]

Infolge des Krieges wurde die Wahlrechtsfrage im Mai 1918 wieder aktuell. „Unter dem Eindruck der [..] Wandlung in Preußen und im Reich waren die Nationalliberalen jetzt [...] bereit, ihren [..] ablehnenden Standpunkt aufzugeben. Die Anträge der beiden sozialdemokratischen Fraktionen, die im wesentlichen eine Übertragung des Reichstagswahlrechts auf Sachsen in Verbindung mit einem Verhältniswahlrecht und gleichzeitiger Einführung des Frauenwahlrechts forderten, lehnten sie [..] ebenso ab, wie die Anträge der Fortschrittspartei, die ein allgemeines, gleiches Wahlrecht [...] für Männer verlangte.“ Statt dessen forderte sie „[...] *das allgemeine, gleiche* (sic!) *und geheime Wahlrecht* [...] *in Verbindung mit der Verhältniswahl und* [..] *der Gewährung von zwei Zusatzstimmen, für die* [...] *das Lebensalter* [...] *maßgebend sein soll.“*[1123] Den Vorstellungen der Nationalliberalen stimmte die zweite Kammer gegen die Stimmen der Konservativen und der Unabhängigen am 14. Mai 1918 zu. Gemäß dem geltenden Staatsrecht ging eine entsprechende Motion an die Regierung. Der letzte königliche Regierungschef Heinze versprach noch am 5. November 1918 lediglich in „[...] ziemlich allgemein gehaltenen Worten ein neues Wahlrecht.“[1124]

Für die Wahl zur Volkskammer bestimmte eine Verordnung über die Wahlen zur Volkskammer der Republik Sachsen (Landeswahlgesetz) (sic!) in enger Anlehnung an das Wahlrecht für die Deutsche Nationalversammlung: „Die Mitglieder der Volkskammer werden in allgemeinen, unmittelbaren und geheimen Wahlen nach den Grundsätzen der Verhältniswahl gewählt.“(§2,I) Die Gleichheit der Wahl wurde, wohl wegen des bisher geltenden Pluralwahlrechts, eigens betont: „Jeder Wähler hat eine Stimme.(§2,II) Wahlberechtigt sind alle deutschen Männer und Frauen, die am Wahltag das 20. Lebensjahr vollendet haben und in Sachsen wohnen [...] (§3,I) [...] Wählbar sind alle Wahlberechtigten, die seit mindestens einem Jahre Deutsche sind (§5).“

Das Wahlgesetz von 1920 brachte in dieser Hinsicht keine nennenswerten Veränderungen.

Das außerhalb der Verfassung geregelte Wahlrecht beruht demnach auf dem Wahlrecht zur Nationalversammlung und den Vorschriften der WRV.

6.2.6. Wahlsystem

Zur Wahl der Abgeordneten der Städte und der Bauern, später der Bewohner des „platten Landes“ bestanden anfänglich zwei Zweier- und ansonsten Einerwahlkreise. Ausschließlich in letzteren wurde seit 1868 gewählt. Diese wurden unter dem Dreiklassenwahlrecht in Urwahlbezirke zu 500–1000 Seelen pro Klasse eingeteilt. Das

---

[1122] Wahlgesetz über die zweite Kammer der Ständeversammlung;; Mayer., S.131–133.

[1123] Fabian, S.17 Das kursiv gesetzte Zitat ist im Original einzeilig und in kleinerer Schrift gesetzt.

[1124] a.a.O., S.17–22. Vgl. Kirsch u. Ruhland, S.6.

Wahlgesetz von 1909 führte wieder die direkte Wahl in Einerwahlkreisen ein. Erreichte kein Kandidat eine absolute Stimmenmehrheit, fand eine Stichwahl statt.[1125]

Auch das Wahlsystem samt Wahlkreiseinteilung war aus dem eine gute Woche zuvor erlassenen Reichswahlgesetz übernommen worden. Sachsen wurde in drei Wahlkreise eingeteilt, in denen 37, 35 und 24 Abgeordnete zu wählen waren.[1126] Da auch die Anwendung des d'Hondtschen Höchstzahlverfahrens übernommen worden war, mußte jede Liste pro Wahlkreis ungefähr drei oder vier Prozent der Stimmen auf sich vereinigen, um ein Mandat zugeteilt zu bekommen. Anläßlich der Vorlage des Regierungsentwurfs der Verfassung äußerte sich Geheimrat Schelcher in seinem Beitrag in den Dresdner Nachrichten zum neuen Wahlsystem: „In diesem Sinne ist der heutige Parlamentarier auch nicht mehr der Mandatar seines Wahlkreises und seiner Wähler. Tatsächlich [..] ist er der Mandatar seiner Partei und bei keiner Partei ist er das in so hohem Maße wie bei der Sozialdemokratie."[1127] Schelcher unterläßt es dabei, den von ihm behaupteten Zusammenhang zwischen dem Verhältniswahlrecht oder der Einführung von großen Wahlkreisen und der Entwicklung zur heute sogenannten Parteiendemokratie durch einen Hinweis auf die Verhältnisse in England zu relativieren, wo sich der entsprechende Wandel unter fortgesetzter Verkleinerung der ohnehin schon kleinen Wahlkreise[1128] und unter Beibehaltung der Mehrheitswahl vollzog.

Am 21. Juni 1920 übersandte der Ministerpräsident dem Volkskammerpräsidenten den Entwurf eines Wahlgesetzes, das sich laut Begründung „aufs engste" an das Reichswahlgesetz anschloß.[1129]

Das Landeswahlgesetz für den Freistaat Sachsen vom 4. September 1920 wurde im Rahmen der Verfassungsberatungen im gleichnamigen Ausschuß verhandelt. Es wurde aber im Zusammenhang mit den anstehenden Wahlen separat verabschiedet.[1130] Es führte statt der inzwischen auf Reichsebene geltenden automatischen Methode, wegen der bei deren Anwendung möglichen großen Schwankungen in der Mandatszahl, das einfache Wahlzahlverfahren ein, (§26) wobei die restlichen Mandate nach der Methode des größten Überrests verteilt wurden(§27,I,2). Daß die Sitze überdies nach dem landesweiten Wahlergebnis verteilt wurden, bedeutete eine Verbesserung der Wahlchancen kleiner und kleinster Parteien. Die von der Regierung vorgeschlagene Bildung von Landeswahlvorschlägen zur Verwertung der Reststimmen wurde verworfen, weil die Zahl der verbleibenden Mandate bei nur drei Wahlkreisen als zu gering erachtet wurde[1131]. Ein Wahlhandbuch der sächsischen DVP für die Dezemberwahl 1920 bezeichnete die Wahlrechtsänderung auf Reichsebene als einen Wechsel vom belgischen zum badischen System.[1132]

Zur Abschreckung der zuletzt genannten Gruppierungen wurde das Wahlgesetz 1926 durch einen Beschluß der bürgerlichen Fraktionen und der SPD um einen Passus er-

[1125] a.a.O., S.124–1136.
[1126] Landeswahlgesetz vom 27.12.1918.
[1127] Nr.167 vom 21.5.1920.
[1128] Nohlen 1989, S.144–145.
[1129] SächsHStA III.1.2. 285.
[1130] SächsHStA III.1.2. 283.
[1131] Fabian, S.86.
[1132] Sachsen unter der Revolution, S.92–93.

gänzt, der von nicht im Parlament vertretenen Parteien die Hinterlegung einer Kaution von 3.000 RM verlangte. Dieser Betrag sollte nur bei Erreichen eines Mandates zurückgezahlt werden und ansonsten dem Fiskus zugute kommen. (§14,VIII) Nach dem der Staatsgerichtshof für das Deutsche Reich im Dezember das Wahlgesetz von Mecklenburg-Strelitz sowie von Hessen und Hamburg wegen solcher Sicherheitsleistungen für unvereinbar mit Art.17 WRV erklärt hatte, sahen die früher bzw. anderswo relevanten Parteien USPD und Zentrum eine Chance, ihr anläßlich der Landtagswahl von Oktober 1926 verlorenes Geld zurückzubekommen. Nach dem die SPD-Fraktion aus tagespolitischen Gründen deren Antrag aufgenommen hatte, erklärte der Staatsgerichtshof die Wahlen für ungültig. Dieser beschränkte sich auf „formaljuristische, rein logische Gedankengänge", was eine exzessive Auslegung der in Art.17 WRV geforderten Gleichheit der Wahl ermöglichte.[1133] Die notwendig gewordenen vorgezogenen Landtagswahlen von 1929 brachten eine Erhöhung der im Parlament vertretenen Gruppen lediglich von neun auf zehn.[1134]

Das Wahlsystem richtete sich im allgemeinen nach den Vorgaben der Reichsverfassung. Das Stimmauszählungsverfahren wurde durch das o.a. Gesetz eigenständig geregelt. Die Zahl der Abgeordneten wurde im Volkskammerwahlgesetz wie o.a. auf 96 festgelegt. (§1). Die zweite Kammer hatte zuletzt 91 Abgeordnete gehabt, was angesichts des Wegfalls der ersten Kammer eine deutliche Verringerung bedeutete. Der Regierungsentwurf zum Wahlgesetz wollte diese Zahl wegen des durch die Bestimmungen der Reichsverfassung geringer gewordenen Handlungsspielraums und der in allen bearbeiteten Ländern angestellten Sparsamkeitserwägungen um ein Achtel auf 84 reduzieren.[1135] Die Beibehaltung von 96 Mandaten wurde in der zweiten Ausschußberatung von den Demokraten beantragt.[1136] Den Verfassungsrang dieser Vorschrift begründete der dieser Fraktion angehörende Berichterstatter Wulffen später vor dem Volkskammerplenum. Die Erhöhung der Mandatszahl solle erschwert werden.[1137]

Zwei Vorstöße der DDP und der DNVP in den Jahren 1923 hatten eine Verminderung der Abgeordnetenzahl auf 64 bzw. 48 zur Absicht, scheiterten jedoch. Beide Fraktionen machten Sparsamkeitsgründe geltend, die Deutschnationalen darüber hinaus ihre antiparlamentarische Haltung. Der demokratische Abgeordnete Oskar Günther, ehemals einer der Staatsminister, die noch Anfang November 1918 ernannt worden waren,[1138] hielt dem entgegen, daß sich die Zahl der Parlamentarier nicht nur gegenüber der Zeit des Zweikammersystems um 41 vermindert habe, sondern daß Sachsen mit einem Abgeordneten für 49.000 im Vergleich zu Ländern ähnlicher Größenordnung die geringste Zahl von Abgeordneten aufweise. Bayern, Württemberg und Baden kamen auf ein entsprechendes Verhältnis für 45.000, 25.000 und 26.000. Als Letztes soll noch angemerkt werden, daß sich das sächsische Handwerk zugunsten der bisherigen

---

[1133] Apelt 1930, S.121–124 Zur Unmöglichkeit einer völlig „gleichen" Wahl und einer unpolitischen Verfassungsgerichtsbarkeit a.a.O., S125–134. Vgl. Woelker, J. S. 8–32.
[1134] Falter, Lindenberge u. Schumann S.108.
[1135] SächsHStA III.1.2. 285.
[1136] SächsHStA III.1.2. 283 19. Si. des VA am 6.10.1920, S.4.
[1137] Pr. ü. die 152.Si. am 26.10.1920.
[1138] Huber, 1978, 1033, FN 11.

Abgeordnetenzahl in die Debatte einschaltete, weil bei einer Verkleinerung die ausschließliche Berücksichtigung von Berufspolitikern befürchtet wurde.[1139]

6.2.7. Parlamentsauflösung

Die Auflösung der zweiten Kammer stand gemäß §116,I der alten Verfassung im Belieben des Königs.

Aus dem Regierungsentwurf stammte eine Regelung des VGG, nach der sich die Volkskammer durch Mehrheitsbeschluß selbst auflösen konnte.[1140]

Im ersten Regierungsentwurf zur Verfassung war lediglich eine Auflösung durch Volksbegehren und nachfolgende Volksabstimmung vorgesehen.[1141] Die zweite und die dritte Version enthalten bereits zusätzlich die Möglichkeit, besagte Abstimmung auch durch Beschluß des Staatsministeriums herbeizuführen (Art. 12,I bzw. 9,I). In sprachlich gewandelter Form weist auch der „Vorentwurf" eine solche Regelung auf. Dessen Begründung bezieht sich auf Art.25 WRV und die entsprechenden Einrichtungen verschiedener Länderverfassungen, verweist aber auch auf die abweichende badische Lösung. Inhaltlich soll durch das Auflösungsrecht gewährleistet werden, daß die Möglichkeit besteht, „[...] zur Wahrung des demokratischen Prinzips [...] von den Gewählten (sic!) an die Wähler zu appellieren und das Volk darüber entscheiden lassen, ob der Landtag noch die wahre Volksvertretung darstellt. Nach dieser Theorie sollten die Landtagsabgeordneten in summa nicht die Treuhänder ihrer Wähler sein, sondern vielmehr einer milden Form des imperativen Mandats unterliegen. Das Postulat der jederzeitigen Identität des Willens von Wählern und Gewählten wurde allerorten ins Feld geführt. Seine antiparlamentarische Stoßrichtung sollte aber wohl eher die Unterordnung der Volksvertretung unter die Regierung und nicht unter die Wählerschaft herbeiführen.

Der Regierungsentwurf an die Volkskammer enthielt als Art.9,I den lapidaren, an die entsprechende Stelle der WRV (Art.25,I) erinnernde Satz: „Das Staatsministerium kann den Landtag auflösen." Für diesen hatte sie folgende optimistische Begründung: „Es liegt in der Natur der Dinge, daß die Regierung nur im äußersten Falle von dem Recht, den Landtag aufzulösen, Gebrauch machen wird. Sie wirft dabei ihr eigenes Schicksal mit in die Wagschale (sic!), da nach Artikel 26 nach jeder Neuwahl des Landtags das Staatsministeriums neu zu bilden ist. Immerhin sind Konflikte denkbar, die durch das Mittel der Auflösung aufs schnellste und glatteste entschieden werden. Durch die Auflösung wird [...] das Volk, die Quelle der Staatsgewalt [...] selbst als Richter aufgerufen [...]"[1142] Angesichts der Neuartigkeit des parlamentarischen Systems hatte man wohl noch kein Gespür für die Interessenidentität zwischen Regierung und den möglicherweise von Neuwahlen profitierenden Regierungsfraktionen. Die von der Haltung der eigenen Regierung abweichende Meinung der SPD-Fraktion formulierte der Abgeordnete Karl Castan: "Wenn Organ der Volkssouveränität der Landtag ist, so ist zu fordern, daß seine Existenz nur von zwei Faktoren abhängig sein

[1139] Reichelt, S.41–43.
[1140] Volkskammer-Akten aus dem Jahre 1919. Vorlage Nr.1, §10.
[1141] SächsHStA III.2.4. 22.
[1142] SächsHStA III.2.4. 22.

darf: einmal vom Volkswillen und dann von seinem eigenen.[1143] Noch weiter links war der Tonfall schärfer: „Der Regierung sind Rechte zugeteilt worden, die [..] restlos der Volkskammer zustehen."[1144] Ähnliches formulierte im Anschluß Richard Lipinski: „Ist der Landtag die gesetzgebende Körperschaft, ist die Regierung nur das Vollzugsorgan des Landtages, dann kann das Vollzugsorgan nicht den Landtag auflösen, auf den das Vollzugsorgan sich erst stützen kann."[1145]

Im Verfassungsausschuß wurden vier Auflösungsvarianten diskutiert: Selbstauflösung, Auflösung durch die Regierung sowie Auflösung nach Volksentscheid, der entweder durch Volksbegehren oder durch Regierungsbeschluß herbeigeführt werden kann.[1146] Der Deutsch-nationale Abgeordnete Moritz Beutler hielt die Frage der Parlamentsauflösung für obsolet, da die Regierung im parlamentarischen System ohnehin „[...]der Vertrauensausschuß der Mehrheitsparteien" sei, was unwidersprochen blieb. Mangels parlamentarischer Praxis war die Minderheitsregierung noch jenseits des Horizontes. Vor allem sprachen sich sowohl SPD- als auch DDP-Vertreter gegen ein gouvernmentales Recht zur Parlamentsauflösung aus. Ausdrücklich dafür war nur der DVP-Vertreter Curt Blüher. Ein an der Ausschußsitzung teilnehmender Ministerialbeamter versuchte möglichst viel für die Exekutive herauszuholen. Für das Auflösungsrecht der Regierung machte er „Zweckmäßigkeitsgründe" geltend.[1147] Der Ausschuß aber sprach sich in erster Lesung einstimmig für die Selbstauflösung und gegen zwei Stimmen für die Volksabstimmung nach Volksbegehren aus.[1148]

In der zweiten Lesung wurde ein erneuter Vorstoß des DVP-Vertreters abgelehnt, erhielt aber immerhin fünf von 18 Stimmen,[1149] unter denen sich nach entsprechenden Äußerungen zu schließen die drei der DNVP befunden haben. Der Vertreter des Gesamtministeriums bemühte diesmal Argumente von insgesamt viel größerer Bandbreite, wobei er es nicht unterließ, fast wörtlich aus der Begründung des Regierungsentwurf zu zitieren, der den Parlamentariern schon seit Monaten vorlag. Seine umfangreiche Stellungnahme beendete er wie folgt: „Daß also ein Mißbrauch mit diesem Rechte getrieben werden könnte, ist völlig ausgeschlossen. Die Entwicklung aller Demokratien hat dazu geführt, daß man erkannt hat, daß das Staatswohl nur bei einer starken Regierung gedeiht. Deshalb ist dringend davor zu warnen, die Regierung wegen demokratischer Prinzipien weiter zu schwächen, als es unbedingt notwendig ist."[1150] Die hier besprochenen Teile des Art.9 entsprachen inhaltlich den Beschlüssen der ersten Lesung.

Die Volkskammer beschloß diesen Artikel in der Schlußabstimmung einstimmig, nachdem ein letzter Versuch der Deutschnationalen, ihre Vorstellungen durchzusetzen

---

[1143] Pr. ü. die 116. Si. vom 12.5.1920, S.3660, vgl. Woelker, K. S.53.
[1144] Pr. ü. die 116. Si. vom 12.5.1920, S.3673, zit. n. Woelker, K. S.53.
[1145] Pr. ü. die 116. Si. vom 12.5.1920, S.3674.
[1146] SächsHStA III.1.2. 283 5. Si. des VA am 8.7.1920, S.26–32.
[1147] a.a.O., S.27.
[1148] a.a.O., S.31–32, vgl. Woelker, K. S.54–55.
[1149] SächsHStA III.1.2. 283 19. Si. des VA am 6.10.1920, S.2.
[1150] a.a.O., S.12.

oder wenigstens durch Presse und Parlamentsprotokolle öffentlich zu machen, mit ‚großer Mehrheit' abgelehnt worden war.[1151]

Zur Auflösungspraxis bemerkt Umbach: „[...] 1922 löste sich das Parlament mit den Stimmen der bürgerlichen Opposition und der KPD selbst auf. Diese Auflösung ist ein klares Beispiel für eine obstruierende Mehrheit, die gegen eine SPD-Minderheitsregierung gerichtet war. Nach den Neuwahlen wären mandatsarithmetisch Mehrheiten möglich gewesen. Es gelang jedoch nicht, eine mehrheitsfähige Regierung zu bilden. [...] Die durch die Auflösung [...] beabsichtigte Stabilisierung der Regierung war [..] nicht gelungen. [...] 1924 stellte die SPD einen Antrag auf Selbstauflösung. dieser Antrag wurde abgelehnt. [...] Im Mai 1930 folgte die nächste Selbstauflösung wegen schwieriger Mehrheitsverhältnisse. Die darauf folgenden Neuwahlen brachten jedoch wiederum keine klaren Mehrheiten."[1152]

Während das Selbstauflösungsrecht bereits im Entwurf zum VGG enthalten war, entstammt der auflösende Volksentscheid nach Volksbegehren dem Regierungsentwurf zur Verfassung.

Regierung

Das die Regierung betreffende vorrevolutionäre Verfassungsrecht wird bei Mayer, S.224–257 ausführlich dargestellt.

6.2.8. Regierungsbildung

Die Bildung der Regierung war auch in Sachsen Sache des Monarchen gewesen. §41,I der Verfassung zählte die Ministerien auf: „Es bestehen die Ministerial-Departements der Justiz, der Finanzen, des Innern, des Krieges, des Cultus und der Auswärtigen Angelegenheiten, deren Vorstände den Ständen verantwortlich sind."

Die revolutionäre Regierung errichtete ein zusätzliches Arbeitsressort, während die Departements für Äußeres und Inneres vom Vorsitzenden Lipinski in Personalunion verwaltet wurden.[1153]

Der bereits erwähnte Zeitungsartikel des Dr. Külz befürwortete neben einer zweiten Parlamentskammer auch einen volksgewählten Staatspräsidenten, dem Befugnisse zugedacht waren, wie sie auch dem Reichspräsidenten zustehen sollten. Diese Analogie begründet Külz damit, „[...] nicht innerhalb des Reiches verschiedene Präsidentschaftstypen [...]" schaffen zu wollen. Diese Aussage will zu seiner sonstigen Argumentation zugunsten eines eher föderativen als unitarischen Bundesstaates nicht recht passen. Ein vom Parlament abhängiger Regierungschef und die Einrichtung eines Ministeriums für Volksfürsorge gehörten zu seinen weiteren Vorstellungen. Schließlich bemängelte er, daß es die Exekutive in Sachsen wie zuvor im Reich unterlassen hatte, einen Verfassungsentwurf vor den Wahlen zur Konstituante zu veröffentlichen.[1154] Dies hätte die Wahlgänge zu einem verfassungspolitischen Plebiszit gemacht.

[1151] Pr. ü. die 152. Si. vom 26.10.1920, S.4834–35.

[1152] Umbach, S.344–345.

[1153] Kirsch u. Ruhland, S.6.

[1154] Dresdner Neueste Nachrichten Nr.32 vom 2.2.1919, 2. Ausgabe.

Die Volksbeauftragten wollten in Sachsen eine dualistische Exekutive einführen. Ihre Vorlage zum VGG enthielt als zweiten Abschnitt einen Passus über das Amt eines Staatspräsidenten. Gemäß §11,I,1 sollte ihn die Volkskammer mit absoluter Stimmenmehrheit wählen. Abgesehen von den üblichen Befugnissen eines Staatsoberhaupts im parlamentarischen System sollte er bei der Regierungsbildung mitwirken: Nach §12,II stand ihm die Ernennung des Ministerpräsidenten und auf dessen Vorschlag, diejenige der Minister zu.[1155]

Georg Gradnauer machte sich während der „Allgemeinen Vorberatung" des Volkskammerplenums auf geradezu poetische Weise für die Schaffung eines „besonderen" Staatsoberhaupts stark, als er die fehlende Stabilität des parlamentarischen Systems als eines monistischen herausstrich: „Es fehlt ein ruhender Pol in der Erscheinungen Flucht." Gradnauer bezog sich hierbei auf das damalige Fehlen von Mechanismen zur Sicherung der Regierungsstabilität im parlamentarischen System. Die Wahl des Regierungschefs auf einen längeren Zeitraum immerhin war im Innenministerium erwogen und verworfen worden.[1156] Positiv zur dualistischen Staatsspitze äußerte sich Justizminister Harnisch, während der Fraktionsvorsitzende ausgerechnet der Mehrheitssozialdemokraten sie als undemokratisch brandmarkte. Darin waren sich die Redner der Demokraten und der Unabhängigen mit ihm einig.[1157]

Im Gesetzgebungs-Ausschuß wurde das Staatspräsidentenamt mit zehn gegen sechs Stimmen verworfen,[1158] wobei die Parteien der Rechten, wie o.a., nur vier Stimmen innehatten. Daraufhin ließ man sich einen neuen Entwurf des Abschnitts über die Regierung aus dem Ministerium des Inneren bringen.[1159] Dies geschah laut Protokoll binnen einer Stunde, man hatte also nach der Ankündigung einer Ablehnung durch die SPD-Fraktionsführung mit einer solchen gerechnet[1160]. Der §12,I der neuen Fassung legte die Wahl des Ministerpräsidenten durch eine absolute Mehrheit von Volkskammerabgeordneten und §12,II die Berufung der übrigen Kabinettsmitglieder durch den Regierungschef fest. Was die Ausschußverhandlungen betrifft, ist lediglich die Weigerung der Mehrheit, gemäß einem Antrag der DNVP die Zahl der Minister festzulegen oder auch nur zu begrenzen und die Einführung eines Quorums von 2/3 der Abgeordneten bei der Wahl des Ministerpräsidenten (§12,I,1) noch erwähnenswert. Auch die am nämlichen Tag stattfindende zweite Lesung brachte nichts Neues mehr.[1161]

Die Notwendigkeit des parlamentarischen Vertrauens bestand nach §17 der Regierungsvorlage und §11,II des VGG für jedes Mitglied des Gesamtministeriums.

Der am Beginn der gouvernementalen Ausarbeitung stehende „Plan für die Ausarbeitung der Sächsischen Landesverfassung"[1162] enthält zu Anfang des Abschnitts über den politischen Aufbau des Staatswesens folgende Einschätzung: „Auf den Staatspräsidenten wird kaum wieder zurückzukommen sein. Die verfassungsrechtlich doch

---

1155 SächsHStA III.1.2. 283.
1156 Pr. ü. die 2. Si. vom 26.2.1919, S.16.
1157 a.a.O., S.22–28.
1158 SächsHStA III.1.2. 233 2. Si. d. GA am 27. Februar 1919, S.1–2.
1159 a.a.O.
1160 Pr. ü. die 2. Si. vom 26.2.1919, S.24. Vgl. auch Pr. ü. die 3. Si. vom 28. 2. 1919, S.36.
1161 SächsHStA III.1.2. 233.
1162 SächsHStA III.2.4 22.

recht wenig inhaltsreiche Stellung des Reichspräsidenten ermächtigt nicht dazu." Statt dessen sollte sich die antiparlamentarische Tendenz der Verwaltung in folgenden verfassungspolitischen Zielvorstellungen niederschlagen: „Es wird das Ziel sein müssen, dem parlamentarischen Regierungssystem eine Form zu geben, die 1. in möglichst weitem Umfang die Stetigkeit der Staatsleitung (*staatlichen Verwaltung)*[1163] sichert, und 2. gewährleistet, daß im Parlament auch wirklich der Wille des Volkes zum Ausdruck kommt. [...][Es] wird zu erwägen sein, ob die Stellung des Gesamtministeriums gegenüber dem Parlament nicht [..] gekräftigt werden kann." Die Aufzählung der Ministerien hielt der erste Plan der Regierung nicht für notwendig.[1164] Der erste Entwurf legte fest, daß zur Wahl des Regierungschefs durch den Landtag eine absolute Mehrheit bei Anwesenheit von zwei Dritteln der Abgeordneten nötig war.[1165] Dieses Erfordernis wurde inhaltlich nicht mehr verändert.

Der Entwurf legte in Art.25 die Staatsleitung in die Hände der jetzt „Staatsministerium" genannten Regierung (Absatz I), deren neuer Name nicht nur dem Sprachgefühl Rechnung tragen sollte, sondern dem anscheinend auch ein höheres Maß an Dignität innewohnte.[1166]. Diesem sollte ein „Ministerpräsident, der die Amtsbezeichnung ‚Staatspräsident' führt", vorstehen (Absatz II). Er sollte das Recht haben, die Minister zu berufen. (Art.26,II) Das Erfordernis des parlamentarischen Vertrauens war in Art.27,I festgelegt.

Der Ausschußberichterstatter Wulffen wollte sich in der ersten Beratung der Volkskammer namens der demokratischen Fraktion noch nicht für oder gegen einen Staatspräsidenten äußern. Dabei ließ er auch offen, ob er damit ein Staatsoberhaupt im Rahmen eines parlamentarisch-präsidentiellen Mischsystems meinte oder lediglich einen Regierungschef, der kein eigenes Ressort innehat.[1167] Zuvor hatte der konservative Wortführer Moritz Beutler seine theoretische Vorliebe für das Präsidialsystem geäußert, was übrigen sein Parteifreund Wagner noch im Verfassungsauschuß namens der gesamten Fraktion wiederholte[1168]. Beutler lieferte dabei en passant seine Definition des Unterschieds zwischen demokratischer Verfassungstheorie und parlamentarischer Praxis: „Wir sind der Überzeugung, daß der Titel Ministerpräsident [...] dem entspricht, was der Inhaber des Titels bedeutet. Würde, was mir selbstverständlich sympathisch wäre, der Ministerpräsident durch das Volk gewählt und hätte er eine Stellung, die ihn unterscheidet von anderen Ministern, [..] ihn also unabhängiger macht von der jeweiligen Volkskammermehrheit – das geht aber[..] nicht nach Art.17 der Reichsverfassung-, dann könnte man daran denken ihn Staatspräsident zu nennen. Heute, wo er tatsächlich doch nicht mehr ist als der Vertrauensmann der Mehrheit der Kammerfraktion, wo er [...] sich in nichts unterscheidet von den anderen Ministern – das Ernennungsrecht der Minister steht auch nur auf dem Papier, denn der Herr Ministerpräsident bildet sich doch nicht ein, daß er die Minister ernennt, die Minister wer-

---

[1163] Die kursiv gesetzten Worte wurden gestrichen, deuten möglicherweise aber eine weitere Intention des Verfassers an.

[1164] SächsHStA III.2.4. 22.

[1165] a.a.O.

[1166] Begründung der Regierung zur Vorlage an die Volkskammer, S.20, SächsHStA III.2.4 22.

[1167] Pr. ü. die 116. Si. am 12.5.1920, S. 3670.

[1168] SächsHStA III.1.2. 283 3. Si. des VA am 30.6.1920, S.21.

den [..] von den Fraktionen, die die Mehrheit bilden, gestellt [...] und er schreibt dann den Namen unter das Ernennungsdekret; also ernennt er die Minister nicht und er bestimmt auch nicht die Politik des Landes, denn [...][diese] wird ja von der Mehrheit der Kammerfraktionen bestimmt [...] also halten wir den Ausdruck „Staatspräsident" für zu prätentiös und nicht angemessen der wahren Machtstellung des ersten Beamten des Staates."[1169] Auch hierin stimmte Richard Lipinski von den Unabhängigen mit der Rechten und diesmal auch mit den Demokraten überein, bemühte aber kein neuen Argumente mehr.[1170]

In der 3. Sitzung des Verfassungsausschusses wurde die Frage der Bestellung von Regierungschef und Ministern ausführlich und tiefschürfend diskutiert.[1171] So wurde z.B. angeführt, daß das mit Verfassungsrang ausgestattete Vertrauenserfordernis nach Art. 27,I auch in eine stillschweigende parlamentarische Investitur durch fehlendes Versagen des Vertrauens umgedeutet werden konnte.[1172] Während die direkte Wahl aller Minister durch das Parlament gegen die Stimmen der Unabhängigen ohne große Diskussion abgelehnt wurde[1173], diskutierten die Abgeordneten neben der o.a. Variante auch die nachträgliche ausdrückliche Billigung der Ministerliste durch den Landtag. Was die Ebene der Argumentation angeht, wurde durch den Wortbeitrag des DNVP-Vertreters Moritz Beutler, Justizrat und Rechtsanwalt aus Chemnitz, auch der jüngsten Parlamentspraxis Rechnung getragen. Zugunsten der Vorlage argumentierte er wie folgt: „Man muß zwischen den Zeilen lesen. Wir wissen ja alle, wie sich die Sache in der Tat vollzieht. Ob man das nun noch hineinschreibt, ist lediglich eine Frage der Schönheit."[1174] Die Amtsbezeichnung „Staatspräsident" wurde in der 5. Sitzung wieder gestrichen[1175]. Von der speziellen Erörterung dieser Frage einmal abgesehen, wurden im Ausschuß die verschiedenen Bezeichnungen ohnehin unterschiedslos nebeneinander verwendet.

Nachdem der Demokrat Wulffen seinen Antrag, die Regierungsvorlage an der fraglichen Stelle um die Worte „Mit (sic!) Zustimmung des Landtags" zu ergänzen, zurückgezogen hatte, blieb es an dieser Stelle beim Alten. In der zweiten Lesung beschäftigte sich der Ausschuß nicht mehr kontrovers mit Fragen der Regierungsbildung. Bevor sich die Parlamentarier von dem allgegenwärtigen Ministerial-Direktor Schulze den Unterschied zwischen absoluter und relativer Mehrheit erklären ließen,[1176] hatte sich statt dessen eine Debatte über Zahl und Zuschnitt der Ministerien und den Ort, an dem diese Fragen geregelt werden sollten, entsponnen.[1177] Die Demokraten legten einen Antrag vor, der eine Aufzählung von sechs Ministerien als Art.25a in die Verfassung

---

[1169] Pr. ü. die 116. Si. am 12.5.1920.

[1170] a.a.O., S.3675.

[1171] SächsHStA III.1.2.. 283, 3. Si. des VA am 30.6.1920, S.23–29.

[1172] Vgl. Brunner, S.277.

[1173] SächsHStA III.1.2. 283, 3.Si. v. 30.6.1920 S.27.

[1174] a.a.O., S.24.

[1175] SächsHStA III.1.2. 283, 5. Si. d. VA am 8.7.1920, S.7.

[1176] 21. Si. d. VA am 8.10.1920, S.2.

[1177]. SächsHStA III.1.2. 283, 20. Si. des VA, S.8–20. Die Dauer dieser Sitzung kann dem Protokoll zufolge ein gewisses Mindestmaß nicht unterschritten haben. Da aber der Beginn der folgenden Sitzung mit „1/2 10 Uhr vorm." (S.1a) angegeben wird ist vermutlich eine der Angaben unrichtig.

aufnehmen wollte. Gegenüber dem o.a. Kollegium der Volksbeauftragten fiel das Militärressort weg. Statt eines Kultusministeriums sollte es wegen der teilweisen Entstaatlichung der evangelisch-lutherischen Kirche[1178] nun eines für Unterricht geben. Das revolutionäre Arbeitsministerium sollte für Arbeit und Wirtschaft zuständig sein. Die Beibehaltung des Ministeriums für Auswärtige Angelegenheiten spricht für ein optimistisches Verständnis teilstaatlicher Handlungsmöglichkeiten. Der anwesende Ministerialdirektor bat namens des Gesamtministeriums „[...] um volle Freiheit bezgl. der Zahl der Ministerien und der Ministerposten." Da unter organisationssoziologischen Gesichtspunkten keine andere Antwort in Frage kommt, ist unter den zur Stützung dieser Bitte angeführten Argumenten nur eines erwähnenswert: Da für die zukünftige Bildung von Koalitionsregierungen Schwierigkeiten zu erwarten seien, müsse genug Handlungsfreiheit bestehen, um der gewünschten Koalitionsarithmetik Rechnung tragen zu können.[1179] Letztlich fand sich weder eine Mehrheit für die Festschreibung in der Verfassung, noch für die Regelung in einem besonderen Gesetz. [1180] Es blieb also bei der in erster Le

Die damit verbundene Frage, ob der Ministerpräsident ein zusätzliches Ressort übernehmen sollte, war bereits während der ersten Lesung erörtert worden. Während USPD, die ja die sächsische teilstaatliche Souveränität ohnehin nicht ganz ernst nahm, SPD, DVP und DNVP dafür waren, sprachen sich lediglich ein DDP-Vertreter dagegen aus.[1181] Die durch den Berichterstatter Nitzsche als „nicht glückliche Lösung" bezeichnete Übernahme des Kultusministeriums durch den Regierungschef[1182] wurde von den beiden letzten sächsischen Ministerpräsidenten 1928 bis 1933 praktiziert.[1183]

Der hinzugezogene Ministerialbeamte wollte die Frage bezeichnenderweise offen gelassen wissen.[1184] Im Rahmen seiner umfangreichen Ausführungen verstieg er sich aber zu der Ansicht, Art.28,I des Regierungsentwurfs „Der Staatspräsident vertritt den Staat nach außen" schreibe eine Verbindung zwischen Regierungsspitze und Außenamt vor. Unter den Ressorts schien verschiedenen Ausschußmitgliedern dieseVerbindung mit dem Ministerpräsidentenamt immerhin aus Zweckmäßigkeitsgründen angezeigt.[1185] Die Diskussion weitete sich dahingehend aus, daß von verschiedener Seite die Übernahme des Ministeriums des Äußeren vorausgesetzt wurde und nur die Ausübung einer dritten Funktion in Personalunion problematisiert wurde.[1186] Letztlich wurde gegen fünf Stimmen festgelegt, daß der Regierungschef immer ein Ressort seiner Wahl mit zu übernehmen habe, wobei das Außenministerium nicht als selbständiges Ministerium gelten solle.[1187] Auf Betreiben des Ministerpräsidenten Buck und des Mitberichterstatters Beutler (DNVP) wurde diese Regelung mit Rücksicht auf die ge-

---

[1178] Rüdiger, S.434–435.
[1179], SächsHStA III.1.2. 283, 20. Si. d. VA am 20.10.1920, S.8–10.
[1180] a.a.O., S.19.
[1181] SächsHStA III.1.2. 283, 3.Si. d. VA am 30.6. 1920 S.21–23.
[1182] a.a.O.
[1183] Huber, 1993, 810–812.
[1184] SächsHStA III.1.2. 283, 4. Si. d. VA am. 6.7.1920.
[1185] a.a.O., 3.Si. d. VA am. 30.6. 1920 S.21–22 u. 4. Si. am 6.7.1920, S.4.
[1186] 4. Si. am 6.7.1920, S.3 u. S.11.
[1187] a.a.O., S.12–13.

wachsene Arbeitsbelastung des Regierungschefs in der zweiten Lesung mit zehn gegen acht Stimmen wieder gestrichen.[1188]

Die Übernahme des Außenministeriums eines nicht souveränen Staates wurde in den Anfängen der Bundesrepublik Deutschland praktiziert, als Konrad Adenauer dem Auswärtigen Amt von 1951–55 vorstand. Die häufige Ausübung des Außenministeriums durch den kanadischen Premier lag im mangelnden Umfang des ihm als Regierungschef zustehenden Personals begründet. Für den Freistaat Sachsen trifft dies nicht zu, die Staatskanzlei war gerade im Jahr 1919 errichtet worden.[1189] Das dem britischen Prime Minister zustehende Amt eines First Lord of the Treasury ist hingegen nur ein verfassungshistorisches Relikt, eigentlicher Finanzminister ist der Chancellor of the Exchequer.[1190] Die Ausstattung des Ministerpräsidentenamtes mit einem Stab, dessen Größe die Ausübung eines weiteren Ministeramtes erübrigt, wurde auf internationaler Ebene erst nach dem Zweiten Weltkrieg üblich.[1191]

Wie weit die politische Praxis von den Überlegungen der am Prozeß der Verfassunggebung Beteiligten entfernt war, zeigte bereits die Wahl zum ersten Landtag noch im Monat, indem die Verfassung inkraft trat. „Trotzdem bei der Wahl [...] beide sozialdemokratische Parteien mit [..] 40 Mandaten einer Gruppe bürgerlicher Parteien mit zusammen 47 Mandaten gegenüberstanden, [...] geschah das Sonderbare, daß sich eine rein sozialistische Regierung bildete. Die Wahl des von den Mehrheitssozialisten gestellten Ministerpräsidenten war nur dadurch möglich, daß die Kommunisten dem sozialdemokratischen Wahlvorschlag zustimmten. [...] Auch die zweite Regierungsbildung [...]1922 entsprach nicht der [...] Zusammensetzung des [..] Landtags, da sich wiederum die Regierung lediglich aus Mitgliedern der – nunmehr vereinigten – Sozialdemokratischen Partei zusammensetzte."[1192] Im Oktober 1923 traten zwei Kommunisten in die Regierung ein, die noch im selben Monat wegen der u.a. Reichsexekution abtreten mußte.[1193] Nach einem weiteren rein sozialdemokratischen Intermezzo wurde eine Koalition aus DDP, DVP und einer gemäßigten Mehrheit von SPD-Vertretern gebildet.[1194]

Im Januar 1927 schließlich wurde unter Zustimmung der Deutschnationalen und der Volksrechtspartei eine Koalitionsregierung aus DDP, DVP, Wirtschaftspartei und ASPS gebildet.[1195] Letztere war eine Rechtsabspaltung der SPD. Falter, der ihren Namen mit Alte SPD (ASPD) angibt, bezeichnet sie als Gründung der wegen ihrer Teilnahme an der o.a. Koalition aus der Partei ausgeschlossenen Abgeordneten, die ins nationalistische Lager abdriftete.[1196] Dauerhafter Wahlerfolg war ihr aber ebenso wenig beschieden wie der Abspaltung „Arbeit für Bremen und Bremerhaven", die 1995 für eine Wahlperiode in die dortige Bürgerschaft einziehen konnte. Der Begriff „alte

---

1188 21. Sitzung des VA am 8.10. 1920, S.5–10.

1189 Woelker, K. S.119.

1190 Brunner, S.267, FN 224.

1191 Ausführlich: von Beyme, S.602–606.

1192 Reichelt, S.68–69. Zur „Regierungskrise" 1920–23 vgl. Apelt 1924.

1193 a.a.O., S.70.

1194 a.a.O., S.70–71.

1195 a.a.O., S.72.

1196 S.53.

Sozialdemokratie“ war im Übrigen 1919 eine Selbstbezeichnung der Mehrheitssozialdemokraten,[1197] die der Beanspruchung exklusiver Authentizität dienen sollte.

Bei der Volksrechtspartei, die auch unter den Namen „Reichspartei für Volksrecht und Aufwertung“ und „Sparerbund für das Deutsche Reich“ auftrat, handelte es sich um eine „Aufwertungsorganisation“ für Inflationsgeschädigte ohne weitere politische Zielvorstellungen. Ihr bekanntester Exponent war Graf Posadowski-Wehner.[1198] Im Juli diesen Jahres wurden zwei Minister der tolerierenden Parteien in das Kabinett aufgenommen. „Die [..] Regierungskoalition reichte nun von der deutschnationalen bis zur altsozialistischen Partei – [...] ein einmaliger Fall in der Koalitionsgeschichte der Weimarer Zeit.“[1199] Nach den Wahlen von 1929 wurden die Minister der DDP und der Volksrechtspartei durch zwei Beamte ersetzt. Der Zustand des sächsischen Parteiensystems manifestierte sich im ersten Wahlgang der Ministerpräsidentenwahl vom Juni 1929, als nicht weniger als neun Kandidaten Stimmen erhielten, obwohl KPD und NSDAP ungültig stimmten bzw. sich enthielten. Im dritten Wahlgang erhielt der DVP-Abgeordnete Bünger eine Mehrheit von zwei Stimmen, die dann eine absolute war, wenn man die weißen Stimmzettel der Kommunisten nicht mitzählte. Da der Landtag diese Zählweise ex post mit 49 gegen 47 Stimmen billigte, wurde Bünger Ministerpräsident[1200] Diese Regierung war auf die Tolerierung durch die NSDAP angewiesen und behauptete sich bis Mai 1930. Danach amtierte eine reine Beamtenregierung bis zum März 1933.[1201] Trotz verschiedener weiterer Versuche von seiten der DNVP und der KPD blieben Zahl und Zuschnitt der Ministerien bis dahin nahezu konstant.[1202]

Die Entscheidung für das rein parlamentarische Regierungssystem fiel bereits 1919 bei den Beratungen des Gesetzgebungs-Ausschusses über das VGG. Der Modus der Bestellung der Regierungsmitglieder wurde im Zusammenhang mit der ablehnenden Haltung dieses Ausschusses zum parlamentarisch-präsidentiellen Mischsystem im Innenministerium erarbeitet.

6.2.9. Regierungssturz

Die Abberufung einer Regierung stand gemäß der Staatslehre der nichtparlamentarischen konstitutionellen Monarchie dem König ebenso zu, wie deren Bildung oder die Parlamentsauflösung.

Wie o.a. bestimmte §19 der Regierungsvorlage zum VGG, die Abhängigkeit der Minister vom Vertrauen der Volkskammer. Diese Vorschrift wurde als §11,III geltendes Recht.

Der in der Regierungsvorlage zum VGG erwähnte Staatspräsident hätte durch eine Zweidrittelmehrheit in der Volkskammer abgesetzt werden können.[1203] Mangels entgegenstehender Vorschriften hätte dieses Verfahren auch aus rein politischen Gründen

---

[1197] Dresdner Volkszeitung , Nr.27 vom 3.2.1919.
[1198] Falter, S.59–60.
[1199] Huber 1993, S.810.
[1200] Woelker, J. S.92
[1201] a.a.O., S.811–812.
[1202] a.a.O. u. Reichelt, S.93–94.
[1203] SächsHStA III.1.2. 233, §16.

durchgeführt werden können. Angesichts der Schaffung eines Präsidentenamtes um der Stabilität des Regierungshandelns willen wäre diese Vorschrift innerhalb einer parlamentarisch-präsidentiell verfaßten Republik ein systemwidriges Element gewesen, dessen Unzweckmäßigkeit der DNVP-Abgeordnete Beutler vor der Volkskammer erläuterte.[1204] Für die Entlassung des Ministerpräsidenten und der Minister sollte ein einfacher Beschluß genügen. Beim Sturz des Regierungschefs sollte das Mandat aller Minister enden, die Regierung aber geschäftsführend im Amt bleiben.[1205] Die ausdrückliche Aufnahme einer solchen Passage in den Verfassungstext lag allein schon wegen der vergleichsweise untergeordneten Rolle, die der Vorsitzende des Gesamt-Ministeriums bisher hatte, nahe. Die beiden zuletzt genannten Regelungen finden sich als §14,II,1 und §14,V im endgültigen Text des VGG.

Der Art.27,II des ersten Entwurfs der Verfassung sah ein erhöhtes Quorum für den Sturz eines Regierungsmitgliedes vor, den er sprachlich etwas unklar umschrieb: „[Die Volkskammer][..] kann durch ausdrücklichen Beschluß, dem die Mehrheit der gesetzlichen Zahl der Abgeordneten zustimmt, den Rücktritt des Staatspräsidenten oder die Entlassung einzelner Minister fordern." Die zweite Version machte dies wieder rückgängig, sah aber im selben Artikel eine Ausnahmeregelung für den Fall des Volksentscheids über die Parlamentsauflösung vor. Das Recht den Rücktritt zu „fordern" sollte dann ruhen. Mögliche Konflikte waren also je nach Betrachtungsweise vermieden bzw. von vorne herein zugunsten der Regierung entschieden worden. Der Vorentwurf zur Regierungsvorlage präzisiert die Anforderung an Sturz bzw. Entlassung von Regierungsmitgliedern, indem er einen ausdrücklichen Beschluß fordert. Diese a.a.O. in den endgültigen Verfassungstext gelangte Formulierung erläutert der einschlägige Verfassungskommentar: „Eine nur gelegentliche Mißbilligung einer Regierungsmaßnahme zwingt den Minister nicht zum Rücktritt."[1206] Auch in Sachsen wendete sich diese Bestimmung gegen den in England üblichen Brauch[1207]: „Insbesondere braucht sich die Regierung durch Ablehnung einer Gesetzesvorlage nicht zum Rücktritt gezwungen zu sehen."[1208]

Im Verfassungsausschuß wurde über den Regierungssturz, der gemäß Art.27,II,1 des Regierungsentwurfs nun wieder nur durch eine wie o.a. qualifizierte Mehrheit herbeigeführt werden konnte, ausführlich debattiert. Der dem Ausschuß in dieser Sitzung letztmalig Vorsitzende Mehrheitssozialdemokrat Karl Sindermann[1209] machte dabei seinen differenzierten Standpunkt deutlich: Die angeführten Äußerungen zeigen u.a. an dieser Stelle, die Schwierigkeit des nachrevolutionären Übergangs vom Konstitutionalismus zum Parlamentarismus auf. Parlamentarische Bräuche, die sich in England, aber auch in Frankreich und anderswo langfristig entwickelt hatten, waren nur schwer herbeizuzwingen oder in Worte zu fassen: „Hätte sich z.B. neulich bei dem Antrage: ‚Die Kammer nimmt zustimmend von den Erklärungen der Regierung Kenntnis' eine Mehrheit nicht gefunden, so wäre es selbstverständlich gewesen, dass

[1204] Pr. ü. die 2. Si. vom 12.5.1920, S.3670.
[1205] SächsHStA III.1.2. 233, §19.
[1206] Woelker, K. S.119.
[1207] Brunner, S.251–52.
[1208] Woelker, K. S.119.
[1209] Woelker, K. S.51 FN.

die Regierung zurücktritt. (Dr. Wagner [DNVP] widerspricht: Das ist Sache des Taktes!) Nein, das ist Selbstverständlichkeit und nicht Sache des Taktes. Wir können auch einmal Minister haben, die nicht diesen Takt besitzen. Meine Auffassung entspricht dem [..] parlamentarischen System. [...] Ich bin [..] der Auffassung, dass eine Vertrauensversagung, ohne dass ein besonderer Antrag auf Rücktritt vorliegt, die Regierung auch zum Rücktritt nötigen muss. (Dr. Wagner: Aber nicht [...] bei gelegentlicher Abstimmung!) Natürlich nicht [...] es muss ein besonderer Antrag vorliegen, aber doch nicht so, dass dieser geschäftsordnungsmässig eingebracht werden müsste." Zu einem späteren Zeitpunkt rüttelte er sogar ausdrücklich an der communis opinio über die Regierungsstabilität: „Der Vors. bestreitet, ob ein guter Parlamentarismus darin besteht, dass eine Regierung unter allen Umständen gehalten werden muss. [...] Ich bin [..] der Meinung, dass, wenn sich die Kammer [...] nicht mit den Massnahmen einer Regierung einverstanden erklärt, diese [..] die moralische Verpflichtung hat, zurückzutreten. Ich will, [..] dass unsere Geschäftsordnung dahin erweitert wird, dass nicht bloss nach Interpellation, sondern auch nach Anträgen oder grossen Reden der Minister solche Anträge eingebracht werden können." Sindermann ließ sich nicht über das Verfahren aus, mit dem diese „moralische Pflicht" und „Selbstverständlichkeit" in rechtlich verbindliche Vorschriften zu fassen war. Der ebenfalls sozialdemokratische Mitberichterstatter Nitzsche wußte an dieser Stelle offensichtlich zwischen dem verlorenen Vertrauen und der verlorenen Vertrauensabstimmung zu unterscheiden, betrachtete die möglichen parlamentarischen Konstellationen im Vielparteiensystem aber insgesamt zu optimistisch: „Die Frage einer Zufallsmehrheit kann garnicht (sic!) entscheidend sein, weil die Regierung [..] sieht, ob es sich um eine Zufallsmehrheit handelt oder nicht. Derartige Sachen werden [...] in der Fraktion und zwischen den Fraktionen behandelt. Ich würde kein Bedenken dagegen haben, wenn man [die Vorschriften über den ausdrücklichen Beschluß über die Vertrauensversagung und die Pflicht, diesen auf die Tagesordnung zu setzen][...], fallen ließe. Die Sache ist in der Praxis so glatt, dass man das garnicht (sic!) braucht."[1210] „Eine Abstimmung erfolgte" laut Protokollvermerk „nicht."

Der Art.27, dem der Verfassungsausschuß in zweiter Beratung keine große Aufmerksamkeit mehr schenkte, wurde von der Volkskammer einstimmig verabschiedet.[1211]

Eine ihm ähnliche Regelung findet sich im ersten Verfassungsentwurf der Regierung.

Bis Juni 1931 wurden insgesamt 31 Mißtrauensanträge im Parlament gestellt. Davon richteten sich elf gegen einen oder mehrere Minister, 16 gegen die gesamte Regierung und vier gegen den Ministerpräsidenten, was, wie o.a. im Erfolgsfalle ebenfalls das gesamte Kabinett betraf. Angenommen wurde lediglich ein 1923 gestellter Antrag der Kommunisten, der den Sturz des damaligen Innenministers Lipinski und den freiwilligen Rücktritt der gesamten Regierung zur Folge hatte, und ein NSDAP-Antrag gegen die Regierung Bünger im Jahre 1930. Ebenfalls freiwillig trat im Dezember 1923 die SPD-Minderheitsregierung Alfred Fellischs zurück, nachdem binnen dreier Tage alle drei bürgerlichen Fraktionen Mißtrauensanträge gegen die Regierung bzw. den Mini-

[1210] SächsHStA III.1.2. 283, 3. Si. d. VA am 30.6.1920 S.29–37.
[1211] Pr. ü. die 152. Si. am 26.10.1920, S. 4840.

sterpräsidenten gestellt hatte und die KPD wiederum den Innenminister stürzen wollte.[1212]

Ansonsten zeigte sich, daß die sächsische Regierung den Begriff des parlamentarischen Vertrauens keinesfalls mit Hilfe der im Verfassungsausschuß diskutierten politischen Etikette definieren wollte. Vielmehr verlegte sie sich auf eine negative Definition, die besagtes Vertrauen bis zur Erteilung eines Mißtrauensvotums stets voraussetzt.[1213]

6.2.10. Struktur der Regierung

Der §41,II bezeichnet das aus den Vorständen der Ministerial-Departements gebildete Gesamt-Ministerium ausdrücklich als „collegiale" Staatsbehörde. Als solche entschied es mit Stimmenmehrheit. Der „vom König dazu bezeichnete" Vorsitzende hatte de jure keine nennenswerten Befugnisse. Kompetenzen, die nicht ausdrücklich in den Geschäftsbereich des Gesamt-Ministeriums fielen, standen den Ressortministern zu.[1214]

Die Regierungsvorlage zum VGG enthielt alle drei Strukturprinzipien. Da der Gesetzgebungs-Ausschuß sämtliche angeführten Punkte gut hieß, wurde deren Standort in der endgültigen Fassung beigefügt. Der Ministerpräsident war für die Politik des Gesamtministeriums verantwortlich, (§19,I; §14,I) hatte dessen Vorsitz inne und das Recht, seinen Stellvertreter zu ernennen (18,I;§13,II). Jeder Minister war für die Leitung seines „Geschäftszweiges" verantwortlich (§19,I; 14,I), während das Gesamtministerium als solches die Geschäftsverteilung vornehmen sollte (§18,II; §12,III).

Dieses Kräfteverhältnis stellte die teilweise Fortschreibung der Verhältnisse unter der Monarchie dar. In der Verfassung wollte die Regierung das Kabinettsprinzips hervorheben. Der „Plan für die Ausarbeitung der Sächsischen Staatsverfassung" formulierte das wie folgt: „[...][Auch] gegenüber den übrigen Ministerien möchte eine Stärkung des Gesamtministeriums erwogen werden; daher ist zu prüfen, inwieweit hier eine bis ins einzelne gehende verfassungsmäßige Klarstellung des Verhältnisses des Gesamtministeriums zu den übrigen Ministerien wünschenswert ist."[1215]

Der erste Regierungsentwurf lehnte sich in seinen Paragraphen 28 und 29 zumindest sinngemäß stark an das VGG an, stärkte aber in Art.29,III das Kabinettsprinzip. „Das Staatsministerium ist befugt, die Entscheidung über Angelegenheiten einzelner Minister an sich zu ziehen, sofern sie von allgemeiner politischer Bedeutung sind.

Der zweite Entwurf brachte dann auf Kosten des Ressortprinzips den Umschwung zugunsten der Vorherrschaft des Regierungschefs, d.h. des heute sogenannten Kanzlerprinzips, indem Art. 29 der neuen Fassung lautete: (II) Der Staatspräsident bestimmt die Richtlinien der Politik und ist dafür dem Landtage verantwortlich. Innerhalb dieser Richtlinien leitet jeder Minister den ihm anvertrauten Geschäftszweig selbständig und unter eigener Verantwortung gegenüber dem Landtag (III) Die Minister haben dem Staatsministerium alle Gesetzentwürfe, ferner Angelegenheiten, falls Verfassung oder Gesetze diese (sic!) vorschreiben, sowie Meinungsverschiedenheiten über Fragen, die

---

[1212] Ausgangsmaterial bei Reichelt, S.104–106 und bei J. Woelker S. 115–117.
[1213] a.a.O., S.101–104.
[1214] Mayer., S.255–256.
[1215] SächsHStA III.2.4 22.

den Geschäftsbereich mehrerer Minister berühren, zur Beratung und Beschlußfassung vorzulegen." Der folgende Absatz beinhaltete die o.a. Kompetenz des Staatsministeriums, Vorgänge an sich zu ziehen. Der Inhalt des zweiten Entwurfs gelangte so in die Vorlage an die Volkskammer.

In den Vorentwurf wurde als Art.25,III unter Berufung auf Art.58 WRV folgende Entscheidungsregel eingefügt: Das Staatsministerium faßt seine Beschlüsse mit Stimmenmehrheit. Bei Stimmengleichheit entscheidet die Stimme des Staatspräsidenten."

In der Begründung zum Entwurf berief sich das Gesamtministerium auf die Staatspraxis unter dem VGG und behauptete, was die Richtlinienkompetenz des Regierungschefs angeht, es sei gegenüber §14,I VGG, „im Kern keine sachliche Änderung eingetreten."[1216] Für den Art.29 wurde das Vorbild des Art.56 WRV ausdrücklich festgestellt.

In der Volkskammer sah der deutschnationale Abgeordnete Beutler nur die Stärkung des Ressortprinzips und nicht die Kompetenzerweiterung des Regierungschefs: „In Artikel 29 der Vorlage ist eine Änderung gegenüber dem vorläufigen Grundgesetz gegeben, die wir nicht billigen. Nach [...] der alten Verfassung war das Staatsministerium die oberste kollegiale Staatsbehörde. [...] Aber auch der §11 des vorläufigen Grundgesetzes enthielt dieselbe Bestimmung. Im neuen Entwurf ist dieser Satz gefallen. Das Staatsministerium, das jetzt an die Stelle des Gesamtministeriums tritt, scheint etwas ganz anderes zu sein als das Gesamtministerium. Die Selbständigkeit der einzelnen Minister soll allem Anschein nach viel stärker betont werden gegenüber der Stellung des Gesamtministeriums. Die Stellung des Gesamtministeriums ist minderwertig geworden und herabgedrückt. Wir halten diese Entwicklung nicht für richtig und werden [..] Aufschluß im Ausschuß erbitten, ob diese Entwicklung wirklich so gewollt wird [...], weiter, wie man die Funktionen, die das Gesamtministerium hatte [...], zu vergeben gewillt ist."[1217]

Der Verfassungsausschuß beschäftigte sich in seiner ersten Lesung nur am Rande mit der Aufgabenverteilung und den Machtverhältnissen innerhalb des Kabinetts. Im Rahmen der Debatte bekundete der deutschnationale Landgerichtsdirektor Eduard Wagner seine Vorstellungen, was an diesem Punkt einer Unterstützung des Regierungsprogramms gleichkam: Ministerpräsident muss derjenige sein, der die Einheit der Gesamtpolitik verbürgt. Er muß [..] eine etwas autoritative Stellung gegenüber seinen Ministerkollegen haben."[1218]

In der Einzelberatung wurde der Art.25 aber einstimmig angenommen[1219], womit dem Regierungschef lediglich das casting vote zuerkannt wurde.

Über die Richtlinienkompetenz des Ministerpräsidenten und die Befugnis des Gesamtministeriums Entscheidungen über Materien einzelner Ressorts an sich zu ziehen, wurde im Ausschuß und im Plenum nicht mehr gesprochen.

Von den wichtigsten strittigen Kompetenzen im Regierungsbereich entstammten die Richtlinienkompetenz des Ministerpräsidenten und das Recht des Kollegiums, Vor-

---

[1216] SächsHStA III.1.2. 283, S.14.
[1217] Pr. ü. d. 116. Si. vom 12.5.1929, S.3665.
[1218] SächsHStA III.1.2. 283, 3. Si. d. VA am 30.6.1920, S.21.
[1219] SächsHStA III.1.2. 283, 20. Si. d. VA am 7.10.1920, S.8.

gänge an sich zu ziehen, aus dem Regierungsentwurf an die Volkskammer. Sie wurden diesem in jeweils verschiedenen Entstehungsphasen beigefügt. Das casting vote entstammt dem sog. Vorentwurf. Das Recht des Gesamtministeriums zur Geschäftsverteilung und dasjenige des Regierungschefs, seinen Stellvertreter selbst zu bestimmen, findet sich bereits in der Regierungsvorlage zum VGG.

Der Ministerpräsident hatte außerdem den Verkehr des Landtags mit den Staatsbehörden zu vermitteln und wie oben angedeutet den Staat nach außen zu vertreten. Weitere Rechte des Gesamtministeriums waren unter anderem die Ernennung und Entlassung der Beamten, die verschiedenen Formen der Begnadigung und das Notverordnungsrecht.[1220]

6.2.11. Vetorecht des Finanzministers

Ein Gesetz vom 1. Juli 1904 schuf ein Sonderrecht für den Finanzminister: „Sollen neue oder gegen das Bisherige erhöhte Ausgaben ohne gesetzliche Pflicht oder ständischen Antrag eingestellt werden, so ist der Finanzminister befugt, dies durch seinen Einspruch zu verhindern.“[1221] Der Einspruch, der de jure nicht aus politischen Erwägungen, sondern „[...] nur mit Rücksichten der Finanzlage begründet werden“ sollte, konnte vom König aufgehoben werden.“[1222]

Im Verfassungsausschuß stellte Curt Blüher einen Antrag, der insofern weitergehend als die bisherige Regelung war, da sich das Einspruchsrecht des Finanzministers auch auf die in Art.46 vorgesehenen Notmaßnahmen zur Bedarfsdeckung erstrecken sollte. Gegen den Antrag, dem die Abgeordneten der DNVP beitraten, wurden verschiedene Bedenken geltend gemacht. So wäre eine auf ihm basierende Regelung nicht mit dem in Art.25,II festgelegten Abstimmungsmodus vereinbar gewesen. Das Vetorecht des Finanzministers habe außerdem die kulturelle Entwicklung behindert. Vermutlich wurde hier auf die fehlende Unabweisbarkeit einer jeden Ausgabe auf diesem Gebiet angespielt. Schließlich wurde die Schlüsselstellung des Finanzministers auch im Hinblick auf das Budget von Ministern anderer Parteizugehörigkeit bemängelt. Der Ministerialdirektor Schulze, 1921 Chef der Staatskanzlei,[1223] bemühte zusätzlich das durchaus nicht zwingend richtige Argument, das Vetorecht verstoße gegen die Richtlinienkompetenz des Ministerpräsidenten.[1224]

DVP und DNVP brachten in der Schlußdebatte der Volkskammer durch Minderheitsanträge das Vetorecht des Finanzministers noch einmal auf die Tagesordnung. Dabei wurden keine neuen erwähnenswerten Argumente ausgetauscht, die Anträge erneut abgelehnt.[1225]

Der Art.112 des bundesrepublikanischen Grundgesetzes kennt ein analoges Zustimmungsrecht des Bundesministers der Finanzen hinsichtlich außer- und überplanmäßiger Ausgaben.

[1220] Tetzner, S. 13–14. Dort werden alle Nebenrechte aufgezählt.

[1221] Mayer, S.195.

[1222] a.a.O., FN 9.

[1223] Staatshandbuch für den Freistaat Sachsen 1921, S.3.

[1224] Woelker, K. S.61–62.

[1225] Zit. n. Woelker, K. S.60–64.

6.2.12. Politische Beiräte

Nach §41,IV der alten sächsischen Verfassung konnte der König einen Staatsrat bilden, der laut Verordnung aus allen Ministern und aus vom „[...] König verordneten ordentlichen und außerordentlichen Mitgliedern [...]"bestehen sollte. Die letztere Gruppe sollte fallweise zu denjenigen Beratungen hinzugezogen werden, in denen ihr besonderer Sachverstand von Nutzen sein konnte. Des weiteren stand es dem Monarchen frei, Prinzen des königlichen Hauses zu Mitgliedern zu ernennen. 1855 setzte sich der Staatsrat gemäß einer „Anfuge" zur „Verordnung vom 29. Mai 1855 wie folgt zusammen: „Außer zwei Prinzen und den Ministern sind als ordentliche Mitglieder 11 höhere Beamte angeführt; dazu als außerordentliche Mitglieder a) für Militärangelegenheiten: 3 hohe Offiziere; b) für Angelegenheiten des Kultus- und öffentlichen Unterrichts: der apostolische Vikar und ein Geheimer Kirchen- und Schulrat; c) für Angelegenheiten des Handels und der Gewerbe: ein Staatsminister a.D."[1226] Demnach wurde der Staatsrat keineswegs, wie von Kirsch und Ruhland (S.6) behauptet, 1918 zum ersten Mal gebildet.

Dem Staatsrat vom 28. Oktober 1918 gehörten außer den Ministern je sieben Vertreter der beiden Kammern an. Je zwei Abgeordnete der Konservativen, der Nationalliberalen und der SPD, darunter Karl Sindermann und ein Angehöriger der Fortschrittspartei vertraten die zweite Kammer. Da sich unter den Vertretern des Oberhauses der Dresdner Oberbürgermeister Blüher befand, nahmen insgesamt zwei Angehörige des späteren Verfassungsausschusses am Staatsrat teil.[1227] Dieser empfahl der Regierung wie o.a. durch Verfassungsänderung die Möglichkeit zu schaffen, Parlamentarier zu Ministern ohne Geschäftsbereich zu ernennen.. Da die §§ 65,V,1 (erste Kammer) und 71,IV,b) (zweite Kammer) der alten Verfassung und später die Gesetze vom 3. Dezember 1868 und 15. Mai 1909 die Inkompatibilität festgelegt hatten, mußte die Kompatibilität zwischen Ministeramt und Abgeordnetenmandat bzw. Sitz in der ersten Kammer hergestellt werden, was durch das Gesetz vom 1. November geschah. Zu Staatsministern wurden ein Nationalliberaler, ein Angehöriger des Fortschritts und zwei Sozialdemokraten ernannt. Einer der beiden SPD-Minister war der spätere Ministerpräsident und Arbeitsminister Max Heldt, bei dem anderen handelte es sich um den eben erst ernannten Staatsrat und späteren Volkskammerpräsidenten Karl Fräßdorf.[1228]

In der ersten Lesung des Verfassungsausschusses entspann sich eine Diskussion über die Aufnahme einer dritten Gruppe von Regierungsmitgliedern in die Verfassung. Dabei war zunächst unklar, ob es sich um den badischen Staatsräten entsprechende Minister ohne Portefeuille, parlamentarische Staatssekretäre im heutigen Sinne oder um einen Staatsrat mit gutachterlichen Kompetenzen, der in etwa mit den geplanten württembergischen Beiräten zu vergleichen gewesen wäre. Der Sozialdemokrat und ehe-

---

[1226] Mayer, S.257.

[1227] Schulthess, S.400.

[1228] Bei der Behauptung Kirschs und Ruhlands (S.6), Sindermann sei zum Minister ernannt worden, handelt es sich vermutlich um ein Versehen, das wegen der Übereinstimmung aller anderen Quellen und Darstellung (z.B. Schulthess, S.406, Verzeichnis der Mitglieder, Ausschüsse und Fraktionen der Volkskammer des Freistaates Sachsen, passim, Fabian, S.22 und Huber, 1978, S.1033) auch ohne Heranziehung des einschlägigen Aktenmaterials als solches kenntlich gemacht werden kann.

malige Finanzminister Nitzsche äußerte sich klar zum Motiv für die Einführung solcher Ämter: „Wünsche dieser Art sind auch in unseren Kreisen nachdrücklich laut geworden. Die Wünsche sind dem Bedürfnis entsprungen, den Ministern einen besseren Halt zu geben, als es jetzt der Fall ist. Diesen Halt finden die Minister in politischen Fragen bei ihren Ministerialdirektoren jetzt nicht."[1229]

In einer sehr ausführlichen Entgegnung berief sich Ministerialdirektor Schulze auf eine Unterredung mit Ludwig Haas. Dieser war, wie o.a. badischer Innenminister zur Zeit der Verfassunggebung gewesen und wurde danach zum Staatsrat gewählt. Trotz dieser Unterredung behauptete er fälschlich, es gäbe in Baden ein Staatsorgan namens Staatsrat, bei welchem es sich um ein um die Staatsräte erweitertes Gesamtministerium handle. Anschließend bemühte er die abgedroschenen Argumente von der politischen Unabhängigkeit der Spitzenbeamten und der Unverzichtbarkeit ihres Sachverstandes, um endlich seine Loyalität und die seiner Kollegen auf das Nachdrücklichste hervorzukehren: „[...] der Minister ist der politische Leiter des Ministeriums und seine politischen Weisungen, die allerdings, wenn der Apparat funktionieren soll, nicht ohne vorherige Besprechung mit dem Ministerialdirektor ergehen können, sind von letzterem loyal durchzuführen [...] Der Minister kommt fremd in die Verwaltung [..] und braucht einen Mann, der den Verwaltungsapparat in der Hand hat und auf ihm zu spielen versteht. Der Ministerialdirektor kann nicht bei jedem Ministerwechsel auch wechseln. Die Herren, die lediglich aus *der* Parteipolitik kommen, glauben, dass bei uns auch parteipolitische Rücksichten in den (sic!) Vordergrund stehen. Das ist aber nicht der Fall; der Ministerialdirektor läßt sich nicht von parteipolitischen Rücksichten leiten.[...] Ich glaube sicher, dass diese Staatssekretäre, die sich zwischen dem Minister und dem Ministerialdirektor einschieben müssten, das Vertrauensverhältnis, das herbeizuführen ich mich mit allen meinen Kollegen täglich bemühe, stören würde."[1230]

Wie die Loyalität des Apparates während der Volksfrontregierung Zeigner aussah, beschreibt ein juristischer Berater des damaligen Finanzministers Böttcher: „„... so blickten wir während unserer Regierungszeit ... in stets ergebene, fast devote, lächelnde Gesichter [...] Aber unser [..] Bemühen war eine reine Sisyphosarbeit. Die Beamten schleppten bereitwillig Stöße verstaubter Akten heran; aber zu Vorgängen, deren Wichtigkeit oder Sachstand nur sie als Bearbeiter kannten, gaben sie entweder keine oder nur irreführende Auskünfte[1231]."

Außer den Mehrheitssozialdemokraten sprachen sich alle Redner gegen die Einführung von politischen Beamten bzw. Ministern ohne Geschäftsbereich aus.

In der zweiten Lesung lag ein SPD-Antrag vor, der den Art.29 um folgenden Absatz erweitern sollte:" Die Minister können für ihr Ressort politische Beiräte ernennen." Zu dessen Begründung führte Mitberichterstatter Nitzsche, dem die Einrichtung solcher Beiräte offensichtlich am Herzen lag, aus, was genau gemeint sei, und dokumentierte dabei sein kritisches Verhältnis zu Schulze und zur Bedeutung der Weimarer Staatsrechtslehre:„ [...]sie sollen [...] nur Gehilfen, Adjutanten der Minister [sein]. Richtig ist, daß die Möglichkeit, solche [..] Beiräte zu ernennen, jetzt schon besteht, ob das

[1229] SächsHStA III.1.2. 283, 5. Si. d. VA am 8.7.1920, S.22.
[1230] a.a.O., S.22–24. Das kursiv gesetzte Wort wurde erst später handschriftlich eingefügt.
[1231] Helm, R. Anwalt des Volkes. Berlin 1978, S. 66., zit. n. Rüdiger, S.445.

aber nach [..] Verabschiedung der Verfassung noch verfassungsmäßig zulässig ist, erscheint mir keineswegs sicher. (Min.Dir.Dr. Schulze: Doch!) Auf die Versicherung, daß diese Möglichkeit auch dann noch besteht, kann man nichts geben, denn die Verfassung wird auslegungsfähig sein, und wenn schließlich die Unmöglichkeit [...] in wissenschaftlichen Zeitschriften nachgewiesen wird, dann kann [..] die Kammermehrheit nicht anders als das den Ministern zu untersagen.[...] Wir legen großes Gewicht auf die Sache." Ministerpräsident Buck hingegen sprach sich gegen die Beiräte aus, begründete dies jedoch nicht,[1232] was sowohl vom demokratischen Berichterstatter Wulffen[1233] als auch im Verfassungskommentar Konrad Woelkers[1234] an herausgehobener Stelle gewürdigt wurde.

Im Plenum vertrat Richard Lipinski, nachdem er seine ablehnende Haltung ausführlich dargelegt hatte, eine Meinung über das Verhältnis zwischen Ministern und Ministerialbeamten, welche derjenigen Nitzsches entgegengesetzt war: „Ich vertrete die Auffassung, [...] daß der Minister mit der Übernahme der Regierung auch die Staatsgewalt mit übernimmt, der Ministerpräsident und das Gesamtministerium für das ganze Land und für alle Ressorts und der Einzelminister für sein besonderes Ressort. (Sehr richtig!) Daraus folgt, daß er in seinem Ressort die seiner Politik widerstrebenden Elemente entfernen kann, (Abg. Eggert [SPD]: Wenn das so leicht geht!) aber [...] sich die Kräfte suchen kann, die seiner Auffassung eine Stütze geben. Und wenn Sie dafür [...] noch eines Beweises bedürften, so bitte ich Sie, sich einmal den Herrn Kultusminister anzusehen, der sich aus den Kreisen der Abgeordneten eine ganze Reihe von Hilfsarbeitern herangezogen hat, die dazu bestimmt sind, seiner Auffassung im Ministerium den nötigen Nachdruck zu verschaffen; und der Herr Finanzminister hat das gleiche getan. Und die übrigen Ministerien – Sie brauchen bloß einmal das Wirtschaftsministerium anzusehen -, da ist vom ersten Tage der Regierung an ein Sekretär angestellt worden, und es sind eine Reihe von Ministerialdirektoren oder Räten angestellt worden, die die Auffassung des Ministers vertreten. Es ist also damit anerkannt, daß die Möglichkeit [...] vorhanden ist, die Stellen so zu besetzen, daß die Regierung in ihrer Verwaltung auch die Durchführung einer einheitlichen Politik gewährleistet."[1235] Lipinski glaubte also, daß statt einer Kontrolle der höheren Ministerialbeamten durch politische Aufpasser deren Ersetzung möglich sei. Was ihn mit der Auffassung Nitzsches verband, war die Ansicht, man könne die i.w.S. konservative Beamtenschaft überhaupt unter Kontrolle bringen. Die Vertreter aller bürgerlichen Fraktionen sprachen sich wiederum gegen eine Erweiterung der Regierung aus, wobei sie sich im wesentlichen auf die Wiederholung ihrer communis opinio von der politischen Neutralität des hergebrachten Beamtentums und den kontraproduktiven Charakter wie auch immer definierter „Beiräte" beschränkten.[1236]

[1232] SächsHStA III.1.2. 283, 21. Si. d. VA am 7.10.1920, S.6–7.
[1233] Verhandlungen der Sächsischen Volkskammer. Pr. ü. die 152. Si. vom 26.10.1929, S.4838.
[1234] S.68.
[1235] Verhandlungen der Sächsischen Volkskammer. Pr. ü. die 152. Si. vom 26.10.1929, S.4820–4821.
[1236] Verhandlungen der Sächsischen Volkskammer. Pr. ü. die 152. Si. vom 26.10.1929, S.4823–4840. Vgl. Woelker, S.66–68.

In der Einzelabstimmung wurde der entsprechende SPD-Minderheitsantrag mit 33 gegen 29 Stimmen abgelehnt.[1237] Von den zu Beginn der Sitzung anwesenden 87[1238] Abgeordneten hielten es nur ungefähr 70%, also weniger als zwei Drittel aller Abgeordneter, für notwendig, sich an dieser Abstimmung zu beteiligen.

Um die Vorherrschaft des Berufsbeamtentums auch in den subalternen Positionen sicherzustellen, hatte die Rechte im Verfassungsausschuß die Aufnahme eines Passus über die „Sicherung der Stellung und der Rechte des Berufsbeamtentums" beantragt, der aber dort unter Hinweis auf die entsprechenden Vorschriften der Reichsverfassung und im Plenum verworfen wurde. Den Sinn dieses Antrags erläuterte Geheimrat Schelcher in einer Fachzeitschrift: „Es handelt sich aber nicht bloß darum, die rechtliche Stellung, Gehalts- und [..] Vermögensansprüche der Beamten zu sichern, sondern auch darum, dem Staate [...] ein leistungsfähiges, sachkundiges Berufsbeamtentum zu erhalten, und wennschon (sic!) die Minister nicht mehr [...] aus der oberen Beamtenschaft, sondern aus den Parteiführern der Parlamente entnommen werden müssen (sic!), dann wenigstens die Beamtenstellen im Allgemeinen der jeweiligen Parteipolitik zu entziehen."[1239]

6.3. Die Urheber der Verfassung

6.3.1. Gewichtung der Anteile

Die behandelten Bestimmungen der sächsischen Verfassung entstanden nach den Ergebnissen des letzten Teils in folgenden Stadien des Verfassungsgebungsprozesses:

1. Die einjährige Haushaltsdauer, das Selbstauflösungsrecht des Parlaments und die Befugnis des Regierungschefs, einen der Minister zu seinem Stellvertreter zu ernennen, war bereits in der Regierungsvorlage zum VGG enthalten.
2. Die Festlegung auf den reinen Parlamentarismus war im Gesetzgebungs-Ausschuß erfolgt. Die Grundzüge der Regierungsbildung entstammten zwar dem Innenministerium, waren dort aber als eigentlich nicht gewünschte Alternative für den Fall einer ablehnenden Mehrheit im Ausschuß konzipiert worden, weswegen die Regierungsbildung dem Ausschuß zugerechnet werden kann.
3. Das Volkskammerplenum trug während der Beratung des VGG nichts Neues bei.
4. Die je nach Rechenweise drei bis sechs Regierungsentwürfe zur endgültigen Verfassung beinhalteten bereits die Länge der Legislaturperiode, die Möglichkeit der Parlamentsauflösung nach Volksabstimmung, die Regelung des Regierungssturzes, die Richtlinienkompetenz sowie das Casting vote des Ministerpräsidenten und die Befugnis des Kabinetts, den einzelnen Ministern Vorgänge zu entziehen.
5. Der Verfassungsausschuß der Volkskammer war trotz der dargestellten umfangreichen Problematisierung des gesamten Inhalts der bearbeiteten Verfassungsabschnitte und der originellen Lösungen, die er für die verschiedenen Probleme gefunden hatte, für keine wirklich neue verfassungsrechtliche Lösung Urheber. Allen-

[1237] Verhandlungen der Sächsischen Volkskammer. Pr. ü. die 152. Si. vom 26.10.1929, S.4840–41.
[1238] a.a.O., S.4805.
[1239] Schelcher, 1921 S.293–294.

falls wäre hier der außerhalb der Verfassungsurkunde niedergelegte Modus der Reststimmenverwertung bei Parlamentswahlen zu nennen. Was die Regelungen über Parlamentsauflösung und Regierungssturz angeht, läßt sich auch eine Miturheberschaft des Ausschusses vertreten. Das jeweils mehrfache Hin und Her der Entwürfe läßt jedenfalls keinen ausgeprägten schöpferischen Willen erkennen. Weit eher als bei anderen Beratungsgegenständen ist der letzte Regierungsentwurf an den genannten Stellen lediglich Diskussionsgrundlage.

6. Da das Volkskammerplenum nur über den Verfassungsentwurf des Ausschusses und über Minderheitsanträge aus dessen Reihen verhandelte, führte die Schlußdebatte der Volkskammer keine neuartigen Regelungen in das Verfassungswerk ein.

Insgesamt läßt sich also die überwiegende Urheberschaft der Regierung, das heißt des Innenministeriums für das VGG und der Staatskanzlei für den endgültigen Verfassungstext behaupten.

6.3.2. Vorgehensweise

Das Vorläufige Grundgesetz war, wie erwähnt, im Ministerium des Innern ausgearbeitet worden.[1240] Im Aktenbestand dieses Ministeriums (III.3.3.) findet sich ein Büschel mit der laufenden Nummer 9266 und der Aufschrift „Verfassung für den Freistaat Sachsen [...] Band 2", dessen Laufzeit 1919 begann. Ein erster Band fehlt aber. Das Aktenstück mit der nächstniedrigeren Nummer ist jedoch vorhanden. Es läßt sich nicht mehr herausfinden, ob die Numerierung im Archiv selbst vorgenommen wurde oder ob sie auf die Registratur des Ministeriums zurückgeht. Das fragliche Faszikel aber ist er mit hoher Wahrscheinlichkeit nie abgeliefert worden. Überdies sind keine Sitzungsprotokolle aus der fraglichen Zeit mehr erhalten.

Das erste Aktenstück, das sich ausführlich mit der endgültigen Verfassunggebung befaßt, ist ein „Plan für die Ausarbeitung der Sächsischen Landesverfassung", dessen erstes Blatt handschriftlich auf den 29.10. [1919] datiert ist.[1241] Dieses Konzept liegt in einer maschinengeschriebenen Fassung vor, die handschriftlich überarbeitet wurde. Soweit nicht anders angegeben, entstammen Zitate der letzteren Fassung. Die nächsten Schritte werden in diesem „Plan" selbst angekündigt. Für den III. Abschnitt „Der politische Aufbau des Staatswesens" war vorgesehen „[...] zunächst die grundsätzliche Stellung des Gesamtministeriums kennen zu lernen. [..] Dringend wünschenswert ist auch die baldige Beantwortung der an die Ministerien gerichteten Anfragen. Durch mündliches Einvernehmen wird die Beschleunigung am besten zu fördern sein."

Danach durchläuft dieser Plan die Stadien von drei Entwürfen, um dann zu einem „Vorentwurf" zu werden. Diese mißverständliche Bezeichnung bezieht sich vermutlich auf das Verhältnis desselben zu derjenigen Fassung, die zur Bearbeitung an die Volkskammer ging. Bei dem handschriftlich so bezeichneten „III Entwurf" handelt es sich offensichtlich um einen Durchschlag des „II. Entwurfs". Die handschriftlichen Vermerke stammen vermutlich von derselben Hand, was für die zahlreichen handschriftlichen Abänderungen nicht gilt. Die verschiedenen Entwürfe wurden dabei in der Staatskanzlei unter Hinzuziehung von Referenten verschiedener Ministerien

---

[1240] Verhandlungen der Sächsischen Volkskammer. Pr. ü. die 2. Si. vom 26.2.1919, S.16.

[1241] SächsHStA III.2.4 22.

„kommissarisch besprochen".[1242] Die nicht direkt beteiligten Ministerien durften Stellungnahmen abgeben. Besagter Vorentwurf wurde den Ministerien am 31. Januar 1920 „ergebenst übersandt." Am 16. und 26. Februar fanden wiederum unter Hinzuziehung der Ministerien die letzten vorparlamentarischen Besprechungen statt.[1243]

Zusammen mit dem Vorentwurf stellte die Staatskanzlei den Ministerien eine ausführliche Erläuterung der Maxime ihres verfassungspolitischen Handelns zu: „Bei der Aufstellung des Entwurfs ist [...] der Grundsatz maßgebend gewesen, die Landesverfassung in Ausbau und Terminologie so eng als möglich der Reichsverfassung anzupassen. Eine solche Gleichmäßigkeit wird [...] der politischen und staatsrechtlichen Eingliederung des Landes in das Reich am besten gerecht. Sie wird auch das allgemeine Verständnis für die Einrichtungen des Verfassungslebens [...] fördern und für die Entwicklung der Staatsrechtswissenschaft von Vorteil sein. Weiter ist der Grundsatz befolgt worden, alles aus der Landesverfassung auszuscheiden, was schon die Reichsverfassung [...] regelt." Weiter führt die Erläuterung aus, daß ein Teil der ministeriellen Anregungen eben wegen dieser letzten Entscheidungsregel endgültig nicht berücksichtigt werden konnte. Darüber hinaus wurde ein weiterer Teil wegen fehlender interministerieller Koordination vorläufig nicht in den Vorentwurf aufgenommen. [1244] Die Begründung zum Regierungsentwurf der Verfassung stellt später klar, daß die Anpassung an die Reichsverfassung leichten Herzens erfolgt sei, wobei man dem Konzept des unitarischen Bundesstaates anscheinend wenig Tragfähigkeit zuerkannte: „Das Reich ist tatsächlich dadurch zum Einheitsstaat geworden, daß das Heeres-, Verkehrs- und im wesentlichen auch das Finanzwesen jetzt Reichsangelegenheiten sind. [...] Sachsen fügt sich gerne in diese straffe Einheit ein [...]"[1245]

Die Arbeit des Verfassungsausschusses ist in zwei maschinenschriftlichen Protokollen von unterschiedlicher Ausführlichkeit und Funktion überliefert, die im selben Aktenstück jeweils direkt hintereinander archiviert wurden.[1246] Die knapp gehaltene Version, die dennoch kein reines Ergebnisprotokoll war, wurde als „Niederschrift" bezeichnet, während die von einem Regierungsrat stenographierte Verhandlungsmitschriften den Namen „Anlage zur Niederschrift (Stenographisches Protokoll)" tragen. Zuweilen findet sich am Beginn eines Wortbeitrags allerdings eine kurze Zusammenfassung, die ohne jede Kenntlichmachung in die Wiedergabe der wörtlichen Rede übergeht. Der Verfassungsausschuß hatte im Übrigen beschlossen, diese Protokolle nicht als vertraulich anzusehen und sie der Allgemeinheit zur Verfügung zu stellen.

Es wurde beschlossen, zunächst eine Generaldebatte über alle wichtigen Verfassungsfragen zu führen und sich dann erst den einzelnen Artikeln des Entwurfs zu widmen. Der letztere Vorgang wurde später als zweite Lesung bezeichnet. Die Ausarbeitung eben dieser Fragen wurde einem Unterausschuß übertragen, in welchem alle Fraktionen mit einem Abgeordneten vertreten waren. Bezeichnend für die generelle Haltung der USPD zur Verfassunggebung war, daß deren Ausschußmitglied Richard Lipinski,

[1242] SächsHStA III.3.2. 4410.
[1243] a.a.O.
[1244] a.a.O.
[1245] SächsHStA III.1.2. 283.
[1246] SächsHStA III.2.4 22.

wiewohl ehemaliger sächsischer Regierungschef, eine allgemeine Aussprache unter Verweis auf die Reichsverfassung für „belanglos" hielt.[1247]

In der dritten Sitzung wurde den Mitgliedern dann ein Fragebogen mit 21 Fragen zur Gestaltung der Verfassung ausgehändigt, [1248] mit dessen Hilfe sie sich für die Sitzungen präparieren konnten. Das Verfahren hat sich offenbar bewährt, da später auch Unterpunkte zu einzelnen Fragen auf diese Weise vorbereitet wurden.

6.4. Vorbilder

Die Herkunft der Verfassungsbestimmungen soll anhand des Regierungsentwurfs[1249] der endgültigen Verfassung überprüft werden, da der Entwurf des VGG einen deutlich geringeren Umfang aufweist. Von den 52 Artikeln der Verfassung können die Schluß- und Übergangsbestimmungen (Art.43–52) außer Betracht bleiben. Die Art.1 über das Staatsgebiet, 5 über die Beziehung zwischen Volk und Abgeordneten sowie 24 über die landesgesetzlich zu regelnde Diätengewährung an letztere sind mangels Erläuterung nicht zuzuordnen. In der Begründung wird bei acht weiteren Artikeln auf Parallelstellen in anderen deutschen Verfassungen hingewiesen, ohne daß daraus ein Vorbildcharakter hinsichtlich der sächsischen Verfassung abzuleiten wäre. Die verbleibenden 32 Artikel verweisen bei mäßiger Mehrfachnennung auf 41 Stellen in anderen Gesetzen. Eine relative Mehrheit von 14 Nennungen bezieht sich dabei auf die Weimarer Reichsverfassung. Elf Artikel entstammen dem Vorläufigen Grundgesetz und neun der Volkskammerordnung. Letztere war am 11. Februar 1920 erlassen und durch Art.53 der Verfassung aufgehoben worden.[1250] Sie regelte im Wesentlichen die Organisation und die Verfahrensweise des Landtags. Ihre Inhalte wurden als Art. 10–12, 16–20 und 22 in die Verfassung übernommen. Daneben wurden je ein- bis zweimal die Verfassungen von Anhalt, Bayern und Hessen, die Geschäftsordnung der Volkskammer und die alte sächsische Verfassung genannt. Aus dieser wurde ein einstweiliges Notverordnungsrecht der Regierung bei nicht versammeltem Landtag (§88; Art.37 des Entwurfs; Art.40) und ein ebensolches Recht zur Haushaltsüberschreitung im Notfall (§105; Art.46) in den Entwurf und später in den Verfassungstext übernommen. Genauer zu untersuchen wären die Verweise auf das Vorläufige Grundgesetz, zumal sich neun Nennungen auf den Abschnitt über die Regierung beziehen. Wie o.a. kann die Herkunft von Regelungen, die sich bereits im Regierungsentwurf zum VGG finden, nicht weiter geklärt werden. Da die Wortbeiträge in den Protokollen des Gesetzgebungs-Ausschusses an den einschlägigen Stellen keine Verweise auf Vorbilder enthalten, lassen sich daraus keine weiteren Hinweise gewinnen.

Hauptvorbild der sächsischen Verfassung von 1920 ist also tatsächlich die Weimarer Reichsverfassung. Die 14 Artikel zerfallen dabei in drei Gruppen: Einerseits in acht Organisation und Verfahren normierende Vorschriften, von denen die Hälfte aber

---

[1247] SächsHStA III.1.2. 283 2.Si. des VA vom 17.6.1920, S.2–4.
[1248] SächsHStA III.1.2. 283 3.Si. des VA vom 30.6.1920, S.37–40.
[1249] Volkskammer-Akten aus dem Jahr 1920. Vorlage Nr. 64. Ungedruckte Fassung SächsHStA III.1.2. 283.
[1250] Woelker, S.83–84.

schon bereits in der Volkskammerordnung bzw. der entsprechenden Geschäftsordnung vorhanden waren. Andererseits wurden drei zentral die Struktur der Regierung regelnde Artikel aus der Reichsverfassung übernommen, darunter die Richtlinienkompetenz des Regierungschefs. Für diese wird kein weiteres Vorbild angegeben. Außerdem sollten Teile des Finanzwesens wie im Reich geregelt werden.

Das mehrfach sogar von Unabhängiger Seite ex post [1251] bemühte Argument, man habe zuerst das Ergebnis des Verfassungsgebungsprozesses auf Reichsebene abwarten müssen,[1252] läßt sich mit Blick auf die drei chronologisch ersten Verfassungen, die in dieser Arbeit behandelt werden, als vorgeschoben einordnen. Auch in Sachsen wäre es möglich gewesen, statt des VGG eine vollständige Staatsverfassung zu entwerfen. Der Vollständigkeit halber sei angemerkt, daß die „Verfassung für Anhalt" am 18. Juli und somit ebenfalls vor der Reichsverfassung in Kraft getreten war. Dennoch stellte Richard Lipinski sogar im Nachhinein noch fest, eine sächsische Verfassung hätte vor der Entscheidung ob Deutschland ein Bundes- oder Einheitsstaat werden solle, nicht geschaffen werden können.[1253]

Eine vollständige Verfassung hätte dann nachträglich an die Erfordernisse der Reichsverfassung angepaßt werden können. Es wäre sogar möglich gewesen, eine solchen Anpassung durch das Außerkraftsetzen kollidierender Normen herbeizuführen und alles Übrige den Gerichten zu überlassen. Letztlich orientierten sich die am Prozeß der Verfassunggebung Beteiligten in Sachsen wie in den anderen Staaten am jeweils aktuellen Berliner Verfassungsentwurf.

Auch im Bezug auf Normen, die nicht aus der Reichsverfassung übernommen werden mußten, stand die sächsische Verfassung also im Schatten dieses Gesetzes. In gewisser Weise trifft das auch für ihr Verhältnis zu ihrer Vorgängerin von 1831 zu. So ignoriert der Staatsarchivar Hellmut Kretzschmar in einem in der Zeitschrift des Landesverbandes der höheren Beamten veröffentlichten Artikel zum einhundertjährigen Jubiläum der Vormärzverfassung die Existenz einer Nachfolgerin vollständig.[1254] Ein Begleitband zu einer entsprechenden Ausstellung im Landtagsgebäude, der vom Leiter der Landtagsbücherei verfaßt worden war, weist eine ähnliche Tendenz auf.[1255]

Der Prozeß der Verfassunggebung in Sachsen unterschied sich auch insofern von den zeitlich früheren, daß die Verfassungen des Auslands kaum diskutiert wurden. Symptomatisch für diese Einengung war der „heftige Widerspruch", den der mehrheitssozialdemokatische Vorsitzende des Verfassungsausschusses Max Winkler laut Protokoll erntete, als er bei einer so unverdächtigen Frage wie der Übernahme eines zusätzlichen Ressorts durch den Regierungschef vorschlug, zu diesem Zweck ausländische Literatur hinzuzuziehen.[1256]

Wenn Fabian als Grundgedanken des Regierungsentwurfs zum VGG „[...] die Souveränität der Volkskammer, deren Tätigkeit von keiner Seite her einge-

[1251] Fabian, S.49.
[1252] Z.B. Sachsen unter der Revolution, S.95.
[1253] Lipinski, S.23.
[1254] Kretzschmar 1931[b].
[1255] Bemmann, passim.
[1256] SächsHStA III.1.2. 283 3.Si. des VA vom 30.6.1920, S.23.

schränkt sein sollte", ausmacht, ist diese Einschätzung des geplanten Regierungssystems negativ, weil gegen die Einbindung der Arbeiter- und Soldatenräte gerichtet.[1257] Die Bedeutung des Landtags als zentrales Organ der neuen Verfassung wurde auch von der anderen Seite kritisiert und somit anerkannt. Beispielhaft kann hier ein Abschnitt aus Curt Blühers Beitrag in der Schlußdebatte über die endgültige Verfassung angeführt werden, der immerhin noch ein Bekenntnis zum Fundament liberaler Politik im Denken des DVP-Exponenten offenbart: „Aus der [...] Geschichte hätte man lernen sollen, daß die Souveränität des Parlaments nicht das letzte Ziel sein darf; namentlich wenn Sie die Geschichte der großen französischen Revolution von 1789 durchstudieren, finden Sie immer wieder, daß die Unordnung im Staatsleben, die Verlotterung des Wirtschaftlebens, der Niedergang der Finanzen darauf zurückgeführt wird, daß es an einer starken Regierung fehlte." Blüher deutete übrigens an derselben Stelle eine bedrohliche historische Prognose an: „Es war die Einführung der Militärdiktatur als desjenigen Mittels, das schließlich helfen mußte, [..] eine starke Regierung herbeizuführen."[1258] Eine Entwicklung hin zu einem solchen Ende hatte für Richard Lipinski unter umgekehrten Vorzeichen bereits begonnen, als er den Standpunkt seiner Partei in der Schlußberatung des Plenums über das VGG vertreten hatte.[1259]

[1257] S.49.

[1258] Verhandlungen der Sächsischen Volkskammer. Pr. ü. die 152. Si. vom 26.10.1920, S.4828, vgl. Woelker, S.58–59.

[1259] Pr. ü. die 3. Si. vom 28. Februar 1919, S.48–49.

7. Schluß

7.1. Vorgaben durch die Verfassungsentwürfe und Verfassung des Reichs

Nach Inkrafttreten der Reichsverfassung hatten sich die einzelstaatlichen Verfassunggeber an deren Art.17,I zu orientieren. Dieser lautete wie folgt: „Jedes Land muß eine freistaatliche Verfassung haben. Die Volksvertretung muß in allgemeiner, gleicher, unmittelbarer und geheimer Wahl von allen reichsdeutschen Männern und Frauen nach den Grundsätzen der Verhältniswahl gewählt werden. Die Landesregierung bedarf des Vertrauens der Volksvertretung." Der zweite und letzte Absatz dieser Vorschrift normierte das Gemeindewahlrecht.

Der Inhalt dieser Vorgaben und die veränderte Qualität des staatlichen Seins der nunmehrigen Länder wird beispielsweise dem Handbuchartikel von Wenzel (1930) erschöpfend erläutert. „Aus der Verpflichtung, eine Volksvertretung einzurichten, ist noch nicht zu folgern, daß ihr [..] Zuständigkeiten im Sinne eines Parlamentsabsolutismus einzuräumen sind. [...][Aus] der Absicht des Art.17, eine Homogenität zwischen Reichs- und Landesverfassungen herzustellen, und aus dem die Reichsverfassung, also auch den Art.17 beherrschenden Prinzip der Volkssouveränität des Art.1 RV ergibt sich [...] nicht ein Verbot, andere Einrichtungen neben sie zu stellen. Wie im Reiche muß es [..] daher auch in den Ländern für zulässig angesehen werden, das Volk unmittelbar an den Staatsfunktionen [...] teilnehmen zu lassen, eine Zweite Kammer oder sonstige als Gegengewichte [...] gedachte Einrichtungen, wie der Reichsrat dem Reichstage gegenüber eine solche bedeutet, zu bilden."[1260] Kurz gefaßt: Das Reich als parlamentarisch-präsidentielles Mischsystem mit zwei Kammern, wobei Zweifel an der Parlamentsqualität des Reichsrats für die Zwecke dieser Arbeit außer Betracht bleiben können, konnte den Ländern schwerlich ein Einkammersystem ohne Staatsoberhaupt vorschlagen. Wenzel führt als Beleg für die Authentizität seiner Auslegung entsprechende Äußerungen von Hugo Preuß und des für den Art.17 zuständigen Mitberichterstatters an.[1261]

Über die Ansichten, die Wenzel von Preuß übernommen hatte, hinausgehend, gab letzterer in dem nachfolgend angeführten Zitat eine trotz der mehrdeutigen zeitgenössischen Anwendung der Begriffe „Parlamentarismus" und „parlamentarisch", neue und weitgefaßte Definition des parlamentarischen Vertrauens: „[...] Wenn die Regierung direkt aus einer Wahl der Volksvertretung hervorgeht, so ist das auch eine Bekundung dessen, daß sie das Vertrauen der Volksvertretung besitzt ... Also, was der Paragraph [Art.17,I WRV] in dieser Beziehung vorschreibt, ist nur: entweder parlamentarische Regierung oder eine Regierung, die aus der Wahl der Volksvertretung hervorgeht, damit also ihres Vertrauens bedarf. Damit ist auch die Frage beantwortet, ob es möglich wäre, in den einzelstaatlichen Verfassungen ein System ähnlich wie das schweizerische System [...] zuzulassen. Meines Erachtens zweifellos und unbedenklich. Nur ein reines Obrigkeitssystem, bei dem die Regierung vollkommen unabhängig der Volksvertretung gegenüberstände, wäre [...] unzulässig."[1262] Anschließend stellt Wenzel die Authentizität der Auslegung fest: „Dieser Auslegung ist von keiner Seite

---

[1260] S.607.

[1261] Wenzel, 1930, S.607–608.

[1262] Preuß, S.149–150. Zit. n. Wenzel, 1930, S.615–616.

widersprochen worden und sie darf als Ausdruck des Willens des Gesetzgebers gelten."[1263]

Demnach wäre die da und dort erwogene Wahl der Regierung auf eine bestimmte Zeit verfassungsrechtlich zulässig gewesen: Das Recht der nächsten gewählten Volksvertretung, die von ihrer Vorgängerin auf einen fixen Zeitraum gewählte Exekutive zu stürzen, wäre davon gleichwohl unberührt geblieben.[1264]

Gleiches hätte mit folgender Einschränkung sogar für das von den sächsischen Konservativen bevorzugte Präsidialsystem gegolten: „Die Einsetzung der Regierung kann anstatt dem Landtag auch einer von ihm [...] unabhängigen Instanz übertragen werden: dem Volke, einem Staatspräsidenten oder einem in irgendeiner Form gebildeten Ausschuß. Nur muß in diesem Falle der Volksvertretung ein maßgeblicher Einfluß auf den Bestand der Regierung eingeräumt werden, etwa in der Form eines zum Rücktritt zwingenden Mißtrauensvotums."[1265] Aus dieser Formulierung geht auch die damalige, im Vergleich zu heute umfassendere, Bedeutung des Begriffs „Mißtrauensvotum" hervor.

Eine ähnliche Ansicht vertrat der Heidelberger Staatsrechtslehrer Gerhard Anschütz in den verschiedenen Auflagen seines Kommentars zur Reichsverfasssung, dem wohl von allen derartigen Veröffentlichungen am ehesten die Bezeichnung Standardwerk zugesprochen werden kann. Die von Fromme[1266] getroffene Aussage, Anschütz habe „[...] gefordert, daß Art.17 WRV im Sinne einer Entlassung der Länder aus der Pflicht zum Parlamentarismus geändert werde", führt ohne weitere Erklärungen in die Irre. Anschütz meinte nämlich nicht im Widerspruch zu seinen Ausführungen, die sich wie erwähnt im Wesentlichen mit den Folgerungen Wenzels deckten, eine Schwächung des parlamentarischen Prinzips zugunsten einer der anderen möglichen demokratischen Staatsformen aus dem Katalog der Vergleichenden Regierungslehre. Vielmehr zielte die Bemerkung auf nichts anderes als die völlige Aufhebung des Staatscharakters der deutschen Länder. Die Krise des deutschen Föderalismus sollte durch die Umwandlung der Länder in Verwaltungseinheiten oder Spitzenorganisationen der kommunalen Selbstverwaltung, etwa den preussischen, belgischen oder niederländischen Provinzen vergleichbar, entschieden werden. „Man könnte ihnen etwa gestatten, sich mehr in der Art großer Kommunalverbände zu organisieren, mit einer vom Landtag gewählten Regierung, die während dieser Zeit [...] nicht gestürzt werden kann und auch sonst von ihm nicht *ad nutum* abhängig ist."[1267] Anschütz vertrat damit die von Hugo Preuß anfänglich im Prozeß der Verfassunggebung des Reiches vertretene Position.

Eine Abhandlungen aus der Weimarer Zeit widmet der Entstehungsgeschichte des Art.17,I,3 WRV besonders viel Raum.[1268] Der Autor weist zunächst darauf hin, daß der §12, Ziff.2 des Entwurfs I der Reichsverfassung wie folgt lautete „Die Landesregierung muß dieser Volksvertretung verantwortlich und von ihrem Vertrauen abhängig

[1263] Wenzel 1930, S.616.
[1264] a.a.O.
[1265] a.a.O.
[1266] 1999, S.112, FN 275.
[1267] Anschütz, 1924, S.27.
[1268] Feller, S.58–64, vgl. Fromme 1999, S.112, FN 275.

sein“ und weist dann die Möglichkeit, die Beteiligten hätten einen solch auffälligen Pleonasmus in Kauf genommen, zurück. Unter Verantwortlichkeit versteht Feller aber nur, die auch in nichtparlamentarischen konstitutionellen Systemen denkbaren, beispielsweise unter der Bismarckschen Reichsverfassung geltenden Interpellations- und Enquete-, daneben auch Beschwerderechte.[1269] Um den Nachweis zu führen, die Reichsverfassung schreibe den Ländern das parlamentarischen i.e.S. vor, verfolgt der Autor die Entwicklung der Norm weiter: „Im Art.16 des Entwurfs III [...] stand [..] nur, daß jedes Land eine freistaatliche Verfassung haben müsse, ‚nach der die Landesregierung dieser Volksvertretung verantwortlich sei.‘ Es war also die zweite Alternative fallen gelassen.“ Für diese Änderung waren die in einer Länderkonferenz und später im Staatenausschuß vertretenen Bundesstaaten verantwortlich, bei denen der Autor naheliegenderweise eine Abänderung zugunsten der einzelstaatlichen Wahlfreiheit annimmt. Die zur Geltung gelangte Fassung ging aber inhaltlich, so Feller weiter, von der Reichsregierung aus, die das Vertrauenserfordernis festschrieb. „Das Reichskabinett ging von der richtigen Voraussetzung aus, daß dieser Satz als der einschneidendere den anderen [...] einschließe. Darüber hinaus kann nicht zweifelhaft sein, daß das Reichskabinett eine der Staatenkonferenz[1270] entgegengesetzte Tendenz verfolgte, die dahin ging, die Selbständigkeit der Länder nach Möglichkeit zu beschneiden.“[1271] Die Einrichtung eines dem schweizerischen ähnlichen Systems oder einer davon unterschiedenen, von ihm „Hansestadt-System“ genannten Regierungsform sei daher nicht erlaubt. Den Unterschied zwischen beiden Varianten sah er übrigens in einer nicht juristischen, sondern politischen Einstufung des eidgenössischen Bundesrates als bloßes Vollzugsorgan der Bundesversammlung. Die Senate der deutschen Stadtstaaten hätten demgegenüber im Rahmen der Vorkriegsverfassung auch de facto unabhängig von den Volksvertretungen Politik betrieben.[1272]

Immerhin, die Verfassung der Hansestadt Lübeck sah bis 1925 die Wahl der Senatsmitglieder auf zehn Jahre vor und verlangte für ein erfolgreiches Mißtrauensvotum die Zustimmung von zwei Dritteln der Bürgerschaftsmitglieder. Diese Regelung hat Fromme dazu veranlaßt, das lübeckische Regierungssystem dieser Jahre nicht unter die Spielarten des Parlamentarismus einzureihen.[1273]

Wie der Hauptteil dieser Arbeit gezeigt hat, ließ der Staatsgerichtshof für das Deutsche Reich später den einzelstaatlichen Gesetzgebern, im Hinblick auf das in Art.17,I,2 WRV niedergelegte Gebot der Gleichheit wenig Spielraum. Andersherum betrachtet gab der Art.17,I,2 WRV im Bereich des Wahlrechts den Rahmen vor, den die Länder auszufüllen hatten: „[Ihnen] [...] blieb noch Spielraum in der Festsetzung des Wahlalters und der Bedingungen für das passive Wahlrecht, soweit hierdurch nicht die Gleichstellung der Frauen und die Vorschriften des Artikels 110 der Reichsverfassung tangiert wurden. Ferner verblieb begrenzte Freiheit hinsichtlich der Ausgestaltung der Wahlordnung und insbesondere der vorgegebenen Proportionalwahl.“[1274] Er-

[1269] a.a.O., S.62.
[1270] Der Autor meint eines der beiden o.a. Gremien.
[1271] Feller, S.62–63.
[1272] a.a.O., S.58–60.
[1273] 1999, S.112, FN 273.
[1274] Schanbacher, S.90.

gänzend hierzu eine Äußerung Wilhelms von Blumes in einer Nachkriegsausgabe des Handbuchs der Politik über den Spielraum der Länder im Bereich des Wahlsystems: „Nur die Ausgestaltung des Wahlverfahrens im einzelnen ist den Ländern überlassen. Sie können sich also dafür entscheiden, ob sie eine einheitliche Landesliste oder Bezirkslisten oder eine Kombination von Bezirkswahl und Landeswahl vorschreiben, ob sie ‚gebundene' oder ‚freie' Listen einführen und welches Berechnungsverfahren sie anwenden wollen." Der Vater der württembergischen Verfassung betonte übrigens im selben Artikel die weitergeltende Staatsqualität der Länder und führte dabei den Begriff „Selbstverfassungsrecht" ein, der sich aber zumindest nicht dauerhaft durchgesetzt hat. Die ebenfalls dort zu findende Begründung seiner Ansicht, die WRV schreibe den Ländern das Einkammersystem vor, ist m.E. keinesfalls stichhaltig, was aber womöglich an ihrer populärwissenschaftlichen Form liegen mag.[1275]

7.2. Vergleich der Staatsorgane

Verfassung und Verfassunggebung in den deutschen Ländern haben nicht nur bei der Geschichtsforschung der Nachkriegszeit wenig Beachtung gefunden, sondern waren offensichtlich bereits für die zeitgenössischen Staatsrechtslehre nur von untergeordneter Bedeutung: „Das neue Staatsrecht des Reiches, insbesondere die Verfassung [...] hat eine schier nicht zu bewältigende Fülle von staatsrechtlicher und politischer Literatur, Arbeiten referierenden, kommentierenden und kritisierenden Inhalts hervorgerufen. Nicht in demselben Maße [...] kann man das von dem neuen Staatsrechte der Länder behaupten, obgleich [...] wenigstens in den größeren, Preußen voran, schon [..] dankbar aufgenommene Arbeit geleistet wurde. Am geringsten aber ist unter der [...] Staatsrechtsliteratur die Kategorie von Abhandlungen vertreten, die auf rechtsvergleichender Grundlage Einzelprobleme des neuen Verfassungsrechts für das Reich und alle Länder gleichzeitig behandelt."[1276] Dennoch finden sich in den im Hauptteil gelegentlich genannten Monographien und Aufsätzen etliche beachtenswerte Gedankengänge, die aber mit Rücksicht auf den spezifischen Charakter dieser Arbeit nicht ausführlicher gewürdigt werden können.

7.2.1. Staatsoberhaupt

Der vielfach diskutierte „besondere Staatspräsident" oder ein anderes, von der Regierung unterscheidbares Staatsoberhaupt wurde nirgendwo eingeführt. Die Problematik einer systematischen Einordnung des preussischen Staatsrates wird weiter unten angesprochen werden.

Es gab in der juristischen Publizistik der Weimarer Zeit eine umfangreiche aber der praktischen Relevanz im wesentlichen entbehrende Diskussion über die Frage, ob denn die deutschen Länder, überhaupt ein „Staatshaupt" besäßen und falls ja, ob dieses immer das Kabinett oder gegebenenfalls der Staatspräsident sei.[1277] Da außerdem die Autoren ihre widerstreitenden Ansichten mehrheitlich nur in den Raum stellten und

[1275] 1921, S.78.
[1276] Hoffmann, S.257–258.
[1277] Z.B. Hoffmann. Dort auch weitere Literatur (S.272–273 FN 51–58).

auf die Herstellung einer Synthese verzichteten, kann eine Darstellung dieses Streits unterbleiben.

7.2.2. Regierungsbildung

In den Länderverfassungen fehlte ein unabhängiges Staatsoberhaupt, weswegen ein Vergleich mit der Reichsverfassung nicht sinnvoll ist. Die am Prozeß der Verfassunggebung Beteiligten entschieden sich durchweg für eine der drei nachfolgend skizzierten Lösungen: Die Wahl aller Regierungsmitglieder durch die Volksvertretung, die Wahl nur des Regierungschefs durch die Volksvertretung mit anschließender Ernennung der übrigen Regierungsmitglieder durch diesen und die Ernennung der Regierung durch den Landtagspräsidenten. Letztere, nur in Mecklenburg-Strelitz verwirklichte Konstruktion, geht, wie der Hauptteil dargelegt hat, auf die mangelnde Erfahrung der dortigen Verfassungsväter zurück. Die Mehrzahl der Länder, unter ihnen Baden und Oldenburg, entschied sich für die direkte Wahl alle Regierungsmitglieder, wobei in Hamburg und Lübeck die Senate den Ersten Bürgermeister bzw. den Bürgermeister selbst bestimmen durften.[1278] Für die anderen Lösung entschieden sich, mit der Ausnahme Badens, fünf der sechs volkreichsten Länder, also Preußen, Bayern, Sachsen, Württemberg und Hessen. Es wäre zu untersuchen, ob die an der jeweiligen Verfassunggebung Beteiligten die Frage der Harmonie zwischen Regierungschef und Ministern wegen der größeren Verhältnisse wichtiger nahmen oder ob aus einem anderen Grund eine homologe Entwicklung vorgelegen hat. Da jedoch die Verfassung für den Freistaat Bayern bei der Ministerernennung das Einvernehmen von Ministerpräsidenten und Landtag vorschrieb (§58,I,4f.) und die hessische Verfassung eine Bestätigung durch diesen forderte, lag in diesen Fällen eher ein Zwischentypus vor.

7.2.3. Regierungsstruktur

Unter den behandelten Ländern war keines, das ein reines Kollegialsystem oder wenigstens ein System, das einem solchen sehr nahegekommen wäre, eingeführt hat. Selbst die Regierungschefs von Baden und Mecklenburg-Strelitz besaßen einzelne Kompetenzen, die sie von den anderen Regierungsmitgliedern abhoben. Vergleichsweise stark ausgeprägt, war das Kollegialprinzip in Anhalt, Braunschweig Bremen, Lippe, Lübeck, Schaumburg-Lippe und Thüringen. Abgesehen von Thüringen handelt es sich durchweg um Stadt- bzw. Kleinstaaten. Als Erklärung für die Bevorzugung des Kollegialprinzips reicht die geringe Landesgröße aber nicht aus. Denn einerseits brachten die Verfassungsväter in Mecklenburg-Strelitz, wie ausführlich dargelegt wurde, eine Kombination aus Kollegial- und Ressortprinzip zur Geltung, während der erste Bürgermeister in Hamburg immerhin bei Abstimmungen im Zweifelsfall die entscheidende Stimme abgeben konnte. An anderer Stelle wäre zu prüfen, ob in diesen Ländern das Demokratieprinzip auch sonst in reinerer Form in den Verfassungstext Einzug gefunden hat als in den übrigen Staaten. Der bekanntlich wenig gemäßigte Verlauf der Revolution und ihrer Nachwehen in Braunschweig könnten dafür ein erster Hinweis sein.

[1278] Meißner, S.90–97.

Während die Befugnisse des oldenburgischen Ministerpräsidenten an sich denen des badischen Staatspräsidenten glichen und somit Teil einer Art staatsrechtlichen mainstreams waren, kann behauptet werden, daß letzterer wegen der jährlichen Wahl durch den Landtag in einer insgesamt schwächeren Position war.
Der württembergische Staatspräsident und der sächsische Ministerpräsident gehören, was das Verhältnis zu ihren Ministerkollegen angeht, auch angesichts der Ergebnisse des letzten Unterabschnitts zu den stärksten Regierungschefs der deutschen Verfassungslandschaft zur Zeit der Weimarer Republik, was, bereits Hatschek festgestellt hat. Dieser erwähnt den preussischen Ministerpräsidenten nicht, der ja neben seinem sächsischen Kollegen der einzige deutsche Regierungschef war, der die Richtlinien der Politik (Verfassung des Freistaats Sachsen Art.29,I,1) bzw. der Regierungspolitik (Verfassung des Freistaats Preußen Art.46,I) bestimmen und sich somit auch de jure gegen die anderen Regierungsmitglieder durchsetzen konnte. Dies hängt vermutlich damit zusammen, daß er das preussische Staatsrecht wegen der herausgehobenen Stellung dieses Landes zusammen mit dem Reichsstaatsrecht in zwei gesonderten Bänden abgehandelt hat.

7.2.4. Minister ohne Geschäftsbereich

Außer in Baden und Mecklenburg-Strelitz wurden Staatsräte, wie schon erwähnt, in den Verfassungen Thüringens, wo solche Minister ohne Portefeuille die Vertretung der einzelnen Territorien des neugebildeten Landes sicherstellen sollten, sowie Bayerns und Hamburgs erwähnt. In der Hansestadt sollte ihr allgemeines Aufgabengebiet die Unterstützung und Vertretung der Senatsmitglieder sein.[1279]

7.2.5. Parlamentsauflösung

Das Stärkeverhältnis zwischen Regierung und Parlament läßt sich, wie auch diese Arbeit gezeigt hat, am Zusammenwirken der Bestimmungen über die Parlamentsauflösung und den Regierungssturz ausmachen. Allgemein gesprochen kann man behaupten, daß die allerorten diskutierten Fragen nach der Legitimation der Volksvertretung und der Regierung und nach dem Verhältnis beider Legitimationen zueinander davon zeugen, daß man derlei systemthemtheoretische Probleme am Beginn des parlamentarischen Zeitalters in Deutschland deutlich ernster nahm als heute. Betrachtet man zunächst die Spannweite der in Deutschland geltendes Recht gewordenen Bestimmungen über die Möglichkeiten der Exekutive, ergibt sich folgendes Bild: Die Befugnisse des oldenburgischen Staatsministeriums waren, wie schon dargelegt wurde, einzigartig. Üblich war, daß das Parlament nur nach einem Volksentscheid aufgelöst werden konnte. Dieser konnte aus einem Volksbegehren hervorgehen, das von der Unterstützung durch eine fixe Zahl von Wählern oder einen Bruchteil des Elektorats abhängig war. Gängig waren im Bezug auf letzteren 1/5 (Bayern, Bremen, Württemberg) oder 1/3 (Anhalt, Lippe, Schaumburg-Lippe, Thüringen) der Wählerschaft. In manchen Staaten (Anhalt, Bremen, Hessen, Lippe, Oldenburg, Sachsen) konnte auch die Regierung eine Volksabstimmung herbeiführen.

[1279] Verfassung der Freien und Hansestadt Hamburg vom 7.1.1921, Art.50.

Die Regelung in den vier anderen behandelten Ländern entsprach also den zeitgenössischen staatsrechtlichen Gepflogenheiten. Die Befugnis der Regierung von Sachsen, einen Volksentscheid von sich aus herbeizuführen, kann aber nur dann als besondere Stärke gewertet werden, wenn man es für möglich hält, daß ein amtierendes Kabinett nicht genug Anhängerschaft im Volk besitzt, um auf direkte Weise ein Plebiszit in die Wege zu leiten.

Ein kurzer Blick auf die Regelung in Preußen zeigt, daß auch in diesem Bereich originelle und eigenständige Lösungen durchaus möglich waren: Die Landtagsauflösung war möglich nach einem Volksentscheid, der entweder auf ein Volksbegehren[1280] oder auf einen entsprechenden Beschluß des Staatsrats[1281] folgen konnte. Weiter existierte ein Selbstauflösungsrecht, dessen Bestimmungen aber anscheinend so restriktiv waren, daß eine Selbstauflösung schwerer zu erlangen war als eine Verfassungsänderung.[1282] Ungewöhnlich war aber folgende, in Art.14,I,1,2.Al. festgelegte Regelung: „Die Auflösung des Landtags erfolgt [...] durch den Beschluß eines aus dem Ministerpräsidenten und den Präsidenten des Landtags und des Staatsrats bestehenden Ausschuß [...].“ Sie war ein Kompromißvorschlag von DDP und Zentrum, der zum Zug kam, nachdem sich eine im Ausschuß der preussischen Landesversammlung diskutierte eigenständige Auflösungskompetenz des Staatsrats als nicht verwirklichbar erwiesen hatte.[1283] An dieser Stelle sei kurz darauf hingewiesen, daß Möller im Rahmen eines Vergleichs des Rechts der Parlamentsauflösung im Reich und in Preußen, die angebliche Neutralität des Staatsoberhaupts bei der Entscheidung über die Reichstagsauflösung allein schon deswegen als illusorisch bezeichnen konnte, weil dieser die Regierung berufen hatte und daher potentiell auf deren Seite stand.[1284] Die da und dort geäußerte Anhänglichkeit an gewaltentrennende Ideen läßt vermuten, daß sich etliche am Prozeß der Verfassunggebung in den Ländern Beteiligte ähnlichen formalistischen Illusionen hingegeben hatten.

Bei einer hier nicht zu leistenden Gesamtwürdigung der jeweiligen Stärkeverhältnisse von Parlament und Regierung darf darüber hinaus die verschiedentlich gegebene Kompetenz der Exekutive, das Volk als Schiedsrichter über Rücktritt oder Auflösung entscheiden zu lassen, nicht außer Acht gelassen werden. Offensichtlich lagen dieser letzten Regelung Überlegungen zu Grunde, die auch in Oldenburg angestellt worden sind, wo allerdings die Regierung die fragliche Entscheidung selbst treffen konnte.

7.2.6. Regierungssturz

Eine Mehrheit von zehn Ländern, unter ihnen Baden, Sachsen und auch Preußen schrieb für den Sturz der Regierung die Stimmen einer Mehrheit der gesetzlichen Mitgliederzahl der Legislative vor. Das in der Weimarer Reichsverfassung verankerte Erfordernis einer nur einfachen Mehrheit bestand in vier weiteren Ländern, unter denen sich bezeichnenderweise Braunschweig befand. Am schwersten war die Regierung in

---

1280 Art.14,I Verfassung des Freistaats Preußen i.V.m Art.6,I.

1281 Art.14,I,2.

1282 Möller, S.171–172.

1283 a.a.O.

1284 a.a.O., S.173. zur Praxis der Auflösung: a.a.O., S.174–175.

Lübeck zu stürzen, wo anfänglich sogar eine Zweidrittelmehrheit, später eine absolute Mehrheit in zwei aufeinanderfolgenden Wahlgängen, notwendig war.[1285] Letzteres Verfahren galt auch in Hamburg.[1286] Zwei Wahlgänge waren ebenfalls in Mecklenburg-Strelitz notwendig, während der Regierungssturz in Oldenburg noch stärker als anderswo nur im Zusammenhang mit dem Auflösungsrecht des Staatsministeriums betrachtet werden kann.

7.2.7. Zweite Parlamentskammer

Versuche, eine weitere Parlamentskammer einzurichten, hat es in vielen der deutschen Ländern gegeben. Von vier der fünf im Hauptteil bearbeiteten Länder abgesehen, verzeichnet Trippe in den Ländern Bayern, Mecklenburg-Schwerin und den drei Hansestädten Versuche der Deutschnationalen, auf diese Weise ein Gegengewicht zur Volksvertretung zu schaffen.[1287] Nur im Freistaat Preußen wurden solche Bestrebungen aber in Form des Staatsrats auch in die Wirklichkeit umgesetzt. Er sollte diese Aufgabe anstelle eines Staatsoberhauptes, dessen Schaffung auch im größten deutschen Staat verworfen wurde, übernehmen. Horst Möller, welcher der Entstehungsgeschichte des Staatsrats im Rahmen seiner Habilitationsschrift volle 16 Seiten widmet[1288], betrachtet unter Berufung auf die Intentionen der am Prozeß der Verfassunggebung Beteiligten[1289] und der zeitgenössischen Staatsrechtslehre[1290] diesen eher als kollektives Staatsoberhaupt denn als zweite Kammer. M.E. läßt sich mit Rücksicht auf seinen personellen Umfang das in ihm verwirklichte Prinzip der Territorialrepräsentation und seine Bestellung in der Form der Wahl durch die Provinziallandtage aber auch behaupten, daß der preußische Staatsrat sehr wohl einer Parlamentskammer glich. Jenseits der systematischen und staatsrechtlichen Einordnung stellt Möller selbst fest: „Die Organisation der Staatsratsarbeit stand in deutlicher Analogie zu der des Parlaments [...].“[1291] Wie auch immer, der Staatsrat bestand aus Vertretern der Provinziallandtage und der Stadtverordnetenversammlung von Berlin. Die Territorien waren in ihm im Verhältnis zu ihrer Bevölkerungszahl vertreten, wobei aber jede Provinz mindestens drei Mitglieder stellte. Hinzu kam ein Vertreter der Hohenzollerschen Lande.[1292] Übrigens hatte es auch in Berlin einen Versuch, diesmal von seiten der Deutschen Volkspartei gegeben, statt dessen eine berufsständisch zusammengesetzte zweite Kammer zu schaffen.[1293] Die in den Art.40 und 42 der preussischen Verfassung niedergelegten Rechte des Staatsrates lauten bei Möller so: „Das Staatsministerium

---

[1285] Lübeckische Landesverfassung vom 23.5.1920, Neufassung vom 11.4.1925) Art.14.

[1286] Verfassung der Freien und Hansestadt Hamburg vom 7. Januar 1921, Art.36,III. Diese bei Ruthenberg gefundene Angabe bezieht sich auf den Stand vom 1.2.1926. Die bei Fromme 1999, S.113 FN279 gemachte abweichende Angabe bezieht sich entweder auf den Stand vor oder nach einer Verfassungsänderung oder geht auf einen Druckfehler zurück.

[1287] S. 145–147.

[1288] a.a.O., S.151–166.

[1289] a.a.O., S.152–153.

[1290] a.a.O., S.159 FN 30.

[1291] a.a.O., S.159.

[1292] Verfassung für den Freistaat Preußen vom 30. November 1920, Art.31–33. Vgl Möller, S. 158–159.

[1293] Möller, S.155.

war verpflichtet, den Staatsrat über die Führung der Staatsgeschäfte auf dem laufenden zu halten und ihm vor der Einbringung von Gesetzesvorlagen Gelegenheit zu gutachtlicher Äußerung zu geben. Ihm stand zusätzlich das Recht der Gesetzesinitiative zu [..]. Seine [..] wichtigsten Kompetenzen waren das suspensive Veto gegenüber vom Landtag beschlossenen Gesetzen und das absolute Veto gegenüber ausgabenwirksamen Gesetzen, die über die Bewilligung oder den Vorschlag des Staatsministeriums hinausgingen."[1294]

7.3. Verfassungsväter

Wilhelm von Blume, Eduard Dietz, Eugen von Finckh und Paul Kretschmann waren, wie im übrigen die drei anderen Mitglieder der badischen Viererkommission auch, allesamt Juristen, was angesichts der Natur der Aufgabe nichts weiter als selbstverständlich erscheinen mag. Dennoch hielt sich ihr beruflicher Bezug zum Verfassungsrecht in Grenzen. Abgesehen von Eugen von Finckh waren sie von Hause aus nicht mit dem öffentlichen Recht befaßt. Dietz war Straf- und von Blume Zivilrechtler. Beide waren im staatsrechtlichen Bereich Autodidakten, wobei ihnen der generalistische Aufbau der rechtswissenschaftlichen Ausbildung gewiß entgegen kam. Kretschmann war in der ordentlichen Gerichtsbarkeit tätig und somit ebenfalls mit zivil- oder strafrechtlichen Problemen befaßt. Was die anderen drei Mitglieder der badischen Vierer-Kommission angeht, war übrigens Karl Glockner als Präsident des Verwaltungsgerichtshofs mit staatsrechtlichen Fragen befaßt, was von Johann Zehnter als Angehörigem der ordentlichen Gerichtsbarkeit nicht ohne weiteres behauptet werden kann. Über den Tätigkeitsschwerpunkt, den Friedrich Weill als Rechtsanwalt hatte, läßt sich ohne erheblichen Aufwand nichts herausfinden.

Die Karrieren der genannten Juristen verliefen somit ganz anders als der Werdegang von Hugo Preuß, dem Schöpfer der Weimarer Reichsverfassung. Dieser war als ehemaliger Staatsrechtslehrer an der Berliner Handelshochschule ein ausgewiesener Fachmann, der sogar eine eigene eigenständige Staatslehre entwickelt hatte, die er in Teilen auf seinen ersten Verfassungsentwurf angewendet hatte.[1295] Was ihn aber mit Dietz und von Blume verband, war die Tätigkeit in Organen der kommunalen Selbstverwaltung.

Für Oldenburg, Mecklenburg-Strelitz, Württemberg und, was das Vorläufige Grundgesetz angeht, auch Sachsen, stellt sich die Frage, warum angesichts der Mehrheitsverhältnisse in den revolutionären Regierungen und angesichts der im fraglichen Zeitraum durchaus noch nicht unbedeutenden Arbeiter- und Soldatenräte nicht mehr Sozialdemokraten wie Eduard Dietz mit der Ausarbeitung von Verfassungsentwürfen betraut wurden. Dessen minoritäre Situation in der, die sich abzeichnende badische Konkordanzdemokratie vorwegnehmenden, Vierer-Kommission kann hier außer Acht bleiben, weil sich die Regierung für seinen Entwurf und eben nicht für den anderen entschieden hat. Neben den da und dort angeführten sozialdemokratischen Selbstbewußtseinsstörungen wäre an einen Mangel an geeigneten Persönlichkeiten zu denken.

[1294] a.a.O., S.159.
[1295] Vgl. hierzu Mauersberg.

War die Sozialdemokratie ohnehin nicht die Partei der Akademiker, so war sie noch weniger diejenige der Juristen, denen sie keine Karrierechancen bieten konnte. Die juristischen Fakultäten waren auch außerhalb des wissenschaftlichen Milieus prestigeträchtiger als die von einigen sozialdemokratischen Redakteuren durchlaufenen philosophischen Fakultäten. Ohnehin war es im Kaiserreich für Sozialdemokraten unmöglich, auch nur Privatdozent zu sein.[1296] Die 163 Köpfe zählende mehrheitssozialdemokratische Fraktion in der Deutschen Nationalversammlung hatte vergleichsweise nur fünf Juristen in ihren Reihen. Da sich unter diesen wiederum mit Hugo Sinzheimer nur ein Rechtsgelehrter befand, konnte dieser sich nicht ausschließlich seinen wirtschafts- und arbeitsrechtlichen Schwerpunkten widmen und „spielte während der Verfassungsberatungen“ statt dessen eine „herausragende Rolle.“[1297]

Was die Auswahl der konkreten Person oder Persönlichkeiten angeht, wissen wir lediglich um den Gedankengang der Stuttgarter Regierung, mangels Verfügbarkeit eines Tübinger Ordinarius für „Publizistik“ eben einen solchen für „Civilistik“ zu beauftragen oder besser, unter den Tübinger Zivilrechtlern einen auszuwählen, der mit Öffentlichem Recht und gar mit Staatsrecht zu tun hatte. Ähnliches kann für die Strelitzer Regierung nicht zwingend angenommen werden. Immerhin hat man sich für einen Angehörigen des mecklenburg-strelitzschen Staatsdienstes entschieden. Warum aber konkret Paul Kretschmann und kein anderer Strelitzer Angehöriger des Oberlandesgerichts Rostock ausgewählt wurde, läßt sich auf der vorhandenen Quellenbasis nicht mehr herausfinden. Das gilt auch für Eugen von Finckh und die Angehörigen der badischen Vierer-Kommission. Es kann aber im Allgemeinen angenommen werden, daß sie eben von der jeweiligen Regierung als besonders kompetent betrachtet wurden. Für letztere ist außerdem der Wille der badischen Regierung, alle in ihr vertretenen politischen Strömungen mit Ausnahme der unabhängigen Sozialdemokratie zu berücksichtigen, zu beachten.

Die Entscheidung der sächsischen Regierung, den Verfassungsentwurf weder einer oder mehreren sachkundigen Personen außerhalb des eigenen Apparates anzuvertrauen, noch, wie in Oldenburg geschehen, einen Fachmann aus den eigenen Reihen zu beauftragen, sondern eine interne und tendenziell anonyme Lösung zu bevorzugen, hat erwartungsgemäß keine archivalischen Spuren hinterlassen. Es läßt sich demnach nicht feststellen, ob die Beauftragung einer Einzelperson zu irgendeinem Zeitpunkt erwogen wurde. Nun ließe sich annehmen, die Entstehungsgeschichte des VGG habe die Entscheidung der Regierung präjudiziert. Für dieses kann mangels entgegenstehender Hinweise ebenfalls ein Entstehungsprozeß auf der Ebene der höheren Ministerialbeamten unter wie auch immer gearteter Beteiligung der Regierungsmitglieder angenommen werden. Das VGG konzentrierte sich ja auf die Ausgestaltung der Legislative und der Exekutive, die weitere Arbeit der Ministerialbeamten hätte am Text der endgültigen Verfassung sich an einem staatsorganisatorischen Gerüst orientieren können. Gegen diesen Gedankengang spricht jedoch die abermalige Beteiligung Wilhelm von Blumes in Stuttgart und Paul Kretschmanns in Neustrelitz, die auch an den Ver-

---

[1296] Nipperdey 1990, S.575.
[1297] Albrecht, S.36.

fassungsrevisionen maßgeblich beteiligt wurden, obwohl beiden Regierungen und Bürokratien vollständige Verfassungstexte zur Verfügung standen.

Die Phrase von den Vätern der Verfassung jedenfalls trifft angesichts der Ergebnisse des Hauptteils eher auf die genannten Einzelpersönlichkeiten als auf die Mitglieder der parlamentarischen Verfassungsausschüsse zu. Für erstere gilt mit der Einschränkung der Abhängigkeit von Berliner Grundsatzentscheidungen, was auch für die Verfassunggebung auf der Ebene des Reichs zutraf: „Die Revolution hatte zunächst einen relativ weiten Freiraum geschaffen, den es mit einer neuen Ordnung auszufüllen galt. Sie war [..] eher auf die Beseitigung des alten Systems gerichtet [..] als auf die Errichtung eines neuen. Konkrete Vorstellungen über das zukünftige Staatswesen waren zumindest nicht in dem Maße vorhanden wie im März 1848."[1298]

Von der spät entstandenen sächsischen Verfassungsurkunde abgesehen, gingen alle behandelten Staatsgrundgesetze wie auch die Weimarer Reichsverfassung in hohem Maße auf eine Einzelperson zurück, was sie beispielsweise vom Grundgesetz für die Bundesrepublik Deutschland unterscheidet, dessen Gestaltung bekanntlich in hohem Maße auf einen Entwurf zurückgeht, der im Auftrag der Länderministerpräsidenten durch einen Sachverständigenausschuß erarbeitet wurde.[1299]

7.4. Dauer und Struktur der Verfassunggebung

Der in Halle und später in Jena tätige Staatsrechtsprofessor Otto Koellreuther hat 1930 im Handbuch des Deutschen Staatsrechts die Verschiedenheit des Tempos der Verfassunggebung in den einzelnen Ländern hervorgehoben. Damit hat er innerhalb seines Artikels[1300] einen Kontrast zu der von ihm behaupteten inhaltlichen Ähnlichkeit der Verfassungen und der Identität der historischen Entwicklungen hergestellt.

Was die in dieser Untersuchung bearbeiteten Verfassungen angeht, lassen sich für drei von ihnen erhebliche Übereinstimmungen im Hinblick auf den zeitlichen Rahmen ihrer Entstehung feststellen. Die Zeitspanne vom Beginn der Arbeiten am Entwurf bis zur Verabschiedung der Verfassungsurkunde belief sich in Baden, Oldenburg und Württemberg auf jeweils knapp viereinhalb bis fünf Monate. Offensichtlich spielte die Größe des Landes in dieser Hinsicht keine Rolle. Die Arbeiten an der Verfassung benötigten in Baden und Württemberg, die vier- und viereinhalbmal so volkreich waren wie Oldenburg, ca. ein bis zwei Wochen weniger an Zeit. Für den Fall Badens kann für den Zweck dieses Vergleiches hilfsweise angenommen werden, daß Eduard Dietz mit den Arbeiten an seinem Entwurf unmittelbar nach seiner Ernennung zum Mitglied der Vierer-Kommission begonnen hat.

Die inhaltlich umfangreichere Reichsverfassung benötigte hingegen von den ersten Besprechungen im Reichsamt des Innern bis zu ihrem Inkrafttreten ziemlich genau acht Monate.

1298 Wirth, S.99.

1299 Morsey, S.19. Vgl. Birke, S.12–13.

1300 Koellreuther 1930.

In allen drei Fällen brauchten die Parlamente dann zwischen zwei und drei Monate zur Beratung der Regierungsvorlagen.

In Sachsen und Mecklenburg-Strelitz verlief die Entwicklung anders. Um möglichst schnell die Rückkehr zu verfassungsmäßigen Zuständen vollziehen zu können, wurde in kurzer Zeit eine vollständige (Mecklenburg-Strelitz) oder eine vorläufige Verfassung (Sachsen) geschaffen. Zu wiederholen ist hier, daß es genauere Nachrichten über die Dauer von Kretsch-manns Arbeit weder von ihm noch von anderen Regierungsmitgliedern gibt, was sinngemäß auch für den gouvernmentalen Teil der Bearbeitung des Dresdner VGG gilt.

Sachsen brauchte für seine Verfassunggebung etwas mehr als ein ganzes Jahr. Davon entfielen vier Monate auf die Arbeit der Regierung, der Staatskanzlei und der Ministerien. Nach zweimonatigem Stillstand folgte die parlamentarische Behandlung des Entwurfs, die mehr als ein halbes Jahr dauerte, obwohl der zuständige Ausschuß bei nicht versammeltem Landtag den Sommer über tagte. Angesichts der im VGG bereits relativ ausführlich geregelten Staatsorganisation hätte man annehmen können, daß die am Prozeß der Verfassunggebung Beteiligten weniger Zeit hätten aufwenden müssen. Schließlich bot die geltende Reichsverfassung Vorbilder für Regelungen verschiedenster Art und machte Verhandlungen über Grundrechte nach badischem oder württembergischen Vorbild überflüssig. Außerdem gab es ja 1920 in Deutschland bereits genug praktische Erfahrungen mit dem Länderparlamentarismus, auf deren Basis man herausfinden konnte, welche Sachfragen wirklich verfassungsrelevant waren. Vermutlich gab aber die durch die Existenz des VGG fehlende Dringlichkeit ihr übriges zu den Anforderungen des politischen Alltags, sodaß die endgültige Landesverfassung eher „nebenher" entstand.

In Neustrelitz jedenfalls benötigte man für den parlamentarischen Teil der Arbeit etwa fünf-einhalb Wochen. Die verschiedentlich mit der Dauer des Verfassunggebungsprozesses in Verbindung gebrachte Unzulänglichkeit des Landesgrundgesetzes kann kaum wirklich groß gewesen sein. Man hätte sich mit einer Revision sonst keine dreieinhalb bis vier Jahre Zeit lassen können. Außerdem sahen sich ja die Stuttgarter Politiker trotz eines ausgedehnten und sorgfältigen Verfassungsgebungsprozesses noch im gleichen Jahr, 1919, bemüßigt, eine Revision durchzuführen.

Die Reihenfolge der Stationen im Prozeß der Verfassunggebung ergibt sich im Großen und Ganzen aus der Natur der Sache, Unterschiede treten nur im Detail hervor. Die Arbeiten an den Entwürfen Dietz und von Finckh dauerten etwa vier Wochen, Wilhelm von Blume benötigte nur ungefähr vierzehn Tage. In Württemberg war aber, wie o.a. die besondere Situation gegeben, daß zum fraglichen Zeitpunkt schon eine Kommission bestand, deren Arbeit nach zweitägigem „Brainstorming" nur unterbrochen worden war, um von Blume die Herstellung einer vollständigen Vorlage zu ermöglichen. Außerdem wurde die Vorlage in den Beratungen der ersten Januarhälfte weit stärker verändert als ihre badischen und oldenburgischen Pendants. Darauf folgte in allen drei Fällen eine Durchsicht durch die Regierung, die in Oldenburg am meisten veränderte und in Württemberg am wenigsten. Aus letzterem Umstand läßt sich aber m. E. der Schluß, die Arbeit des Stuttgarter Kabinetts sei eine rein formale gewesen, nicht ableiten. Näher liegt die Annahme, daß die Minister der Mitte-Links-Regierung mit der Arbeit von Blumes und der mehrheitlich mit Angehörigen der Regierungsparteien besetzten Kommission zufrieden waren.

Der Übersichtlichkeit halber wird die Dauer und die Reihenfolge des parlamentarischen Teils der Verfassunggebung in allen fünf Ländern nun zunächst in einer Tabelle dargestellt. Für den Freistaat Sachsen wurde die Verfassung von 1920 bearbeitet. Die Zahlen in Klammern bezeichnen die Anzahl der Sitzungen, welche die jeweilige Phase der Verfassunggebung in Anspruch nahm. Jede Plenar- und Ausschußsitzung wurde auch dann einzeln gezählt, wenn mehrere davon am selben Tag stattgefunden hatten. Die Arbeit der Ausschüsse ist fettgedruckt.

Phase	Mecklenburg-Strelitz	Baden	Oldenburg	Württemberg	Sachsen
1	Beratung Richtlinien (2)	**Generaldebatte (1)**	**1.Lesung (?)**	1.Beratung (2)	1.Lesung (1)
2	„Einzelberatung"(1)	**Einzelberatung 1.Lesung (?)**	1.Lesung (3)	**1.Beratung (20)**	**1. Beratung (18)**
3	**Ausschuß (?)**	**Einzelberatung 2.Lesung (?)**	**2.Lesung (?)**	**2.Beratung (7)**	**2.Beratung (mind. 5)**
4	1.Lesung (2)	1.Lesung (3)	2.Lesung (2)	**3.Beratung (1)**	2. Lesung (1)
5	2. Lesung (1)	2. Lesung (1)		2.Beratung (2)	
6	3. Lesung (1)			3.Beratung (2)	

Es treten also Unterschiede in Zahl und Abfolge der einzelnen Stationen hervor. Dreimal beraten wurde die Verfassung nur in Württemberg und im Plenum der mecklenburg-strelitzschen verfassunggebenden Versammlung, während über die dortige Ausschußarbeit keine Details in Erfahrung zu bringen waren. Während dort sowie in Sachsen und Württemberg zunächst im Plenum verhandelt wurde, begannen die badischen und sächsischen Abgeordneten mit der Ausschußarbeit. Auffällig ist ferner das abwechselnde Arbeiten von Verwaltungsausschuß und Plenum in Oldenburg. Weitere Feststellungen ließen sich aber nur nach der Analyse des Rechts der Gesetzgebung und der Parlamentspraxis in den einzelnen Bundesstaaten am Ende der Monarchien treffen.

Während in Mecklenburg-Strelitz, Oldenburg und Sachsen der gesammelte Sachverstand aber auch die Eigeninteressen der Ministerialbürokratie ihre Rolle im Prozeß der Verfassunggebung spielten, hat es sich in Baden und Württemberg weniger um verwaltungsmäßige als um eher politische Vorgänge gehandelt.

7.5. Zeitpunkt und Tendenzen der Verfassunggebung

Für die Gestaltung der jeweiligen Verfassungsurkunde war, wie wir gesehen haben, der relative Zeitpunkt der Verfassunggebung eines der maßgeblichen Kriterien, wobei mit Verfassunggebung ausnahmsweise die Zeitspanne, in der das Gros der gestalterischen Arbeit getan wurde, gemeint sein soll, was die Plenardebatten ausschließt. Abhängig war das Ergebnis der Kommissions-, Regierungs- und Ausschußtätigkeit von seiner zeitlichen Distanz zum revolutionären Geschehen und von seiner Lage zur Reichsverfassunggebung.

Die erste Annahme läßt sich anhand der Entwicklung im Bereich der institutionellen Verankerung des Rätegedankens im Institutionengefüge der einzelstaatlichen Verfassungen nur teilweise verfolgen. In Oldenburg, wo das Verhalten des Präsidenten Kuhnt die Räte diskreditiert hatte, und im kleinen Mecklenburg-Strelitz unterblieben solche Versuche von vornherein. In Baden hatten die Räte einen kompletten Verfassungsentwurf ausgearbeitet, der aber von Regierung und Parlament nicht weiter beachtet wurde, was gewiß auch mit der Wahlniederlage der Unabhängigen zusammenhing. Mit der sächsischen Verfassunggebung hatten die Verhältnisse in Karlsruhe die gleichzeitige Abwehr linker Pläne zur Beibehaltung der Räte und rechter Vorstellungen zur Wiedereinführung einer zweiten Kammer gemeinsam. In Dresden wurde gleichzeitig die Einrichtung eines Landeswirtschaftsrates in den Bereich der einfachen Gesetzgebung verwiesen und damit erledigt. Geradezu mustergültig verlief dagegen die Entwicklung in Württemberg. Ursprünglich war ja vorgesehen, den Ministerien Ausschüsse anzugliedern, die weitreichende Kompetenzen haben sollten. Zunächst wurden diese in nur beratend tätige Gremien umgewandelt, dann in Beiräte, denen keine bestimmten Kompetenzen mehr, also auch nicht mehr das Recht, gehört zu werden, zustehen sollten. Der Endpunkt war dann das Unterbleiben der Einrichtung solcher Beiräte, was aber auch für Verfechter des Rätegedankens vermutlich keinen großen Verlust mehr darstellte.

Was die Länge der Legislaturperioden angeht, läßt sich für Sachsen und Oldenburg keine Entwicklung feststellen. Die dortigen Regierungsentwürfe sahen von Anfang an die später in der Verfassung verwirklichte Landtagsdauer von vier bzw. drei Jahren vor. Gegen die letztere Frist, die von Finckh für den oldenburgischen Landtag gewählt hatte, gab es überdies, wohl wegen ihres Kompromißcharakters, keine quellenmäßig faßbare Opposition. In Baden, wo Dietz auf der im Erfurter Programm festgelegten Länge von zwei Jahren bestanden hatte, entschied sich die Regierung ausnahmsweise für den von der bürgerlichen Kommissionsmehrheit vorgelegten Entwurf, der eine Frist von drei Jahren vorgesehen hatte. Die Konstituante entschied sich dann gegen den Willen der SPD für eine Verlängerung um ein weiteres Jahr. In Württemberg verlief die Entwicklung auch auf diesem Gebiet mustergültig im Sinne der Hypothese. In der Zehner-Kommission forderten die Sozialdemokraten die zwei Jahre des Erfurter Programms, die verschiedenen demokratischen Mitglieder Legislaturperioden von drei, mindestens drei und vier Jahren, während der Vertreter des Zentrums eine Parlamentsdauer von mindestens vier Jahren Länge vorschlug. Die Regierung, der dann drei Jahre vorgeschlagen wurden, entschied sich für einen Zeitraum von vier Jahren, der sich in der Verfassunggebenden Landesversammlung auch durchsetzte. Anzumerken bleibt noch, daß der spätere Staatspräsident und damalige Zentrumsabgeordnete Eugen Bolz mit seinem bereits im Hauptteil erwähnten Vorschlag, sechsjährige Legislaturperioden einzuführen und somit den status quo ante wiederherzustellen, ein in allen fünf bearbeiten Ländern von niemandem sonst zur Diskussion gestelltes Extrem vertrat.

Auf der Reichsebene sahen die Entwürfe II, III und IV vom 20. Januar, 17. und 21. Februar 1919 für den Reichstag noch eine Wahlperiode von drei Jahren vor .[1301] Im Verfassungsauschuß der Nationalversammlung scheiterten die Unabhängigen und das Zentrum mit Vorschlägen, die Reichstagsdauer auf zwei Jahre zu verkürzen bzw. auf fünf Jahre zu verlängern. Hugo Preuß stellte anläßlich der dortigen Debatte die geplante Dauer der Legislaturperiode als Reverenz an die ursprüngliche Bismarcksche Reichsverfassung dar und als Rückgängigmachung der ab 1888 fünfjährigen Reichstagsdauer, welcher der „leise Ruch einer reaktionären Maßregel" anhafte[1302] und verschwieg dabei, daß der nicht veröffentlichte Entwurf I für beide Häuser des Reichstags eine fünfjährige Wahlperiode vorgesehen hatte.[1303] Immerhin gelang es beiden sozialdemokratischen Fraktionen eine Verlängerung im Ausschuß zu verhindern,[1304] da das Votum der demokratischen Abgeordneten in der ersten und der deutschnationalen in der zweiten Lesung uneinheitlich ausfiel.[1305] Abgesehen von den verschiedentlichen Bezugnahmen auf die Regelungen während des Kaiserreichs glichen die Argumente denen, die in den Konstituanten der Länder benutzt wurden. In der zweiten Lesung der Verfassung im Reichstagsplenum wurde die Legislaturperiode auf fünf Jahre verlängert, was in der dritten Lesung wieder zur Debatte stand. Obwohl die an sich auf zwei Jahre plädierenden Unabhängigen sich dazu herabließen, „den Herren Rechtssozialisten" ihre Unterstützung für deren Antrag, die Legislaturperiode auf drei Jahre zu verkürzen, zu gewähren, wurde dieser knapp abgelehnt. Statt dessen fand ein Kompromiß aus den Reihen der Demokraten eine Mehrheit, der eine Verkürzung der Reichstagsdauer auf vier Jahre vorgesehen hatte[1306]. Abgesehen von dem widersprüchlichen Abstimmungsverhalten verschiedener Fraktionen und Einzelpersonen und der Verkürzung am Ende glich die Entwicklung in dieser Frage also den einzelstaatlichen Verfassunggebungsprozessen.

Als nächstes ist der zentrale Punkt des Verhältnisses zwischen Parlament und Regierung zu betrachten, die Ausgestaltung des Rechts der Parlamentsauflösung und des Regierungssturzes. Abgesehen von Württemberg in dem in dieser Frage einmal keine nennenswerte Entwicklung stattgefunden hat, und wo die Parlamentsauflösung ohnehin ausschließlich im Zusammenhang mit der Volksabstimmung diskutiert wurde und von dem weiter unten gesondert abgehandelten Sachsen läßt sich ein Zurückgehen der aus demokratietheoretischen Erwägungen konstruierten Vorrangstellung der Parlamente im Zuge der Verfassunggebungsprozesse beobachten. Eine nur mäßige Verschiebung in den Beziehungen der fraglichen Staatsorgane zueinander ist im Fall Ba-

---

[1301] Abgedruckt bei Triepel, passim.

[1302] Verhandlungen der verfassunggebenden Deutschen Nationalversammlung. Band 336. Anlagen zu den Stenographischen Berichten. Mündlicher Bericht des 8. Auschusses über den Entwurf einer Verfassung des Deutschen Reichs, S.246–248.

[1303] §31, abgedruckt bei Triepel, S.8.

[1304] Bericht des 8. Ausschusses, Pr. ü. d. 38.Si. v. 5. Juni 1919, S.450.

[1305] Verhandlungen der verfassunggebenden Deutschen Nationalversammlung. Bd. 326 Stenographische Berichte. Bericht ü. d. 45.Si. v. 3. Juli 1919.

[1306] Bericht ü. d. 70.Si. v. 30. Juli 1919, S.2105–2106.

dens zu verzeichnen, wo der Parlamentsausschuß für den Regierungssturz das Erfordernis einer qualifizierten Mehrheit einführte. Am deutlichsten tritt die Abwendung von den an sich denkbaren Möglichkeiten einer maximalen Gewichtsverschiebung hin zum Parlament in Mecklenburg-Strelitz hervor. Dort schrieben alle Entwürfe die Unauflöslichkeit des Landtags vor und ab dem zweiten Entwurf war ein Mißtrauensvotum sowohl gegen die Regierung als auch gegen ihre einzelnen Mitglieder vorgesehen. Der Ausschuß der Konstituante zur Vorberatung des Landesgrundgesetzes führte jedoch die Möglichkeit eines vom Staatsministerium angeordneten Referendums über die Parlamentsauflösung ein und im Plenum wurde die Abberufung einzelner Minister gestrichen. In Oldenburg war es ausgerechnet der Verwaltungsausschuß der Konstituante, der diese Entwicklung herbeigeführt hat, indem er in den an sich regierungsfreundlichen Entwurf des Ministerialbeamten von Finckh, der ab der zweiten Fassung nur noch eine Auflösung durch Referendum und das Selbstauflösungsrecht vorgesehen hatte, das bekannte Auf-lösungsrecht des nachmaligen Art.40,IV einfügte.

Eine gegenläufige Entwicklung hat Fabian für den Prozeß der sächsischen Verfassunggebung festgestellt, wobei er vermutlich in erster Linie auf die Regelung der Parlamentsauflösung rekurriert, aber insgesamt vom parlamentarischen Standpunkt aus etwas zu positiv formuliert: „[Die Verortung des Parlaments als das zentrale Staatsorgan] [..] war [...] in der Regierungsvorlage in dieser Geschlossenheit nicht vorgesehen, sondern ist erst durch die monatelange Arbeit im Verfassungsausschuß erreicht worden. Das Ergebnis dieser Arbeit war ein Erfolg vor allem der bei den sozialdemokratischen Fraktionen und damit eigentlich eine Niederlage der Regierung, die unbelehrbar auf ihrem Standpunkt verblieb und in allen entscheidenden Fragen mit Unterstützung der beiden Fraktionen, die die Minister stellten -der sozialdemokratischen und demokratischen -, geschlagen wurde: ein groteskes Schauspiel!“[1307] In der Tat sah der doch innerhalb der Regierung erarbeitete Verfassungsentwurf, was die Parlamentsauflösung angeht, zunächst nur ein Volksbegehren mit einem möglicherweise sich anschließenden Volksentscheid vor. Eine weitere Fassung kannte nun mit dem Staatsministerium einen zweiten möglichen Initiator. Der Regierungsentwurf an die Volkskammer unternahm dann einen Versuch, ein unbeschränktes Auflösungsrecht der Exekutive in die Verfassung einzuführen, was aber, wie von Fabian geschildert, scheiterte.

Auf der Reichsebene indessen fand, was die Parlamentsauflösung angeht, im Verlaufe des Prozesses der Verfassunggebung eine Stärkung der Stellung der Volksvertretung zumindest de jure statt. Sah der Entwurf I noch ein unbeschränktes Auflösungsrecht des Reichspräsidenten vor, wurde dieses bereits im nächsten Entwurf zugunsten einer Regelung eingeschränkt, die bereits stark dem Art. 25,I WRV glich und nach der eine mehrmalige Auflösung aus dem gleichen Anlaß nicht zulässig war.[1308] Auf die Wiedergabe der Plenar- und Ausschußarbeit der Deutschen Nationalversammlung kann verzichtet werden, weil sich die dortigen Debatten hauptsächlich um die Mitwirkungsrechte der Reichsregierung bei der Auflösung durch das in den Ländern nicht vorhandene Staatsoberhaupt drehten.

[1307] Fabian, S.85.

[1308] §40,2. Abgedruckt bei Triepel, S.14.

Umgekehrt enthielt der Entwurf II wie sein Vorgänger folgenden Passus über die Abhängigkeit der Exekutive von der Volksvertretung: „Der Reichskanzler und die Reichsminister bedürfen zu ihrer Amtsführung des Vertrauens des Volkshauses. Jeder von ihnen muß zurücktreten, wenn ihm das Volkshaus das Vertrauen durch einen ausdrücklichen Beschluß entzieht."[1309] Die gilt sinngemäß auch für die beiden nächsten Stadien des Entwurfs.[1310] An dieser Fassung wurde in der zweiten und in der dritten Beratung des Plenums nichts mehr verändert.

7.6. Scheitern rätedemokratischer und neokorporatistischer Vorstöße

Mit Ausnahme des Kleinstaates Mecklenburg-Strelitz haben i.w.S. konservative Kreise in allen bearbeiteten Ländern an der Einrichtung einer weiteren Parlamentskammer berufsständischen, d.h. neokorporatistischen Zuschnitts gearbeitet. Selbst in Oldenburg, wo eine zweite Kammer niemals existiert hat, war ein ernsthafter Vorstoß in diese Richtung unternommen worden. Um die nachrevolutionäre Stimmung auszunutzen und um der Zuammensetzung der neuen republikanischen Regierungen Rechnung zu tragen, wurde verschiedentlich ein Zusammenhang oder gar eine teilweise Identität der konservativen Verfassungspolitik mit dem vermeintlich zumindest teilweise triumphierenden Rätegedanken behauptet. Auch in der Staatsrechtslehre wurde solches Gedankengut vertreten: „In Russland, Oesterreich-Ungarn und Deutschland hat die Revolution in den Herrenhäusern, ‚ersten' Kammern, Reichsräten die sichtbarsten Träger des alten Systems [...] erblickend, zunächst die Abschaffung dieser Kammern für eine positive Leistung gehalten und dann ist ihr Versuch, in den Zentralräten neben dem Parlament zu einer Neubildung des Zweikammersystems zu gelangen, daran gescheitert, dass die von diesen Räten Ausgeschlossenen ihnen ebenso radikale Gegnerschaft entgegensetzen, wie vorher die von einem „Herren"haus ausgeschlossenen Männer sie diesem Haus gezeigt hatte."[1311] In dieser 1920 in einem Aufsatz im Rahmen des Handbuchs der Politik veröffentlichten Variante wird die zweite Kammer nun allerdings nicht als „Rat" präsentiert, vielmehr stellen die Arbeiter- und Soldatenräte usw. in diesem System einen Spezialfall des Zweikammersystems dar. Die von Mendelssohn Bartholdy weiter, offensichtlich ohne größere Quellenkenntnis angestellte Behauptung, die Einzelstaaten hätten sich gegen eine zweite Kammer entschieden, weil sie angenommen hätten, „[...] dass die im Reich nicht angenommene Doppellung der Volksvertretung auch für die Einzelstaaten sich nicht schicke,"[1312] ist schon deswegen unrichtig, weil die ersten Entscheidungen schon gefallen waren, als im Reich noch das Preuss'sche Staatenhaus diskutiert wurde. Der Autor plädiert im übrigen für die originelle Lösung, beide Kammern aus allgemeinen Wahlen hervorgehen zu lassen, wobei die eine nach dem Verhältnis- und die andere nach dem Mehrheitswahlrecht gewählt

[1309] Entwurf I, §65 u. Entwurf II, §70. Abgedruckt bei Triepel, S.9 u. S.16.
[1310] Entwurf III Art.75 u. Entwurf IV, Art.76 . Abgedruckt bei Triepel, S.25 u. 31.
[1311] Mendelssohn Bartholdy, S.352.
[1312] a.a.O., S. 355.

werden solle,[1313] was heute teilweise auf die italienische Abgeordnetenkammer und den dortigen Senat zutrifft.

Bereits der Blick auf die geplante Zusammensetzung der jeweiligen Körperschaften zeigt aber den Unterschied zwischen beiden Lagern. Die tabellarische Übersicht über die verschiedenen Vorschläge zur Umgestaltung des badischen Oberhauses zeigen kein einheitliches konstitutives Prinzip sondern lediglich das teilweise an die gegenwärtig existierenden öffentlich-rechtlichen Rundfunkräte gemahnende Bestreben alle gesellschaftlich relevanten Gruppen zu berücksichtigen. In Oldenburg hingegen waren diese Planungen eher am berufsständischen Prinzip orientiert, neben Arbeitgebern und -nehmern waren Landwirte und Freiberufler etwa im gleichen Verhältnis berücksichtigt wie im späteren Reichswirtschaftsrat. Die, was die Stellung und die Zusammensetzung des diesbezüglichen Staatsorgans angeht, in Württemberg recht unzusammenhängend geführte Diskussion, kann hier auch nicht zusammenfassend noch einmal wiedergegeben werden.

Zur Vermischung der beiden Ideen innerhalb der konservativ agierenden SPD auf Reichs-ebene schreibt Nocken u.a. folgendes: „Da die zum größten Teil linksgerichteten Räte [..] als Konkurrenz und Bedrohung von den Gewerkschaftsführern aufgefaßt wurden, benutzten diese auch die Zentralarbeitsgemeinschaft, um die Rätebewegung zu ersticken. In dieser Politik fanden die Gewerkschaften Unterstützung auf dem rechten Flügel der SPD. In der Diskussion über die Struktur der neuen Verfassung entwickelte der rechte Sozialdemokrat *Max Cohen* ein System, das Elemente der Räteidee mit korporatistisch-berufsständischen und organischen Staatsideen vermengte. *Cohen* forderte einen pyramidenförmigen Aufbau von Arbeiterkammern, der auf der niedrigsten Stufe auf berufsständischen Räten basierte und an der Spitze eine in Wirtschaftsfragen mit dem politischen Parlament gleichberechtigte Kammer der Arbeit vorsah [...]. Der Plan [...] wurde auch von einigen Liberalen unterstützt, und sogar viele Konservative waren von den berufsständischen Elementen beeindruckt. [...] Nur unter dem starken Druck der Räte wurde dann in der Weimarer Verfassung ein System von Arbeiter- und Wirtschaftskammern vorgesehen, das [...] versuchte, eine Verankerung der Räteidee vorzutäuschen.“[1314]

Wie diese Vermischung auf der Rechten eingeschätzt wurde beschreibt Trippe: Eine sich im Nachlaß Westarp befindliche Denkschrift eines konservativen Publizisten macht als Feind-bilder sowohl das ‚reine‘ Rätesystem als auch den ‚gleichmacherischen gemeinschaftszersetztenden Liberalismus und Parlamentarismus‘ aus. Ähnliches erhoffte sich der Verfasser einer weiteren Veröffentlichung, der eine Kooperation für möglich hielt, wenn die Sozialdemokraten die ‚Klassenbeschränktheit der Rätebewegung‘ aufgäben und den Wert der einschlägigen konservativen Pläne erkennten.[1315]

Daß Erich Koch, der spätere Reichsinnenminister die Stellung der Kräfte der Mitte hier durch eine Koalition der Flügelparteien bedroht sah, tat er mit spitzer Zunge vor dem Verfassungsausschuß der Nationalversammlung kund: „Es ist merkwürdig, daß ganz verschiedene Parteien für die Einrichtung [einer berufsständisch organisierten

---

[1313] a.a.O., S.356.
[1314] S.36–37.
[1315] S. 139–145.

zweiten Kammer] zusammenfinden, Bolschewistenfreunde der ständischen Verfassung und diejenigen aus allen Parteien, die immer dem Neuen zustreben und an den demokratischen Einrichtungen verzweifeln, weil sie binnen eines halben Jahres ein zerbrochenes Volk und ein zerrüttetes Wirtschaftsleben noch nicht haben aufrichten können."[1316]

Zwar hatten im Zuge der Revolution, deren Reichweite in bürgerlichen Kreisen offenbar anfänglich überschätzt worden war, nach dem Vorbild der Soldatenräte, der Arbeiterräte und der Arbeiter- und Soldatenräte alle möglichen weiteren Gremien gebildet. Obwohl hier nicht der Ort ist, diese Räte der geistigen Arbeiter, Beamtenräte, Arbeiter-, Bauern und Volksräte[1317], Lehrer-, Schüler- und Kulturräte[1318] politisch einzuordnen, so kann doch vermutet werden, daß zu den Motiven dieser Bürger auch die organisatorische Anpassung an die neue Zeit eine größere Rolle gespielt hat. In diesem Zusammenhang ist auch Schritt des Karlsruher Gewerkschaftskartells zu verstehen, sich kurzerhand zum Arbeiterrat zu erklären.

Ebenso sahen in dieser Zeit die Beamten von der juristischen Fiktion, der Staatsdiener stelle seine Arbeitskraft dem Dienstherrn unentgeltlich zur Verfügung und werde dafür von diesem amtsangemessen alimentiert, ab und betrachteten sich angesichts der politischen Lage als Arbeitnehmer, denen ja auch Art.130,II WRV später die Vereinigungsfreiheit zugestand. Noch heute bezeichnen sich beispielsweise die Berufsvertretungen der Finanzbeamten und der Polizisten als Gewerkschaften.

Ab März 1919 wurde auf der Reichsebene als Folge wirtschaftlicher Unruhen die Verankerung des Rätegedankens in der Reichsverfassung vorangetrieben. Als sich die Deutsche Nationalversammlung mit dieser Aufgabe beschäftigte, waren aber die Wogen offensichtlich schon wieder soweit geglättet, daß Oskar Cohn für die Unabhängigen bereits am 2. Juni das Desinteresse des Ausschusses an der Materie feststellten mußte: „Die Stimmung des Ausschusses, die Verhandlungen möglichst schnell zum Abschluß zu bringen, hemmt leider eine grundsätzliche Erörterung der Fragen."[1319] Hugo Sinzheimer, der im Verfassungsausschuß nicht nur namens der SPD- Fraktion sprach, sondern als Berichterstatter Belange des ganzen Ausschusses wahrnahm, konnte am selben Tag nicht einmal mehr die Einrichtung einer berufsständischen zweiten Kammer befürworten. Gleichzeitig mag seine Begründung als Beispiel für übergroßen sozialdemokratischen Optimismus im Hinblick auf künftige Wahlergebnisse gelten: „Wir sehen in der Einrichtung eines [..] berufsständischen Parlaments einen Rückschritt, eine Erschwerung der Gesetzesbildung, und sehen darin praktisch politisch vom Standpunkt der Demokratie eine Gefahr. Wir befürchten eine Materialisierung der ganzen politischen Entwicklung und des politischen Geistes. [...] Es besteht die Gefahr, daß im Parlament eine große demokratische oder sozialistische Mehrheit vorhanden ist, während auf der anderen Seite eine Mehrheit sich gebildet hat, die mit der Mehrheit im politischen Parlament nicht harmonisiert."[1320]

[1316] Bericht des 8. Ausschusses, Pr. ü. d. 35.Si. v. 2. Juni 1919, S. 398.
[1317] Vgl. auch Kaller 1966, S.306–308.
[1318] Brandt u. Rürup, S.101.
[1319] Bericht des 8. Ausschusses, Pr. ü. d. 35.Si. v. 2. Juni 1919, S. 397
[1320] a.a.O., S.396

Während der zweiten Lesung der Reichsverfassung im Plenum der Nationalversammlung wurde die Art der Verankerung der Räteidee in der Reichsverfassung ausführlich und äußerst kontrovers diskutiert, wobei sich vor allem die beiden sozialdemokratischen Fraktionen unversöhnlich gegenüberstanden.[1321] Mit der Vorschrift über den Reichswirtschaftsrat und seinen, wie im Hauptteil gelegentlich erwähnt nur ganz rudimentär wirklich gewordenen Unterbau beschäftigte man sich jedoch nicht im Detail, weswegen diese in folgender Form in die Verfassungsurkunde aufgenommen wurde: „Die Arbeiter und Angestellten erhalten [...] gesetzliche Vertretungen in Betriebsarbeiterräten sowie in [...] Bezirksarbeiterräten und in einem Reichsarbeiterrat.[Art.165,II] Die Bezirksarbeiterräte und der Reichsarbeiterrat treten zur Erfüllung der gesamten wirtschaftlichen Aufgaben und zur Mitwirkung bei der Ausführung der Sozialisierungsgesetze mit den Vertretungen der Unternehmer und sonstig beteiligter Volkskreise zu Bezirkswirtschaftsräten und zu einem Reichswirtschaftsrat zusammen. [...] [Art.165,III]“

Die Zusammensetzung und die wichtigsten Kompetenzen des Organs, das dann im Juni 1920 tatsächlich zum ersten Mal zusammentrat, umreißt Huber so: „Sozialpolitische und wirtschaftspolitische *Gesetzentwürfe* sollte die Reichsregierung dem Reichswirtschaftsrat zur Begutachtung vorlegen. [...] Zwar besaß der Reichswirtschaftsrat das Recht der *Gesetzesinitiative,* nämlich das Recht, sozial- und wirtschaftspolitische Gesetzentwürfe zu beantragen. [...] Praktische Bedeutung hat dieses Initiativrecht [...] nicht erlangt.“[1322] „Nach der Verordnung vom 4. Mai 1920 bestand der Vorläufige Reichswirtschaftsrat aus 326 Mitgliedern. Für zwölf Mitglieder hatte der Reichsrat, für zwölf weitere [..] die Reichsregierung das Vorschlagsrecht. Die übrigen 302 Mitglieder waren von berufsständischen Organisationen [...] zu benennen [...]. Auf die Agrarwirtschaft und verwandte Zweige entfielen 74 Vertreter [....]. Auf die gewerbliche Wirtschaft kamen 182 Vertreter (68 auf die Industrie, 44 auf Handel, Banken und Versicherungen, 34 auf Verkehr und öffentliche Unternehmen, 36 auf das Handwerk). Neben [...] den beiden Hauptgruppen [...] standen 30 Vertreter der Verbraucherschaft sowie 16 Vertreter der Beamtenschaft und der freien Berufe. [...] Gleich wesentlich wie diese Aufschlüsselung [...]war die Sitzaufteilung an *Arbeitgeber- und Arbeitnehmervertreter.* Grundsätzlich galt hier die Regel der strengen Parität. Allerdings war zusätzlich [...] der Kleinbesitz [...] berücksichtigt.“[1323]

Andererseits bestanden von Anfang an Planungen zur Schaffung einer zweiten Parlamentskammer auf regionaler Basis. Selbst die von Hugo Preuß ursprünglich favorisierte Umgestaltung Deutschlands zum dezentralisierten Einheitsstaat sah als Teil eines Reichstags ein Staatenhaus vor, dessen Mitglieder von den Volksvertretungen der zu bildenden „Frei-staaten“ zu wählen gewesen wären. Anders als z.B. von Huber[1324] festgestellt, hätte die in §29,I genannte Gliederung des Reichs in „Gebiete“ nur eine Übergangslösung bis zur Konstituierung eben dieser „Freistaaten“ sein sollen, über deren tatsächliche Staatsqualität aber hier nicht gerätselt werden kann.[1325] Unter dem

[1321] Pr. ü. d. 62. Si. v. 21.7.1919, S.1784
[1322] 1993, S.400.
[1323] a.a.O., S.396.
[1324] 1978, S.1180.
[1325] Vgl. Entwurf I §29,I. Abgedruckt bei Triepel, S.7.

Einfluß der durch verschiedene Gremien auf den Verfassungsentwurf Einfluß nehmenden Bundesstaaten enthielt aber bereits der Entwurf III vom 17. Februar 1919 Regelungen zur Schaffung eines Reichsrates, in welchem die Gliedstaaten durch Beauftragte der Regierungen vertreten sein sollten.[1326] Bei dieser Regelung blieb es dann im wesentlichen, auch wenn die Zahl der preussischen Stimmen noch auf zwei Fünftel der Gesamtstimmen festgelegt wurde (Art.61,I,4 WRV) und davon die Hälfte durch preußischen Provinzen zu bestellen war (Art. 63,I,2 WRV). Somit ging die Weimarer Reichsverfassung, vom demokratischen Standpunkt aus betrachtet, noch hinter die Regelungen der ephemeren Reichsverfassung vom 28. März 1849 zurück. Diese hatte, wie die ersten Entwürfe Preuß' nach ihr, einen Reichstag vorgesehen, der aus einem Volkshaus und einem Staatenhaus bestehen sollte. Die Mitglieder des letzteren hätten ungefähr zur Hälfte von den Regierungen ernannt werden sollen. Die andere Hälfte wäre durch die Volksvertretungen gewählt worden, womit im Falle Preußens aber ebenfalls die Provinziallandtage gemeint waren.[1327] Die Richtung der gesamtdeutschen Verfassunggebung ging also bei der Zusammensetzung der Zweiten Kammer eher weg vom demokratischen Prinzip.

Die Entwicklung auf der Reichsebene läßt sich also nur bedingt mit den Verfassungsgebungsprozessen der Länder vergleichen. Insgesamt kommt Trippe hinsichtlich der Korporatismusdiskussion, welche die DNVP in besonderem Umfang betraf, zu folgendem Ergebnis: „[Es][..] boten sich in der nachrevolutionären politischen Diskussion neue [...] Ansatzpunkte für korporatistische Konzepte: die Erfahrungen der Kriegswirtschaft, deren Verteilungsapparat im wesentlichen nicht-kapitalistisch organisiert war; der vorläufige Ausgleich zwischen Kapital und Arbeit in der Zentralen Arbeitsgemeinschaft; die von den AuS-Räten [...] erhobene Forderung nach einer „Kammer der Arbeit"; schließlich die Debatten um den Reichswirtschaftsrat, der sich auf Bezirkswirtschaftsräte stützten sollte. So weit die Zielvorstellungen der [..] politischen Lager auch [..] auseinander liegen mochten: Der verfassungsrechtliche Ausbau korporativistischer Strukturen stand nach 1918 auf der Tagesordnung der deutschen Innenpolitik." [1328] Laut von Alemann soll das Wort „korporativ" die „[...] Formierung und Inkorporierung gesellschaftlicher Großgruppen und Interessenträger mit staatlicher Politik in liberaldemokratischen und kapitalistischen Industriestaaten kennzeichnen, die sich [...]in den in den hochindustrialisierten Wohlfahrsstaaten herausgebildet hat. Die begriffliche Verwendung ist noch recht unscharf." „Korporativistisch" hingegen beziehe sich auf das historische Phänomen des Ständestaates.[1329] Zur Quellen- und Literaturlage bemerkt derselbe Autor: „Das Schrifttum hierzu ist kaum zu überschauen."[1330]

[1326] Art.18–27.
[1327] Verfassung des Deutschen Reiches vom 28. März 1849. §§85–89.
[1328] S.142.
[1329] S.472.
[1330] a.a.O., FN 76.

7.7. Haltung der Parteien

7.7.1. USPD

Die Unabhängigen waren, wie im Hauptteil angeführt, in Baden, Württemberg und Sachsen anfänglich in den revolutionären Kabinetten vertreten, verließen die Regierungen aber im Zusammenhang mit der Radikalisierung der Revolution oder im badischen Fall wegen einer Wahlniederlage. Bis dahin hatten sie eine Art Opposition innerhalb der Regierung dargestellt. Eine solche Rolle scheint tendenziell bei überbreiten Koalitionen zu entstehen, sie wird der sozialdemokratischen Partei der Schweiz schon seit Jahrzehnten zugeschrieben.

Obwohl der Abspaltungsprozeß der Unabhängigen zu Beginn und im Verlauf des Weltkrieges eine Reaktion auf die fortdauernde Bewilligung der Kriegskredite und die Teilnahme der SPD-Reichstagsfraktion an der Burgfriedenspolitik war[1331] und nicht den linken SPD-Flügel als solchen betraf, läßt sich für Sachsen, das einzige untersuchte Land, in dem die USPD stark war, resümieren, daß diese Partei unter Richard Lipinski eine echte linke Politik betrieb, in deren Rahmen sie sich vorrangig für die verfassungsrechtliche Verankerung des Rätegedankens stark machte.

In Mecklenburg-Strelitz traten Unabhängige erst bei der Landtagswahl von 1920 auf, wo sie ein Mandat erreichten.[1332] Die auf einer sozialdemokratischen Einheitsliste stehenden oldenburgischen USPD-Angehörigen wären als solche nur durch Betreiben eines unangemessenen Aufwandes zu identifizieren gewesen. Die badischen Unabhängigen hatten kein Mandat erlangt, von den württembergischen USPD-Politikern machte sich nur Arthur Crispien bemerkbar, wiederum ein ehemaliger Minister. Das vernichtende Verdikt Wilhelm Keils über die beiden Unabhängigen in der Stuttgarter Zehner-Kommission wurde schon im Hauptteil zitiert.

7.7.2. SPD

Eine der Forderungen des Erfurter Programms wurde von SPD Vertretern in Baden, Mecklenburg-Strelitz und Württemberg dann doch hartnäckig vertreten: Die kurze, möglichst zweijährige Legislaturperiode. Hier sei noch einmal an die Äußerung des sonst so gemäßigten Eduard Dietz erinnert, daß auch „zwei Jahre schon eine reichlich lange Zeit seien“. In Oldenburg und Sachsen trat die SPD nicht mit einer solchen Forderung an. Im ersten Fall hatte schon der Entwurf von Finckhs eine vergleichsweise kurze Frist von drei Jahren vorgesehen. Möglicherweise stellte sie eine Art vorweggenommenen Kompromiß dar. In Sachsen hingegen war die fragliche Forderung bereits von den Unabhängigen erhoben worden, zu denen die MSPD ja dort wegen deren relativen Wahlerfolgs und wegen der Schärfe der Auseinandersetzungen des Jahres 1919 in besonderer Konkurrenz stand.

Diese beiden Tatsachen waren aber offensichtlich vor allem für die SPD- Mitglieder in der Regierung wichtig, die sich in Sachsen noch stärker als anderswo an die Ministerialbürokratie und an die bürgerlichen Koalitionspartner anlehnten. Diese Abhängigkeit bezog sich primär auf die Spitzenbeamten, was nicht nur durch die Omnipräsenz

---

1331 Vgl. z.B. Huber 1978 S.117–118.

1332 Falter, Lindenberger u. Schumann S.99.

des mehrfach erwähnten Ministerial-Direktors Schulze belegt wird, sondern auch durch das Bestreben der nach dem Rückzug allein regierenden MSPD-Volksbeauftragten einen „besonderen" Staatspräsidenten einzuführen. Einzelne Exponenten der Parlamentsfraktion vertraten, im Bereich des Verhältnisses von Regierung und Parlament ganz andere Vorstellungen als die sozialdemokratischen Minister. Bei diesen Dissonanzen handelt es sich aber nicht um ein spezifisch sächsisches Phänomen, da z.B. in Mecklenburg-Strelitz weiterreichende Pläne der Regierung zur Parlamentsauflösung nicht die ungeteilte Zustimmung der SPD-Parlamentarier fanden. Insgesamt kann man festhalten, daß die Befürchtung konservativer Kreise, der Staat könnte unter der „absoluten" Herrschaft des Parlamentes in die Hände der Mehrheitsparteien fallen, allein schon deswegen nicht zutraf, weil die neuen Minister sehr schnell in ihre Rolle als Vertreter der Regierung hineinwuchsen und sich keinesfalls automatisch den verschiedenen Forderungen ihrer Parteien beugten.

Demgegenüber vertraten DDP und Zentrum die Forderung nach langen Legislaturperioden, wobei sich erstere Partei dem sozialdemokratischen Koalitionspartner gegenüber eher kompromißbereit zeigte oder wie in Stuttgart ohnehin gemäßigte Positionen vertrat.

Ähnliches gilt für das aktive Wahlalter, wo die SPD, von den Sachargumenten einmal abgesehen, offensichtlich auf die jüngeren Wähler hoffte. Daß die Gegenseite ebenfalls einen solchen Zusammenhang sah, belegt die Einführung einer Zusatzstimme für mindestens fünf-zigjährige Wähler im Rahmen der letzten Wahlrechtsreformen im Königreich Sachsen und im Großherzogtum Oldenburg. Diese brachte zwar eine Demokratisierung des Wahlrechts mit sich, war aber eigentlich als Maßnahme zur Eindämmung der Sozialdemokratie gedacht gewesen. Wie erwähnt wollte ein nationalliberaler Vorschlag zur Wahlrechtsreform noch im Mai 1918 alle anderen Zusatzstimmen abschaffen, für Wähler im fortgeschrittenen Lebensalter aber eine dritte Stimme neu einführen.

7.7.3. DDP

Neben der Mehrheitssozialdemokratie war die DDP zu Beginn der Zwischenkriegszeit die eigentliche Staatspartei in den bearbeiteten Ländern. Für den Freistaat Sachsen müssen insofern Abstriche gemacht werden, als die Demokraten während der Zeit, in der das VGG innerhalb der Exekutive vorbereitet wurde, dort nicht vertreten war. Da aber zu der Zeit kein Parlament existierte und die Haltung der Partei zur neuen Republik positiv war, läßt sich deren Rolle auch für diesen Zeitabschnitt nicht als oppositionell einstufen. Gleiches gilt für die Monate zwischen der Verabschiedung des VGG und dem tatsächlichen Regierungseintritt der Demokraten.

Bekanntermaßen war die DDP nicht einfach eine linksliberale Partei wie etwa der italienische PRI oder die dänische Radikale Venstre. Sie war als liberale Sammlungspartei gedacht und wie im Hauptteil erwähnt, erhielt sie Zuzug von Teilen der alten Nationalliberalen Partei oder es trat gar deren gesamte Landesorganisation bei. Einerseits führte dies zu einer be-trächtlichen Heterogenität innerhalb der neuen Partei und innerhalb ihrer Landtagsfraktionen, wie die Wiedergabe der Plenar- und Ausschußdebatten gezeigt hat. Besonders deutlich tritt dies im Fall Mecklenburg-Strelitz hervor,

wo die Demokraten fürs erste das bürgerliche Lager nahezu vollständig absorbiert hatten. Andererseits half die Einbindung von Teilen des Nationalliberalismus, der ja das parlamentarische Prinzip zumindest theoretisch fortlaufend vertreten hatte, die Regierungskoalitionen auf eine breitere Basis zu stellen.
Bei den guten Ergebnissen der Demokratie i.e.S. handelte es sich aber auch auf Länderebene um eine Scheinblüte. So verlor die DDP schon bei den ersten regulären Landtagswahlen zwischen 41% (Württemberg) und 66% (Sachsen) ihrer Wähler. Bei der ersten Reichstagswahl belief sich diese Quote auf 54%, wobei aber zu beachten ist, daß das Abschneiden der DDP bei der Wahl zur Deutschen Nationalversammlung mit 18,5% schon über 4 Prozentpunkte schlechter war als in den schwächsten der bearbeiteten Länder, nämlich in Baden und Sachsen.[1333]

7.7.4. Zentrum / CVP

Das Zentrum war in den spätestens seit der napoleonischen Zeit konfessionell gespaltenen Ländern Baden, Oldenburg und Württemberg Koalitionspartei. In den fast rein lutherischen Territorien Mecklenburg-Strelitz und Sachsen trat es zu den ersten Wahlen unter der Republik nicht an.
Das Zentrum als Koalitionspartner bot sich allein schon deswegen an, weil die heterogene Sozialstruktur seiner Basis eine einseitige Politik verbot und die Partei daher auf den betreffenden Politikfeldern eine Mittelstellung zwischen SPD und DDP einnahm. Soweit die begrenzte Beschäftigung mit der Materie eine solche Stellungnahme zuläßt, kann behauptet werden, daß der politische Katholizismus sich vor allem dann streitig stellte, wenn seine ureigensten Belange betroffen waren, d.h. vor allem bei der Neuregelung der Kirchen- und Schulfrage.
Als konservative Opposition innerhalb der Drei-Parteien-Koalitionen erwies sich das Zentrum beim aktiven Wahlalter und, wie erwähnt, bei der Länge der Legislaturperioden. Offensichtlich dachten die maßgeblichen Kreise innerhalb dieser Partei eher skeptisch über die politische Reife des einfachen Staatsbürgers.

7.7.5. DVP

Die Deutsche Volkspartei hinterläßt, wie die Untersuchung gezeigt hat, auch in den hier bearbeiteten Ländern einen uneinheitlichen Eindruck. Sie bildete sich aus denjenigen Teilen der alten Nationalliberalen Partei, die an der Gründung der DDP nicht teilnehmen wollten oder von ihr ausgeschlossen waren. Da in Mecklenburg-Strelitz eine liberale Einheitsliste antrat, die Deutsche Partei in Württemberg vollständig in der Demokratie aufgegangen war und die DVP in Baden noch nicht soweit konsolidiert war, um an den Wahlen zur Konstituante teilnehmen zu können, spielte diese Partei nur in den beiden übrigen Staaten eine Rolle. Die relativen Stärkeverhältnisse der nichtkatholischen bürgerlichen Parteien verhielten sich dabei wie folgt:

	Oldenburg	Sachsen
DDP	31%	23%

[1333] Ausgangszahlen nach Falter, Lindenberger u. Schumann, passim.

DVP	11%	4%
DNVP	2%	14%

Die DVP erreichte also in beiden Fällen nur einen Bruchteil der demokratischen Wähler, ein Ergebnis, das sich in beiden Ländern übrigens schon bei der nächsten Wahl umkehren sollte. Wie die Untersuchung gezeigt hat, spielte die DVP in Oldenburg die Rolle der strikten Oppositionspartei, während sie in Sachsen ihre verfassungspolitischen Ansichten nicht nur ausgiebig sondern auch konstruktiv vertrat. Dafür ist entweder die politische Tendenz des jeweiligen Landesverbandes oder der dominierende Einfluß der beiden parlamentarischen Führer Lohse und Blüher verantwortlich gewesen. Angesichts obiger Tabelle wäre es aber auch sinnvoll, eine Untersuchung anzustellen, ob nicht einfach diejenige Partei Fundamentalopposition betrieb, die dazu stark genug war. Die ideologischen Unterschiede zwischen den Konservativen und den Nationalliberalen hatten sich in dem halben Jahrhundert des Bismarckschen Reiches ohnehin stark verwischt.

7.7.6. DNVP und verwandte konservative Gruppierungen

Der Haltung der Konservativen in den einzelstaatlichen Verfassungsgebungsprozessen[1334] und ihrer verfassungspolitischen Vorstellungen[1335] ist ein Teil der 1995 erschienenen Dissertation Trippes gewidmet. Auf der Basis von insgesamt 19 Forschungsreisen wird das vorgefundene Material in dieser von Eberhard Kolb betreuten Arbeit so breit dargestellt, daß sich eine nochmalige Abhandlung abgesehen von den im Hauptteil vorgenommenen Korrekturen verbietet.

Abgesehen von den bereits zitierten Vorlieben der DNVP und der dieser Partei verwandten Organisationen für einzelstaatliche Staatsoberhäupter, ein starkes Beamtentum und zweite Parlamentskammern, nennt der Autor keine weitere Gruppe von verfassungsrechtlichen Regelungen, zu der es eine einheitliche DNVP-Ansicht gegeben hat. Beispielsweise weist er eine recht uneinheitliche Haltung der Konservativen im Bezug auf die Frage nach der Berechtigung von Grundrechten nach.[1336]

7.7.7. Resümee

Grundsätzlich orientierte sich die Einstellung der Parteien und naturgemäß besonders die der Fraktionen zu Verfassung und Verfassunggebung an ihrer Zugehörigkeit zur jeweiligen Regierungskoalition oder zur Opposition.

In allen fünf Ländern regierten zur Zeit der Verfassunggebung SPD und DDP, wo die konfessionellen Verhältnisse eine Vertretung des politischen Katholizismus gestatteten, zusammen mit dem Zentrum. Diesen Mitte-Links-Koalitionen ging in vier der fünf Länder ein Ausschluß der ursprünglich beteiligten Unabhängigen voran, denen der oldenburger „Präsi-dent" Kuhnt summarisch zugerechnet werden kann. Die Entwicklungen wichen also wenig von denen der Reichsebene ab. Abgesehen von den

[1334] S. 56–62 ,. 90–127.
[1335] a.a.O., S.129–170.
[1336] a.a.O., S.157–63.

spezifischen und hier nicht weiter zu beachtenden Verhältnissen des Landes Waldeck waren die Koalitionen nach der Niederschlagung der durch radikalisierte Teile der Rätebewegung verursachten Unruhen in allen Flächenländern ähnlich zusammengesetzt.

Abkürzungs- und Siglenverzeichnis

[..]	Es wurde ein Wort ausgelassen.
[...]	Es wurde mehr als ein Wort ausgelassen.
Al.	Alternative
AöR	Archiv des Öffentlichen Rechts
Aufl.	Auflage
AuS-Räte	Arbeiter- und Soldatenräte
Bd.	Band
Beitr.z.Ldkd.	Beiträge zur Landeskunde
Ber.	Bericht
betr.	Betreffend
BV	Badische Verfassung
das.	Daselbst
DDP	Deutsche Demokratische Partei
Diss.	Dissertation
DNVP	Deutschnationale Volkspartei
Dok.	Dokument
DVP	Deutsche Volkspartei
FN	Fußnote
FVP	Fortschrittliche Volkspartei
Ges.	Gesetz
GG	Grundgesetz
GLA	Generallandesarchiv Karlsruhe
Hg.	Herausgeber/herausgegeben
HSA	Hauptstaatsarchiv Stuttgart
JböR	Jahrbuch des öffentlichen Rechts der Gegenwart
i.V.m.	in Verbindung mit
jur.	Juristisch
JW	Juristische Wochenschrift
KPD	Kommunistische Partei Deutschlands
LGGEV	Landesgrundgesetzlicher Erbvergleich
LHA	Landeshauptarchiv Schwerin
LT	Landtag
masch.	Maschinengeschrieben
m.E.	meines Erachtens
NSDAP	Nationalsozialistische Deutsche Arbeiterpartei
NV	Nationalversammlung
o.a.	oben angeführt
ö.	Öffentlich

OS	Oberrheinische Studien
phil.	Philosophisch
Pr.	Protokoll
RGZ	Entscheidungen des Reichsgerichts in Zivilsachen
S.	Seite(n)
SächsHStA	Sächsisches Hauptstaatsarchiv Dresden
SchwH	Schwäbische Heimat
SGG	Staatsgrundgesetz
Si.	Sitzung
SPD	Sozialdemokratische Partei Deutschlands
Sten.	Stenographisch (-er)
StGG	Staatsgrundgesetz
StO	Niedersächsisches Staatsarchiv Oldenburg
T.	Teil
u.a.	unten angeführt oder unter anderem
UAT	Universitätsarchiv Tübingen
USPD	Unabhängige Sozialdemokratische Partei
VA	Verfassungsausschuß
VGG	Vorläufiges Grundgesetz
VK	Verfassungs-Kommission
vLV	verfassunggebende Landesversammlung (Oldenburg)
VLV	Verfassunggebende Landesversammlung (Württemberg)
vVR	vorläufige Volksregierung
WRV	Weimarer Reichsverfassung
WV	Württembergische Verfassung
Z	Zentrum
zit. n.	zitiert nach
ZWLG	Zeitschrift für württembergische Landesgeschichte
ZGO	Zeitschrift für die Geschichte des Oberrheins

Quellen- und Literaturverzeichnis

1. Ungedruckte Quellen

Quellen, von denen mehrere Kopien in verschiedenen Aktenstücken vorhanden sind, werden i.d.R. nur einmal angeführt.

Sächsisches Hauptstaatsarchiv **Dresden**

III.1.2.	Volkskammer/Landtag	233	Vorläufiges Grundgesetz für den Freistaat Sachsen
		283	Verfassungsentwurf für den Freistaat Sachsen Bd.1
		285	Entwurf eines Landeswahlgesetzes
III.2.4.	Staatskanzlei	22	Entwürfe der Verfassung des Freistaates Sachsen
III.3.2.	Ministerium der Auswärtigen Angelegenheiten	4410	Die sächsische Verfassung, Bd.III

Badisches Generallandesarchiv **Karlsruhe**

Wegen der zumeist wenig aussagekräftigen Vermerke auf den Faszikeln selbst wurde zu deren Benennung zum Teil auf die Beschriftung der Karteikarten des Repertoriensaales im GLA zurückgegriffen.

Bestand 231.Landtag

231/2612	Verfassungs-Kommission. Sitzungsprotokolle
231/3396	Den außerordentlichen Landtag von 1918, den Umsturz in Baden und die Nationalversammlung betr.
231/9149	Staatsverfassung. Normalia. Anträge…
231/9151	Entwurf eines Gesetzes betr. die bad. Verfassung – Drucks. Nr.1 – samt einschl. Petitionen sowie Ergebnisse der Volksabstimmung über vorstehende Verfassung u. die Fortdauer der Nationalversammlung...
231/9156	Die Wahl der Minister, des Staatspräsidenten und seines Stellvertreters sowie der Staatsräte betr.
231/9168	Protokolle über die Sitzungen des Unterausschusses des Verfassungsausschusses über die Änderung der bad. Verfassung ...

Bestand 233.Staatsministerium

233/24312	Protokolle über die Sitzungen des Staatsministeriums 21.11.1918–31.3.1919
233/24319	Sitzungsprotokolle des Gesamtministeriums vom 21.11.1918 bis 21.12.1918 (Durchschläge)

233/28134 Ausarbeitung der Badischen Verfassung und die Badische Volksregierung Darin: Verfassungsentwürfe von Dr. Dietz (im Auftrag der Volksregierung), der Volksregierung (der Nationalversammlung vorgelegte Fassung) und der Landesversammlung der Soldatenräte.

233/28135 Ausarbeitung und Abänderung der Badischen Verfassung. Darin:[Bd.1] Verfassungsentwürfe von Karl Glockner, Friedrich Weill und Johann Zehnter (im Auftrag der Volksregierung, Stadtrat Dietz, der Landesversammlung der Volksräte und der Landesversammlung der Soldatenräte, 1919

Bestand 234.Justizministerium

234/10151 Staatsverfassung. Landstände. Die Badische Verfassung

Nachlässe

52 Düringer/1 und 2	Düringer, Adelbert
N	Geiß, Anton
N	Hummel, Herrmann
N	Muser, Oskar

Bundesarchiv **Koblenz**

N 1004	Nachlaß Dietrich, Herrmann

Privatarchiv Prälat Paul Kopf **Ludwigsburg**

Nachlaß Sproll, Johann

Niedersächsisches Staatsarchiv in **Oldenburg**

39		Oldenburgischer Landtag
131	37	Änderung des Staatsgrundgesetzes für das Großherzogtum Oldenburg 1918–1927, 1930–1933
131	107	Staatsministerium (Gesamtministerium): Protokolle des Direktoriums/ Staatsministeriums
270		Politische Nachlässe
	36	von Finck, Eugen
	24	Scheer, Herrmann
	47	Tantzen, Ernst
	27	Tantzen, Theodor

Diözesanarchiv **Rottenburg**

N27 Nachlaß Sproll, Johann (Teilnachlaß)

Landeshauptarchiv **Schwerin**

4.12–2/1 Mecklenburg-Strelitzsches Staatsministerium 370 Landesgrundgesetz

4.12–2/1 Mecklenburg-Strelitzsches Staatsministerium 371 Landesgrundgesetz

Hauptstaatsarchiv **Stuttgart**

Ministerium der Auswärtigen Angelegenheiten

E40 Ministerium der Auswärtigen Angelegenheiten. Staats-Umwälzung in Württemberg.

Staatsministerium

E130a/196–199 Landstände. Darin u.a. „Verfassunggebende Landesversammlung" und „Revolution 1918/19"

E130b/80 Landtag. Ausschüsse

E130b/100 Landtag, Landesverfassung: Ausarbeitung [...] des Entwurfs der Verfassungsurkunde des Volksstaates Württemberg, Übergangsbestimmungen

E130b/101 Änderung einiger Punkte der Verfassungsurkunde vom 20.5.1919 infolge der Verabschiedung der Reichsverfassung. „Protokoll der Kommission zur Ausarbeitung eines Entwurfs für die neue württembergische Verfassung (Die Bezeichnung der Archivalie wurde von Schiffers, S. 57, FN 23, übernommen)

E130b/214 Niederschriften über die Sitzungen des Staatsministeriums mit Beilagen

E131/100 Pressestelle des Staatsministeriums. Zeitungsausschnitte betr. die Landesverfassung

Nachlässe

J 53/25 Bazille, Wilhelm

Q 1/25 Bolz, Eugen

Q 1/2 Haussmann, Conrad

O 1/38 Herrmann, Immanuel

Q1 1/4 Keil, Wilhelm

O 1/5 Kiene, Hans von

Universitätsarchiv **Tübingen**

Akademisches Rektoramt

126/176 Personalakte Wilhelm von Blume

2. Amtliche Drucksachen und Protokolle, Quellensammlungen

Auf die Anführung der verschiedenen Gesetz- und Verordnungsblätter wurde verzichtet.

Boldt, Hans (Hg.): Reich und Länder. Texte zur deutschen Verfassungsgeschichte im 19. und 20. Jahrhundert. München 1987

Entscheidung des Staatsgerichtshofes in Sachen des Landtags des Freistaats Oldenburg gegen das Staatsministerium Oldenburg, zit. nach: Zeitschrift für Verwaltung und Rechtspflege in Oldenburg (1925), S.169–202

Huber, Ernst: Dokumente zur deutschen Verfassungsgeschichte. Bd.1: Deutsche Verfassungsdokumente 1803–1850. Stuttgart u.a. 1978 (3.Aufl).

ders.: Dokumente zur deutschen Verfassungsgeschichte. Bd.2: Deutsche Verfassungsdokumente 1850 1900. Stuttgart u.a. 1986 (3.Aufl.)

ders.: Dokumente zur deutschen Verfassungsgeschichte Bd.3: Deutsche Verfassungsdokumente 1900–1918. Stuttgart u.a. 1990 (3.Aufl.)

ders.: Dokumente zur deutschen Verfassungsgeschichte Bd.4: Deutsche Verfassungsdokumente 1919–1933. Stuttgart u.a. 1991 (3.Aufl.)

Die ersten beiden Auflagen erschienen in zwei Bänden. Die erste Auflage unter dem Titel Quellen zum Staatsrecht der Neuzeit 1949 und 1951, die zweite 1961 und 1964

Jellinek, Walter (Hg.): Die deutschen Landtagswahlgesetze nebst Gesetzestexten zum Wahlrecht des Reichs, Danzigs, Österreichs und der Schweizerischen Eidgenossenschaft. Berlin 1926

Mayer-Tasch, Peter-Cornelius (Hg.): Die Verfassungen Europas. Stuttgart 1966 [Mit Darstellung]

Mecklenburg-**Strelitzsches Staatshandbuch.** Neustrelitz 1920

Mecklenburg-**Strelitzsches Staatshandbuch** für 1926. Neustrelitz 1926

Miller, Susanne und **Potthoff,** Heinrich: Kleine Geschichte der SPD. Darstellung und Dokumentation. Bonn 1988 (6. Aufl., 1. 1974)

Quellensammlung zum Deutschen Reichsstaatsrecht. Zusammengestellt von Heinrich Triepel. Tübingen 1922 (3.Aufl.)

Ruthenberg, Otto (Hg.): Verfassungsgesetze des Deutschen Reichs und der deutschen Länder. Berlin 1926

Staatsgerichtshof für das Deutsche Reich [Urteil], in: JW 58 (1929) Heft 1 S.53–62

Staatsgerichtshof für das Deutsche Reich [Urteil] in,: Entscheidungen des Reichsgerichts in Zivilsachen. 118 (1927), Anhang S.22–40

Staatsgerichtshof für das Deutsche Reich [Urteil] in,: Entscheidungen des Reichsgerichts in Zivilsachen. 124 (1929), Anhang S.1–19

Staatsgerichtshof für das Deutsche Reich [Urteil] in,: Entscheidungen des Reichsgerichts in Zivilsachen. 127 (1930), Anhang S.49–60

Staatshandbuch für den Freistaat Oldenburg. Oldenburg 1920

Staatshandbuch für den Freistaat Sachsen. Dresden 1921

Staatshandbuch für den Freistaat Sachsen. Dresden 1925

Staatshandbuch für den Freistaat Sachsen. Dresden 1927

Staatshandbuch für Württemberg. Stuttgart 1922

Verhandlungen der Sächsischen Volkskammer im Jahre 1919. Erster Band Nr.1–23 Umfassend die Sitzungen vom 25. Februar bis mit 7. April 1919. Dresden 1919

Verhandlungen der Sächsischen Volkskammer im Jahre 1920. Vierter Band Nr. 85–124. Umfassend die Sitzungen vom 27. Januar bis mit 15. Juni 1920. Dresden 1920

Verhandlungen der Sächsischen Volkskammer im Jahre 1920. Fünfter Band. Nr. 125–154. Umfassend die Sitzungen vom 16. Juni 1920 bis mit 28. Oktober 1920

Verhandlungen der verfassunggebenden Deutschen Nationalversammlung: Bd. 326 Stenographische Berichte von der 1. Sitzung am 6. Februar 1919 bis zur 26. Sitzung am 12. März 1919. Berlin 1920

Verhandlungen der verfassunggebenden Deutschen Nationalversammlung:. Bd. 327. Stenographische Berichte von der 27. Sitzung am 13. März 1919 bis zur 52. Sitzung am 9. Juli 1919. Berlin 1920

Verhandlungen der verfassunggebenden Deutschen Nationalversammlung: Bd. 328. Stenographische Berichte von der 53. Sitzung am 10. Juli 1919 bis zur 70. Sitzung am 30. Juli 1919. Berlin 1920

Verhandlungen der verfassunggebenden Deutschen Nationalversammlung: Bd. 336. Anlagen zu den Stenographischen Berichten. Nr.391. Bericht des Verfassungsausschusses. Berlin 1920

Verhandlungen der verfassunggebenden Landesversammlung des Freistaates Oldenburg. Protokolle. Berichte. Anlagen. 1919

Verhandlungen der verfassunggebenden Landesversammlung beziehungsweise des Landtags des freien Volksstaates Württemberg in den Jahren 1919 und 1920.Beilagen-Band 1: Enthaltend: die Beilagen 1–202. Seite 1–634. Stuttgart 1920

Verhandlungen der verfassunggebenden Landesversammlung beziehungsweise des Landtags des freien Volksstaates Württemberg in den Jahren 1919 und 1920.Beilagen-Band 2: Enthaltend: die Beilagen 203–447. Seite 635–1298. Stuttgart 1920

Verhandlungen der verfassunggebenden Landesversammlung beziehungsweise des Landtags des freien Volksstaates Württemberg in den Jahren 1919 und 1920. Protokoll-Band 1. Enthaltend: die Protokolle vom 23. Januar bis 12. Juni 1919. 1–35. Sitzung. S.1–778. Stuttgart 1920

Verhandlungen der verfassunggebenden Landesversammlung beziehungsweise des Landtags des freien Volksstaates Württemberg in den Jahren 1919 und 1920. Protokoll-Band 2. Enthaltend: die Protokolle vom 13. Juni bis 20. November 1919. 36.-66. Sitzung. Seite 779–1516.

Verhandlungen des 1. ordentlichen Landtags von Mecklenburg-Strelitz 1919/20 Erster Teil: Stenographische Berichte. 1. Band 1. bis 23. Sitzung (14. Mai bis 27. September 1919) Neustrelitz [o.J.]

Verhandlungen des Landtags von Mecklenburg-Strelitz. Band 2. 1. ordentlicher Landtag 1919/20. Stenographische Berichte. Zweite Abteilung. 24. bis 49. Sitzung (5. November 1919 bis 16. März 1920). Neustrelitz [o.J.]

Verhandlungen des 1. ordentlichen Landtags von Mecklenburg-Strelitz 1919/20 Erster Teil: Stenographische Berichte. 3. Band. 50. bis 62. Sitzung (23. März bis 8. Mai 1920) Neustrelitz [o.J.]

Verhandlungen des Landtags von Mecklenburg-Strelitz. Band 4. 1. ordentlicher Landtag 1919/1920. Drucksachen Nr 1 bis 207. Neustrelitz [o.J.]

Verhandlungen des Landtags von Mecklenburg-Strelitz Band 5. 1. ordentlicher Landtag 1919/1920. Drucksachen Nr 208 bis 381 Neustrelitz [o.J.]

Verhandlungen des Landtags von Mecklenburg-Strelitz Band 6 2. ordentlicher Landtag 1920/1923 Stenographische Berichte. erste Abteilung. 1. bis 45. Sitzung (9. Juni 1920 bis 11. Juni 1921 Neustrelitz [o.J.]

Verhandlungen des Landtags von Mecklenburg-Strelitz Band 8 2. ordentlicher Landtag 1920/1923 Drucksachen Nr. 1 bis 248 Neustrelitz [o.J.]

Verhandlungen des Landtags von Mecklenburg-Strelitz Band 9 2. ordentlicher Landtag 1920/1923 Drucksachen Nr. 249 bis 459 Neustrelitz [o.J.]

Verhandlungen des Landtags von Mecklenburg-Strelitz Band 10 2. ordentlicher Landtag 1920/1923 Drucksachen Nr. 460 bis 701 Neustrelitz [o.J.]

Verhandlungen der verfassunggebenden Versammlung 19. Dezember 1918 bis 7. Februar 1919. Erster Teil Stenographische Berichte. Zweiter Teil Sammlung der Drucksachen. (Mecklenburg-Strelitz.) Neustrelitz 1919

Verhandlungen der Zweiten Kammer der Stände-Versammlung des Großherzogtums Baden vom 48. Landtag (1917/18), Protokollheft, Heft 518 der ganzen Drucksachen-Sammlung der Zweiten Kammer. Karlsruhe 1919

Verhandlungen der Zweiten Kammer der Stände-Versammlung des Großherzogtums Baden vom 48. Landtag (1917/18), Beilagenheft, Heft 522 der ganzen Drucksachen-Sammlung der Zweiten Kammer. Karlsruhe 1918

Verhandlungen des Badischen Landtags, I.Landtagsperiode, I.Sitzungsperiode (15.Januar bis 15. Oktober 1919), Protokollheft, Heft 523 der Drucksachen-Sammlung der früheren II.Ständekammer, jetzt des Badischen Landtags, Karlsruhe 1920

Verhandlungen des Badischen Landtags, I. Landtagsperiode, I.Sitzungsperiode (15.Januar bis 15.Oktober 1919),Beilagenheft, Heft 524 der Drucksachen-Sammlung der früheren II.Ständekammer, jetzt des Badischen Landtags, Karlsruhe 1920

Verhandlungen des Badischen Landtags, II. Landtagsperiode, 4. Sitzungsperiode (31. Oktober 1924 bis 30. Oktober 1925), Protokollheft (Band II), Heft 543b der Drucksachen-Sammlung des Badischen Landtags, Karlsruhe 1925

Verhandlungen des Badischen Landtags, II. Landtagsperiode, 4. Sitzungsperiode (31. Oktober 1924 bis 30. Oktober 1925), Beilagenheft Heft 544 der Drucksachen-Sammlung des Badischen Landtags, Karlsruhe 1925

Volkskammer-Akten aus dem Jahre 1919. Vorlagen Nr.1 bis 29, 31 bis 42 (Beilage zu den Verhandlungen der Sächsischen Volkskammer) Dresden 1920

Volkskammer-Akten aus dem Jahre 1919. Berichte usw. Nr. 1 bis 496. Dresden o.J.

Volkskammer-Akten aus dem Jahre 1920. Vorlagen Nr. 43 bis 67, 69 bis 101 (Beilage zu den Verhandlungen der Sächsischen Volkskammer) Dresden 1920

Volkskammer-Akten aus dem Jahre 1920. Berichte usw. Nr. 497 bis 862 Dresden o.J.

3. Tageszeitungen

Norddeutsche Volksstimme	Bremerhaven
Dresdner Anzeiger	Dresden
Dresdner Nachrichten	Dresden
Dresdner Neueste Nachrichten	Dresden
Dresdner Volkszeitung	Dresden
Sächsische Staatszeitung	Dresden
Badische Landeszeitung	Karlsruhe
Badische Presse	Karlsruhe
Badischer Beobachter	Karlsruhe
Karlsruher Tagblatt	Karlsruhe
Karlsruher Zeitung	Karlsruhe
Der Volksfreund	Karlsruhe
Nachrichten aus Stadt und Land	Oldenburg
Oldenburger Volksblatt	Oldenburg
Republik	Rüstringen/Wilhelmshaven
Landeszeitung für beide Mecklenburg	Neustrelitz
Mecklenburgische Zeitung	Schwerin
Das freie Wort	Schwerin
Schwäbische Tagwacht	Stuttgart
Schwäbischer Merkur	Stuttgart
Stuttgarter Neues Tagblatt	Stuttgart
Süddeutsche Zeitung	Stuttgart

4. Tätigkeitsberichte. Selbstzeugnisse. Sonstiges

Die **Abgeordneten** der verfassunggebenden württembergischen Landesversammlung. Stuttgart o.J.

Bazille, Wilhelm: Die Verfassung Württemberg vom 25. September 1919. Textausgabe mit Einleitung und Anmerkungen. Stuttgart 1919

Berger, W. (Hg. im Auftrag des Landesverbandes der DVP Sachsen): Sachsen unter der Revolution. Wahlhandbuch für die Landtagswahl 1929. Dresden 1920

Blos, Wilhelm: Von der Monarchie zum Volksstaat. 1. Band Vom Weltkrieg 1914 bis zu den Wahlen zur konstituierenden Landesversammlung 1919. Stuttgart 1923

ders.: Von der Monarchie zum Volksstaat. Bd.2: Von den Verfassungsarbeiten 1919 bis zum Ausscheiden nach dem Kapp-Putsch. Stuttgart, 1923

Beide „Bände“ wurden, zusammen mit den Erinnerungen des Oberpolizeidirektors Paul Hahn im selben Buch „Denkwürdigkeiten aus der Umwälzung“ veröffentlicht. Alle drei Teile weisen jedoch eine jeweils eigene Seitenzählung auf.

Blume, Wilhelm von: Der Erbschaftskauf im Preussischen Landrecht. Diss. (jur., Göttingen) Brandenburg 1892

ders.: Bedeutung und Aufgabe der Parlamente. Parteibildung., in: Handbuch der Politik. Bd.1 Berlin und Leipzig 1912 (1.Aufl.), S.365–377

ders.: Bedeutung und Aufgabe der Parlamente. Parteibildung., in: Handbuch der Politik. Bd.1 Berlin und Leipzig 1914 (2.Aufl.), S.373–377

ders.: Ueber (sic!) deutsche Selbstverwaltung. Rede am Geburtstag des Königs. Tübingen 1917

ders.: Umbau und Ausbau des deutschen Erbrechts. Tübingen 1918

ders.: Die Verfassungsurkunde des freien Volksstaates Württemberg vom 20. Mai 1919. Tübingen 1919 [a]

ders.: Die Verfassung Württembergs vom 25. September 1919. Textausgabe mit Anmerkungen. Tübingen 1919 [b]

ders.: Kommunalpolitik, in: Handbuch der Politik Bd.1 Berlin und Leipzig 1920 [a] (3.Aufl.) S.287–295

ders.: Wesen und Aufgabe der Parlamente, in: Handbuch der Politik Bd.1 Berlin und Leipzig 1920 [b] (3.Aufl.) S. 336–345

ders.: Die württembergische Verfassungsgesetzgebung des Jahres 1919, in: JböR 9 (1920) [c], S.171–179

ders.: Die Bedeutung der Parteien, in: Handbuch der Politik Bd.1 Berlin und Leipzig 1920 [d] (3.Aufl.), S.346–351

ders.: Volksvertretung in den Ländern, in: Handbuch der Politik. Bd.3 Berlin und Leipzig 1921 (3.Aufl.), S.77–79

Dietz, Eduard: Die deutsche Burschenschaft in Heidelberg. Ein Beitrag zur Kulturgeschichte deutscher Universitäten. Heidelberg 1894

ders.: Neue Beiträge zur Geschichte des Heidelberger Studentenlebens. Heidelberg 1903

ders.: Das Frankfurter Attentat vom 3. April 1833 und die Heidelberger Studentenschaft. Ein Stück deutscher Kultur- und Rechtsgeschichte. Heidelberg 1906

ders.: Kommunaler oder gemischt-wirtschaftlicher Betrieb für städtische Straßen-Bahnen, Elektrizitäts- und Gaswerke? Karlsruhe 1913

ders.: Entwurf einer neuen Verfassung. Sonderabdruck aus dem Karlsruher Volksfreund. Karlsruhe 1919

ders.:„Das heilige Eigentum“ und Die (sic!) Arbeiter-Encyclika des Papstes Leo XIII vom 10. Mai 1891. Karlsruhe 1927

ders.: Wilhelm Hohoff und der Bund katholischer Sozialisten. Karlsruhe 1928

ders.: Drei Reden über Sozialdemokratie und Religion, Sozialdemokratie und Bürgertum, Frauenwahlrecht und Sozialdemokratie. o.O. [Tübingen], o.J. [1919–1921]

Gehrig, Oscar und **Rößler**, Karl: Die verfassunggebende Nationalversammlung 1919. Karlsruhe 1919

Kautsky, Karl und **Schoenlank**, Bruno: Grundsätze und Forderungen der Sozialdemokratie. Erläuterungen zum Erfurter Programm. Berlin 1910

Keil, Wilhelm: Erlebnisse eines Sozialdemokraten. Bd. 2 Stuttgart 1948

ders.: Die demokratische Tradition des deutschen Südwestens, in: Der Bürger im Staat, 1952, S.43–45

ders.: Neuzeitliche Verfassungskämpfe in Württemberg, in: Der Bürger im Staat, 1957, S. 102f.

Köhler, Ludwig von: Zur Geschichte der Revolution in Württemberg. Ein Bericht. Stuttgart 1930

Kretzschmar, Hellmut: Dies sächsische Verfassung vom 4. September 1831, in: Neues Archiv für sächsische Geschichte und Altertumskunde 52 (1931[a]), S.207–248. Nachgedruckt in: Der Sächsische Landtag. Geschichte und Gegenwart, S.21–34. Dresden 1990

ders.: Hundert Jahre Sächsische Verfassung, in: Amt und Volk, 1931 [b], S.138–141

Lammers, Hans-Heinrich: Urteil des Staatsgerichtshofs für das Deutsche Reich [Besprechung] JW 58 (1929), Heft 1 S.53–62

Lipinski, Richard: Der Kampf um die politische Macht in Sachsen. Leipzig 1926

Leser, Guido: Die Tätigkeit der demokratischen Fraktion im Landtag 1919, in: Badischer Heimatkalender auf das Jahr 1920, Mannheim u.a., o.J.[1919], S.41–43

Preuß, Hugo: Reich und Länder. Bruchstücke eines Kommentars zur Verfassung des Deutschen Reiches. Berlin 1928

Rapp, Alfred: Die badischen Landtags-Abgeordneten 1905–1929 mit Bibliographie und Statistiken zur Geschichte des badischen Landtags. Karlsruhe 1929.

Ritter, Erwin: Auf dem Weg zum Volksstaat. Gedanken zur Verfassung. Karlsruhe 1919

Rümelin, Max: Rudolf von Ihering. Rede gehalten bei der akademischen Preisverleihung am 6. November 1922. Tübingen 1922

ders: Zum Gedächtnis Wilhelm von Blumes, in: Archiv für die civilistische Praxis, NF 8 (128. Bd.) 1928, S.129–156

Schadt, Jörg: Im Dienst an der Republik. Die Tätigkeitsberichte des Landesvorstands der Sozialdemokratischen Partei Badens 1914–1932. Stuttgart u.a. 1977

Schulthess' Europäischer Geschichtskalender. Hg. von Wilhelm Stahl- NF 34 (1918) T. 1

Schulthess' Europäischer Geschichtskalender. Hg. von Wilhelm Stahl- NF 35 (1919) T. 1

Bezirks-Vorstand der **sozialdemokratischen** (sic!) **Partei Badens** (Hg.): Tätigkeitsbericht der sozialdemokratischen Landtagsfraktion vom 15.Januar 1919 bis 26.März 1920. Karlsruhe 1920

Verzeichnis der Mitglieder Ausschüsse und Fraktionen der Volkskammer des Freistaates Sachsen 1919. Dresden 1919

5. Literatur bis 1945

Adam, Albert: Ein Jahrhundert württembergischer Verfassung. Stuttgart 1919

Anschütz, Gerhard: Die Verfassung des Deutschen Reiches vom 11. August 1919. Ein Kommentar für Wissenschaft und Praxis. Berlin 1928. (7.Aufl., 1.1921)

ders.: Der deutsche Föderalismus in Vergangenheit, Gegenwart und Zukunft. in: Veröffentlichungen der Vereinigung der Deutschen Staatsrechtslehrer, Heft 1. Verhandlungen der Tagung der deutschen Staatsrechtslehrer zu Jena am 14. und 15. April 1924.. Mit Eröffnungsansprache und einer Zusammenfassung der Diskussion. Berlin und Leipzig 1924, S.

Apelt, Willibalt: Die sächsische Regierungskrise und ihre staatsrechtliche Bedeutung, in: AöR NF 6 (1924) S.107–119

ders.: Die Wahlrechtsentscheidungen des Staatsgerichtshofs und die letzte Regierungsbildung im Freistaat Sachsen, in: AöR 57 (1930) S.121–134

ders.: Die verfassungsrechtliche und politische Stellung der sächsischen Staatsregierung, in: Sachsen. Politik, Wirtschaft, Kunst und Wissenschaft im Freistaat Sachsen. Leipzig 1931, S.7–15

Bemmann, Rudolf: 100 [Einhundert] Jahre sächsische Verfassung. Ein Führer durch die Verfassungsausstellung im Landtagsgebäude. Dresden 1931

Berendts, Eduard: Die Verfassungsentwicklung Estlands, in: JböR 12 (1913/24) S.191–206

Binding, Karl: Das Problem der Bildung der Parlamente und der Volksversammlung des Freistaates, in: Zum Werden und Leben der Staaten. Zehn Staatsrechtliche Abhandlungen. Leipzig 1920, S. 299–317

Blume, Wilhelm von: Die württembergische Verfassungsgesetzgebung des Jahres 1919, in: JböR 1920 [d], S.171–179

Bohnacker, Herrmann: Die Frage des Staatsoberhauptes in dem Verfassungsrecht der größeren deutschen Länder nach der Revolution von 1918. Eine rechtsvergleichende Studie unter Berücksichtigung der Verfassungen Badens, Württembergs, Bayerns, Sachsens und Preußens. Diss. (jur., masch.) Tübingen 1923

Bornhak, Conrad: Das Zweikammersystem für die deutschen Einzelstaaten, in : Deutsche Revue 1919, S.292–298

Brückner, [Gustav] : Die mecklenburgische Verfassungsfrage seit 1913, in: JböR 9 (1920), S.218–225

Burckart, W[alter]: Kommentar zur schweizerischen Bundesverfassung vom 29. Mai 1874. Bern 1914 (2.Aufl.)

Burkart, Odi: Die Zusammensetzung des württembergischen Landtags in seiner geschichtlichen Entwicklung. Diss. (jur., masch.) Würzburg 1922

Diersch, Victor: Die geschichtliche Entwicklung des Landtagswahlrechts im Königreich Sachsen. Diss. (jur.) Leipzig 1918 [Zitiert nach: Goldt, S.13 FN 29]

Dobranicki, Mieczyslaw: Das Proportionalwahlgesetz in der Württembergischen Verfassungsreform. Diss. (jur., Heidelberg) Borna-Leipzig 1912

Eckert, Franz u. **Köhler**, Manfred: Parlament im Kampf um die Demokratie. Der Landtag des Volksstaats Hessen. Darmstadt 1991

Endler, C[arl] A[ugust]: Die Geschichte des Landes Mecklenburg-Strelitz (1701–1933) Hamburg, 1935

Fabian, Walter: Klassenkampf um Sachsen. Ein Stück Geschichte 1918–1930. Löbau 1930. Unveränderter Nachdruck Berlin 1972

Feller, Fritz: Erschwerungen des Sturzes der Reichsregierung und der Landesregierungen ohne Änderung der Reichsverfassung. Berlin 1930

Giacometti, Zaccaria: Das Staatsrecht der Schweizerischen Kantone. Zürich 1941

Glockner, Karl: Badisches Verfassungsrecht. Karlsruhe 1905

ders.: Die neue badische Verfassung, in: Badischer Heimatkalender auf das Jahr 1920, Mannheim u.a., o.J.[1919], S.44–47

ders.: Badisches Verfassungsrecht. Karlsruhe 1930 (2.Aufl.)

Glückert, Helmut: Bemerkenswerte Eigentümlichkeiten der badischen Verfassung vom 21.März 1919. Diss. (jur., Heidelberg). Würzburg 1933

Goerlitz, Theodor: Oldenburg (Handbuchartikel), in: Handwörterbuch der Rechtswissenschaft. (Bd.4) Berlin und Leipzig 1927, S.270–273

Goldschmit, Robert: Geschichte der badischen Verfassungsurkunde 1918–1918. Karlsruhe 1919

Happach, Max: Besonderheiten der Verfassung des Freistaates Anhalt im Hinblick auf die Verfassungen anderer deutscher Länder. Diss. (jur., masch.) Halle 1924

Hatschek, Julius: Deutsches und preussisches Staatsrecht. Bd.1. Berlin 1922

ders.: Deutsches und preussisches Staatsrecht. Bd.2. Berlin 1923

ders.: Ausserpreussisches Landesstaatsrecht (Institutionen des Deutschen Staatsrechts III.) Berlin 1926

Hoeges, Heinz: Die Stellung des Ministerpräsidenten in Preussen (sic!) und des Staatspräsidenten in Württemberg mit einem Beitrag zur Staatspräsidentenfrage. Diss. (rer. pol., Erlangen) o.O. 1928

Hoffmann, E. : Die Stellung des Staatshauptes zur Legislative und Exekutive im Deutschen Reich und seinen Ländern. Eine rechtsvergleichende Betrachtung unter Gesichtspunkten politischer Dynamik, in AöR NF/ (1924), S.257–303

Jacobi, Erwin: Die Wandlung der Verfassung und Verwaltung in Sachsen, in: JböR 9, 1920, S.163–170

Jellinek, Georg. Allgemeine Staatslehre. Berlin, 1900

Kauffmann, Carl: Das System der Staatspräsidentschaft in Württemberg unter Berücksichtigung der Verfassungen Preußens, Bayerns, Sachsens und Badens. Diss. (jur., Tübingen) Borna-Leipzig 1928

Koellreutter, Otto: Die neue staatsrechtliche Gestaltung in Baden, in: JböR 9, 1920 [a], S.180–203

ders.: Die neue badische und die neue württembergische Verfassung, eine vergleichende Gegenüberstellung, in: AöR 39, 1920 [b], S.437–455

ders.: Das parlamentarische System in den deutschen Landesverfassungen. Tübingen 1921 [a]

ders.: Die verfassungsrechtliche Entwicklung in Oldenburg, Braunschweig, Anhalt, Lippe, Schaumburg-Lippe und Waldeck, in: JböR 10, 1921, S.409–417

ders.: Die neuen Landesverfassungen, (Handbuchartikel) in: Handbuch des Deutschen Staatsrechts. Hg. von Gerhard Anschütz und Richard Thoma. Bd.1 Tübingen 1930 S.138–146

Kromer, Otto: Bildung und Formation der Landesregierungen nach deutschem Landesstaatsrecht. Diss. (jur.). Heidelberg 1930

Kullmann, Kurt: Sinn und Gestaltung der Volksabstimmungen im deutschen Landesstaatsrecht. Diss. (jur., Heidelberg). Tauberbischofsheim 1926

Lorch, Alexander: Die Parlamentsauflösung nach deutschem Landesstaatsrecht unter Berücksichtigung der Verfassungen von Preußen, Bayern, Württemberg, Baden und Hessen. Frankfurt am Main 1922

Lousse, Emile: Parlamentarismus oder Korporatismus? Die Ursprünge der Ständevertretungen. Ursprünglich unter dem Titel: Parlamentarisme ou corporatisme? Les origines des assemblées d'états. Aus dem Französischen übersetzt von Elisabeth Hahnewinkel., in: Rausch, Heinz (Hg.): Die geschichtlichen Grundlagen der modernen Volksvertretung. Die Entwicklung von den mittelalterlichen Korporationen zu den Modernen Parlamenten. Bd.1. Allgemeine Fragen und europäischer Überblick. Darmstadt 1980, S.278–302

Mayer, Otto: Das Staatsrecht des Königreichs Sachsen. Tübingen 1909

Mendelssohn Bartholdy, Albrecht: Ein- oder Zweikammersystem?, in: Handbuch der Politik Bd.1 Berlin und Leipzig 1920 (3.Aufl.), S.352–358

Meißner, Otto: Das neue Staatsrecht des Reichs und seiner Länder. Berlin 1921

Mittelstein, Max: Die Verfassung der Freien und Hansestadt Hamburg vom 7. Januar 1921 nebst den ergänzenden Gesetzen. Mit Einleitung und Erläuterungen [...] Hamburg 1921

Merk, Wilhelm: Die Entwicklung des öffentlichen Rechts in Baden bis Ende 1922, in. JböR 12 (1923/24), S.32–74

ders.: Die Landtagsauflösung nach badischem Staatsrecht, in: Zeitschrift für badische Verwaltung und Verwaltungsrechtspflege 61, 1924 S.138–145

Meuschel, Adelheid: Die Regierungsbildung im Reich und seinen Ländern nach den Vorschriften der gegenwärtigen Verfassungen, in: AdöR 41 (1921), S.1–52

(Bei diesem Aufsatz handelt es sich um die einzige, das Thema dieser Dissertation berührende Arbeit aus der Zwischenkriegszeit, die von einer Frau verfaßt wurde.)

Oeftering, Wilhelm: Der Umsturz 1918 in Baden. Konstanz 1920

Peters, Hans: Der preußische Staat (Handbuchartikel, in: Handbuch der Verfassung und Verwaltung in Preußen und dem Deutschen Reiche, 23. Aufl.(1. 1882) Berlin 1926, S.63–182

Pleitner, Emil: Vom Großherzogtum zum Freistaat. Der Freistaat Oldenburg, seine Entstehung und Ausgestaltung, in: Der Oldenburgische Hauskalender oder Hausfreund auf das Jahr 1920 [94.Jg.] Oldenburg o.J. [1919]

Redslob, Robert: Die parlamentarische Regierung in ihrer wahren und in ihrer unechten Form. Eine vergleichende Studie über die Verfassungen von England, Belgien, Ungarn, Schweden und Frankreich. Tübingen 1918

Reichelt, Erich: Das Staatsleben unter der Sächsischen Verfassung vom 1. November 1920. Leipzig 1928. Unveränderter Nachdruck Leipzig 1970 Auch Diss.(jur., masch.) Leipzig 1927

Remmele, Adam: Staatsumwälzung und Neuaufbau in Baden. Ein Beitrag zur politischen Geschichte Badens 1914/24. Karlsruhe 1925

ders.: Baden vom Absolutismus zum Volksstaat. Karlsruhe 0.J. [1931]

Schäfer, Erich: Entwicklungstendenzen zu berufsständischen Organisationen im Wirtschaftsleben und ihr staats- und verwaltungsrechtlicher Niederschlag in der Wirtschaftsverfassung. Diss., Göttingen 1926

Schanze: Die Landesregierung und ihr verfassungsrechtliches Verhältnis zum Landtage. Unter Zugrundelegung des sächsischen Staatsrechts, in: AöR 42 (NF3 1922), S. 257–320

Scheider, Wilhelm: Die verfassunggebende Gewalt in den süddeutschen Ländern seit der Revolution von 1918. Diss. (jur.) Leipzig 1931

Schelcher, Walter: Parlamentarismus und Demokratie. Nach einem Vortrage. Leipzig 1919

ders.: Die Verfassung des Freistaates Sachsen, in JböR 10, 1921, S.285–296

ders.: Das öffentliche Recht in Sachsen unter neuen Verfassung bis 1922, in: JböR 12 (1923/24), S.1–12

Schmidt, Richard: Die Grundlinien des deutschen Staatswesens. Leipzig 1919

Schnabel, Franz: Geschichte der Ministerverantwortlichkeit in Baden. Karlsruhe 1922

Schücking, Walther: Das Staatsrecht des Großherzogtums Oldenburg (Das öffentliche Recht der Gegenwart Bd. XIV) Tübingen, 1911

Seifriz, Adalbert: Die staatsrechtliche Stellung des württembergischen Staatspräsidenten. Diss. (jur., masch.) Tübingen 1926

Siquet, Walter: Die Durchführung der Gewaltentrennung in der Schweiz nach Kantonsrecht. Diss. (jur.). Heidelberg 1930

Spann, Othmar: Der wahre Staat. Jena 1938. (4.. Aufl., 1. Leipzig 1921) Unveränderter Nachdruck Berlin 1972

Sprenger, Karl: Das Staatsministerium des Freistaates Oldenburg nach der Verfassung v. 17. 6. 1919. Diss.(jur.) Göttingen 1932

Stier-Somlo, Fritz: Vom parlamentarischen Wahlrecht in den Kulturstaaten der Welt. Berlin 1918

ders.: Reichs- und Landesstaatsrecht I. Berlin und Leipzig 1924

Tecklenburg, Adolf: Wahlrecht und Wahlverfahren, in: Handbuch der Politik Bd.1 Berlin und Leipzig 1920 (3.Aufl.), S.358- 369

Tetzner, Hartwig: Grundriß des sächsischen Verfassungs- und Verwaltungsrechts. Leipzig 1929

Verfassung des Königreichs Württemberg. Staatsbürger-Bibliothek Heft 7. Mönchengladbach 1910

Vitense, Otto: Geschichte von Mecklenburg. Gotha 1920. Nachdruck. Würzburg 1985

Voelter Richard: Die Stellung des Staatsministeriums in Württemberg nach der Verfassungsurkunde vom 25. September 1919. Diss. (jur., masch.) Erlangen 1922

Wenzel, Max: Die neuen mecklenburgischen Verfassungen, in: JböR 10 (1921), S.321–365

ders.: Die reichsrechtlichen Grundlagen des Landesverfassungsrechts (Handbuchartikel) in: Handbuch des Deutschen Staatsrechts. Hg. von Gerhard Anschütz und Richard Thoma. Bd.1 Tübingen 1930 S. 604–619

Wilhelm, Hugo: Die Regierungsbildung in Württemberg nach der Verfassung vom 25. September 1919. Eine staatsrechtliche Studie. Nürtingen 1930

Woelker, Joachim: Das Staatsleben unter der Sächsischen Verfassung vom 1. November 1920 in der Zeit vom 31. März 1927 bis zum 11. Juli 1931. Leipzig 1933

Woelker, Konrad Die Verfassung des Freistaates Sachsen. Leipzig 1921

Zehnter, Johann: Die Badische Verfassung vom 21.März 1919 Mannheim 1919

von **Zezschwitz**, Johann: Die Frage des Zweikammersystems in Sachsen. Diss. (rer. pol., handschriftlich) Leipzig 1921.
Das Original ist verloren. Ein Auszug befindet sich in: Jahrbuch der Philosophischen Fakultät zu Philosophischen Fakultät zu Leipzig für das Jahr 1921. I. und II. Teil. II. Halbjahresband. Weida in Thüringen [o.J.], S.153–154

6. Literatur seit 1945

Albrecht, Klaus: Hugo Sinzheimer in der Weimarer Nationalversammlung. Sein Beitrag zum wirtschaftlichen Rätesystem und zu den arbeits- und wirtschaftsrechtlichen Grundrechten der Reichsverfassung. Diss. (jur.). Frankfurt a.M. 1970

Albertin, Lothar: Liberalismus und Demokratie am Anfang der Weimarer Republik. Eine vergleichende Analyse der Deutschen demokratischen Partei und der Deutschen Volkspartei. Düsseldorf 1972

von **Alemann,** Ulrich: Korporatismus (Lexikonartikel), in: Pipers Wörterbuch zur Politik. Bd.1 Politikwissenschaft. Theorien – Methoden- Begriffe. 1.Halbband. München und Zürich 1989. (3.Aufl., 1. 1985), S.472–475

Allemann, Fritz René: 26 mal die Schweiz. Panorama einer Konföderation. München u.a. 1985 (4. Aufl., 1. 1965)

Bausinger, Herrmann: Zur politischen Kultur Baden-Württembergs, in: Baden-Württemberg. Eine politische Landeskunde. Hg. von der Landeszentrale für politische Bildung Baden-Württemberg. Stuttgart 1985(3. Aufl., 1. 1975), S.13–38

Besson, Waldemar: Württemberg und die Deutsche Staatskrise 1928–1933 Eine Studie zur Auflösung der Weimarer Republik Stuttgart 1959

Benz, Wolfgang: Süddeutschland in der Weimarer Republik. Ein Beitrag zur deutschen Innenpolitik 1918–1923. Diss. (phil., München). Berlin 1968

ders.: Bayern und seine süddeutschen Nachbarstaaten. Ansätze einer gemeinsamen Verfassungspolitik im November und Dezember 1918, in: Bosl (wie u.a.), S.507–536

Berg-Schlosser, Dirk und **Müller-Rommel**, Ferdinand: Vergleichende Politikwissenschaft. Opladen, 1992 (.2.Aufl., 1. 1991)

von **Beyme**, Klaus: Die parlamentarischen Regierungssysteme in Europa. München 1970 (teilweise Habilitationsschrift)

Birke, Adolf: Die Bundesrepublik Deutschland. Verfassung, Parlament und Parteien. München 1997

Blaschke, Karlheinz: Landstände, Landtag und Volksvertretung. 700 Jahre politische Mitbestimmung im Lande Sachsen, in Der Sächsische Landtag. Geschichte und Gegenwart Dresden 1990, S.7–20

Böhringer, Karl-Heinz: Die Badische Verfassung vom 21.März 1919. Entstehung, Inhalt und Vergleich mit der württembergischen und preussischen Verfassung. Diss. (jur., Freiburg) masch. 1950

Bosl, Karl: Bayern im Umbruch. Die Revolution von 1918, ihre Voraussetzungen, ihr Verlauf und ihre Folgen. München 1969

Brandt, Peter und **Rürup** Reinhard: Volksbewegung und demokratische Neuordnung in Baden 1918/19. Zur Vorgeschichte und Geschichte der Revolution. Hg. von den Stadtarchiven Karlsruhe und Mannheim. Sigmaringen 1991

Braun, Klaus: Kommentar zur Verfassung des Landes Baden-Württemberg. Stuttgart u.a.. 1984

Brockmüller, Ernst: Sozialgeschichte Österreichs. Wien und München 1985

Brosius, Dieter: Von der Monarchie zu Republik. Die Begründung des Freistaates Schaumburg-Lippe, in: Schaumburg-Lippische Mitteilungen 19 (1968), S.47–60

Brunner, Georg: Vergleichende Regierungslehre. Bd.1. Paderborn u.a. 1979

Cordes, Günter: Das Revolutionsjahr 1918/19 in Württemberg. Demokratische Neuordnung im Spannungsfeld zwischen Reaktion und Revolution, in: Beitr. z. Ldkd. 1979, S.7–15

Cser, Andreas: Badischer Landtag bis 1918, in: Landeszentrale für politische Bildung (Hg.): Von der Ständeversammlung zum demokratischen Parlament. Die Geschichte der Volksvertretungen in Baden-Württemberg. Stuttgart 1982, S.153–182

Dehlinger, Alfred: Württembergs Staatswesen in seiner geschichtlichen Entwicklung bis heute. Bd. 1. Stuttgart 1951

Demandt, Alexander: Metaphern für Geschichte. Sprachbilder und Gleichnisse im historisch-politischen Denken. München 1978

Denis, Walter: Denis, Johann (Johannes) (Handbuchartikel), in: Biographisches Handbuch zur Geschichte Oldenburgs. Oldenburg 1992, S. S.143–144

Eckardt, Albrecht: Der Konstitutionelle Staat (1848–1918), in: Geschichte des Landes Oldenburg. Ein Handbuch. Oldenburg 1987, S.333–402

Ernst, Fritz: 500 Jahre Stuttgarter Landtag 1457–1957, in: ZWLG 17, 1958, S.I-XVI

Falter, Jürgen, **Lindenberger**, Thomas und **Schumann**, Siegfried: Wahlen und Abstimmungen in der Weimarer Republik. Materialien zum Wahlverhalten 1919–1933. München 1986

Fenske, Hans: Der liberale Südwesten: Freiheitliche und demokratische Traditionen in Baden und Württemberg 1790–1933.(Schriften zur politischen Landeskunde Bd. 5. Hg. von der Landeszentrale für politische Bildung Baden-Württemberg) Stuttgart u.a. 1981

ders.: Baden von 1860–1918, in: Schwarzmaier, Hansmartin (Hg.) Handbuch der baden-württembergischen Geschichte. Dritter Band. Vom Ende des alten Reiches bis zum Ende der Monarchien. Stuttgart 1992, S. 133–233

der.: 175 Jahre badische Verfassung. Hg.: Stadt Karlsruhe-Stadtarchiv. Karlsruhe 1993

Feuchte, Paul: Verfassungsgeschichte von Baden-Württemberg. Stuttgart 1983

Friedl, Hans: Driver, Franz (Handbuchartikel), in: Biographisches Handbuch zur Geschichte Oldenburgs. Oldenburg 1992 [a], S.155–157

ders.: Finck, Eugen von: (Handbuchartikel), in: Biographisches Handbuch zur Geschichte Oldenburgs. Oldenburg 1992 [b], S.185–187

ders.: Graepel, Otto (Handbuchartikel), in: Biographisches Handbuch zur Geschichte Oldenburgs. Oldenburg 1992 [c], S.246–247

ders.: König, Bernhard (Handbuchartikel), in: Biographisches Handbuch zur Geschichte Oldenburgs. Oldenburg 1992 [d], S.385–386

ders.: Murken, Elimar (Handbuchartikel), in: Biographisches Handbuch zur Geschichte Oldenburgs. Oldenburg 1992, S.502–503

ders.: Scheer, Herrmann: Herrmann (Handbuchartikel), in: Biographisches Handbuch zur Geschichte Oldenburgs. Oldenburg 1992 [f], S.632–633

Fromme, Friedrich: Von der Weimarer Verfassung zum Bonner Grundgesetz. Die verfassungspolitischen Folgerungen des Parlamentarischen Rates aus Weimarer Republik und nationalsozialistischer Diktatur. Tübingen 1962 (2.Aufl., 1. 1960)(Tübingen, Diss. phil. 1958)

ders.: Von der Weimarer Verfassung zum Bonner Grundgesetz. Die verfassungspolitischen Folgerungen des Parlamentarischen Rates aus Weimarer Republik und nationalsozialistischer Diktatur. Berlin 1999, 3.Aufl., s.o.

Goldt, Christoph: Parlamentarismus im Königreich Sachsen. Zur Geschichte des sächsischen Landtages 1871–1918 Diss. (phil., Münster 1995) 1996

Gottschalk, Regina: Die Linksliberalen zwischen Kaiserreich und Weimarer Republik. Von der Julikrise bis zum Bruch der Weimarer Koalition im Juni 1919. Diss. (Phil.) Tübingen 1969

Grau, Bernhard: Die halbe Macht den Räten – Kurt Eisners staatsrechtliche Vorstellungen, in: Wagenhöfer, Werner und Zink, Robert: Räterepublik oder parlamentarische Verfassung. Die Bamberger Verfassung. Bamberg 1999, S. 87–113

Groß, Reiner: Die politische Geschichte Sachsens, in: Sachsen. Eine politische Landeskunde (Hg. von Siegfried Gerlach), S.77–126. Stuttgart u.a. 1993

Grube, Walter: Der Stuttgarter Landtag. 1457–1957. Von den Landständen zum demokratischen Parlament. Stuttgart 1957

Günther, Wolfgang: Die Revolution von 1918/19 in Oldenburg. Oldenburg 1979

ders.: Wahlen, Wahlsystem und politische Partizipation. Die Wahlen von 1912 und 1919 in Oldenburg, in: ders. (Hg.) Sozialer und politischer Wandel in Oldenburg. Studien zur Regionalgeschichte vom 17. bis 20. Jahrhundert, Oldenburg 1981 S.113–137

ders.: Parteien und Wahlen in Niedersachsen während der Weimarer Republik, in: Niedersächsisches Jahrbuch für Landesgeschichte 54 (1982), S.17–39

ders.: Parlament und Regierung im Freistaat Oldenburg 1920–1920, in: Oldenburger Jahrbuch 83 (1983) S.187–207

ders.: Freistaat und Land Oldenburg (1918–1946), in: Geschichte des Landes Oldenburg. Ein Handbuch. Oldenburg 1987, S. 403–489

ders.: Heitmann, Karl (Handbuchartikel), in: Biographisches Handbuch zur Geschichte Oldenburgs. Oldenburg 1992 [a], S.297–298

ders.: Hug, Paul (Handbuchartikel), in: Biographisches Handbuch zur Geschichte Oldenburgs. Oldenburg 1992 [b], S.332–336

ders.: Jordan, August (Handbuchartikel), in: Biographisches Handbuch zur Geschichte Oldenburgs. Oldenburg 1992 [c], S.364

ders.: Kuhnt, Bernhard: (Handbuchartikel), in: Biographisches Handbuch zur Geschichte Oldenburgs. Oldenburg 1992 [d], S.399–400

ders.: Meyer, Julius (Handbuchartikel), in: Biographisches Handbuch zur Geschichte Oldenburgs. Oldenburg 1992 [e], S.457–458

ders.: Tantzen, Theodor (Handbuchartikel), in: Biographisches Handbuch zur Geschichte Oldenburgs. Oldenburg 1992 [f], S.730–735

Günther-Arndt, Hilke: Stukenberg, Wilhelm (Handbuchartikel), in: Biographisches Handbuch zur Geschichte Oldenburgs. Oldenburg 1992, S.715–717

Gusy, Christoph: Die Weimarer Reichsverfassung. Tübingen 1997

Haase, Carl: Der Verwaltungsbezirk Oldenburg. Abriß seiner Geschichte, in: Haase, Carl (Hg.): Niedersachsen. Territorien – Verwaltungseinheiten – geschichtliche Landschaften. Göttingen 1971, S. 155–178

Hamann, Manfred: Das staatliche Werden Mecklenburgs. Köln und Graz 1962

Hangartner, Yvo: Grundzüge des schweizerischen Staatsrechts. Band I: Organisation. Zürich 1980

Hartmann, Stefan: Oldenburg, in: Grundriß zur deutschen Verwaltungsgeschichte 1815–1945. Reihe B. Hg. von Thomas Klein. Bd. 17 Hansestädte und Oldenburg, S.136–259. Marburg 1978

Hartong, Kurt: Beiträge zur Geschichte des oldenburgischen Staatsrechts. Oldenburg 1958

Häupel, Beate: Die Gründung des Landes Thüringen. Staatsbildung und Reformpolitik 1918–23. Weimar u.a. 1995

Haupt, Peter: Die bürgerlichen Parteien in der Revolution von 1918/19: Der Oldenburger Liberalismus zwischen Monarchie und Republik, in: Wolfgang Günther (Hg.):

Parteien und Wahlen in Oldenburg. Beiträge zur Landesgeschichte im 19. und 20. Jahrhundert. Oldenburg 1983, S.181–224

ders.: Dannemann, Diedrich (Handbuchartikel), in: Biographisches Handbuch zur Geschichte Oldenburgs. Oldenburg 1992 [a], S.140–141.

ders.: Lohse, Friedrich (Handbuchartikel), in: Biographisches Handbuch zur Geschichte Oldenburgs. Oldenburg 1992 [b], S.422f.

ders.: Schmidt, Adolf (Handbuchartikel), in: Biographisches Handbuch zur Geschichte Oldenburgs. Oldenburg 1992 [c], S.643

Heck, Uwe: Geschichte des Landtags in Mecklenburg. Ein Abriß. Rostock 1997

Herman, Valentine (Bearbeiter): Parliaments of the world. A Reference Compendium. Berlin u. New York 1976

Heydenreuter, Reinhard: Das Werden der Bamberger Verfassung, in: Wagenhöfer, Werner und Zink, Robert: Räterepublik oder parlamentarische Verfassung. Die Bamberger Verfassung. Bamberg 1999, S.115–133

Hölscheidt, Sven und **Fischer,** Ellen: Die Geschichte der Verfassungen von Mecklenburg und Vorpommern, in: Mecklenburg. Zeitschrift für Mecklenburg-Vorpommern 35 (1993), S.3–4

Huber, Ernst: Deutsche Verfassungsgeschichte seit 1789. Bd. 1: Reform und Restauration. 1789–1830. Stuttgart u.a. 1957

ders.: Deutsche Verfassungsgeschichte seit 1789. Bd. 3: Bismarck und das Reich. Stuttgart u.a. 1963

ders.: Deutsche Verfassungsgeschichte seit 1789. Band 4: Struktur und Krisen des Kaiserreichs. Stuttgart u.a. 1969

ders.: Deutsche Verfassungsgeschichte seit 1789. Band 5: Weltkrieg, Revolution und Reichserneuerung. 1914–1919. Stuttgart u.a. 1978

ders.: Deutsche Verfassungsgeschichte seit 1789. Band 6: Die Weimarer Reichsverfassung. Stuttgart u.a. 1993 (2.Aufl., 1.1981)

Hug, Wolfgang: Geschichte Badens. Stuttgart 1992

Im Hof, Ulrich: Geschichte der Schweiz. Stuttgart u.a. 1991 (5. Aufl., 1.1974)

Janssen, Karl-Heinz: Diener dreier Herren. Von Ebert über Hindenburg zu Hitler – die einzigartige Karriere des Geheimrats Dr. jur. Otto Meissner, in: Die Zeit, 14. September 2000 (Nr.38), S.88

John, Anke: Die Entwicklung der beiden mecklenburgischen Staaten im Spannungsfeld von Landesgrundgesetzlichem Erbvergleich und Bundes- bzw. Reichsverfassung vom Norddeutschen Bund bis zur Weimarer Republik Diss. (phil., Rostock) 1997

John, Jürgen: Grundzüge der Landesverfassungsgeschichte Thüringens 1918 bis 1952, in: Thüringische Verfassungsgeschichte im 19. und 20. Jahrhundert. Jena 1993, S.49–113

Kaller, Gerhard: Die Revolution des Jahres 1918 in Baden und die Tätigkeit des Arbeiter- und Soldatenrates in Karlsruhe, in: ZGO 114, 1966, S.301–350

ders.: Die Abdankung des Großherzogs Friedrich II. von Baden im November 1918, in: Ekkhart, Jahrbuch für das Badner Land, 1969 [a], S.71–82

ders.: Die badische Verfassung von 1919. Mehrere Vorschläge im Wettstreit-Der Entwurf Dietz setzt sich durch, in: Beitr. z. Ldkde., 1969 [b] (Nr.3: Juni), S.4–7

ders.: Zur Revolution von 1918 in Baden. Klumpp-Putsch und Verfassungsfrage, in: OS 2, 1973, S.175–202

Kirsch, Günter und **Ruhland**, Volker: Von der ersten sächsischen Verfassung 1831 zur Verfassung des Freistaates Sachsen 1920, in: Beitr. z. Sachsenforschung. Dresden, 1991, S.4–8 (Wissenschaftliche Zeitschrift der Pädagogischen Hochschule „Karl Friedrich Wander“ Dresden, 25)

Kirsch, Günter: Vom vorläufigen Grundgesetz vom Februar 1919 zur Verfassung für den Freistaat Sachsen vom November 1920, in: Sächsische Heimatblätter 37 (1991), S.297–299

Kittel, Erich: Novemberumsturz 1918, in: Blätter für deutsche Landesgeschichte 104, 1968, S.42–108

Klein, Thomas: Sachsen. Grundriß zur deutschen Verwaltungsgeschichte 1815–1945. Reihe B. Hg. von Thomas Klein. Bd. 14. Marburg 1982

Klemann, Bernd: Rudolf von Jhering und die Historische Rechtsschule. Frankfurt/M. 1989 (Diss. B [Habilitationsschrift] Leipzig 1987)

Koch, Manfred: Eduard Dietz. Der Urheber der Verfassung, in: Blick in die Geschichte. Karlsruher stadthistorische Beiträge, Nr.19, 18. Juni 1993, S.1

Kolb, Eberhard: Die Weimarer Republik. München 1993 (3. Aufl., 1.1984)

ders.: Die Weimarer Republik. München 1998 (4. Aufl., 1.1984)

Laufs, Adolf: Rechtsentwicklungen in Deutschland. Berlin und New York. 1984 3. Aufl. (1. 1973)

Lent, Dieter: Vom Freistaat zum Verwaltungsbezirk. Der Verfassungs- und verwaltungspolitische Statuswandel des Landes Braunschweig 1918 bis 1978, in: Übergang und Neubeginn, Beiträge zur Verfassungs- und Verwaltungsgeschichte Niedersachsens in der Nachkriegszeit. Göttingen 1997 (Veröffentlichungen de Niedersächsischen Archivverwaltung; H.52), S.19–40

Lübbing, Hermann. Oldenburgische Landesgeschichte. Oldenburg o.J. [1953]

Luthardt, Wolfgang: Sozialdemokratische Verfassungstheorie in der Weimarer Republik. Opladen 1986

Mauersberg, Jasper: Ideen und Konzeption Hugo Preuß' für die Verfassung der deutschen Republik 1919 und ihre Durchsetzung im Verfassungswerk von Weimar. Diss. (jur., Kiel) Frankfurt u.a. 1991

Menzinger, Rosemarie: Verfassungsrevision und Demokratisierungsprozeß im Königreich. Württemberg. Ein Beitrag zur Entstehungsgeschichte des Parlamentarischen (sic!) Regierungssystems in Deutschland. Diss. (phil. Erlangen/ Nürnberg) Stuttgart 1969

Meyer, Robert: Sante, Wilhelm (Handbuchartikel), in: Biographisches Handbuch zur Geschichte Oldenburgs. Oldenburg 1992, S.630

Möller, Horst: Parlamentarismus in Preußen 1919–1932. Düsseldorf 1985

Morsey, Rudolf: Die Deutsche (sic!) Zentrumspartei 1917–1923. Düsseldorf 1966

ders.: Die Bundesrepublik Deutschland. Entstehung und Entwicklung bis 1969. München 1995 (3.Aufl., 1.19)

Mosebach-Tegtmeier, Ellen: Die Wahlrechtsentwicklung im Großherzogtum Oldenburg zwischen Beharrung und Fortschritt (1848–1909), in: Wolfgang Günther (Hg.): Parteien und Wahlen in Oldenburg. Beiträge zur Landesgeschichte im 19. und 20. Jahrhundert. Oldenburg 1983 [a], S.117–131

dies.: Politischer Wandel in Oldenburg, in: Wolfgang Günther (Hg.): Parteien und Wahlen in Oldenburg. Beiträge zur Landesgeschichte im 19. und 20. Jahrhundert. Oldenburg 1983 [b], S.133–179

Müller, Ernst: Die Geschichte des württembergischen Landtags. Bemerkungen zu Walter Grubes Monographie, in SchwH 8, 1957, S.211–228

Naumann, Günther: Sächsische Geschichte in Daten. Berlin und Leipzig 1991

Neidhart, Leonard: Die Schweizer Konkordanzdemokratie, in: Die Schweiz. [Hg., in Verbindung mit der Landeszentrale für politische Bildung Baden-Württemberg] Stuttgart u.a. 1988, S.128–155

Nipperdey, Thomas: Deutsche Geschichte 1866–1918. Bd.1. Arbeitswelt und Bürgergeist. München 1990

ders.: Deutsche Geschichte 1866–1918. Bd.2. Machtstaat vor der Demokratie. München 1992

Nocken, Ulrich: Korporatistische Theorien und Strukturen in der deutschen Geschichte des 19. und frühen 20. Jahrhunderts, in: Alemann, Ulrich von (Hg.): Neokorporatismus. Frankfurt/Main 1981, S.17–39

Nohlen, Dieter: Wahlsysteme der Welt. München und Zürich 1978

ders., Dieter: Wahlrecht und Parteiensystem. Über die politischen Auswirkungen von Wahlsystemen. Opladen 1989

Patterson, Samuel: Senates. Bicameralism in the contemporary world. Columbus 1999

Portner, Ernst: Die Verfassungspolitik der Liberalen. 1919. Ein Beitrag zur Deutung der Weimarer Reichsverfassung. Bonn 1973

von **Prittwitz,** Volker: Politikanalyse. Opladen 1994

Raschke, Joachim (Hg.): Die politischen Parteien in Westeuropa. Geschichte-Programmatik-Praxis. Ein Handbuch. Reinbek 1978

Rauch, Georg: Geschichte der baltischen Staaten. Stuttgart u.a. 1970

Reinhard, Wolfgang: Geschichte der Staatsgewalt. Eine vergleichende Verfassungsgeschichte Europas von den Anfängen bis zur Gegenwart. München 1999

Riescher, Gisela, **Ruß**, Sabine u. **Haas**, Christoph (Hg.): Zweite Kammern. München 2000

Ritter, Gerhard: Wahlgeschichtliches Arbeitsbuch. Materialien zur Statistik des Kaiserreichs 1871–1918. München 1980

Rogge, Friedrich: Die Quellenlage zur Geschichte der Weimarer Republik in Niedersachsen. Anmerkungen und Hinweise zum augenblicklichen Forschungsstand, in: Niedersächsisches Jahrbuch für Landesgeschichte 54 (1982), S.1–17

Rüdiger, Bernd: Freistaat in der Weimarer Republik, in: Geschichte Sachsens (Hg. von Karl Czok). Weimar 1989, S.429–451

ders. und **Zeise**, Roland: Bundesstaat im Deutschen Reich (1871–1917/18 [sic!]), Geschichte Sachsens (Hg. von Karl Czok). Weimar 1989, S. 381–428

Rürup, Reinhard: Probleme der Revolution in Deutschland. Wiesbaden 1968

Sauer, Paul: Der württembergische Landtag, in: Landeszentrale für politische Bildung (Hg.): Von der Ständeversammlung zum demokratischen Parlament. Die Geschichte der Volksvertretungen in Baden-Württemberg. Stuttgart 1982, S.205–223

Schadt, Jörg und **Schmierer**, Wolfgang: Einleitung, in: Landeszentrale für politische Bildung Baden-Württemberg (hg.): Die SPD in Baden-Württemberg und ihre Geschichte. Von den Anfängen der Arbeiterbewegung bis heute. Stuttgart 1979, S.19–32

Schanbacher, Eberhard: Parlamentarische Wahlen und Wahlsystem in der Weimarer Republik. Wahlgesetzgebung und Wahlreform im Reich und in den Ländern. Düsseldorf 1982

Schiffers, Reinhard: Elemente direkter Demokratie im Weimarer Regierungssystem. Diss. (phil., Mannheim). Düsseldorf 1971

ders.: Badische Einflüsse auf die Reichsverfassung von 1919, in: ZGO 120, 1972, S.433–447

Schmidt, Gerhard: Der Sächsische Landtag 1833–1918. Sein Wahlrecht und seine soziale Zusammensetzung, in: Der Sächsische Landtag. Geschichte und Gegenwart, S. 35–48. Dresden 1990

Schmidt, Manfred: Demokratietheorien. Opladen 1995

Schönhoven, Klaus: Die württembergischen Soldatenräte in der Revolution von 1918/19, in ZWLG, 33, 1974, 236–257

Schuchmann, Christa: Die Entstehung der Hessischen Verfassung von 1919. wissenschaftliche Hausarbeit zur Erweiterungsprüfung für d. Lehramt an Grund-, Haupt-, und Realschulen eingereicht dem wissenschaftl. Prüfungsamt für d. Lehramt an Grund-, Haupt-, und Realschulen in Frankfurt am Main. Darmstadt 1980

Schüttemeyer, Suzanne: Vergleichende Parlamentarismusforschung, in: Berg-Schlosser, Dirk u. Müller-Rommel, Ferdinand (Hg.). Vergleichende Politikwissenschaft. Ein einführendes Studienbuch. 2.Aufl Opladen 1992. (1. 1991). S.179–195

Schumacher, Erich: Der volksherrschaftliche Gedanke in den Verfassungen für Württemberg von 1919, für Württemberg-Baden von 1946 und für Württemberg-Hohenzollern von 1947. Diss. (jur., Tübingen) maschinengeschrieben. 1949

Schwab, Klaus: Anspruch auf Eigenstaatlichkeit betont. Das Landesgrundgesetz von Mecklenburg- Strelitz 1919, in: Mecklenburg Magazin Nr. 11/1992, S.3

Schwarzmaier, Hansmartin: Der badische Landtag, in: Landeszentrale für politische Bildung Baden-Württemberg (Hg.): Von der Ständeversammlung zum demokratischen Parlament. Die Geschichte der Volksvertretungen in Baden-Württemberg. Stuttgart 1982, S.224–245

Simon, Klaus: Die württembergischen Demokraten. Ihre Stellung und Arbeit im Parteien- und Verfassungssystem in Württemberg und im Deutschen Reich 1890–1920. Diss. (phil., Freie Universität Berlin) Stuttgart 1969

Stehling, Jutta: Weimarer Koalition und SPD in Baden. Ein Beitrag zur Geschichte der Partei- und Kulturpolitik in der Weimarer Republik. Diss. (phil., Karlsruhe). Frankfurt/Main 1976

Steinmannn, Walter: Der schweizerische Parastaat. Die Wirtschaftsverbände und ihre Verflechtung mit dem Staat, in: Die Schweiz. [Hg., in Verbindung mit der Landeszentrale für politische Bildung Baden-Württemberg] Stuttgart u.a. 1988, S.201–217

Stiefel, Karl: Baden. 1648–1953. Karlsruhe, 1979 (2.Aufl., 1. 1978)

Suttka, Ulrich: Dursthoff, Heinrich (Handbuchartikel), in: Biographisches Handbuch zur Geschichte Oldenburgs. Oldenburg 1992 [a], S.162–164

ders.: Ehlermann, Gustav (Handbuchartikel), in: Biographisches Handbuch zur Geschichte Oldenburgs. Oldenburg 1992, S.168–169.

ders.: Tantzen, Ernst (Handbuchartikel), in: Biographisches Handbuch zur Geschichte Oldenburgs. Oldenburg 1992 [c], S.727

Thiel, Jürgen: Die Großblockpolitik der Nationalliberalen Partei Badens 1905–1914. Ein Beitrag zur Zusammenarbeit von Liberalismus und Sozialdemokratie in der Spätphase des Wilhelminischen Deutschlands. (Veröffentlichungen der Kommission für geschichtliche Landeskunde in Baden-Württemberg / Reihe B Forschungen, 86. Band.) Diss. (phil., Erlangen-Nürnberg). Stuttgart 1976

Trippe, Christian: Konservative Verfassungspolitik 1918–1923. Die DNVP als Opposition in Reich und Ländern. Diss. (phil., Köln) Düsseldorf 1995

Uffelmann, Uwe: Württemberg-Baden, in: Der Weg zum Südweststaat. Hg. von der Landeszentrale für politische Bildung Baden-Württemberg. Karlsruhe 1991, S.75–92

Umbach, Dieter: Parlamentsauflösung in Deutschland. Verfassungsgeschichte und Verfassungsprozeß. Berlin und New York 1989

Vahlenkamp, Werner: Behrens, Carl (Karl) (Handbuchartikel), in: Biographisches Handbuch zur Geschichte Oldenburgs. Oldenburg 1992 [a], S.61

ders.: Schömer, Eduard (Handbuchartikel), in: Biographisches Handbuch zur Geschichte Oldenburgs. Oldenburg 1992, S.648–649

Vestring, Sigrid: Die Mehrheitssozialdemokratie und die Entstehung der Reichsverfassung von 1918,19. Diss. (phil.), Münster 1987

Voss, E.: Ein Blick in die mecklenburgische Verfassungs- und Verwaltungsgeschichte, in. Heimathefte für Mecklenburg Vorpommern, 4/1991 S.13–15

Wagenhöfer, Werner und **Zink**, Robert: Räterepublik oder parlamentarische Verfassung. Die „Bamberger" Verfassung. Bamberg 1999

Wasser, Hartmut: Die USA- der unbekannte Partner. Materialien und Dokumente zur politisch-sozialen Ordnung der Vereinigten Staaten von Amerika. Paderborn 1983

Weller, Karl und **Weller**, Arnold: Württembergische Geschichte im südwestdeutschen Raum. Stuttgart 1989 10. Aufl. (1. Aufl. von Karl Weller unter dem Titel Württembergische Geschichte. Leipzig 1909)

Weller, Karl: Die Staatsumwälzung in Württemberg 1918–1920. Stuttgart 1930

Wieden, Helge bei der: Mecklenburg. Grundriß zur deutschen Verwaltungsgeschichte 1815–1945. Reihe B. Hg. von Thomas Klein. Bd. 13. Marburg 1976

ders.: Die mecklenburgischen Regierungen und Minister 1918–1952. Köln und Wien 1977

Wirsching, Andreas: Die Weimarer Republik. Politik und Gesellschaft. München 2000 (Enzyklopädie Deutscher Geschichte Bd.58)

Wirth, Thomas. Adelbert Düringer. Jurist zwischen Kaiserreich und Republik. Mannheim 1989 (Diss., jur., Freiburg 1988)

Zauner, Stefan: Württemberg-Hohenzollern, in: Der Weg zum Südweststaat. Hg. von der Landeszentrale für politische Bildung Baden-Württemberg. Karlsruhe 1991, S.55–74

Zier, Hans: Politische Geschichte von 1918–1933, in: Badische Geschichte. Vom Großherzogtum bis zur Gegenwart. Hg. von der Landeszentrale für politische Bildung Baden-Württemberg. Stuttgart 1979, S.143–167

Kolibri 360 GmbH
Ferdinand-Jühlke-Straße 7
99095 Erfurt, Deutschland
produktsicherheit@kolibri360.de

Druck:
CPI Druckdienstleistungen GmbH
im Auftrag der
Kolibri 360 GmbH
Ferdinand-Jühlke-Str. 7
99095 Erfurt